Vermögensbildung in Arbeitnehmerhand
durch Tariffonds
Ein branchenspezifische Analyse

Europäische Hochschulschriften
Publications Universitaires Européennes
European University Studies

Reihe V
Volks- und Betriebswirtschaft

Série V Series V
Sciences économiques, gestion d'entreprise
Economics and Management

Bd./Vol. 2321

PETER LANG
Frankfurt am Main · Berlin · Bern · New York · Paris · Wien

Joachim Lubig

Vermögensbildung in Arbeitnehmerhand durch Tariffonds

Eine branchenspezifische Analyse

PETER LANG
Europäischer Verlag der Wissenschaften

Die Deutsche Bibliothek - CIP-Einheitsaufnahme

Lubig, Joachim:

Vermögensbildung in Arbeitnehmerhand durch Tariffonds : eine branchenspezifische Analyse / Joachim Lubig. - Frankfurt am Main ; Berlin ; Bern ; New York ; Paris ; Wien : Lang, 1998
(Europäische Hochschulschriften : Reihe 5, Volks- und Betriebswirtschaft ; Bd. 2321)
Zugl.: Darmstadt, Techn. Univ., Diss., 1998
ISBN 3-631-33483-4

D 17
ISSN 0531-7339
ISBN 3-631-33483-4

Vorwort

Die vorliegende Untersuchung wurde als Dissertation am Lehrstuhl Finanzwissenschaft des Fachbereichs Rechts- und Wirtschaftswissenschaften an der Technischen Universität Darmstadt eingereicht.

In erster Linie gilt mein Dank Herrn Prof. Dr. Dr. h. c. Bert Rürup für die Überlassung des Themas und die intensive Betreuung während der Erstellung der Arbeit. Das Korreferat übernahm freundlicherweise Herr Prof. Dr. Wolfram Reiß.

Auch Herrn Norbert Mondorf und Herrn Dr. Manfred Nekola, stellvertretend für das große Entgegenkommen und die Unterstützung durch meinen Arbeitgeber der Nestlé Deutschland AG, bin ich zu großem Dank verpflichtet. Nicht zuletzt dadurch ist es mir gelungen, die Doppelbelastung aus beruflicher Tätigkeit und der Anfertigung einer zu Dissertation zu bewältigen. Weiterhin danke ich allen Freunden und Bekannten für die große Bereitschaft zur Diskussion und Hilfestellung. Hierbei möchte ich vor allem die Korrekturleser hervorheben.

Meiner Mutter, die mir alles erst ermöglicht hat, Ulrike und der ganzen Familie danke ich für die Unterstützung während der gesamten Ausbildung, insbesondere in der anstrengenden Endphase der Promotion.

Dietzenbach, im März 1998 Joachim Lubig

Inhaltsverzeichnis

Abbildungs- und Tabellenverzeichnis

Abkürzungs- und Symbolverzeichnis

a. a. O.	am angegebenen Ort
Abb.	Abbildung
Abs.	Absatz
AG	Aktiengesellschaft
AktG	Aktiengesetz
AltBL	alte Bundesländer
ALV	Arbeitslosenversicherung
Anm.	Anmerkung
Art.	Artikel
Aufl.	Auflage
BAK	Bundesaufsichtsamt für Kreditwesen
Bau	Baugewerbe
BAWPHdl.	Bundesaufsichtsamt für Wertpapierhandel
BDA	Bundesvereinigung der deutschen Arbeitgeberverbände
Besch.	Beschäftigte(r) (n)
Beteilig.	Beteiligung
BetrVG	Betriebs Verfassungsgesetz
BGBl	Bundesgesetzblatt
Bill	Billionen
BL	Bundesländer
BR	Betriebsrat
BRD	Bundesrepublik Deutschland
bzw.	beziehungsweise
ca.	circa
CAPM	Capital-Asset-Pricing-Model
CDU	Christlich Demokratische Union
CH	Chemische Industrie
CR	concentration ratio
CSU	Christlich Soziale Union
c. p.	ceteris paribus
d.	der/die/das
DDR	Deutsche Demokratische Republik
ders.	derselbe
dies.	dieselben
DGB	Deutscher Gewerkschaftsbund
d. h.	das heißt
Diss.	Dissertation
DIW	Deutsches Institut für Wirtschaftsforschung
DJT	Deutscher Juristentag
DM	Deutsche Mark
EDV	elektronische Datenverarbeitung
EK	Eigenkapital
EL	elektrotechnische Industrie
EStG	Einkommensteuergesetz
etc.	et cetera
EVS	Einkommens- und Verbrauchsstatistik
FAZ	Frankfurter Allgemeine Zeitung

f.	folgende
ff.	fortlaufende
FDP	Freie Demokratische Partei
FK	Fremdkapital
FN	Fußnote
F&E	Forschung und Entwicklung
GewO	Gewerbeordnung
GewStG	Gewerbesteuergesetz
GF	Geschäftsführer
GG	Grundgesetz
ggf.	gegebenenfalls
GmbH	Gesellschaft mit beschränkter Haftung
GmbHG	GmbH-Gesetz
GKV	Gesetzliche Krankenversicherung
GPV	Gesetzliche Pflegeversicherung
GRV	Gesetzliche Rentenversicherung
HH	Haushalte
HHV	Haushaltsvorstand
HGB	Handelsgesetzbuch
Hrsg.	Herausgeber
i. d. R.	in der Regel
i. e. S.	im engeren Sinne
i. S.	im Sinne
IG	Industriegewerkschaft
inkl.	inklusive
insg.	insgesamt
i. V. m.	in Verbindung mit
Jg.	Jahrgang
JStG	Jahressteuergesetz
KAG	Kapitalanlagegesellschaft
KAGG	Gesetz über Kapitalanlagegesellschaften
kalk.	kalkulatorisch(e)
Kap.	Kapitel
Kfz	Kraftfahrzeug
KG	Kommanditgesellschaft
KGaA	Kommanditgesellschaft auf Aktien
KöSt	Körperschaftsteuer
KStG	Körperschaftsteuergesetz
KWG	Gesetz über das Kreditwesen
m. a. W.	mit anderen Worten
MB	Maschinenbauindustrie
Mio	Millionen
monatl.	monatlich
Mrd	Milliarden
m. E.	meines Erachtens
NBL	neue Bundesländer
Nr.	Nummer
NWS	Nettowertschöpfung
OHG	offene Handelsgesellschaft

o. a.	oben angeführt(en)
p. a.	per annum
PKW	Personenkraftwagen, synonym für Straßenfahrzeugbau
rd.	rund
Rdnr.	Randnummer
Rz.	Randziffer
s.	siehe
S.	Seite; in Verbindung mit Gesetzestexten: Satz
SKr	schwedische Kronen
SPD	Soziale Partei Deutschlands
s. u.	siehe unten
Tab.	Tabelle
TDM	Tausend Deutsche Mark
Tsd.	tausend
TVG	Tarifvertragsgesetz
u. a.	unter anderem
u. ä.	und ähnliches
UBG	Unternehmensbeteiligungsgesellschaft
UBGG	Gesetz über Unternehmensbeteiligungsgesellschaften
USA	United Staates of America
u. U.	unter Umständen
v.	vom, von
VCI	Verband der Chemischen Industrie e. V.
VDA	Verband der Automobilindustrie e.V.
VermStG	Vermögenssteuergesetz
Veränd.	Veränderung
Verf.	Verfasser(s)
VermBG	Gesetz zur Förderung der Vermögensbildung der Arbeitnehmer (Vermögensbildungsgesetz)
vgl.	vergleiche
Vj.	Vorjahr
VWR	Volkswirtschaftliche Gesamtrechnung
WiSt	WiSt Wirtschaftswissenschaftliches Studium
WSI	Wirtschafts- und Sozialwissenschaftliches Institut
z.	zum, zu
z. B.	zum Beispiel
Ziff.	Ziffer
ZVK	Zusatzversorgungskasse
ZfbF	Zeitschrift für betriebswirtschaftliche Forschung

Symbolverzeichnis

a	Anteil der Arbeitnehmer am Vermögenszuwachs ΔV
α	Quote der Ertragsbeteiligung
Δ	Differenz
ΔK^{VermBG}	Änderung der Reichtumsposition der Eigentümer
γ	Austauschrate vermögenswirksame Leistung vs. Barlohn
I	Investition mit Marktzins i
I_r	Investition mit Rendite r
I_r^*	Investition mit Rendite r bei Ertragsbeteiligung
i	Marktzins
K	Kapitalgut
L_t	periodischer Barlohn aller Mitarbeiter
λ	Satz der Angleichung an eine vorgegebene Endverteilung
§	Paragraph
ρu	Nettoumverteilungsquote
Q	Periodengewinn
r	Rendite
S_r	Grenzinvestition bei Investitionsvolumen I_r und Rendite r
S	Investitionsvolumen mit Marktzins i
t	Zeitpunkt
t_λ	Eintritt der gewünschten Anpassung der Vermögensumverteilung
u	Anteil der Unternehmer am Vermögenszuwachs
$V(t)$	Gesamtvermögen zum Zeitpunkt t
V_A	Vermögensbestand der Arbeitnehmer
ΔV	Vermögenszuwachs
vL_t	vermögenswirksame Leitungen
w	Wachstumsrate des Gesamtvermögens

I. Grundlagen der Untersuchung

1. Einführung in die Untersuchung

Die Diskussionen über eine breite "Vermögensbildung in Arbeitnehmerhand" werden seit Gründung der Bundesrepublik Deutschland geführt. Über die reine Sparförderung hinaus wird eine breite Beteiligung der lohnabhängigen Beschäftigten am Produktivkapital einer Volkswirtschaft angestrebt.

Die umfangreichen Diskussionen werden auch unter den Stichworten „materielle Mitarbeiterbeteiligung“ oder „Vermögensbeteiligung“ geführt. Die Erfolge bewegen sich jedoch bislang in eher bescheidenem Rahmen, und gerade das Produktivvermögen besitzt eine hohe Verteilungsdisparität.

1.1 Zielsetzung der Untersuchung

Die Zielsetzung der Untersuchung ist, Lösungswege für eine breite Produktivkapitalbeteiligung der Arbeitnehmer auf Basis der investiven Beteiligung aufzuzeigen. Als innovative Option werden hierzu Tariffonds diskutiert. Anhand eines vorliegenden Vorschlags der IG Bau-Steine-Erden aus dem Jahr 1992 für ein Tariffonds-Modell wird die Eignung für diverse Branchenstrukturen geprüft.

Tariffonds sollen von den Tarifvertragsparteien als überbetriebliche Arbeitnehmerfonds zugunsten der Arbeitnehmer gegründet werden. Hierzu wird von den Tarifvertragsparteien eine gemeinsame Einrichtung gemäß § 4 Abs. 2 TVG etabliert. Eine wesentliche Aufgabe dieser Institution besteht in der Zusammenfassung und Weiterleitung einer Vermögensbildungsabgabe an eine Kapitalanlagegesellschaft (KAG) oder Unternehmensbeteiligungsgesellschaft (UBG), die die zufließenden Mittel anlegen und im Gegenzug Anteilspapiere an die Arbeitnehmer ausgeben. Die Untersuchung ist dabei konzeptionell in die vier nachfolgenden, aufeinander aufbauende Abschnitte gegliedert:

I. Grundlagen der Untersuchung
II. Optionen für Vermögensbildungsstrategien
III. Entscheidungsebenen der Vermögensbeteiligung
IV. Die branchenspezifische Analyse

Nach der Erörterung der Grundlagen der Untersuchung, werden mögliche Optionen für Vermögensbildungsstrategien diskutiert und die Vor- und Nachteile bisheriger Ansätze sowie die Vorteilhaftigkeit von Tariffonds dargelegt.

Eine grundlegende These der Untersuchung lautet, daß das Dilemma der bisherigen vermögenspolitischen Ansätze in der mangelnden Berücksichtigung branchenspezifischer Strukturen bei der Ausgestaltung der Vermögensbeteiligungspläne zu suchen ist. Die Gestaltungselemente für ein Beteiligungsmodell werden daher systematisiert und auf einzelnen Entscheidungsebenen zur Ausgestaltung der Vermögensbeteiligung im dritten Abschnitt der Untersuchung diskutiert.

In einer branchenspezifischen Analyse zur Eignung von Tariffonds wird, aufbauend auf den diskutierten Entscheidungsebenen, eine Entscheidungsmatrix entwickelt. Sie zeigt, inwieweit das Modell der IG Bau-Steine-Erden auch auf andere ausgewählte Branchenstrukturen übertragbar ist oder welche branchenspezifischen Adaptionen des Modells empfehlenswert sind.

1.2 Aufbau der Untersuchung

1.2.1 Grundsätzliches zur Vermögensbildung und -verteilung

Zunächst wird der Vermögensbegriff hinsichtlich seiner Zieladäquanz für die Vermögensbildung definiert. Für die Vermögensbildung sind folgende Vermögensarten in Betracht zu ziehen:

- Dauerhafte Gebrauchsgüter
- Geldvermögen
- Immobilienvermögen
- Investive Beteiligung

Voraussetzung für eine erfolgreiche Vermögensbildung ist zusätzliches Sparen der privaten Haushalte. Ansatzpunkte hierzu sind sowohl die Erhöhung der Sparwilligkeit als auch die Erhöhung der Sparfähigkeit. Es wird gezeigt, daß eine zielgruppengerechte Vermögensförderung erforderlich ist, wenn bereits vorhandene Disparitäten in der Vermögensverteilung mittelfristig nicht noch weiter verschärft werden sollen.

Es erfolgt daher zunächst eine Bestandsaufnahme der Einkommens- und Verteilungssituation in der Bundesrepublik Deutschland, abhängig von sozioökonomischen Merkmalen. Hierzu wurden folgende Kriterien verwendet:

- verfügbares Einkommen und Vermögenseinkommen sowie
- Ersparnisbildung und Sparquoten nach Haushaltsgruppen,
- Vermögensschichtung der privaten Haushalte.

Die durchgeführten vermögenspolitischen Überlegungen konzentrieren sich auf zwei Sektoren: die Unternehmen und die privaten Haushalte. Ohne eine breitenwirksame Beteiligung der Arbeitnehmer am Produktivkapital wird auch künftig neu gebildetes Vermögen stets bei den Unternehmen anfallen.

1.2.2 Optionen für Vermögensbildungsstrategien

Die Debatte der Vermögensbildungspolitik beginnt nicht bei der grundlegenden Bestandsaufnahme der Verteilungssituation, sondern entzündet sich regelmäßig bei der Festlegung der Vermögensbildungsstrategie und der anschließenden konkreten Ausgestaltung derselben. Die Untersuchung befaßt sich mit drei wesentlichen Optionen für Vermögensbildungsstrategien:

- Vermögensbildung durch staatliche Förderung
- Vermögensbildung durch betriebliche Beteiligung.
- Vermögensbildung durch überbetriebliche Tariffonds.

Die staatlichen Maßnahmen zur Vermögensbildung werden als Vermögenspolitik oder Sparförderung bezeichnet. Darunter wird die Gesamtheit der staatlichen Maßnahmen zur Erhöhung der gesamtwirtschaftlichen Ersparnisbildung verstanden. Die staatliche Förderung der Vermögensbildung ist im Hinblick auf Effizienz und Zielgruppenorientierung umstritten.

Bei der Einkommensverwendung soll das freiwillige Sparen durch zusätzliche Anreize wie Prämien (z. B. Spar- und Wohnungsbauprämie) oder Gewährung von Steuervergünstigungen verstärkt werden. Ein grundlegendes Element im Rahmen der Untersuchung sind vermögenswirksame Leistungen. Diese sind vereinbarte Geldleistungen, die der Arbeitgeber dem Arbeitnehmer nicht auszahlt, sondern zu seinen Gunsten fest anlegt.

Vermögenswirksame Leistungen werden regelmäßig zusätzlich zum sonstigen Lohn tarifvertraglich vereinbart, aber auch in Betriebsvereinbarungen oder Einzelverträgen. Obwohl seit Beginn der 80er Jahre eine verstärkte Förderung der Beteiligung am Produktivvermögen gegenüber anderen Sparformen betrieben wird, findet es jedoch bei den Arbeitnehmern nach wie vor nur untergeordnetes Interesse.

Die seit vielen Jahren starren Einkommensgrenzen, die Streichung von Sparprämien, Senkung von Zulagensätzen sowie die Begrenzung der begünstigten Anlageformen deuten außerdem an, daß sich der Staat zunehmend aus der Vermögenspolitik zurückzieht.

Damit verlagert sich die Vermögensbildung zunehmend in den Verantwortungsbereich der Tarifparteien. Als besonderer Streitpunkt ist hier die Grundsatzdiskussion der betrieblichen (direkten) versus überbetrieblichen (indirekten) Produktivkapitalbeteiligung anzusehen.

Bei betrieblichen Beteiligungen können vor allem die geringe Breitenwirkung und die Kumulation von Arbeitsplatz- und Kapitalrisiko bemängelt werden. Auch die erwünschte Korrelation von Leistungsbereitschaft und Produktivkapitalbeteiligung ist zu prüfen. Die Einwände sind im Hinblick auf die jeweiligen Branchenstrukturen zu prüfen.

Als wichtige Kriterien zur Beurteilung der Eignung der betrieblichen versus der überbetrieblichen Beteiligung in den einzelnen Branchen gelten:

- Insolvenzrisiko in der Branche,
  zur Beurteilung des Arbeitsplatz- und Kapitalrisikos;
- Konzentrationsgrad der Branche,
  zur Beurteilung der Breitenwirkung bei Einsatz betrieblicher Modelle;
- Rechtsform der Unternehmen,
  zur Beurteilung der Angebotsmöglichkeiten einer Beteiligung.

Wesentliche Nachteile der betrieblichen Beteiligungsmodelle können durch die überbetrieblichen Tariffonds vermieden werden. Zunächst wird jedoch die grundsätzliche Konzeption vermögenspolitischer Tariffonds hergeleitet, da auch eine "große (gesetzliche) Lösung" über alle Branchen hinweg statt branchenspezifischer Tariffonds vorstellbar wäre.

Anschließend werden drei vermögenspolitische Initiativen vorgestellt:

- Das Erfolgsbeteiligungsmodell der IG Bau-Steine-Erden von 1992,
- überbetriebliche Beteiligungen im Entwurf des Jahressteuergesetzes (JStG) 1996 der Fraktionen der CDU/CSU und FDP,
- ein überbetriebliches Investivlohnkonzept von 1996.

Diese Initiativen sind die Grundlagen der Diskussionen über das "Warum" und "Wie" der Tariffonds. Es könnte unter anderem befürchtet werden, daß bei den Kapitalsammelstellen eine schädliche Konzentration an Verfügungsrechten entsteht oder sogar die Regelungsbefugnis der Tarifvertragsparteien überschritten wird. Fraglich ist, ob diese und weitere Vorbehalte durch Sachargumente überwindbar sind.

Vor allem die Prüfung der rechtlichen Konformität muß zeigen, daß eine gemeinsame Einrichtung der Tarifpartner zum Zwecke der überbetrieblichen Vermögensbildung zulässig ist. Danach werden noch Grundsatzfragen zur steuerrechtlichen Behandlung von Tariffonds erörtert. Es gibt im Steuerrecht noch keine eigenen Regelungen für Mitarbeiterbeteiligungen. Damit verbundene Fragen sind anhand der gesetzlichen Bestimmungen zu prüfen, die allgemein für Beteiligungen an Unternehmen gelten. Abschließend folgt ein Blick auf die Kosten der Konzepte.

1.2.3 Entscheidungsebenen der Vermögensbeteiligung

Bei der konkreten Ausgestaltung einer Vermögensbeteiligung sind eine Reihe von Entscheidungen zu treffen, um ein praktikables Modell an die jeweiligen branchenspezifischen Gegebenheiten anzupassen. Diese Entscheidungsebenen betreffen:

- Die Mittelaufbringung eines Vermögensbildungsbeitrags.
- Die Bemessungsgrundlage eines Vermögensbildungsbeitrags.
- Mittelverwendung (betriebliche vs. überbetriebliche Beteiligung)
- Organisation und rechtlicher Rahmen der Tariffonds.
- Die Mittelzuteilung auf die einzelnen Mitarbeiter
  und mögliche Reaktionen der Haushalte.

Bei der Mittelaufbringung muß geklärt werden, wer die Zahlung der Vermögensbildungsabgabe leistet, d. h. entweder der Arbeitgeber oder der Arbeitnehmer. Von zentraler Bedeutung ist insofern die Wahl der Bemessungsgrundlage für die Abführung eines Vermögensbildungsbeitrags. Hierzu gibt es folgende grundlegende Möglichkeiten:

- Mittelaufbringung durch den Arbeitgeber auf der Basis einer Erfolgsgröße (Gewinn, Leistung, Wertschöpfung) als Bemessungsgrundlage
- Mittelaufbringung durch den Arbeitnehmer auf der Basis des individuellen Lohns/Gehalts bzw. des Lohn-/Gehaltszuwachses mit der Bemessungsgrundlage Investivlöhne

Wichtige Kriterien sind die Stetigkeit des Vermögensaufbaus, die Förderungswirksamkeit durch das 5. VermBG, die Vermeidung der Abwälzung auf Preise oder Löhne, aber auch Orientierung am vorhandenen Verteilungsspielraum.

Die Mittelverwendung betrifft die Entscheidung betriebliche versus überbetriebliche Beteiligung. Diese Entscheidung wurde bereits im 2. Abschnitt erörtert. Für überbetriebliche Tariffonds werden zwei Optionen für den rechtlichen Rahmen betrachtet:

- Gesetz über Kapitalanlagegesellschaften (KAGG)
- Gesetz über Unternehmensbeteiligungsgesellschaften (UBGG)

Die Entscheidung richtet sich hierbei nach Kriterien wie Anlagemaxime, der Risikoaversion der Anleger, aber auch dem Marktentwicklungspotential einer Branche bzw. eines Segments.

Die rechtlichen Voraussetzungen für betriebliche Beteiligungen werden in dieser Untersuchung nicht mehr gesondert dargestellt, da es hierzu in der Praxis bereits umfassende und langjährige Beispiele gibt.

Anschließend werden die Mittelzuteilung auf die einzelnen Haushalte und mögliche Reaktionen derselben diskutiert. Beim Investivlohn ist die Vermögensakkumulation durch die eingezahlten Beträge seitens der Mitarbeiter und die anschließende Performance der Fonds eindeutig determiniert.

Dagegen müssen bei Erfolgsbeteiligungsmodellen Schlüssel für die Individualverteilung des Erfolgsanteils definiert werden. Hierzu gibt es folgende Möglichkeiten:

- Zuteilung nach Leistungsgesichtspunkten,
- nach sozialen Gesichtspunkten oder
- nach sonstigen Gesichtspunkten, wie Betriebszugehörigkeit, Alter etc.

Als mögliche unerwünschte Reaktionen der Haushalte auf die Einführung der Vermögensbeteiligung wird das freiwillige Sparen durch das quasi administrierte Sparen der Vermögensbeteiligung substituiert. Damit würde sich an der Verteilungssituation nichts ändern.

1.2.4 Die branchenspezifische Analyse

Im vierten Abschnitt folgt schließlich die Diskussion, ob das Tariffondsmodell der IG Bau-Steine-Erden auf ausgewählte Branchen des verarbeitenden Gewerbes übertragbar ist oder welche branchenspezifischen Adaptionen vorgenommen werden müssen. Die nachfolgenden Branchen wurden vor dem Hintergrund ausgewählt, daß gerade in der gewerblichen Wirtschaft das Phänomen einbehaltener Gewinne als Grundlage eines Erfolgsbeteiligungsmodells auftritt, und in diesen Branchen durch eine Vielzahl betroffener Arbeitnehmer die gewünschte Breitenwirkung der Vermögensbildung erzielt werden kann:

1. Die chemische Industrie.
2. Der Straßenfahrzeugbau.
3. Die elektrotechnische Industrie.
4. Der Maschinenbau.
5. Das Baugewerbe (als Referenzbranche).

Die einzelnen Branchen werden anhand folgender Kriterien charakterisiert:

- Allgemeines zur Branchenstruktur.
- Kostenstruktur und Beschäftigtenverteilung nach Größenklassen.
- Marktentwicklung und Zukunftsperspektiven.
- Entwicklung in den neuen Bundesländern.

Bei der dann darauf aufbauenden Diskussion, ob das Tarifmodell der IG Bau-Steine-Erden auf die ausgewählten Branchen übertragbar ist, werden zusätzlich noch folgende Kriterien herangezogen:

- Verteilung der Beschäftigten nach Rechtsform.
- Unternehmenskonzentration (concentration ratio).
- Insolvenzhäufigkeit und Insolvenzverfahren (absolut).

Abschließend wird beurteilt, inwiefern der Gesetzentwurf für überbetriebliche Beteiligungen im Entwurf des Jahressteuergesetzes 1996 der Fraktionen CDU/CSU und FDP tatsächlich einen Fortschritt gegenüber den bereits bestehenden Regelungen beinhaltet. Auch ist die Untersuchung dahingehend zu ergänzen, welcher Umfang der Vermögensbildung in welchem Zeitraum auf Basis der Branchenstrukturen erwartet werden kann.

1.2.5 Zusammenfassung und Ergebnisse

Am Ende der Untersuchung folgen zusammengefaßt die wichtigsten Erkenntnisse der einzelnen Abschnitte. Mit Hilfe der branchenspezifischen Analyse soll schließlich aufgezeigt werden, wie die Produktivkapitalbeteiligung auf eine Breite Basis gestellt werden kann, ohne den derzeit gültigen rechtlichen Rahmen zu verlassen und daß Tariffonds und betriebliche Beteiligungsmodelle hierzu komplementäre Instrumente sind.

1.3 Zieloptionen der Tariffonds

Die Zielsetzungen einer Mitarbeiterbeteiligung können weitreichend sein. Die gesellschaftlichen Gruppen haben stets eigene Prioritäten gesetzt. Während die Gewerkschaften die Umverteilung und Mitbestimmung in den Vordergrund stellen, genießt aus der Sicht der Arbeitgeber häufig die Steigerung der Motivation und der Leistungsbereitschaft, die Stärkung des Eigenkapitals oder die Bereitstellung von Risikokapital den Vorrang.

Die staatliche Politik versuchte bislang beiden Seiten gerecht zu werden, wobei durch das 5. Vermögensbildungsgesetz die Förderung des Eigenkapitals betont wurde.

Folgende Zielsetzungen können mit der Vermögensbeteiligung grundsätzlich verbunden werden:

- Umverteilung von Vermögen und Einkommen
- Ergänzung der sozialen Sicherung und Altersvorsorge
- Kapitalbildung bei den Unternehmen
- Minderung der Fluktuation und Erhöhung der Attraktivität der Branche

ad Umverteilung von Vermögen und Einkommen

Die Zielsetzung einer gerechteren Umverteilung von Vermögen und Einkommen resultiert aus dem Befund, daß die funktionale Einkommensverteilung gerade die Arbeitnehmer der unteren Einkommensklassen vom gesamten Vermögenszuwachs ausschließt und eine zunehmende Vermögenskonzentration zu beobachten ist. Die Sparfähigkeit ist konsequenterweise bei hohem Einkommen größer als bei niedrigem Einkommen. Im Mittelpunkt einer verteilungsorientierten Vermögenspolitik muß demnach die Erhöhung der Sparfähigkeit, aber auch -bereitschaft, des Begünstigtenkreises stehen.

ad Ergänzung der sozialen Sicherung und der Altersvorsorge

Die Politik des sozialen Ausgleichs ist ein Wesensmerkmal der Bundesrepublik Deutschland. Auch bei einer gerechteren Vermögensverteilung verbleibt bei dem überwiegenden Anteil der Arbeitnehmer das Arbeitsplatz- bzw. Arbeitsunfähigkeitsrisiko und damit das Risiko des Verlusts ihres Lebensunterhalts.

Gerade in den einkommensschwachen Bevölkerungsschichten können die Berufs- und Lebensrisiken häufig nur noch mit Hilfe des Staates abgesichert werden. Die Vermögenspolitik könnte insofern eine sinnvolle Ergänzung zu den sozialen Sicherungssystemen darstellen und die Fähigkeit zur eigenen Vorsorge stärken.

Ein Ersatz der Altersvorsorge ist durch Vermögensbeteiligungen aber nur bedingt möglich, da die Investmentprodukte regelmäßig keine Leistungsgarantien geben und biometrische Risiken nur unzureichend absichern, was ein Vorsorgesystem jedoch erfüllen muß.

ad Kapitalbildung bei den Unternehmen

Auch die ungünstige Eigenkapitalstruktur kleiner und mittlerer Unternehmen führt häufig zur Forderung neuer vermögenspolitischer Konzepte, verbunden mit einer verstärkten "Eigenkapitalbildung durch Arbeitnehmerhand". Allerdings kann diese Forderung nur bedingt als Hauptziel gelten, da gerade für große, börsennotierte Kapitalgesellschaften auch andere Wege zur Kapitalbeschaffung offenstehen und sich bei kleinen und mittleren Unternehmen die Risikofrage stellt.

Durch die Anlage der Mittel von Seiten der Unternehmensbeteiligungsgesellschaften eröffnen sich aber auch hier interessante Optionen in Verbindung mit überbetrieblichen Modellen.

ad Minderung der Fluktuation und Erhöhung der Attraktivität der Branche

Eine erhöhte Fluktuation ist für die Unternehmen mit erheblichen Kosten verbunden, unter anderem mit Kosten der Abwicklung des Arbeitsaustritts, Suchkosten und Kosten für die Einarbeitung, und birgt darüber hinaus nicht meßbare oder nicht unmittelbar kostenwirksame Nachteile. Allerdings ist ein Teil der Fluktuation für die Unternehmen gar nicht beeinflußbar, wie z. B. Aufgabe der Erwerbstätigkeit, berufliche Weiterbildung etc. Durch einen zusätzlichen Anreiz wird nicht nur die Attraktivität der Unternehmen, sondern gegebenenfalls auch der gesamten Branche erhöht.

1.4 Eingrenzung der Untersuchung

Die Vertrautheit vieler Arbeitnehmer mit den Grundlagen und Funktionsweisen der „arbeitsteiligen Wirtschaftsgesellschaft“ sind immer wieder Anlaß, die Qualität einer Vermögensbeteiligung weit über eine materielle Beteiligung hinaus zu diskutieren.

Idealerweise wird aus dem Arbeitnehmer ein Wirtschaftsbürger, der auf die wettbewerbliche Position des arbeitgebenden Unternehmens stärker bedacht ist und zusätzliche Leistungsreserven mobilisiert.

Weitere Ziele sind die Verbesserung der Arbeitszufriedenheit und die Überwindung der Entfremdung zwischen den Produktionsfaktoren Kapital und Arbeit. Auch könnten Beteiligungsmodelle in zunehmendem Maße als Ausdruck der sozial- und gesellschaftspolitischen Verantwortung der Unternehmen betrachtet werden. Die Verfolgung dieser und anderer „immaterieller Verteilungsziele" ist jedoch im Rahmen der Untersuchung von untergeordneter Bedeutung.

Verbunden mit einer breiteren Streuung des Produktivkapitals kann auch die Forderung nach einer Dekonzentration der wirtschaftlichen Verfügungsmacht erhoben werden. Aufgrund der breiten Streuung der überbetrieblichen Beteiligung zur Minimierung der Anlagerisiken werden jedoch Eigentum und Verfügungsmacht voneinander abgekoppelt.

Aber gerade diese Ausprägung als Instrument zum Abbau des Gegensatzes zwischen Unternehmer und Arbeitnehmer wird in der Wissenschaft beispielsweise unter den Stichworten Property Rights, Informationsasymmetrien oder Agency Costs umfassend diskutiert und wird daher hier nur hinsichtlich der informations- und transaktionskostenorientierten Begründung für Tariffonds thematisiert.

Auch beschäftigungspolitische Ziele können der Mitarbeiterbeteiligung in Verbindung mit der Lohnpolitik bzw. lohnpolitischen Forderungen der Tarifvertragsparteien unterstellt werden. Nach wie vor wird die Diskussion über den Zusammenhang von Lohnhöhe und Arbeitslosigkeit kontrovers geführt. Diese Problematik wird jedoch in der Untersuchung nicht weiter verfolgt.

Tariffonds haben auch nichts mit syndikalistischen Vorstellungen gemeinsam. Insofern brauchen im Rahmen der Untersuchung auch keine breit angelegten Diskussionen über Formen des Staatssozialismus oder Arbeitnehmerkollektive geführt werden.

Der entstehende Einkommensanteil der Vermögensbeteiligung wird nur einen kleinen Teil des Gesamteinkommens der Arbeitnehmer ausmachen und diese von einem regelmäßigen Arbeitseinsatz nicht entbinden.

2. Grundsätzliches zur Vermögensbildung und -verteilung

2.1 Begriffliche Abgrenzung von Vermögen, Vermögensbildung und Vermögensbildungspolitik

Der Vermögensbegriff wird in der Literatur kontrovers diskutiert. Die Interpretationen reichen von den Überlegungen, ob alle einkommenswirksamen Vorgänge Vermögen bedeuten, bis hin zum Arbeitsvermögen (Humankapital) und schließen mitunter sogar Ansprüche der Arbeitnehmer an die Rentenversicherung ein.[1]

Hardt hat zur Beurteilung der Zieladäquanz und begrifflichen Abgrenzung der Vermögensarten die Kriterien „vererbbar", „disponibel", „beleihbar" und „verkäuflich" verwendet. Aus diesem Grund scheidet Humanvermögen aus, da dieses keines der Kriterien erfüllt. Auch Vermögen im Sinne von Kapitalbesitz sollte eindeutig von Konsumgütern privater Haushalte getrennt werden, die nach den angeführten Kriterien ebenfalls ausscheiden.[2]

Brock verweist auf mögliche Funktionen des Vermögens, das im wesentlichen Macht-, Prestige-, Sicherungs- und Ertragsfunktion hat.[3] Die Macht- und Prestigefunktion des Vermögens soll allerdings an dieser Stelle von nachrangiger Bedeutung sein. Machtpolitische Zielsetzungen unterliegen nicht nur als Prämissen kompromißfähiger Tariffondsmodelle, sondern auch durch rechtliche und institutionelle Regelungen erheblichen Einschränkungen, wie später in dieser Untersuchung noch vertieft wird. Auch dürfte dem Konsum eher eine Prestigefunktion zukommen.

In der Untersuchung steht somit die Sicherungs- und Ertragsfunktion des Vermögens im Vordergrund. Unter die Sicherungsfunktion fallen auch Vermögen, die zum späteren Erwerb von Verbrauchs- und Gebrauchsgütern angesammelt werden. Darunter kann zwar prinzipiell auch Konsumvermögen subsumiert werden, allerdings wird letztlich auf die Funktion eines längerfristigen Vermögensbestandes abgezielt, beispielsweise für Ausbildungszwecke der Kinder oder Verbrauchsgüter, die dem Lebensunterhalt dienen. Auch Rentenansprüche könnten hierunter verstanden werden.

---

1 Vgl. Krelle, W.; Schunck, J.; Siebke, J. (1968), S. 14, der neben Sach- und Geldvermögen auch das Arbeitsvermögen definiert, oder Schaper, U. (1971), S. 7.

2 Vgl. Hardt, U. (1991), S. 16 f.

3 Vgl. Brock, B. (1971), S. 58 f.

Bei der Definition des Vermögensbegriffs gehen Föhl[4] und Krelle[5] dagegen von der Entstehungs- und der Verwendungsseite des Vermögens aus. Beide Autoren unterscheiden dabei zwischen öffentlichem und privatem Sach- und Geldvermögen. Das Sachvermögen gliedert sich in Gebrauchsvermögen, diejenigen Güter, die von den Haushalten im Laufe der Zeit verbraucht werden, und Produktivvermögen, diejenigen Güter, die zur Erzeugung von Gütern oder Erbringung von Dienstleistungen genutzt werden.

Die Zielsetzung der vorliegenden Untersuchung lautet jedoch nicht, eine Vielzahl möglicher Vermögensformen aufzuzeigen. Es geht darum, diejenige hervorzuheben, die am geeignetsten ist, dem Ziel einer möglichst breiten Verteilung des volkswirtschaftlichen Gesamtvermögens näherzukommen. Im Zusammenhang mit der Vermögensbildung in Arbeitnehmerhand konzentriert sich die vorliegende Untersuchung im wesentlichen auf die Kapitalbildung der privaten Haushalte. Der Vermögensbegriff kann also wesentlich enger gefaßt werden und wird zunächst noch auf nachfolgende Differenzierung beschränkt:[6]

- Dauerhafte Gebrauchsgüter
- Geldvermögen (Sparbriefe, Termineinlagen etc.)
- Immobilienvermögen
- Produktivvermögen (investive Beteiligung, Aktien etc.)

Rürup und Dornbach haben für die aufgeführten Vermögensarten Kriterien definiert, um deren Zieladäquanz bewerten zu können. Durch die verstärkte Beteiligung der Arbeitnehmer am Produktivvermögen soll eine nachhaltige, einkommenswirksame und breite Vermögensstreuung, verbunden nach Möglichkeit mit einer Dekonzentration der wirtschaftlichen (und politischen) Machtverhältnisse, erreicht werden.[7]

---

4 Vgl. Föhl, C. (1964), S. 3 f.

5 Vgl. Krelle, W.; Schunck, J.; Siebke, J. (1968), S. 13 ff., die auch diejenigen Güter, die nur mittelbar oder gar nicht der Produktion i. e. S. dienen, hinzuzählen, wie Wohnhäuser oder staatliche Verwaltungsgebäude. Außerdem unterscheidet Krelle beim Produktivvermögen produziertes, durch Investitionen vermehrbares Produktivvermögen (Anlage- und Vorratsvermögen) sowie Grund und Boden einschließlich der Bodenschätze.

6 Vgl. Hardt, U. (1991), S. 18 f.; auch in der gewerkschaftlichen Diskussion umfaßt der Vermögensbegriff alleine das Produktivvermögen, und die Vermögenspolitik konzentriert sich auf die Umverteilung des Vermögenszuwachses, s. IG Metall (1995), S. 1 f.

7 Vgl. Rürup, B.; Dornbach, J. (1993a), S. 13 ff. Hardt, U. (1991), S. 18 hat Vermögen definiert als Wertanlage, an der die Anleger Eigentumsrechte besitzen und die regelmäßiges Einkommen erbringen sollen bzw. können.

	nachhaltig	*einkommens-wirksam*	*breit*	*konzentrations-reduzierend*
dauerhafte Gebrauchsgüter	nein	nein	ja	nein
Geldvermögen	nein	ja	ja	nein
Immobilienvermögen	ja	ja/nein	nein	ja/nein
investive Beteiligung	ja/nein	ja	ja	ja

Tabelle 2.1 - Zieladäquanz der Vermögensarten
Quelle: Rürup, B.; Dornbach, J. (1993a), S.11 ff.

Dauerhafte Gebrauchsgüter unterliegen einem Wertverzehr und müssen ersetzt werden. Sie erfahren regelmäßig weder Wertezuwachs noch sind sie einkommenswirksam und erfüllen damit am geringsten die angeführten Kriterien.

Auch vermögensnahe Konsumgüter, wie Kunstgegenstände oder ähnliche Güter, die mitunter an Wert gewinnen können, sind häufig nicht nur kostspielig, sondern unterliegen auch einer gewissen Spekulationsgefahr, so daß eine Eignung für die Vermögenspolitik nicht gegeben ist.

Dominierende Vermögensformen und Hauptsparmotiv in Arbeitnehmerhand sind bislang die Geldvermögensbildung sowie Haus- und Grundbesitz (s. Kap. 2.2). Das Geldvermögen dient häufig der Befriedigung von Konsumbedürfnissen, insbesondere bei der Anschaffung von dauerhaften Gebrauchsgütern. Die privaten Haushalte erzielen dann kein zusätzliches Einkommen bzw. keinen Wertzuwachs, und damit werden die Kriterien Nachhaltigkeit und Konzentrationsreduktion nicht erfüllt. Andererseits sind Anlagen in Geldvermögen prinzipiell durchaus zur Vermögensbildung geeignet, da der Kapitalmarkt die Fristentransformation und Umlenkung in den Unternehmenssektor auch ohne Eingriffe des Staates oder der Tarifpartner vornehmen könnte.

Generell fließen die verschiedenen Vermögensfunktionen zum Teil ineinander über, so daß eine Abgrenzung der Eignung der einzelnen Vermögensarten für die Vermögenspolitik erschwert wird. Geldvermögen, das eine Vorsorge- oder Sicherungsfunktion wahrnimmt, kann nicht nur in Geldform gehalten werden, sondern auch zeitweilig in Produktivvermögen umgewandelt und erst nach einer längeren Frist aufgelöst werden.

Genauso ist denkbar, daß Geldvermögen in seiner Ertragsfunktion in eine langfristig gehaltene Vermögensform (z. B. Aktien, Investmentpapier) wandert, die die höchstmögliche Rendite gewährleistet.

Das Immobilienvermögen ist faktisch bei Selbstnutzung für Konsum- und als Anlageform für Vermögenszwecke gleichermaßen geeignet. Darüber hinaus war es in der Vergangenheit gegen Inflationsgefahren besser geschützt als andere Vermögensformen. Gerade das Immobiliensparen wurde aufgrund der Wohnungsnot in Form des Bausparens lange gefördert. Wie noch gezeigt wird, ist unter den gesamten Vermögensarten der Konzentrationsgrad beim Haus- und Grundbesitz noch am geringsten, so daß die Verteilungsgerechtigkeit als relativ ausreichend angesehen werden kann.[8] Allerdings stellen die hohen Anschaffungskosten, verbunden mit einer hohen Ansparvorleistung, zunehmend eine Marktzutrittsbarriere für einkommensschwache Bevölkerungsschichten dar.[9] Aufgrund möglicher Substanzgewinne durch den Anteilsverkauf beim Beteiligungssparen könnte für diese Bevölkerungskreise die Ansparphase für den Erwerb von selbstgenutztem Wohneigentum zusätzlich unterstützt oder sogar verkürzt werden. Für die Zwecke der Vermögenspolitik sind die Anlageformen in Immobilienvermögen unter den vorgegebenen Kriterien und Zielsetzungen damit nur bedingt geeignet.

Becher verweist auf Oswald von Nell-Breuning, der bereits 1953 für die erforderliche Subjektstellung breiter Schichten in Wirtschaft und Gesellschaft, nach einem Prozeß der Zusammenballung an Produktionsmitteln, weder den Ausbau der sozialen Sicherung noch die Förderung des Siedlungs- und Eigenheimbaus als geeignet betrachtete. Entscheidend sei die Umverteilung des Wirtschaftsvermögens.[10]

Entsprechend der Verteilungssituation steht demgemäß vor allem die Beteiligung der bislang eher vermögenslosen kleineren und mittleren Einkommensschichten am Produktivvermögen im Vordergrund.

Brock definiert schließlich das Produktivvermögen als gewerblich zu nutzendes (produktives) Sachvermögen einschließlich der Eigentumsanteile an Unternehmungen, wie z. B. die Aktie, die einen Sachwert repräsentiert. Das ertrag-

---

8 Vgl. Schöner, M. (1989), S. 59.

9 Vgl. Brock, B. (1971), S. 129.

10 Vgl. Becher, P. (1993), S. 19.

bringende Geldvermögen wird durch diese Definition zwar ausgegrenzt, jedoch wird das Investmentsparen als Übergang vom Geld- zum Beteiligungssparen gewertet, da es größere Risikostreuung bietet und es durch Zwischenschaltung einer Investmentgesellschaft nicht zu einer direkten Beteiligung kommt.[11] Es soll daher unter das Produktivvermögen subsumiert werden.

Nach den angeführten Kriterien erweist sich somit die investive Beteiligung für die Vermögenspolitik als uneingeschränkt geeignet. Durch die Kombination der Kapitalbeteiligung mit dem Vermögensbeteiligungsgesetz und dem § 19a EStG ist durch die damit verbundene Sperrfrist von 6 bzw. 7 Jahren zunächst hinreichend das Kriterium der Nachhaltigkeit erfüllt (s. ausführlich Kap. 3.2 und 5.2.3). Bei Anwendung der Regelungen für Direktversicherungen i. V. m. dem § 40 b EStG wäre der Anlagezeitraum sogar an das Erreichen des 60. Lebensjahrs des Sparers gebunden, allerdings dominiert hierbei deutlich die Zielsetzung der Alterssicherung, was sich aber stärker konzentrationsreduzierend auswirken könnte. Auf die gesetzlichen Regelungen wird im weiteren Verlauf vertiefend eingegangen.

Die Breite und Einkommenswirksamkeit der Produktivkapitalbeteiligung resultiert aus der überbetrieblichen Fondskonstruktion. Die Mittel werden unter dem Aspekt der Risikomischung angelegt, so daß die Rendite nicht von der wirtschaftlichen Entwicklung eines Unternehmens abhängig gemacht wird.[12] Die Produktivkapitalförderung könnte aus der Sicht der Unternehmen außerdem die Haftkapitalallokation verbessern.[13]

Produktivvermögen ist jedoch auch ein Residualeinkommen, das sich aus Ausschüttungen und Wertsteigerungen des Vermögensbestandes zusammensetzt. Der Ertrag ist damit nicht zwingend fix, sondern an den Erfolg der mit ihm finanzierten Investition gekoppelt, d. h. die Renditeerwartung ist unsicherer als vergleichsweise beim Geldvermögen.[14]

---

11 Vgl. Brock, B. (1971), S. 112, 117 u. 125.

12 Anm.: Grundsätzlich dürfte das Motiv des Substanzgewinns dominieren, wobei eine anschließende konsumtive Verwendung nicht ausgeschlossen ist.

13 Grundsätzlich wird in dieser Arbeit nicht untersucht, ob das mit der Vermögenspolitik verbundene Subventions- und Transfersystem die Allokationsmechanismen am Kapitalmarkt negativ beeinflußt. Die Förderungsmaßnahmen haben den möglichen Sekundäreffekt, daß sie anlagebereites Kapital in mehr oder weniger effiziente, geförderte Sparformen lenken.

14 Vgl. Schöner, M. (1989), S. 81.

Entsprechend der durchgeführten Abgrenzung konzentriert sich damit die weitere Untersuchung auf die Umverteilung des Produktivvermögens. Grundsätzlich könnte die Vermögensbildung dabei aus bestehendem Vermögensbestand oder zukünftigem Vermögenszuwachs erfolgen. Beim Vermögensbestand handelt es sich um die Summe aller in der Vergangenheit gebildeten und zu einem Stichtag bewerteten Vermögen.

Die Möglichkeiten für den Erwerb von Vermögen reichen hierbei von der Inbesitznahme freier Güter (Okkupation), der Übertragung von Gütern und Rechten als Gegenleistung für die Erbringung von besonderen Dienstleistungen bis hin zur einseitigen Übertragung in Form einer Schenkung und schließlich Vererbung. Diese Ansätze sollen im folgenden ohne Bedeutung sein. Im Vordergrund steht hier der Erwerb von Vermögen aus Einkommen.[15]

Zwar könnte die Vermögenspolitik oder anders ausgedrückt die Vermögensumverteilungspolitik neben der Umverteilung des Vermögenszuwachses auch auf eine Umverteilung des Vermögensbestandes abzielen, allerdings wurde die letztgenannte Variante bei den Vermögensbeteiligungsplänen nie ernsthaft in Erwägung gezogen. Abgesehen davon sprechen erhebliche ordnungs- und verfassungsrechtliche Bedenken gegen eine Umverteilung des Vermögensbestandes (ausführlich s. Kap. 6.1).

Auch in der politischen Diskussion spielt die Umverteilung vorhandenen privaten Vermögens oder eine Neuverteilung bzw. Vergesellschaftung dieses Vermögens so gut wie keine Rolle mehr, wenn man von steuerlichen Aspekten wie Erbschafts- oder Vermögenssteuer absieht.

Unter Vermögensbildung wird demnach verstanden, daß das Wirtschaftssubjekt Teile seines Einkommens nicht in der gleichen Periode verbraucht. Bei den privaten Haushalten wird dieser mit Konsumverzicht verbundene Vorgang als Ersparnisbildung bezeichnet. Bei Unternehmen dient der dort verbleibende Teil des Gewinns der Vermögensbildung. Der Vermögenszuwachs entspricht damit der Summe der Nettoinvestitionen.[16] Auch die Vermögenspolitik greift demgemäß vorrangig auf den Vermögenszuwachs durch das periodische Einkommen zurück.

---

15 Vgl. Lampert, H. (1985), S. 300.

16 Vgl. Föhl, C. (1964), S. 4 f.; Schaper, U. (1971), S. 7 f.

2.2 Einkommens- und Verteilungssituation Anfang der 90er Jahre

Voraussetzung für die erfolgreiche Vermögensbildung ist zusätzliches Sparen der privaten Haushalte. Die Ansatzpunkte der Vermögensbildung können demnach einerseits in einer Förderung der Sparfähigkeit und zum anderen in der Förderung der Sparwilligkeit der Arbeitnehmer gefunden werden. Die weitere Betrachtung der Verteilungssituation konzentriert sich entsprechend den betroffenen Zielgruppen der Tariffondsmodelle im wesentlichen auf die Selbständigen-, Angestellten- und Arbeiterhaushalte.

Es ist jedoch zu berücksichtigen, daß trotz der Vielzahl der zur Verfügung stehenden Daten der Informationsbedarf nur annähernd abgedeckt werden kann.[17] Die einzelnen Erhebungen grenzen gesuchte Größen unterschiedlich ab und liefern daher nicht immer vergleichbare Daten. Problematisch ist auch die funktionale Aufspaltung von Einkommen und Vermögen sowie die Bewertung der Vermögensformen, insbesondere beim Wohneigentum. Die Einkommens- und Verbrauchsstichproben zeichnen die Verteilungsposition der unteren Einkommensschichten zu positiv, da Haushalte mit einem Einkommen über 25.000 DM im Monat in die Erhebung nicht einbezogen werden, die einen großen Anteil am Nettogeldvermögen besitzen. Die erhobenen Vermögensarten und ihre Abgrenzung sind weder vollständig noch konsistent.[18] Werte des Grundeigentums stellen vorrangig grobe Schätzungen dar und werden damit um einiges unterschätzt, Wertpapiere werden dagegen zum Tageskurs ausgewiesen.[19]

---

17 Anm.: Föhl war einer der ersten Wissenschaftler, der auf der Grundlage von Berechnungen eine Schätzung über die Aufteilung der Vermögensbildung der privaten Haushalte auf die sozioökonomischen Haushaltsgruppen vornahm; s. Föhl, C. (1964). Um die Entwicklung von Vermögen bei einzelnen Wirtschaftssubjekten untersuchen zu können, hat Krelle Vermögenstabellen entwickelt, die periodisch zu erstellen wären, vgl. Krelle, W.; Schunck, J.; Siebke, J. (1968), S. 20 ff.

18 Def.: Zum Nettogeldvermögen zählen Spar- und Bausparguthaben, Wertpapierbestände (einschließlich Aktien), Guthaben bei Versicherungen und sonstige Forderungen abzüglich der Kredite, ohne Hypotheken und Grundschulden. Bestände an Bargeld, Sichteinlagen und Forderungen an Dritte bleiben unberücksichtigt. Das Bruttogeldvermögen schließt das Nettogeldvermögen, die Kreditaufnahme, Bargeld und Sichteinlagen ein.

19 Anm.: Es ist bei der Interpretation der Ergebnisse u. a. zu beachten, daß hinter den Durchschnittsangaben große Streubreiten stecken. Bei den Daten der EVS ist eine generelle Untererfassung der Vermögensangaben zu berücksichtigen. Es wird von der Prämisse ausgegangen, daß sich die Untererfassung der Vermögenswerte zufällig auf die sozialen Gruppen verteilen und somit die Strukturen der Vermögenswerte wahrheitsgemäß wiedergegeben werden (vgl. Schlomann, H.; Hauser, R. (1992), S. 93, FN 25).

Dies ist bei der Interpretation der nachfolgenden Daten und Tabellen zu berücksichtigen und führt dazu, daß das Gesamtbild insgesamt noch positiv überzeichnet ist.[20] Im folgenden sollen daher nur die weitgehend unumstrittensten und im Zusammenhang mit der Untersuchung relevanten Ergebnisse wiedergegeben werden.[21]

Ausgangspunkt und Begründung für die Untersuchung war die Entwicklung in der Dekade der 80er Jahre. Allerdings hat sich an der Ungleichverteilung bislang auch in den 90er Jahren nichts geändert. Es kann vorweggenommen werden, daß eine deutliche Tendenz erkennbar ist, daß aus den Vermögen bereits heute erhebliche Einkommen fließen. Würden sie den Arbeitnehmerhaushalten durch verstärkte Vermögensbildung in Arbeitnehmerhand zugute kommen, könnte eine Strukturverschiebung in der Vermögensverteilungssituation erreicht werden.

2.2.1 Entwicklung der verfügbaren Einkommen und Vermögenseinkommen nach Haushaltsgruppen

In Rahmen der Untersuchung ist neben der funktionalen Verteilung insbesondere die personelle Verteilungsebene von Interesse, da im Laufe der Zeit in allen Gruppen eine Diversifikation der Einkommensquellen feststellbar ist. Die ungleichmäßige Verteilung der verfügbaren Einkommen und der Vermögeneinkünfte wird hier ebenfalls deutlich. Insbesondere die Position der Selbständigenhaushalte hatte sich gegenüber den anderen Gruppen signifikant verbessert. So war das verfügbare Einkommen der Selbständigenhaushalte zu

---

20 Vgl. zur Einkommensverteilung in Ostdeutschland Schäfer, C. (1993), S. 627.

21 Eine ausführliche Darstellung der Entwicklung der Erwerbs- und Vermögenseinkommen sowie Geldvermögen der privaten Haushalte in der Bundesrepublik Deutschland liefern Ende der 80er Jahre Schlomann, H.; Hauser, R. (1992), S. 42 - 98, außerdem Schöner, M. (1989), S. 47, der einen Überblick über die wichtigsten Studien gibt und eine Stellungnahme zur Qualität der statistischen Ausgangsdaten für die Vermögenspolitik, sowie Hardt, U. (1991), S. 30 - 53. Als Datenquellen kommen grundsätzlich in Betracht:
- Angaben der VWR, die Aufschluß über Einkommensentstehung, -verteilung und -verwendung geben,
- Lohn- und Einkommensteuer-Statistik,
- Angaben der EVS über Bestände der relevanten Vermögensformen und -einkünfte,
- Umfangreiches Datenmaterial der Deutschen Bundesbank, speziell zur Geldvermögensbildung,
- Angaben der Finanzstatistik über in Anspruch genommene Fördermittel für die Vermögensbildung, Sondererhebungen etc.

Beginn der 90er Jahre mit durchschnittlich 160 TDM p. a. bereits rd. 3,1mal so hoch wie das der Angestelltenhaushalte (52 TDM) und sogar 3,7mal so hoch wie das der Arbeiterhaushalte (43 TDM). Die Einkommensdisparitäten haben sich in den 80er Jahren noch deutlich vergrößert.[22] Auch empirisch konnte die positive Korrelation zwischen Nettoeinkommen und Nettovermögen nachgewiesen werden, da nicht nur die Sparquoten mit wachsendem Einkommen zunehmen, sondern auch die Vermögensbestände Einkommensquellen sind.[23]

Jahr	alle Haushalte[1.)]	Selbständige[2.)]	Angestellte	Arbeiter
1980	38.330	100.479	42.323	35.796
1985	44.259	141.750	47.734	39.372
1988	48.580	160.244	51.867	43.446

1.) Die Zuordnung der Haushalte richtet sich nach der Haupteinkommensquelle der sogenannten Bezugsperson, i. d. R. die Person mit dem höchsten Einkommen.

2.) Einkommen aus Unternehmertätigkeit umfaßt auch Einkommen aus Wohnungsvermietung sowie unterstellte Mieteinnahmen für eigengenutzten Wohnraum.

Tabelle 2.2 - Entwicklung des verfügbaren Einkommens der sozialen Haushaltsgruppen von 1980 bis 1990

Quelle: Schlomann, H.; Hauser, R. (1992), S. 56/57 (auszugsweise).

Allerdings wird bei den Darstellungen der personellen Verteilung häufig die dahinterstehende Haushaltsgröße verdeckt, da der tatsächliche Lebensstandard davon abhängt, wie viele Haushaltsmitglieder von einem gegebenen Einkommen leben müssen. Die Entwicklung des verfügbaren Einkommens pro Verbrauchereinheit der sozialen Haushaltsgruppen ergibt aber insgesamt ein ähnliches Bild wie die absolute Entwicklung des verfügbaren Einkommens nach sozialen Gruppen. Die Selbständigenhaushalte beziehen pro Verbrauchereinheit rd. 2,7mal so hohe Einkommen als Angestelltenhaushalte und rd. 3,7mal so hohe Einkommen als Arbeiterhaushalte.[24]

---

22 Anm.: Auch hier muß berücksichtigt werden, daß die Durchschnittswerte die tatsächliche Verteilung der Merkmalsausprägung etwas verdeckt und insofern mehr als die Hälfte der Haushalte über ein geringeres als das angegebene Durchschnittseinkommen verfügt.

23 Vgl. Schöner, M. (1989), S. 55.

24 Hierzu wird auf eine Veröffentlichung von Schüler hingewiesen, der erstmals Ergebnisse des verfügbaren Einkommens je Verbrauchereinheit veröffentlicht hat, wobei die Haushaltsmitglieder Äquivalenzgewichte (erwachsene Personen 1, Kinder je nach Alter 0,5 bis 0,7) zugewiesen bekamen. Vgl. Schüler, K. (1990) S. 561 - 575 und 271 - 276.

Nach den bisherigen Erfahrungen besteht eine starke Abhängigkeit zwischen der Verbrauchsstruktur des Haushalts und der Höhe des Einkommens der Bezugsperson sowie deren sozialen Stellung. Nach Erhebungen der EVS 1993 ergaben sich zum Haushaltsnettoeinkommen von Arbeiter- und Angestelltenhaushalten folgende wichtige Erkenntnisse:[25]

Das Haushaltsnettoeinkommen von Paaren ohne Kind erreichte bei Arbeiterhaushalten in den neuen Ländern und Berlin-Ost 73,4 % des Niveaus der alten Bundesländer, bei Angestelltenhaushalten 67,5 %. Die Haushaltsgröße hatte dabei kaum Einfluß auf die Höhe des Nettoeinkommens. Wichtig ist vor allem, daß die Einkommen in den untersuchten Haushalten zwischen 79 % und 87 % aller Bruttoeinkommen ausmachten und damit Hauptquelle der Haushaltseinkommen sind.[26]

Auffallend sind auch die Unterschiede bei den Einnahmen aus Vermögen zwischen den Haushalten der beiden Gebietsstände. In den neuen Ländern und Berlin-Ost flossen nur rd. 30 % der Mittel zu, die in den westlichen Haushalten erzielt wurden.

	Paare					
Angaben in DM	ohne Kind		mit 1 Kind		mit 2 Kindern	
	früheres Bundesgebiet	Neue Länder, Berlin-Ost	früheres Bundesgebiet	Neue Länder, Berlin-Ost	früheres Bundesgebiet	Neue Länder, Berlin-Ost
Arbeiter-HH	4.748	3.486	4.738	3.888	4.975	4.157
davon: Einnahmen aus Vermögen	559	191	499	178	582	209
Angestellten-HH	6.981	4.713	6.719	4.987	7.299	5.309
davon: Einkünfte aus Vermögen	821	274	775	233	949	275

Tabelle 2.3 - Haushaltsnettoeinkommen Arbeiter- und Angestelltenhaushalte
Quelle: Wirtschaft und Statistik (1997), S. 343 f.

25 Vgl. Wirtschaft und Statistik (1997), S. 343 ff.
26 Vgl. auch DIW (1997a), S. 119 ff.

2.2.2 Ersparnisbildung und Sparquoten nach Haushaltsgruppen

Neben dem Einkommen existieren noch weitere wichtige Einflußgrößen, die die Spar- und Konsumentscheidungen der Haushalte determinieren, wie z. B. Alter des Haushaltsvorstands, Familientyp etc. Es ist einleuchtend, daß teilweise selbst gutverdienende junge Haushalte nicht das gleiche Vermögen ansammeln können wie der Rentnerhaushalt mit geringerem Einkommen, aber entschuldetem Wohneigentum. Auch ist bei den Selbständigenhaushalten zu berücksichtigen, daß in den Ersparnissen die Altersvorsorge mit abgedeckt ist.[27] Die Unterschiede zwischen den Selbständigenhaushalten und Arbeitnehmerhaushalten mit hohem Einkommen sind nahezu aufgehoben. Die Sparquoten steigen bei allen Haushaltsgruppen mit steigendem Einkommen und fallen mit zunehmendem Alter des Haushaltsvorstands.[28] Die Struktur der Sparquote und der Ersparnisbildung in Form des Bruttogeldvermögens zeigen folgende Tabellen:

Jahr	alle Haushalte	Selbständige	Arbeitnehmer	Arbeitslose
1980	11,8 %	24,6 %	10,0 %	0,8 %
1988	11,8 %	26,8 %	9,7 %	- 3,0 %
1996	11,6 %	keine Angabe	keine Angabe	keine Angabe

Die Sparquote ist definiert als Anteil der Ersparnis am verfügbaren Einkommen

Tabelle 2.4 - Sparquote nach sozialen Haushaltsgruppen bis 1996
Quelle: Schlomann, H.; Hauser, R. (1992), S. 73 (auszugsweise); DIW (1997b), S. 541.

Haushalte nach dem monatlichen Haushaltsnettoeinkommen von ... bis ... DM:	Durchschnittliches Bruttogeldvermögen privater Haushalte in DM:	
	früheres Bundesgebiet	neue Länder und Berlin-Ost
unter 2.500 DM	< 38.800 DM	< 20.900 DM
2.500 DM - 4.000 DM	56.900 DM	26.700 DM
über 4.000 DM	> 80.800 DM	38.300 DM

Tabelle 2.5 - Bruttogeldvermögen nach dem Haushaltsnettoeinkommen 1993
Quelle: Wirtschaft und Statistik (1995a), S. 394.

---

27 Vgl. Schlomann, H.; Hauser, R. (1992), S. 68 ff.
28 Vgl. Schlomann, H.; Hauser, R. (1992), S. 74 ff.

2.2.3 Die Vermögensschichtung der privaten Haushalte

Im Vergleich zu den Feststellungen von Krelle von 1967, nach denen 1,7 % der Bevölkerung 70 % des Produktivvermögens besaßen,[29] hat die Verteilungsdisparität bis zum Ende der 80er Jahre zwar abgenommen, befindet sie sich nach wie vor auf hohem Niveau. Das oberste Fünftel der Haushalte verfügte Ende der 80er Jahre über 86 % des Produktivvermögens, das untere Fünftel dagegen überhaupt nicht über Produktivvermögen.[30]

Die überproportional angelegten Mittel der einkommenstarken Schichten in jeder Periode kumulieren sich im Zeitablauf zu relativ höheren Vermögensbeständen. Dagegen dürften die Arbeiterhaushalte in den 80er Jahren gerade den Realwert ihrer Vermögensbestände gesichert haben, wenn man in die Überlegungen die Inflation einbezieht. Für die privaten Haushalte ist hierbei vor allem die nachfolgende Betrachtung relevant:

- Verteilung des Grundvermögens
- Verteilung des Bruttogeldvermögens

ad Verteilung des Grundvermögens

Als eines der Hauptprobleme bei der Erfassung des Grundvermögens gilt seine zeitnahe Bewertung und Erfassung. Objektbezogenes Datenmaterial zum Haus- und Grundbesitz muß mit haushaltsbezogenen Angaben zusammengeführt werden.[31] Der Gesamtvermögenswert von 4,3 Billionen DM (Verkehrswert) entfällt zu 19,4 % auf die Selbständigenhaushalte, die nur einen Anteil an den Privathaushalten von 7 % stellen. Auf Beamte- und Angestelltenhaushalte entfallen 31,2 % der Immobilienvermögen mit einem Anteil von 29,2 % an den Privathaushalten. Deutlich unterrepräsentiert sind die Arbeiterhaushalte mit einem Anteil an den Privathaushalten von 20,6 % und nur 17,7 % Anteil am Immobilienvermögen.[32]

---

29 Vgl. Krelle, W.; Schunck, J.; Siebke, J. (1968), S. 381. Vgl. Schöner, M. (1989), S. 54 ff., ähnlich Krupp, H.-J. (1981), S. 6; IG Metall (1995), S. 4 ff.

30 Vgl. Krelle, W. (1993), S. 53. Seine Rechnung kommt zu dem Ergebnis, daß 28 % der von der Vermögenssteuer erfaßten Haushalte 82 % des Betriebsvermögens besitzen.

31 Anm.: Zu berücksichtigen ist: die EVS ist eine relativ kleine Stichprobe, die Teilnahme freiwillig und Haushalte mit besonders hohen Einkommen sind nicht einbezogen.

32 Vgl. DIW (1996), S. 66 f.

Zwar dominiert bei allen sozialen Schichten der Eigenheimbesitz, bei den Selbständigenhaushalten steht jedoch der Besitz von Mehrfamilienhäusern deutlich im Vordergrund.

Die Betrachtung nach dem Lebensalter ist im Hinblick auf die Bedeutung für die private Altersvorsorge aufschlußreich. Die Vermögensverteilung nach Altersgruppen zeigt eine Häufung bei den 45- bis 55jährigen. Dies unterstreicht, daß Immobilienbesitz mit dem Lebenszyklus zusammenhängt. Allerdings wird im höheren Alter vorhandener Immobilienbesitz wieder aufgelöst, durch Übertragung auf die nachfolgende Generation.

Das Wohneigentum hat sich damit neben den Ansprüchen an die gesetzliche Rentenversicherung, an betriebliche Pensionsfonds und Lebensversicherungen zur vierten Säule der Altersvorsorge entwickelt.

Krupp kommt zu dem Schluß, daß Haus- und Grundvermögen nicht durch andere Vermögensarten substituiert wird. Bei Haushalten ohne Haus- und Grundbesitz liegen auch regelmäßig keine anderen Vermögensarten vor.[33] Allerdings steigt mit Höhe des Einkommens auch der Verschuldungsgrad, also Hypotheken und Baudarlehen auf das vorhandene Grundvermögen.[34] Es ist anzunehmen, daß in den unteren Einkommensklassen häufig geerbte oder ältere Objekte vorherrschen, während mit steigendem Einkommen neuere Bauten mit entsprechend hohen Belastungen vorherrschen.

Die Lorenzkurve des Immobilienvermögens unterstreicht die Ungleichverteilung. Die oberen 20 % der Grundbesitzer verfügten über 40 % des Vermögens. Die oberen 10 % verfügen sogar über mehr als ein Viertel des Gesamtvermögens. Vermögensmillionäre sind rd. 4 % der Grundbesitzer mit einem Vermögensbestand von 700 Mrd DM, was 16,5 % des Gesamtvermögens entspricht.[35]

Tendenziell zeigt sich im Zeitablauf eine Abflachung der Lorenzkurve. Dieser Trend basiert aber weniger darauf, daß die Vermögensbestände der reicheren Haushalte abgenommen haben, sondern daß sich die Zahl der Haushalte mit Grundbesitz ständig vergrößerte.

---

33 Vgl. Krupp, H.-J. (1981), S. 7.

34 Vgl. Hardt, U. (1991), S. 43 f.

35 Vgl. DIW (1996), 70 f.

Struktur der privaten Haushalte nach:	Private HH insgesamt		davon: Haushalte mit Grundbesitz		Immobilienvermögen zum Verkehrswert	
	in 1.000	Struktur in %	in 1.000	Struktur in %	Mrd DM	Struktur in %
Sozialen Schichten:						
Selbständige	1.734	7,0	1.374	11,7	823	19,4
Beamte/Angestellte	7224	29,2	3.702	31,6	1.327	31,2
Arbeiter	5.080	20,6	2.456	21,0	752	17,7
Nichterwerbstätige	10.663	43,2	4.169	35,6	1.347	31,7
Haushalte insgesamt	24.701	100,0	11.701	100,0	4.248	100,0
Altersgruppen:						
unter 35-jährigen	4.740	19,2	1.175	10,0	373	8,8
35- bis 45-jährigen	4.162	16,8	2.315	19,8	860	20,2
45- bis 55-jährigen	4.784	19,4	2.924	25,0	1.159	27,3
55- bis 65-jährigen	4.194	17,0	2.437	20,8	912	21,5
über 65-jährigen	6.821	27,6	2.850	24,4	944	22,2
Haushalte insgesamt	24.701	100,0	11.701	100,0	4.248	100,0

Tabelle 2.6 - Haushalte mit Haus- und Grundbesitz 1993
Quelle: DIW (1996), S. 65.

Über alle sozialen Schichten hinweg ist seit den 60er das Haus- und Wohnungseigentum kontinuierlich angestiegen. Der Anteil der Selbständigen an Haus- und Grundbesitz ist relativ konstant geblieben, dagegen bei den Arbeitnehmerhaushalten von 1962 bis heute von durchschnittlich 31 % auf nahezu 50 % gestiegen, so daß sich hier der „Drang zum Eigenheim" deutlich widerspiegelt.[36]

ad Verteilung des Bruttogeldvermögens

Die nachfolgende Tabelle 2.7 zeigt den Anteil des Einkommens aus verschiedenen Vermögensarten des privaten Haushaltssektors. Das Bruttogeldvermögen beträgt insgesamt rd. 5 Bill DM und hat sich seit 1980 mehr als verdreifacht.[37]

---

36 Vgl. Krelle, W. (1993), S. 38.
37 Vgl. DIW (1997b), S. 542 ff.

Die Haushalte halten über 90 % in verzinslichen Anlageformen. Deutlich zurückgegangen sind im Zeitraum von 1980 bis 1996 die Einkommen aus Sparguthaben und Termingeldern, mit einem Anteil von 44 % auf 30 %.

Deutlichen Zuwachs erfuhren dagegen die festverzinslichen Wertpapiere von 11 % auf 23 %. Dieser Trend kann auf zwei Ursachen zurückgeführt werden. Zum einen erfolgte eine Umschichtung in höherrentierliche Anlageformen und zum anderen auf die Ausweitung der Vermögensbestände insgesamt. Hinzu kommt, daß viele Haushalte ihre Grundbedürfnisse durch Anschaffung von Haus- und Grundbesitz inzwischen gedeckt haben und freiwerdende Mittel in Geldvermögenstiteln anlegen.[38]

Dennoch unterlag auch der Anteil der Bausparguthaben tendenziell in den vergangenen drei Jahrzehnten relativ geringen Schwankungen. Durch die Neuregelung der Bausparförderung hat das Bausparen an Attraktivität gewonnen. Zum Jahresbeginn 1996 wurden die Einkommensgrenzen für den Anspruch auf eine Bausparprämie von 27.000/54.000 DM für Ledige/Verheiratete auf 50.000/100.000 DM angehoben. Die Zahl der abgeschlossenen Bausparverträge fiel 1996 um 30 % höher als im Vorjahr aus. Versicherungen haben hierbei einen weitaus höheren Anteil von rd. 22 % am Bruttogeldvermögen.

Deutlichen Zuwachs, wenn auch insgesamt noch auf recht geringem Niveau, konnte in der letzten Dekade auch das Investmentsparen verbuchen. Auch der Anteil der Aktien an der Bruttogeldvermögensbildung verzeichnete einen leichten Anstieg von 4,7 % auf 6,4 %. Allerdings resultiert dieser Effekt überwiegend vom Börsengang der Deutschen Telekom AG und sollte nicht überbewertet werden.

Auch die Verschuldung der privaten Haushalte hat sich in dem Zeitraum nahezu in gleichem Verhältnis wie Vermögenseinkommen erhöht. Allerdings ist zu berücksichtigen, daß Haushalte mit nennenswertem positivem Nettogeldvermögen andere sind als diejenigen mit Konsumentenschulden. Rechnerisch ergibt sich zwar pro Haushalt ein Geldvermögen von 135.000 DM, daß aber zwischen den einzelnen Haushaltsgruppen deutliche Disparitäten aufweist, wie weiter unten noch gezeigt wird.

---

38 Vgl. Schlomann, H.; Hauser, R. (1992), S. 48; ähnlich Schöner, M. (1989), S. 53 f.

Jahr	Bruttogeld-vemögen [Mrd DM]	Anteil des Einkommens aus .... an dem gesamten Bruttogeldvermögen in %					
		Bargeld, Sichteinlagen	Spargut-haben, Ter-mingelder	Bausparen, Versiche-rungen	festverzins-liche Wert-papiere	Aktien	sonstige
1980	1.484	9 %	44 %	24 %	11 %	4,7 %	7,3 %
1990	3.005	8 %	35 %	25 %	17 %	6,3 %	8,7 %
1996	4.955	9 %	30 %	25 %	23 %	6,4 %	6,6 %

Tabelle 2.7 - Entwicklung des Geldvermögens der privaten Haushalte
Quelle: DIW (1997b), S. 543, eigene Berechnungen.

Für die Arbeiterhaushalte stellten die Spareinlagen die dominierende Anlageform dar. Auch bei Zinsen und Ausschüttungen aus Bausparverträgen liegt der Portfolioanteil deutlich über dem der Selbständigenhaushalte. Besonders niedrig waren die Wertpapieranlagen (z.B. Aktien) in Arbeiterhaushalten. Hier wird sogar vermutet, daß es sich bei Aktienbesitz überwiegend um Belegschaftsaktien handelt.[39] Eine umgekehrte Relation ergibt sich dagegen bei längerfristig laufenden Wertpapieren, Beteiligungen, Sicht- und Termineinlagen. Dort ist der Anteil bei den Selbständigen mehr als dreimal so groß wie bei den Arbeiterhaushalten.[40]

2.3 Aktuelle Befunde und Konsequenzen der Verteilungssituation

Die Untersuchungen der Ersparnisbildung der privaten Haushalte in Abhängigkeit von sozioökonomischen Merkmalen zeigen, daß die Entwicklung der Vermögensausstattung der Arbeitnehmerhaushalte auch in den 80er Jahren nur unterdurchschnittlich war. Dagegen hat sich auf der Basis der verfügbaren Einkommen und Vermögenseinkommen vor allem die Position der Selbständigenhaushalte gegenüber den anderen Haushaltsgruppen deutlich verbessert.

---

39 Vgl. Hardt, U. (1991), S. 49 f.

40 Vgl. Hardt, U. (1991), S. 35, zur Verteilung des Vermögens der Arbeitnehmer- und Selbständigenhaushalte s. auch Krelle, W., (1993) S. 51 f.

Insbesondere die Arbeiterhaushalte blieben hinsichtlich Einkommensniveau und Geldvermögensbeständen hinter den Angestellten- und Beamtenhaushalten zurück, und ein Großteil der Haushalte besitzt wenig oder gar kein Geldvermögen.

Besonders dramatisch verlief die Entwicklung naturgemäß bei den Arbeitslosenhaushalten. Dort findet seit den achtziger Jahren ein deutlicher Entsparprozeß statt.

Die unterschiedlichen Entwicklungen der verfügbaren Einkommen und Vermögenseinkommen der einzelnen Haushaltsgruppen im Zeitablauf erfahren auch ihren Niederschlag in der Verteilung der Geldvermögensbestände.

Im Jahr 1996 stieg das Geldvermögen der privaten Haushalte um 241 Mrd DM auf 5 Bill DM auf, was einer Steigerung von etwa 330 % im Vergleich zu Beginn der 80er Jahre entspricht.[41] Durchschnittlich besaß jeder Haushalt ein Gesamtvermögen von 135 TDM.

Ein Großteil der Haushalte bezieht jedoch keine oder nur sehr geringe Einkünfte aus Kapitalvermögen, ein anderer Teil jedoch Vermögenseinkünfte von beträchtlicher Bedeutung. Zusammengefaßt ergeben sich nachfolgende Befunde:[42]

- 31 % des Bruttogeldvermögens konzentriert sich auf 5,6 % der privaten Haushalte und über 50 % des privaten Geldvermögens konzentrieren sich auf etwa 10 % aller bundesdeutschen Haushalte;
- etwa 50 % der deutschen Haushalte besitzen dagegen nur 10 % des Bruttogeldvermögens;
- nur 47,4 % der privaten Haushalte verfügen über Grundvermögen.

Bei einer weiteren Erhöhung der Verbrauchsteuern kann sogar damit gerechnet werden, daß sich mittelfristig die Disparitäten bei der Vermögensverteilung sogar noch verschärfen.

---

41 DIW (1997b), S. 540.

42 Vgl. Rürup, B.; Dornbach, J. (1996), S. 7 ff.; DIW (1996), S. 65.

Das durchschnittliche Bruttogeldvermögen betrug nach der EVS in 1993 je Haushalt DM 65.000 im Westen und nur DM 23.000 im Osten. Während Arbeiter/Angestellte über Aktien in 11%/18% der Haushalte im Westen verfügten, waren es im Osten nur 5%/6%. Dagegen war im Osten das Sparbuchguthaben noch weitaus deutlicher verbreitet und mit 45 % am Bruttogeldvermögen der untersten Einkommensschicht am höchsten.[43] Hinzu kommt, daß die Sparquote zwar die Talfahrt nicht fortsetzte, aber eine Tendenzwende zu steigenden Anteilen der Ersparnis am verfügbaren Einkommen nicht zu erwarten ist. Es ist zu berücksichtigen, daß die Ersparnisbildung neben der Ersparnis auch von Vermögensübertragungen abhängt, hierzu zählen u. a. Spar- und Wohnungsbauprämien ebenso wie betriebliche Pensionszusagen.

Jahr:	1980	....	1990	1991	1992	1993	1994	1995	1996
Sparquote:	12,9 %		13,8 %	12,9 %	12,9 %	12,2 %	11,7 %	11,6 %	11,6 %

Tabelle 2.8 - Sparquote der privaten Haushalte 1980 bis 1996
Quelle: DIW (1997), S. 541.

In die Privathaushalte floß 1996 ein Vermögenseinkommen von schätzungsweise 213 Mrd. DM. Jedoch liegen folgende Erkenntnisse vor:[44]

- die Disparität der Vermögenseinkommen, durchschnittlich 5.800 DM, ist noch größer als die Ungleichverteilung des Geldvermögens. 32 % der Zinsen und Dividenden fließen an 2 % der Haushalte.

- Etwa 21 % der Zinsen und Dividenden ging an die Haushalte der Selbständigen, 1980 waren es nur rund 19 % gewesen. In die Angestelltenhaushalte fließen etwa 22%, auf etwa gleichem Niveau zu 1980.

- Deutlich verschlechtert hat sich die Position der Arbeiterhaushalte. Während 1980 noch rd. 16 % der Zinsen und Dividenden an die Arbeiterhaushalte floß, waren es 1996 nur noch rd. 11 %.

---

43 Vgl. Wirtschaft und Statistik (1995), S. 394 ff.

44 Vgl. DIW (1997b), S. 546.

Jahr	Summe	Haushalte von:				
		Selbständigen in	außerhalb der Landwirtschaft	Ange-stellten	Arbeitern	Rentnern, Pensionären
	in Mrd DM	in Mrd DM				
1980	69,0	1,5	11,9	15,0	11,1	19,9
1990	144,7	2,3	27,2	32,3	18,8	40,7
1996	212,5	2,7	41,1	47,4	23,1	60,2
	in DM	in DM je Haushalt				
1980	2.800	4.000	8.500	2.800	1.700	2.650[1.)]
1990	5.200	7.900	17.300	5.100	3.000	4.950[1.)]
1996	5.800	10.600	20.100	5.500	3.200	6.050[1.)]

1.) gemittelte Werte

Tabelle 2.9 - Vermögenseinkommen nach Haushaltsgruppen

Quelle: DIW (1997b), S. 546.

Aufgrund der günstigen Einkommenssituation akkumulieren sich bei den Selbständigenhaushalten und einkommenstarken Arbeitnehmerhaushalten Geldvermögensbestände in beträchtlicher Form, die zinsgünstig angelegt werden.

Allerdings ist zu berücksichtigen, daß neben Wertpapiervermögen besonders Lebensversicherungen für die Selbständigenhaushalte eine wichtige Form der Alters- und Hinterbliebenenvorsorge sind. Die Haushalte von Landwirten bleiben zwar hinter dieser Entwicklung zurück, liegen jedoch immer noch deutlich vor den Arbeitnehmerhaushalten.

Die Zinserträge der Arbeiterhaushalte sind dagegen weit unterdurchschnittlich. Neben dem geringeren Einkommensniveau und der eingeschränkten Sparfähigkeit, wird auch ein vergleichsweise geringer Teil in höher verzinslichen Anlageformen gehalten.

Die Vorteile einer langfristigen Vermögensakkumulation zeigt sich bei den Rentnern und Pensionären, deren Erträge ein merkliches Zubrot zu den Ruhestandsbezügen sind.

Die Vermögenseinkommen der Arbeitslosen und Sozialhilfeempfänger (in der Tabelle nicht aufgeführt) sind naturgemäß besonders bescheiden gewachsen und das zusätzlich auf sehr niedrigem Niveau.

Hardt vermutet, daß in den 80er Jahren eine Vielzahl der Arbeitnehmer mit dem Verlust des Arbeitsplatzes den Status gewechselt hat und dadurch zusätzliche Entsparprozesse in Gang gesetzt wurden, die das Wachstum der Vermögenseinkünfte reduziert haben.[45]

Die Vermögenseinkommen sind auch weiterhin im Vergleich zu den Nettoeinkommen aus unselbständiger Tätigkeit überproportional angewachsen. Die Einkommensschere wird bei Betrachtung der Nettoeinkommen noch deutlicher, da gerade die Abzüge für soziale Sicherung und Steuern bei Einkommen aus Arbeit höher sind als bei den Kapitaleinkommen. Der Nettolohn ist von 1982 bis 1994 zwar um rd. 42 % gestiegen, aber rd. 10 % geringer als der Bruttolohn, und im gleichen Zeitraum wuchs das Einkommen aus Unternehmertätigkeit und Vermögen um rd. 125 % an.[46]

Verschärft wird die Situation ferner durch das Einkommens- und Vermögensgefälle zwischen West- und Ostdeutschland, jedoch ist eine weitere Annäherung der Arbeitseinkommen in Ost- und Westdeutschland zu beobachten. Bis zur Mitte 1996 sind die durchschnittlichen Bruttolöhne- und gehälter auf 75 %, die Nettolöhne- und gehälter auf 87 % des westdeutschen Vergleichsbetrags gestiegen. Das durchschnittliche Bruttoeinkommen aus unselbständiger Arbeit betrugen in den neuen Ländern monatlich 3.860 DM und im Westen 5.140 DM, die Nettolöhne und -gehälter im Vergleich 2.290 DM im Osten und 2.630 im Westen.[47]

Soll die Dekonzentration des Vermögens erreicht werden, unterstreichen die vorangegangenen Ausführungen, daß dazu eine breite Vermögensförderung der unteren Einkommens- und Vermögensschichten notwendig ist.

---

45 Vgl. Hardt, U. (1991), S. 36 u. S. 46; diese Ansicht wird von Schlomann, H.; Hauser, R. (1992), S. 73 bestätigt. Es wird u. a. für die Arbeitslosenhaushalte gezeigt, daß die Entwicklung der Sparquote, definiert als Anteil der Ersparnis am verfügbaren Einkommen, seit Beginn der 80er eine zunehmend negativ fallende Tendenz aufweist (von 0,8 in 1980 auf -3,0 in 1988).

46 Vgl. Rürup, B.; Dornbach, J. (1996), S. 7 ff.

47 Vgl. DIW (1997a), S. 120 f.

II. Optionen für Vermögensbildungsstrategien

3. Option I: Vermögensbildung durch staatliche Förderung

3.1 Ziele der staatlichen Vermögensbildungspolitik

Die Diskussionen im Vorfeld der Verabschiedung der Vermögensbildungsgesetze verdeutlichen, welchen gesellschaftlichen und wirtschaftspolitischen Stellenwert die Vermögensbildungspolitik hat. Im Mittelpunkt der Debatte steht die Verteilung des Vermögens auf die privaten Wirtschaftssubjekte und zunehmend die Verteilung des Produktivvermögens zwischen diesen. Die dargestellten, bislang ungelösten Disparitäten in der Vermögensverteilung werfen jedoch die Frage nach der Effizienz der bisherigen vermögenspolitischen Maßnahmen auf. In den vergangenen Dekaden konnten zwar auch die Arbeitnehmerhaushalte durchaus ein gewisses Vermögen bilden, ob dies allerdings als Erfolg der Vermögenspolitik zu werten ist, bleibt offen.

Es herrscht lediglich Einigkeit darüber, daß Vermögenspolitik in Form einer Förderung vorgenommen werden soll, die die Eigenleistung der Beteiligten voraussetzt und keine reine Übergabe in Form von Transfers sein soll. Die Auseinandersetzungen entzünden sich an folgenden Schwerpunkten der Ausgestaltung der Vermögenspolitik:[1]

- Objekte der Förderung
- Förderungsempfänger
- Förderinstrumente

In der Objektdiskussion haben neben einer Entlastung des Kapitalmarkts auch Zwecke der öffentlichen Verschuldung stets eine Rolle gespielt. Die Sparförderung scheint dann erforderlich, wenn die Kapitalmärkte angespannt sind und die Kreditbedürfnisse von staatlicher, aber auch privater Seite nicht mehr befriedigt werden konnten. In diesem Fall kann durch die Sparförderung erreicht werden, daß die Gelder in die präferierten Anlagemöglichkeiten fließen, statt auf Sparkonten zu verschwinden.

---

1 Vgl. Hardt, U. (1991), S. 54 ff. Anm.: Schöner, M. (1989), S. 39 ff. untermauert die Zusammenhänge zwischen Vermögensverteilung, Einkommenszusammensetzung, Sparverhalten und Dekonzentrationspolitik mit einem zwar vereinfachten, jedoch anschaulichen theoretischen Modell.

Aber auch die Diskussion über den vorrangig geförderten Personenkreis reißt nicht ab. Nicht nur die Unterscheidung zwischen Arbeitnehmern und Selbständigen, sondern auch die Begünstigung bestimmter Einkommensschichten bestimmen die Debatte über die Ausgestaltung. Schöner kommt zu dem Ergebnis, daß "in einer vorwiegend durch Arbeitseinkommen bestimmten Volkswirtschaft allein die Unterschiede in den Sparquoten der Gruppen den Bedarf einer Dekonzentrationspolitik determinieren."[2]

Die eigentliche Diskussion in der Vermögenspolitik dreht sich stets um die Ausgestaltung der Förderinstrumente und die Regelung der Rahmenbedingungen, wie z. B. Sperrfristen, Höhe der geförderten Sparbeträge, Einkommensgrenzen, Prämien oder Steuervergünstigungen.

Die staatliche Politik ist besonders gefordert in dem Bestreben, einen Kompromiß zwischen den konkurrierenden Interessen zu finden. Hierbei besteht das grundsätzliche Problem, welche politischen Maßnahmen überhaupt dem Bereich der Vermögensbildung zuzurechnen sind.

Von einem relativ weiten Begriff der Vermögenspolitik geht Gress in einer grundlegenden Untersuchung aus, die sich zwar auf die Ausgabenseite der öffentlichen Haushalte beschränkt, aber sämtliche explizite und implizite Transfers einbezieht, wie in der folgenden Abbildung 3.1 dargestellt.[3]

In der vorliegenden Untersuchung sollen die Maßnahmen der Vermögenspolitik enger gefaßt werden. Im wesentlichen stehen die expliziten Transfers im Vordergrund der Überlegungen, wie Spar- und Wohnungsbauprämien, Arbeitnehmersparzulagen etc. Damit können auch die in den Subventionsberichten unter der Rubrik "Sparförderung und Vermögensbildung" veröffentlichten Daten als einheitliche Basis benutzt werden.

Implizite Transfers könnten allenfalls als flankierende Maßnahmen die Vermögensbildung zusätzlich unterstützen, würden aber hier den Rahmen der Untersuchung sprengen.

---

2 Vgl. Schöner, M. (1989), S. 46.

3 Vgl. Gress, K. (1983), S. 28, die vor allem Sonderausgabenabzüge für Lebensversicherungsbeiträge und die Leistungen nach dem damaligen § 7 b EStG als bedeutendste Posten aufführt, die jedoch hier nicht aufgeführt wurden.

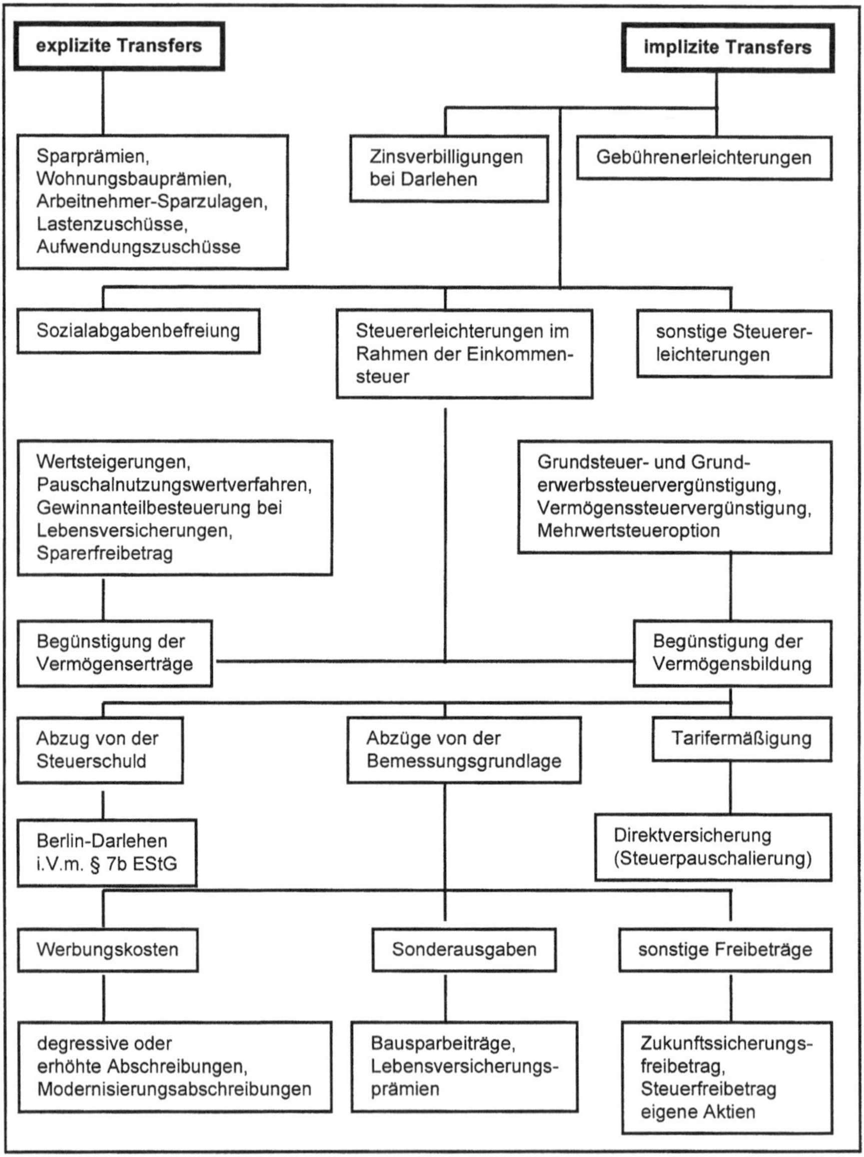

Hinweis : Die vorliegende Untersuchung fokussiert lediglich auf die expliziten Transfers!

Abbildung 3.1 - Leistungsformen der Vermögenspolitik (1983)

Quelle: Gress, K. (1983), S. 28.

3.2 Phasen der staatlichen Vermögensbildungspolitik

Die Vermögenspolitik zerfällt nach dem zweiten Weltkrieg in mehrere Phasen. In die Phase des Wiederaufbaus der Wirtschaft mit den Entwicklungsjahren, eine Phase seit Mitte der 60er Jahre, die stärkeren sozialen Erfordernissen und einer geringeren Sparfähigkeit breiter Bevölkerungskreise Rechnung trägt, eine Phase der Umorientierung hin zu einer breiteren Produktivkapitalbeteiligung in den 80er Jahren und schließlich in die aktuelle Phase nach der Wiedervereinigung. Einige wichtige gesetzliche Entwicklungsstufen bzw. Grundlagen sind:[4]

- Das Sparförderungsgesetz von 1959
- Das Wohnungsbau-Prämiengesetz von 1952
- Die Vermögensbildungsgesetze (insbesondere das 5. VermBG von 1990)
- Steuerrechtliche Vorschriften, insbes. Begünstigung des Wohnungsbaus und Zulassung erhöhter Abschreibungen

Nach dem Krieg wurde durch das Sparförderungsgesetz ein erster Übergang zu einer gezielten Förderung unterer Einkommensschichten gesetzt. Hardt vermutet, daß aufgrund der Entspannung des Kapitalmarkts im Zuge der ersten Prosperitätsanzeichen erstmals eine "stärkere" Beteiligung an den Ergebnissen des wirtschaftlichen Aufschwungs verlangt wurde.[5]

Aufgrund empirischer Untersuchungen wurden die Maßnahmen als wenig effizient eingeschätzt. Die private Sparquote war in diesem Zeitraum nicht gestiegen, und die Fremdfinanzierung von Investitionen ging gegenüber der Selbstfinanzierung zurück. Darüber hinaus konnten "Gewinnsteuern" überwälzt werden, so daß die Arbeitnehmer ihre Sparförderung selbst getragen haben.[6]

Lampert vermutet sogar, daß die damaligen steuerlichen Förderungsmaßnahmen der Ersparnisbildung in erster Linie den sparfähigen und damit einkommenstarken Haushalten zugute kamen, die höchstwahrscheinlich auch ohne eine Vergünstigung gespart hätten.[7]

---

4 Vgl. Ahrns, H.-J.; Feser, H.-D. (1982), S. 207.

5 Vgl. Hardt, U. (1991), S. 58 f.

6 Vgl. Willgerodt, H. (1971), S. 226, nach dessen Auffassung die Arbeitnehmer auch bei gesetzlicher Beteiligung der Unternehmer einen Teil der Belastung mittrugen.

7 Vgl. Lampert, H. (1985), S. 322; vgl. hierzu auch Willgerodt, H. (1971), S. 259.

Ab 1970 können die Modifikationen in der Vermögenspolitik daher als steigend verteilungsorientiert charakterisiert werden, da zunehmend untere Einkommensschichten bevorzugt und die Beteiligung der Arbeitnehmer an der Vermögensbildung gesetzlich geregelt wurden. Die Chancen der einkommensschwachen Schichten wurden zwar damit erhöht, dennoch blieben gerade die günstigeren steuerlichen Abschreibungsmöglichkeiten nach wie vor einkommenstarken Schichten vorbehalten.

Der mäßige Erfolg der Sparförderung verdeutlicht, daß größere vermögenspolitische Erfolge offensichtlich voraussetzen, daß die Politik in Zukunft verstärkt an der Hauptquelle der Vermögensbildung ansetzt, nämlich an den Gewinnen. Schließlich gibt es für die erwirtschafteten Vermögen einer Industriegesellschaft hauptsächlich vier zusammenhängende Quellen:[8]

- unternehmerische Leistung
- Realvermögensbildung (Investitionen) durch Kreditfinanzierung
- dynamische Unternehmergewinne in einer wachsenden Wirtschaft
- permanente Wiederanlage von Vermögenserträgen des erwerbswirtschaftlich genutzten Vermögens in weiteren Vermögenswerten

Eine grundlegende Novellierung erlebte das Vermögensbildungsgesetz erst 1970. Die Fördersumme wurde von 312 DM auf 624 DM verdoppelt, und die Förderung erfolgte nunmehr über Prämien. Um die einkommensschwachen Schichten zu begünstigen, wurden erstmals Einkommensgrenzen von 24.000 DM bzw. 48.000 DM eingeführt.[9] Nach wie vor dominierten aber noch die Geldvermögensbildung und die Förderung des Wohnungsbaus, vor allem weil direkte Beteiligungen an nichtbörsennotierten Unternehmen noch ausgeklammert waren. Die am stärksten präferierte Geldvermögensbildung wurde zugunsten des Wohnungsbaus und der Produktivvermögensbildung in der Höhe der Fördersätze herabgesetzt (16 % gegenüber 23 %).

Nach Auffassung der Kritiker hätte die Geldvermögensbildung sogar ganz aus der Förderung herausgenommen und die Produktivvermögensbildung gegenüber der Bauförderung noch attraktiver gestaltet werden müssen.[10]

---

8 Vgl. Lampert, H. (1985), S. 301; die möglichen mikroökonomischen Auswirkungen einer Ertragsbeteiligung werden in Kapitel 9 ausführlich diskutiert.

9 Vgl. Willgerodt, H. (1971), S. 257 ff.

10 Vgl. Hardt, U. (1991), S. 61.

Mit dem Subventionsabbaugesetz von 1981 und der Novelle des 4. Vermögensbildungsgesetzes von 1982 erfolgte die Aufhebung der allgemeinen Sparförderung nach dem Sparprämiengesetz, das 1987 auslief, und die Wohnungsbauprämie nach dem Wohnungsbauprämiengesetz wurde herabgesetzt. Vor allem mit Inkrafttreten des 5. Vermögensbildungsgesetzes von 1990 erfolgte eine deutliche Akzentuierung der geförderten Geldanlagen hin zu indirekten oder direkten Beteiligungen.

Die Umlenkung von Sparmitteln in Beteiligungen unterstreicht, daß offenbar auch die Bundesregierung das Ziel der Geldvermögensbildung der privaten Haushalte als weitestgehend erreicht ansah (12. Subventionsbericht des Bundes). In 1990 wurden jedoch auch die Erhöhungsbeträge für Kinder gestrichen. Dies impliziert, daß selbst eine familienpolitische Komponente seitens des Gesetzgebers für nicht mehr erforderlich gehalten wurde.

Die Vermögensbildung wird derzeit noch von seiten des Staates auf zwei unterschiedliche Weisen gefördert. Der Gesetzgeber hat sich hierbei sowohl im 5. VermBG als auch im § 19a EStG auf die Förderung von Vermögensbeteiligungen konzentriert.[11] Nach dem 5. VermBG besteht die Möglichkeit einer steuerfreien Arbeitnehmersparzulage. In den Genuß der zusätzlichen Arbeitnehmersparzulage kommt der Arbeitnehmer, wenn eine vermögenswirksame Geldleistung in einer der staatlich geförderten Anlageformen durch den Arbeitgeber angelegt wird und die gesetzlichen Einkommensgrenzen (Ledige/Verheiratete 27.000/54.000 DM p. a.) nicht überschritten werden. Falls dem Arbeitnehmer keine vermögenswirksamen Leistungen zustehen, kann er dennoch verlangen, daß der Arbeitgeber Teile des Arbeitslohns vermögenswirksam anlegt und erhält ebenfalls die Arbeitnehmersparzulage. Allerdings beträgt der Fördersatz nur noch 10 % der geförderten Anlageform, maximal jedoch nur 94 DM p. a.

Die wichtigsten geförderten Anlageformen für vermögenswirksame Leistungen sind u. a. Bausparverträge und Verträge über Vermögensbeteiligungen. Die Höhe der Sparzulage hat sich seit Ende der 80er Jahre wiederholt verändert, wie Tabelle 3.1 zeigt.

---

[11] Zur Bedeutung des § 19a EStG für die Vermögensbildung s. Reuter, D. (1990), S. 713 - 719. Die verschiedenen Anlageformen mit ihren Vor- und Nachteilen sind dargestellt bei Klein, H.-W.; Braun, A. (1986), S. 673 - 678.
Anm.: Nicht berücksichtigt wurde hier die Befürchtung, daß im Zuge einer Steuerreform 1998/99 die Freistellung im Rahmen des § 19a EStG ggf. sogar ganz abgeschafft wird.

Beteiligungsart	bis Ende 1989*	1990 bis 1993	seit 1994
Produktivvermögen	23 %	20 %	10 %
Wohneigentum	23 %	10 %	10 %
Geldvermögensbildung/ Lebensversicherung	16 %	0 %	0 %

* bei Familien mit 3 Kindern erhöhte sich die Sparzulage um jeweils 3 Prozentpunkte

Tabelle 3.1 - Entwicklung der Arbeitnehmersparzulage
Quelle: eigene Darstellung.

Die vermögenswirksamen Leistungen sind mit einer Sperrfrist von sechs bzw. sieben Jahren festzulegen. Eine wesentliche Voraussetzung ist jedoch, daß nach § 12 5. VermBG die vermögenswirksamen Leistungen nur dann gefördert werden, wenn der Arbeitnehmer die Art der vermögenswirksamen Leistung und das Unternehmen oder Institut, bei dem sie erfolgen soll, frei wählen kann. Die vermögenswirksamen Leistungen sind außerdem sozial- und einkommensteuerpflichtig.

Demgegenüber setzt der § 19a EStG die Zuwendung einer unentgeltlichen oder verbilligten Sachleistung in Form von Kapitalbeteiligungen oder Darlehensforderungen des Arbeitgebers voraus, d. h. es darf sich gerade nicht um eine Geldleistung handeln, selbst wenn diese zum Erwerb einer Vermögensbeteiligung genutzt wird und die dem Arbeitnehmer ohnehin zusteht. Die Sperrfrist beträgt hier sechs Jahre, und die Steuerbefreiung ist begrenzt auf den halben Wert der Vermögensbeteiligung, höchstens jedoch 300 DM/Jahr. Im Gegensatz zum 5. VermBG wird hier keine freie Anlagewahl gefordert.

Eine Sparzulage kommt bei Sachzuwendung nicht in Betracht. Dieser geldwerte Vorteil gilt als Bestandteil des Arbeitslohns und ist unabhängig von der Einkommenshöhe. Bei früherer Verfügung vor Ablauf der Sperrfrist muß der Vorteil bis auf Ausnahmen nachträglich versteuert werden.

Eine Kombination aus den beiden Förderungsmöglichkeiten ist bei verbilligtem Bezug möglich, da bei einer verbilligten Zuwendung die Steuerbefreiung des § 19a EStG zutrifft und durch die aufzuwendende Geldleistung die Gewährung der Arbeitnehmersparzulage in Betracht kommt.

3.3 Kritische Würdigung der staatlichen Vermögensbildungspolitik

3.3.1 Interpretationsschwierigkeiten bei der Effizienzkontrolle

In den Subventionsberichten der Bundesregierung findet man unter dem Stichwort "Sparförderung und Vermögensbildung" Angaben über die staatlichen Aufwendungen.

Eine Effizienzkontrolle ist dennoch aus zweierlei Gesichtspunkten erschwert. Zum einen aufgrund der unzureichenden statistischen Daten, und zum anderen gibt es keine Erhebungen über die Inanspruchnahme und den Erfolg bestimmter Vermögensbildungsmaßnahmen, insbesondere zur personellen Vermögensumverteilung. Somit können in erster Linie Plausibilitätsannahmen getroffen werden aufgrund der bisher angebotenen Vermögensbildungsprogramme, ihrer Inanspruchnahme und den daraus entstandenen Belastungen der öffentlichen Haushalte.[12]

Eine Zusammenfassung der Kosten der wichtigsten Fördermaßnahmen zeigt die untenstehende Tabelle 3.2. Die Leistungen der Sparprämien sind 1989 ausgelaufen. Auch die Wohnungsbauprämien sind in den achtziger Jahren nach Kürzungen deutlich abgesunken. Allerdings unterstreichen die Einbrüche lediglich die Wirksamkeit der Förderdifferenzierung. So stiegen nach der ersten Novellierung 1983 die Wohnungsbauprämien nach dem Subventionsbericht des Bundestags von 538 Mio DM in 1983 bereits bis 1986 wieder auf 885 Mio DM an. Mit dem Übergang zum 5. Vermögensbildungsgesetz sind die Zahlungen der Arbeitnehmersparzulage rapide gesunken.

Hardt vermutet hier ein eindeutiges Anzeichen, daß die Anspruchsberechtigten die Neuorientierung der Vermögenspolitik noch nicht zur Kenntnis genommen haben.[13] Dies untermauert die These, daß für die Sparer das Zwecksparen wichtiger ist als die Höhe der Förderung.

Gemessen an den Gesamtausgaben, erscheint es, als ob sich der Staat im Laufe der achtziger Jahre zunehmend aus der Vermögensbildung zurückgezogen hat. Die Ausgabenminderung ist neben dem Auslaufen des Sparprämiengesetzes und der Senkung der Arbeitnehmersparzulagensätze auch auf konstante Einkommensgrenzen zurückzuführen.

---

12 Vgl. Gerke, W.; Schöner, M. (1986), S. 684 ff.

13 Vgl. Hardt, U. (1991), S. 64.

Der sprunghafte Anstieg der Gesamtsumme liegt lediglich an der Verzehnfachung des Sparer-Freibetrags im Vergleich zu 1989, allerdings in Zusammenhang mit einem 30%igen Zinsabschlag. Durch den stark erhöhten Sparer-Freibetrag werden zwar beim überwiegenden Teil der Sparer die Kapitalerträge freigestellt, andererseits können hauptsächlich Haushalte mit einem entsprechenden Vermögensbestand die Grenzwerte ausnutzen.

Jahr	1986	1988	1990	1992	1994	1996
Sparprämien1.)	845	5	/	/	/	/
Wohnungsbauprämien	885	842	590	577	491	2805.)
Freibeträge für Einkünfte aus Kapitalvermögen2.) (§ 20 Abs. 4 EStG)	440	470	1200	1200	8400	6610
Sonderausgabenabzug bei Bausparbeiträgen (§ 10 Abs. 1 Nr. 3 EStG)3.)	640	630	235	260	280	280
Vergünstigung für Kleinunternehmer (§ 15 5. VermBG)4.)	285	240	/	/	/	
Freibetrag bei Überlassung verbilligter Anteile (§ 19a EStG)	110	210	225	240	210	180
Arbeitnehmersparzulage	1630	1800	900	950	950	250

1.) ab 1989 ausgelaufen
2.) ab 1989 Verdopplung von 300/600 DM p. a. auf 600/1200 DM p. a.
ab 1993 Anhebung auf 6000/12000 DM p. a. i. V. m. 30%igen Zinsabschlag ab 1993
3.) Beschränkung der Abzugsfähigkeit auf die Hälfte der geleisteten Beträge seit 1990, entfällt ab 1996
4.) ab 1990 aufgehoben
5.) Regierungsentwurf

Tabelle 3.2 - Kosten der Sparförderung 1986 bis 1996 (in Mio DM)
Quelle: Subventionsberichte des Bundes, mehrere Jahrgänge

Das Bundesministerium für Arbeit und Sozialordnung sieht in der bisherigen Vermögenspolitik durch die bezeichneten Maßnahmen im Gegensatz zu den vorangegangenen Ausführungen deutliche Erfolge:[14]

- In Westdeutschland wurde 1993, einschließlich vermögenswirksamer Lohnanteile, ein Gesamtbetrag von 19 Mrd DM angelegt, davon waren 9,5 Mrd DM vermögenswirksame Leistungen der Arbeitgeber. Der durchschnittliche Anlagebetrag betrug 800 DM, für etwa 9 Mio westdeutsche Arbeitnehmer. Sparzulagen wurden in Höhe von 0,85 Mrd DM gezahlt.

---

14 Vgl. Bundesministerium für Arbeit und Sozialordnung (1993), S. 88.

- Bis Ende 1994 galten in Westdeutschland für 95 % der durch Tarifverträge erfaßten Arbeitnehmer tarifvertragliche Vereinbarungen; davon waren für 53 % Leistungen in Höhe von 624 DM und für weitere 10 % Leistungen in Höhe von 936 DM vereinbart.

- In Ostdeutschland wurden bis Ende 1993 bereits für 60 % der durch Tarifverträge erfaßten Arbeitnehmer vermögenswirksame Leistungen abgeschlossen. 1993 wurden rd. 1 Mrd DM vermögenswirksame Leistungen angelegt, davon 0,5 Mrd DM Arbeitgeberleistungen, die insgesamt mit 0,1 Mrd DM Sparzulagen prämiert wurden (10 % der Gesamtleistung).

- Der Anteil vermögenswirksamer Leistungen, der in Vermögensbeteiligungen angelegt wurde, stieg von 1983 bis 1993 von 2 % auf 10 %. Eine Mitarbeiterbeteiligung hatten rd. 1,5 Mio Arbeitnehmer in rd. 1700 Unternehmen, was zu staatlichen Mindereinnahmen von rd. 0,25 Mrd DM in 1993 führte.

Generell läßt sich der Staat die Vermögensbildung durch staatliche Prämien, Arbeitnehmersparzulagen und Steuermindereinnahmen einiges kosten. Die Produktivkapitalanlageformen fanden jedoch bislang begrenzte Verbreitung. Bei der Beurteilung der Effizienz der Sparförderung bleibt auch problematisch, daß nicht ermittelt werden kann, wieviel die Haushalte aufgrund der vermögenspolitischen Maßnahmen tatsächlich zusätzlich gespart haben. Der absoluten Steigerung der Vermögen steht andererseits bei dem am stärksten geförderten Geldvermögen nach wie vor eine deutliche Konzentration gegenüber, wie im zweiten Kapitel dargelegt wurde. Gerade weil ein generelles Urteil über die Effizienz der Vermögenspolitik trotz vieler Indizien nur schwer möglich ist, muß die Rationalität derselben damit grundsätzlich in Frage gestellt werden.

3.3.2 Probleme bei der Diversifikation in der Vermögensbildung

Der Staat fördert seit 1948 die Vermögensbildung über eine Reihe von Hilfestellungen und steuerlichen Anreizen. Insbesondere die Förderung des Produktivvermögens ist von 1959 bis 1965 durch Ausgabe von Volksaktien zum Vorzugskurs der Preußag, Veba und nicht zuletzt dem Volkswagenwerk vorgenommen worden. Obwohl die Vermögensbildungsgesetze breite und nachhaltige Akzeptanz fanden, wird bislang nur ein geringer Prozentsatz zur Anlage in Produktivvermögen verwendet.[15] Auch durch die Novellierung des 4. und 5. VermBG durch neue betriebliche Produktivkapitalanlageformen und eine Begünstigung des verbilligten Erwerbs von Kapitalbeteiligungen in Verbindung mit dem § 19 a EStG fanden nicht die erwünschte Resonanz. Die Dekonzentrationstendenzen sind bislang kaum meßbar.

Der Diversifikationsprozeß in der Vermögensbildung nimmt erst mit wachsendem Vermögensbestand zu (s. Kap. 2). Dagegen steht bei Sparern, die entweder erst an den Sparprozeß herangeführt werden müssen oder nur geringes Sparvermögen besitzen, das Sparguthaben zunächst im Vordergrund. Geiger sieht daher in der Geldvermögensbildung keine Vermögensbildung zweiter Wahl, da dies den notwendigen und sinnvollen Einstieg in die individuelle Vermögensbildung darstellt. Zunächst steht das disponible Geldvermögen, die eigene Wohnung oder das eigene Haus im Vordergrund; dann erst wird der Sparer bereit sein, in andere Vermögensarten zu investieren. Die Anlagevorschriften müssen nach seiner Ansicht den einzelnen Lebensphasen angepaßten, individuellen Anlagebedürfnissen entsprechen.[16]

Allerdings vernachlässigt diese Argumentation, daß aufgrund des Motivs "Zwecksparen" diese Vermögenspolitik nur bedingt nachhaltig oder konzentrationsreduzierend wirkt. So gesehen würde weiterhin die Förderung bestimmter Ersparnisstrukturen gefestigt. Mit der investiven Beteiligung i. V. m. dem Investmentsparen kann ein Kompromiß gefunden werden. Andererseits erscheint es wenig sinnvoll, den Kapitalmarkt wirkungsvoll mit einer Sparförderung entlasten zu wollen und gleichzeitig die Förderung ausschließlich unteren Einkommensschichten vorzubehalten, wenn ein ausreichendes Volumen sichergestellt werden soll. Ebensowenig dient eine Vermögensbildung zum Zwecke des Wohnungsbaus, wenn nicht sichergestellt ist, daß tatsächlich auch gebaut wird.

---

15 Vgl. Gerke, W.; Schöner, M. (1986), S. 684 ff.

16 Vgl. Geiger, H. (1985), S. 173 f.; Anm.: Gefordert wird vor allem, daß die Wahlfreiheit Voraussetzung für eine wirksame Vermögensbildungspolitik bleibt und das Vermögensbildungsgesetz für alle Anlageformen offenzuhalten ist und alle Anlageformen in voller Höhe mit Arbeitnehmersparzulage zu fördern sind (S. 180); insofern wird deutlich die Sparförderung aus der Sicht der Kreditwirtschaft unterstützt. Im Korreferat von Süchting, J., wird unter ordnungspolitischen Aspekten aufgrund der staatlichen Förderung des Beteiligungssparens die Frage aufgeworfen, ob von einer Diskriminierung eines Teils der Kreditwirtschaft und ihrer Kunden die Rede sein kann.

So war in den fünfziger Jahren der Anlaß für die gesonderte Förderung des Bausparens in erster Linie die Wohnungsnot und nicht die Unterstützung einkommensschwacher Personenkreise. Insofern sind alle Arbeitnehmer in ein Beteiligungsmodell einzubeziehen. Möglichkeiten zur Unterstützung der redistributiven Wirkung gibt es ausreichend, wie der weitere Verlauf noch zeigt.

3.3.3 Förderung der Ersparnis- und Vermögensstrukturen

Die vermögenspolitischen Konzepte sollen insbesondere die Sparfähigkeit und den Sparwillen "ärmerer" Bevölkerungsschichten verstärken, um bestimmte Einkommensbestandteile in vorgegebenen Vermögensformen anzulegen. Die Vergangenheit hat gezeigt, daß man außer einer breiten Sparförderung diesem Ziel nur wenig näher gekommen ist.

Unter der Zielsetzung einer breiten Vermögensbildung haben Steuervergünstigungen Nachteile, wie die Steuerfreibeträge der §§19a und 20 Abs.4 EStG oder Sonderabschreibungsmöglichkeiten im Rahmen der Wohnungsbauförderung, die nicht nach Einkommens- oder Vermögenshöhe differenzieren. Die Begünstigung nimmt mit steigendem Einkommen zu, insbesondere wenn die Bemessungsgrundlage einer progressiven Einkommensteuer durch Abzüge reduziert wird. Geringverdienende kommen in geringerem Umfang in den Genuß des Steuervorteils.

Schäfer betont im Hinblick auf Steuervergünstigungen, daß die bescheidenen Umverteilungseffekte der Sparförderung mit anderen Effekten saldiert werden müssen, die ohne das Etikett "Vermögensbildung", aber mit vermögensbildender Wirkung zugunsten von Unternehmern und Selbständigen durch das System der Steuergesetze und staatlichen Transfers gegeben sind.[17]

---

[17] Vgl. Schäfer, C. (1983), S. 444 f.; vgl. auch die Stellungnahme des DGB-Bundesvorstands zur Reform der Sparförderung vom 21. Februar 1979, S. 3: "In zahlreichen früheren Stellungnahmen ist vom DGB immer wieder folgende Bewertung der Sparförderung vorgenommen worden:

- Durch Sparförderung einschließlich solcher Maßnahmen wie dem 624-DM-Gesetz ist keine Veränderung der ungerechten Vermögensverteilung, insbesondere keine Veränderung der Vermögenskonzentration möglich
- Sparförderung kann keine Quelle eines zweiten Einkommens für Arbeitnehmer sein. Diese skeptische Grundhaltung des DGB gegenüber der Sparförderung wird durch eine empirische Nutzung der Sparförderung durch die Bevölkerungsgruppen bestärkt und erheblich erweitert."

Lampert hält die Steuerbegünstigung als Instrument der Vermögenspolitik nur vertretbar, wenn sie bis zu einer bestimmten Einkommensgrenze gewährt wird.[18] Wollte man ausschließlich die unteren Einkommensschichten fördern, dann wäre einleuchtend, daß keine Steuervergünstigungen zu gewähren sind zugunsten einer ausschließlichen Prämienregelung.

Willgerodt hat bereits 1971 darauf hingewiesen, daß die staatlichen Leistungen zur Förderung der Vermögensbildung sich zunehmend zu einer Dispositionsorientierung hinwenden, d. h. die erwünschten Verhaltensänderungen prämieren bzw. provozieren. "Damit scheint sich aber der Ansatz redistributiver Politik an hohen und höchsten Einkommen weitgehend als Illusion und optische Konzession an das soziale Gewissen der Öffentlichkeit zu erweisen und Vermögenspolitik in der Form der gegenwärtigen Sparförderung die Konzentration des Vermögens eher zu fördern, selbst wenn bestimmte Einkommensgrenzen gesetzt und damit soziale Aspekte bei den Vergünstigungen berücksichtigt werden. Nivellierungstendenzen beschränken sich vielmehr auf den Kreis schon einkommens- und vermögensstarker Schichten, der Abstand zum Rest der Gesellschaft erweitert sich."[19]

In ihrer Analyse wurde von Mierheim und Wicke festgestellt, daß bereits 1973 ca. 67 % der prämienbegünstigten Sparanlagen nach Ablauf der Sperrfrist erneut angelegt wurden.[20] Die Wiederanlagequote der weniger vermögenden Haushalte war jedoch weitaus geringer, was bedeutet, daß diese Haushalte von der Vermögenspolitik langfristig wesentlich weniger profitiert haben. Gress hat in diesem Zusammenhang Anfang der 80er Jahre Einkommens- und Vermögensgrenzen gefordert, die soziale Merkmale wie Familienstand, Kinderzahl und Alter berücksichtigen.[21]

Diese Forderung kann auch für die 90er Jahre aufrecht erhalten werden. Schäfer kommt sogar zu der Schlußfolgerung, daß statt eines Zusatzeinkommens durch die Sparförderung lediglich die Ersparnisstrukturen zementiert wurden.[22]

18 Vgl. Lampert, H. (1985), S. 324.

19 Vgl. Willgerodt, H. (1971), S. 149.

20 Vgl. Mierheim, H.; Wicke, L. (1978), S. 177.

21 Vgl. Gress, K. (1983), S. 67.

22 Vgl. Schäfer, C. (1983), S. 444 f.

3.4 Konsequenzen aus den Defiziten der Vermögensbildungspolitik

Als Fazit der bisherigen Bemühungen in der Vermögenspolitik kann festgehalten werden, daß die Erhöhung der Sparfähigkeit und -bereitschaft des Begünstigtenkreises trotz hoher Breitenwirkung nur unzufriedenstellend gelöst wurde. Dies sollte jedoch gerade im Mittelpunkt einer verteilungsorientierten Vermögenspolitik stehen. Objektgebundene Steuervergünstigungen im Wohnungsbau bevorzugten bislang aufgrund der Steuerprogression zusätzlich die einkommenstarken Haushalte.

Die Untersuchung Wilhelm Krelles Ende der sechziger Jahre über Möglichkeiten einer überbetrieblichen Ertragsbeteiligung der Arbeitnehmer brachte zutage, daß 1,7 % der privaten Haushalte über 70 % des Eigentums an gewerblichen Unternehmen verfügen.[23] Obwohl dieses Ergebnis sehr viel öffentliche Aufmerksamkeit fand, kam es in der Folgezeit zu keiner spürbaren Änderung der Vermögensverteilung. Die Ersparnisbildung breiter Schichten floß bislang trotz deutlicher Akzentuierung auf Produktivkapitalsparen überwiegend auf Sparkonten oder andere Formen der traditionellen Geldvermögensbildung, sofern sie nicht der Bildung von Wohneigentum dienten. Aufgrund der hohen Konzentration gerade beim Produktivvermögen hat der Bedarf an verteilungspolitischen Maßnahmen jedoch eher zugenommen.

Hardt weist darauf hin, daß nach Angaben des Instituts der deutschen Wirtschaft viele Arbeitnehmer grundsätzlich an Beteiligungen interessiert sind. Aber nach wie vor gibt es noch ein Angebotsdefizit, da überwiegend Großunternehmen durch Belegschaftsaktien Beteiligungsmöglichkeiten eröffnen. Allerdings gibt es auch auf Arbeitnehmerseite insoweit noch ein erhebliches Informationsdefizit, das künftig abgebaut werden muß.[24]

Es ist aber auch zu befürchten, daß im Zuge der einer künftigen Steuerreform die Steuerfreistellung im Rahmen des § 19a EStG sogar ganz abgeschafft wird. Dies dürfte die Durchsetzung der Mitarbeiterbeteiligung noch weiter erschweren.[25]

---

23 Vgl. Krelle, W.; Schunck, J.; Siebke, J. (1968), S. 381.

24 Vgl. Hardt, U. (1991), S. 69.

25 Anm.: Die aktuellen Vorschläge der Bundesregierung zur Vermögensbildung wurden im Rahmen der Untersuchung nicht mehr berücksichtigt.

4. Option II: Vermögensbildung durch betriebliche Beteiligung

Die Diskussion über die Beteiligung der Mitarbeiter am Produktivkapital dreht sich immer wieder um die Grundsatzfrage betriebliche/direkte versus überbetriebliche/indirekte Beteiligung. Während bei der indirekten Beteiligung zwischen Mitarbeiter und arbeitgebendem Unternehmen eine Beteiligungsinstitution geschoben wird, ist bei der direkten Beteiligung der Mitarbeiter unmittelbar mit dem arbeitgebenden Unternehmen verbunden.

Grundsätzlich können materielle Formen der betrieblichen Mitarbeiterbeteiligung an den Erlösen und/oder am Unternehmenskapital erfolgen. Die Beteiligung kann hierbei kollektiv oder individuell gestaltet werden. Bei einer kollektiven Beteiligung käme auch eine Stiftung in Frage, wenn die Erträge der Stiftung der Mitarbeiterschaft wieder zugute kommen. Diese Formen der Beteiligung werden jedoch in dieser Untersuchung ausgeklammert. Vielmehr geht es um die individuellen Formen der Mitarbeiterbeteiligung, die ein breites Spektrum an Ausgestaltungsmöglichkeiten haben.

Die Mitarbeiterbeteiligung geht damit regelmäßig über die arbeitsvertraglich festgelegten Rechte und Funktionen hinaus. Der Begriff Mitarbeiter wird hier synonym für den arbeitsrechtlichen Begriff Arbeitnehmer verwendet. Die Problematik der immateriellen oder ideellen Beteiligung wurde zwar bereits zu Beginn ausgeklammert, obwohl sie gerade bei betrieblichen Beteiligungen stets untrennbar mit der materiellen Beteiligung verbunden ist. Eine individuelle Kapitalbeteiligung kann damit im weitesten Sinne definiert werden als Zurverfügungstellung von Finanzmitteln an das Unternehmen durch die Mitarbeiter. Hierbei ist zu unterscheiden zwischen Fremdkapital- oder Eigenkapitalbeteiligungen oder Mischformen, für die sich im wesentlichen nachfolgende Optionen herauskristallisiert haben:[1]

- Mitarbeiterdarlehen mit festem oder gewinnabhängigem Zins
- stille Beteiligung (typische und atypische stille Beteiligung)
- Genußrechte und Genußscheine
- GmbH-Anteile/ Aktien/ Genossenschaftsanteile
- Mitarbeiterguthaben

---

1 Vgl. Esser, K.; Faltlhauser, K. (1974), S. 14 ff.; u.a. Mitarbeiter-Beteiligung, Lose-Blatt-Sammlung (1996), Kap. 7100, mit ausführlicher Darstellung inklusive Steuerrecht.

Für die Konzeption und Einführung eines betrieblichen Mitarbeiterbeteiligungsmodells sind eine Reihe von Rechtsbereichen zu beachten. Die Finanzierung der Mitarbeiterbeteiligung ist in Betriebsvereinbarungen, durch eine Gesamtzusage oder einzelvertraglich zwischen Arbeitgeber und Arbeitnehmer regelbar. Die Regelungen zur Mittelaufbringung fallen hierbei in die Sphäre des Arbeitsrechts, die Regelungen zur Mittelverwendung in die des Schuld- bzw. Gesellschaftsrechts.

Für Aktien und börsennotierte Genußscheine sind hierzu über die bereits vorhandenen Grundlagen im AktG und GmbHG keine speziellen Regelungen möglich und notwendig. Die feste Verzinsung eines Darlehens ist ebenfalls relativ unproblematisch, da diese vom generellen Zinsniveau beeinflußt wird. Lediglich für partiarische Darlehen, Genußrechte und stille Beteiligungen sind spezielle Regelungen zu treffen. Hierbei knüpft die Gewinn- oder Verlustbeteiligung überwiegend an der Umsatz- oder Kapitalrendite bzw. am Jahresüberschuß an.[2] Die Voraussetzungen für die Gestaltung und der rechtliche Rahmen betrieblicher Beteiligungen sollen aber in dieser Untersuchung nicht weiter verfolgt werden.

Im Hinblick auf Erfolgsbeteiligungsmodelle gibt es mitunter gewisse Abgrenzungsprobleme zwischen lohnähnlichen, arbeitsvertragstypischen Zahlungen und den vielfältigen Formen der Leistungsbeteiligung. Daher sind in der weiteren Betrachtung nachfolgende Ausgrenzungen vorzunehmen: Akkordlöhne oder Provisionen, Tantiemen für Mitarbeiter, die selbst auf den Gewinn Einfluß nehmen und alle Formen von Leistungsprämien, die an die Quantität oder Qualität des Arbeitseinsatzes oder der Arbeitsleistung des einzelnen Mitarbeiters geknüpft sind.

4.1 Ziele der betrieblichen Beteiligung

Abgesehen von größeren immateriellen Erwartungen und Wirkungen der betrieblichen Beteiligung, die zur Überwindung des Gegensatzes zwischen Kapital und Arbeit beitragen und eine stärkere Identifikation und Motivation mit dem arbeitgebenden Unternehmen implizieren sollen, werden stets auch eine Reihe materieller Vorteile hervorgehoben.

2 Vgl. Bundesministerium für Arbeit und Sozialordnung (1997), S. IV.

Zusammengefaßt lauten die häufig genannten Vorteile der betrieblichen Beteiligung wie nachfolgend aufgezählt:[3]

- Partnerschaft in der Wirtschaft
- Aufstockung der betrieblichen Eigenkapitalbasis
- Leistungsmotivation der Mitarbeiter
- stärkere Bindung der Arbeitnehmer an das Unternehmen
- Verminderung der Gefahr aggressiver Lohnpolitik und folglich Stabilisierung des Preisniveaus

Aufgrund der angeführten Erwartungen wird häufig die Forderung nach einer Intensivierung der freiwilligen Vereinbarungen zwischen Arbeitgeber und Arbeitnehmer über betriebliche bzw. direkte Beteiligungen erhoben. Die Modelle sollen dabei regelmäßig auch mit den Bestimmungen des Vermögensbildungsgesetzes kombiniert werden, ggf. sogar unterstützt durch weitere fiskalische Fördermaßnahmen des Gesetzgebers. Für die Mitarbeiter ist hinsichtlich der Förderung durch das Vermögensbildungsgesetz nachrangig, ob die Kapitalbeteiligung in Form der Eigenkapitalbeteiligung oder als Fremdkapital im Unternehmen investiert wird, da beide Formen durch das Vermögensbildungsgesetz gefördert werden.

4.2 Kritische Würdigung der betrieblichen Beteiligung

Trotz der propagierten Vorteile sind bei derartigen Modellen eine Reihe von Nachteilen immanent, die nachfolgend kurzgefaßt kritisch gewürdigt werden. Der weitere Verlauf der Untersuchung wird zeigen, daß nur für bestimmte Branchenstrukturen betriebliche Modelle geeignet sind.

4.2.1 Kumulation von Arbeitsplatz- und Kapitalrisiko

Der kontinuierliche Vermögensaufbau hängt insbesondere bei Modellen mit Erfolgsbeteiligung prinzipiell von der individuellen Ertragslage des arbeitgebenden Unternehmens ab. Diese Abhängigkeit führt dann zu der Kumulation von Arbeitsplatz- und Kapitalrisiko, da auch die investiv angelegten Vermö-

---

3 Vgl. zahlreiche Veröffentlichungen der Arbeitsgemeinschaft für Partnerschaft in der Wirtschaft e.V.; Cox, H. (1980), S. 52.

gensanteile in der Folgezeit nicht nur einem Ertragsrisiko, sondern im ungünstigen Fall auch der Wertminderung und bei Insolvenz schließlich einem Verlustrisiko ausgesetzt sind.[4]

Gerade hinsichtlich des Kapitalrisikos wirkt dieser Nachteil bei Investivlohnmodellen, d. h. wenn die Mittel durch die Arbeitnehmer eingebracht werden, um so schwerwiegender. In der branchenspezifischen Analyse im 4. Abschnitt dieser Untersuchung wird darüber noch vertiefend zu sprechen sein. Im Vorgriff nur einige Beispiele zum Verständnis. Insbesondere in der Baubranche, die von Kleinst- und mittelständischen Betrieben dominiert wird, sind diese Risiken besonders ausgeprägt. Nach Angaben des statistischen Bundesamtes betrug der Anteil an der Anzahl aller Insolvenzverfahren für Unternehmen und freie Berufe im klein- und mittelständisch geprägten Bauhauptgewerbe 23 % in 1996, dies entspricht absolut 7041 von rd. 31.000 Unternehmen. Im mittelständisch geprägten Maschinenbau gab es 519 Insolvenzverfahren (Anteil: 2%). In der chemischen Industrie, geprägt durch große Kapitalgesellschaften, betrug der Anteil nur noch 0,2 % in 1996, absolut 56 Unternehmen.[5]

Insofern sind die Erfolgsmeldungen über betriebliche Beteiligungen vorsichtig zu interpretieren, vor allem wenn man berücksichtigt, daß in der Grundgesamtheit einer WSI-Befragung von 209 Beteiligungsgesellschaften viele Tochterunternehmen großer Kapitalgesellschaften vertreten sind. Schäfer nennt unter anderem drei Großkonzerne mit jeweils 50 bis 75 Beteiligungsunternehmen.[6]

Abgesehen davon werden auf betrieblicher Ebene die Kleinbetriebe ohnehin ein eher bescheidenes Kapital hervorbringen. Die weitere Untersuchung wird zeigen, daß die Risikenkumulation lediglich bei Großunternehmen, in der Regel Kapitalgesellschaften, und entsprechend strukturierten Branchen relativiert werden kann. Bei Branchen, die durch klein- und mittelständische Unternehmen dominiert werden, sind die Risiken nicht von der Hand zu weisen. So ist es auch kaum verwunderlich, daß hauptsächlich Großbetriebe die betriebliche Beteiligung in Form von Belegschaftsaktien ermöglichen.

---

4 Vgl. Hardt, U. (1991), S. 73; vgl. Schäfer, C. (1982), S. 709 ff.

5 Statistisches Bundesamt (1996), Fachserie 2, Reihe 4.1 Insolvenzverfahren Dezember und Jahr 1996; siehe hierzu ausführlich Kap. 12. und 13.

6 Vgl. Schäfer, C. (1992), S. 110 und 138.

Die zuvor angeführte WSI-Befragung brachte zutage, daß bei den Formen der Kapitalbeteiligungen der Anteil mit Aktien (43,6 %) vor stillen Beteiligungen (21,1 %) und Arbeitnehmerdarlehen (18,8 %) deutlich überwiegt.

Die Beteiligung am Gewinn und Verlust muß sich bei Aktiengesellschaften nach den aktienrechtlichen Vorschriften richten, die die Verwendung des Gewinns und dessen Ermittlung definieren. Spezielle Regelungen sind hierbei nicht zulässig, was hinsichtlich der Transparenz des Modells als Vorteil gesehen werden kann. Lediglich über die Wahl der Aktiengestaltung (Inhaberpapiere, stimmrechtslose Vorzugsaktien u. a.) kann die Gesellschaft korrigierend eingreifen.

4.2.2 Zur Problematik der Differenzierung der Arbeitnehmer

Es sollte zudem deutlich werden, daß betriebliche Lösungen bei einer erfolgsabhängigen Vermögensbeteiligung zu einer weiteren Differenzierung der Einkommen innerhalb der Arbeitnehmerschaft beitragen können. Arbeitnehmer in gewinnstarken Unternehmen sammeln nicht nur einen höheren Gewinnanteil an, sondern erhalten möglicherweise darüber hinaus höhere Löhne (z. B. übertarifliche Zulagen) als Mitarbeiter gewinnschwacher Unternehmen, die zusätzlich höhere Vermögensrisiken tragen müssen.

Dem könnte entgegengehalten werden, daß differenzierte Effektivlöhne auch die Lohnpolitik bestimmen, die sich von Branche zu Branche und sogar innerhalb der Branchen unterscheiden und aus diesem Grund wenig einsichtig ist, warum für die Vermögensbeteiligung etwas anderes gelten soll. Dem Ziel einer kontinuierlichen Vermögensbildung in Arbeitnehmerhand und einer möglichst breiten Förderung der Sparquote einkommensschwacher Haushalte würden betriebliche Modelle damit nur eingeschränkt gerecht, da Gewinne in den einzelnen Unternehmen nicht zwingend regelmäßig anfallen und somit der weitere Vermögenszuwachs ebenfalls ausgesetzt wird.

Darüber hinaus wird durch betriebliche Beteiligungsmodelle eine breite Anzahl an Arbeitnehmern von der Vermögensbildung ausgeschlossen, wenn einige Unternehmen grundsätzlich nicht bereit sind, eine Beteiligung einzuführen.

Der liberale Ökonom Hans Willgerodt hat bereits in seiner Untersuchung 1971 dargelegt, daß die Mitarbeiterbeteiligungs-Modelle überwiegend in besonders ertragsstarken Unternehmen angeboten werden und äußerte den Verdacht, daß die Mitarbeiter nur an Monopolrenten beteiligt würden.[7] Insofern ist nicht auszuschließen, daß die Kosten der Beteiligungen auf die Preise übergewälzt werden und so letztlich durch den Konsumenten und damit überwiegend durch die gesamte Arbeitnehmerschaft getragen werden. Willgerodt befürchtet die Tendenz, daß das Gewinninteresse der Alteigentümer dazu führt, daß neue Mitarbeiter niedriger entlohnt werden als die Stammbelegschaft. Möglicherweise sperren sich die Mitarbeiter gegen die Aufnahme neuer Mitglieder, da der verteilungsfähige Gewinnanteil mit zunehmender Belegschaft sinkt.[8]

Ähnlich wie höhere Barlöhne und Sozialleistungen stellt die betriebliche Beteiligung eventuell einen zusätzlichen Anreiz im Hinblick auf die Wahl des Arbeitsplatzes dar, so daß der Arbeitnehmer möglicherweise bereit ist, im Gegenzug sogar auf Barlohn zu verzichten. Wird angenommen, daß Arbeitnehmer, die an der betrieblich geförderten Vermögensbildung interessiert sind, vorzugsweise in Unternehmen arbeiten, die derartige Leistungen anbieten, könnte insofern durch die betriebliche Beteiligung die Fluktuation der Mitarbeiter eingeschränkt werden.

4.2.3 Liquiditätsrisiken bei einer betrieblichen Beteiligung

Das Beteiligungskapital, das als Eigenkapital zur Verfügung steht, könnte den Unternehmen die Möglichkeit einer Fremdkapitalaufnahme erleichtern bzw. die Abhängigkeit vom Kapitalmarkt verringern. Diesen Vorteilen stehen aber auch erhebliche betriebswirtschaftliche Nachteile gegenüber. Die Problematik der betrieblichen Beteiligungsmodelle offenbart sich besonders drastisch in Krisensituationen. Vor allem bei nichtbörsennotierten Unternehmen können sich existenzgefährdende Krisen ergeben durch:[9]

- eingeschränkte Möglichkeiten der Kapitalbeschaffung,
- Liquiditäts- und Eigenkapitalabfluß.

---

7 Vgl. Willgerodt, H. (1971), S. 332.
8 Vgl. Willgerodt, H. (1971), S. 328.
9 Vgl. Heinrich, M. (1983), S. 441.

Ein Liquiditäts- und Eigenkapitalabfluß ergibt sich durch mehr oder weniger kontinuierliche Fluktuation und Ausscheiden von Personal im üblichen Rahmen des Produktivitätsfortschritts und altersbedingten Ausscheidens. In Krisenzeiten werden die Kapitalabflüsse durch zusätzlichen Personalabbau beschleunigt. Versuchen die übrigen Arbeitnehmer ihr Vermögen zu retten, indem sie es dem Unternehmen entziehen, verschärft sich die Situation.

Die Eigenkapitalbasis reduziert sich auch, wenn die Kapitalanteile ausscheidender Mitarbeiter in nichthaftende Darlehen umgewandelt werden und im Unternehmen verbleiben. Somit sinkt das Verschuldungspotential und damit die Kreditwürdigkeit. Verhindern lassen sich diese Effekte nur durch rigide Einschränkung der Verfügungsmöglichkeiten, so daß die Beteiligung den Charakter einer zusätzlichen Altersversorgung erhält. Durch die modellbedingten kontinuierlichen Kapitalabflüsse, die regelmäßig aus dem vertraglichen Anspruch der Auszahlung nach Ausscheiden der Mitarbeiter entstehen, wird schließlich jede Arbeitnehmergeneration gezwungen, den Eigenkapitalanteil neu zu erwirtschaften.[10] Bei nichtemissionsfähigen Unternehmen, mit beschränktem Zugang zum Kapitalmarkt, ergibt sich eine deutlich eingeschränkte Möglichkeit zur Kapitalbeschaffung.

Lediglich für die börsennotierten Unternehmen besteht keine Rücknahmeverpflichtung. Insofern ist es auch wenig überraschend, daß bei einer Befragung lediglich 15,3 % die Stärkung des Eigenkapitals als Motiv für die Kapitalbeteiligung angaben. Leistungsanreize (21,5 %) und die Vermögensbildung (34,6 %) dominieren nach wie vor.[11]

4.2.4 Widersprüche in der Evidenz der immateriellen Vorteile

Immer wieder werden aber auch die immateriellen Vorteile der Beteiligung betont, deren Evidenz aber in noch nicht ausreichendem Maße nachgewiesen ist. Willgerodt sieht in den betrieblichen Modellen sogar die Möglichkeit gegeben, daß die Unternehmer versuchen, durch einseitige Vermögensopfer ihre Stellung gegenüber sozialreformerischen Kräften zu behaupten, um eine weitergehende Mitbestimmung abzuwehren.[12]

---

10 Vgl. Heinrich, M. (1983), S. 438 ff.

11 Vgl. Schäfer, C. (1992), S. 139.

12 Vgl. Willgerodt, H. (1971), S. 326 f.

Die nachfolgende Tabelle einer WSI-Befragung zeigt, wie Geschäftsführer und Betriebsräte befragter Unternehmen die Auswirkungen materieller und immaterieller Beteiligungen auf das "Betriebsklima" beurteilen, im Hinblick auf Kriterien wie Leistungsbereitschaft, das Verhältnis Geschäftsführung und Betriebsrat sowie Konfliktlösung:

	Geschäftsführer		**Betriebsräte**	
positive Auswirkungen auf:	JA	NEIN	JA	NEIN
Leistungsbereitschaft				
materielle Beteiligung	63,0 %	37,0 %	47,7 %	52,3 %
immaterielle Beteiligung	51,6 %	48,4 %	22,9 %	77,1 %
Verhältnis GF und BR				
materielle Beteiligung	47,7 %	52,3 %	37,2 %	62,8 %
immaterielle Beteiligung	38,7 %	61,3 %	29,1 %	70,9 %
Konfliktlösung				
materielle Beteiligung	33,0 %	67,0 %	28,2 %	71,8 %
immaterielle Beteiligung	42,9 %	57,1 %	28,4 %	71,6 %

Tabelle 4.1 - Auswirkung der materiellen und immateriellen Beteiligung auf das "Betriebsklima"

Quelle: Schäfer, C. (1992), S. 142 f.

Eine Korrelation zwischen Leistungsbereitschaft und immaterieller Beteiligung läßt sich faktisch nicht erkennen. Auch das Verhältnis zwischen Geschäftsführung und Betriebsrat wird selbst nach Ansicht der Betriebsräte nur unwesentlich berührt. Schäfer kommt aufgrund dieser Befragung zu dem Schluß, daß sich der positive Zusammenhang zwischen betrieblicher Kapitalbeteiligung und betrieblicher Leistungsfähigkeit nicht nachweisen läßt und derartige Behauptungen damit nicht allzu Ernst genommen werden sollen. Gewisse Leistungsillusionen werden am ehesten noch bei kleinen und mittleren Unternehmen gepflegt.[13] Auch Hardt betont, daß trotz positiver Stellungnahmen in den Handwerkskammern die Mitarbeiterbeteiligungen recht zurückhaltend beurteilt werden, da ein Verlust an Entscheidungsautonomie befürchtet wird. Jedoch ist das Motiv für Existenzgründungen gerade die eigene Unabhängigkeit.[14]

13 Vgl. Schäfer, C. (1992), S. 130 f.

14 Vgl. Hardt, U. (1991), S. 80; mit Hinweis auf Handwerksmagazin, 11/1990, S. 27.

4.3 Konsequenzen aus den Defiziten der betrieblichen Beteiligung

Die Bedenken hinsichtlich des Kapitalrisikos sind sicherlich auch bei überbetrieblichen Lösungen nicht von der Hand zu weisen, da in wettbewerblich organisierten Volkswirtschaften das mit Residualansprüchen gekennzeichnete Beteiligungskapital grundsätzlich mit Risiko behaftet ist. Auch Geldvermögen ist letztlich der Inflationsgefahr ausgesetzt. Allerdings können die Risiken durch eine entsprechend definierte Anlagepolitik und Anlagekonstruktion deutlich reduziert werden.

Im Hinblick auf die Kumulation von Arbeitsplatz- und Kapitalrisiko machen gerade die Erfahrungen mit erfolglosen Beteiligungsmodellen deutlich, wie ernst solche Probleme zu nehmen sind. Die Risiken können nach Ansicht von Willgerodt beispielsweise durch zusätzliche Forderungen eingegrenzt werden:[15]

- gesetzliche Normierung von Mitarbeiter-Beteiligungsverträgen
- Minimum an staatlicher Aufsicht
- Publizitätsvorschriften

Eine weitere Möglichkeit, die Kumulation von Arbeitsplatz- und Kapitalrisiko zu reduzieren, wurde auch in dem Rosenthal-Modell gefunden.[16] Jeder Arbeitnehmer kann nämlich neben verbilligten Aktien der Rosenthal AG auch Aktien der Hoechst AG erwerben. Durch die Ausgabe von Aktien hat die Rosenthal AG zum einen grundsätzlich die Gefahr eines Kapitalabflusses reduziert; zum anderen wird das Verlustrisiko der Arbeitnehmer durch die Wahlmöglichkeit zwischen betrieblichen und betriebsfremden Aktien verringert. Auch das gescheiterte Porst-Modell schränkte das Risiko für die Arbeitnehmer durch die Gründung einer Mitarbeiter-Beteiligungsgesellschaft ein.[17]

In einem aktuellen Forschungsbericht für das Bundesministerium für Arbeit und Sozialordnung zu diesem Thema wird ebenfalls darauf hingewiesen, daß auch in den westlichen Bundesländern in den zurückliegenden Rezessionsjahren kaum neue Beteiligungsmodelle eingeführt wurden.[18]

---

15 Vgl. Willgerodt, H. (1971), S. 332.
16 Vgl. Hardt, U. (1991), S. 77.
17 Vgl. Heinrich, M. (1983), S. 439.
18 Vgl. Bundesministerium für Arbeit und Sozialordnung (1997), S. 1 ff.

Durch hohen Personalabbau in den großen Unternehmen ist außerdem die Zahl der teilnahmeberechtigten Arbeitnehmer weiter gesunken, die für 1994 mit 1,7 Mio Arbeitnehmern bei rd. 2.000 Beteiligungsunternehmen beziffert wurde. Auch wurde bestätigt, daß sich die betrieblichen Formen der Kapitalbeteiligungen von Mitarbeitern bisher noch nicht auf breiter Front durchgesetzt haben. Auch legen die Unternehmen offenbar Wert auf zeitlich begrenzte Verpflichtungen. Durch Freiwilligkeitsklauseln und begrenzte Laufzeiten soll auf diese Weise betriebliche Übung vermieden werden.[19]

Die Nachteile der einzelwirtschaftlichen Modelle führen also zwangsläufig zu Varianten der überbetrieblichen Kapitalbeteiligung. Gerade in Klein- und Handwerksbetrieben, will man betriebliche Lösungen auf breiter Basis einführen, entsteht ein hoher Verwaltungsaufwand, der einem in der Regel doch sehr beschränkten Kapitalvolumen gegenübersteht.

In der aktuellen Studie wurde aus finanzwirtschaftlicher Sicht ermittelt, daß trotz aller Einwürfe der Vermögensbildungseffekt trotz großer Schwankungen durchaus nennenswert ist und fünfstellige Größenordnungen erreicht. Auch lagen die erzielten Renditen häufig oberhalb vergleichbarer Anlagen am Kapitalmarkt, da oftmals ein "Mitarbeiterzuschlag" gewährt wurde. Tendenziell blieb das Mitarbeiterkapital jedoch meist unterhalb von 10 % der Bilanzsumme.[20]

Mit einer weiteren positiven Entwicklung der Aktienmärkte kann künftig auch mit einer steigenden Akzeptanz des Beteiligungssparens bei niedrigeren Einkommensgruppen gerechnet werden. Eine Gefährdung geht aber auch hier von der möglichen Streichung des § 19a EStG aus. Auch kann die Unternehmenstreue der Belegschaftsmitglieder durch gestaffelte Zeichnungsberechtigung in derartigen Modellen verankert werden.[21]

Als Fazit läßt sich damit festhalten, daß die betrieblichen Beteiligungsmodelle auf breiter Basis offenbar nur für emissionsfähige Großunternehmen praktikabel und vertretbar erscheinen. Die branchenspezifische Analyse wird diese Annahme später noch vertiefen.

---

19 Vgl. Bundesministerium für Arbeit und Sozialordnung (1997), S. 1 ff.

20 Vgl. Bundesministerium für Arbeit und Sozialordnung (1997), S. V.

21 Vgl. hierzu auch Kap. 11.

5. Option III: Vermögensbildung durch überbetriebliche Tariffonds

Der Gedanke einer überbetrieblichen Vermögensbeteiligung der Arbeitnehmer mit Tariffonds ist zwar nicht neu, aber erst 1992 wurde die Diskussion durch das innovative Modell der IG Bau-Steine-Erden erneut belebt. Durchsetzen konnte sich allerdings noch keines der Konzepte.

In der Diskussion über Tariffonds muß unterschieden werden zwischen Problemen grundsätzlicher Art, die sich mit dem "Warum überhaupt Tariffonds?" beschäftigen, und Fragen, die sich mit gestaltungstechnischen Problemen und mit dem "Wie" auseinandersetzen. Zu den grundsätzlichen Problemen zählen die Optionen für Vermögensbildungsstrategien sowie nun folgend die Begründung und Einbettung der Tariffonds innerhalb der bestehenden Wirtschaftsordnung. Die Diskussion der gestaltungstechnischen Probleme stellt die Entscheidungsebenen im Hinblick auf den Aufbau, die Finanzierung und Verwaltung denkbarer Fondssysteme in den Vordergrund. Auf diese und weitere Aspekte wird bei den Entscheidungsebenen zur Ausgestaltung eines Vermögensbildungsmodells im dritten Teil der Untersuchung eingegangen.

5.1 Konzeption vermögenspolitischer Tariffonds

Die vermögenspolitische Diskussion beginnt häufig dort, wo man die freiwillig erfolgende Vermögensbildung nicht für ausreichend hält und durch staatliche Interventionen den Marktprozeß ersetzen möchte.

Die Unzufriedenheit über die Produktivvermögensakkumulation führte in früheren Überlegungen zu einer großen ("gesetzlichen") Lösung bzw. Arbeitnehmerfonds, bei der die Unternehmen zu einer obligatorischen Pflichtabgabe von Mitteln ab einer bestimmten Gewinnhöhe verpflichtet werden sollten. Damit war die Absicht verknüpft, für den gesamten Unternehmensbereich ein einheitliches System vermögenswirksamer Leistungsabführung an einen zentralen Pool einzurichten. Die anfallenden Gewinnabführungsverträge kommen hier einer Quasi-Gewinnsteuer sehr nahe.[1]

---

1 Vgl. Deutscher Gewerkschaftsbund (1983), S. 453 ff.; die Forderung nach einer "großen" Lösung geht auf einen Beschluß des DGB-Bundesausschusses vom 04. April 1973 zurück.

Zu den grundsätzlichen Problemen von überbetrieblichen Arbeitnehmerfonds hat Meidner in der Diskussion eines schwedischen Modells drei Problemfelder ermittelt.[2] Daraus abgeleitete Aspekte und Kritikpunkte sind auch für die Überlegungen zu den Tariffonds von Bedeutung:

- Entscheidungsproblem hinsichtlich des Teilnehmerkreises zwischen Arbeitnehmer- oder Mitbürgerfonds, d. h. Vermögensbeteiligung in Arbeitnehmerhand oder sogar in Händen der gesamten Bevölkerung[3],

- als Folge mögliche Systemveränderungen durch Fondssysteme und die Grundsatzfrage, ob eine Kollektivierung eines wesentlichen Teils der Industrie im Rahmen eines marktwirtschaftlichen Systems überhaupt möglich und auch gewollt ist,

- Gefahr des Dualismus innerhalb der Gewerkschaftsbewegung, die teils ihre Mitglieder zu vertreten hat und teils in einem Fondssystem die Rolle der Arbeitgeber übernimmt, verbunden mit der Konsequenz einer korporatistischen Entwicklung.

Das Entscheidungsproblem der Arbeitnehmerbeteiligung im Vergleich zur Einbeziehung der gesamten Bevölkerung wird im Rahmen dieser Untersuchung unter zwei Aspekten behandelt. Zum einen wird nachfolgend die Begründung für branchenbezogene Tariffonds anstelle einer "großen Lösung" über alle Branchen und Wirtschaftszweige geliefert. Auf den Kreis der beteiligungsberechtigten Mitarbeiter wird zum anderen im Rahmen der Diskussion der rechtlichen Konformität (Kap. 6.1) und der Mittelverteilung (Kap. 11) eingegangen.

Hinsichtlich möglicher Systemveränderungen ist festzuhalten, daß aufgrund verfassungsrechtlicher Bedenken Konzepte einer allgemeinen gesetzlichen Vermögensbeteiligung auf überbetrieblicher Ebene in der heutigen vermögenspolitischen Diskussion nur noch eine untergeordnete Rolle spielen, auch wenn eine hohe Breitenwirkung und damit großer vermögenspolitischer Zielerreichungsgrad erreicht würde. Systemveränderungen werden durch Tariffonds grundsätzlich nicht angestrebt.

---

2 Vgl. Meidner, R. (1981), S. 28 ff.

3 Anm.: Meidner, R. (1981), S. 29, spricht von "Wirtschaftsmacht in den Händen der Arbeitnehmer".

Tariffonds haben auch syndikalistischen Vorstellungen nichts gemeinsam, wie eine nachfolgende Abgrenzung noch zeigt (Kap. 5.5). Auch der befürchtete Dualismus innerhalb der Gewerkschaften wird aufgrund der vorgeschlagenen Konstruktionen nicht weiter verfolgt.

Die Investmentfonds sollen grundsätzlich durch ein institutionell unabhängiges und professionelles Management geleitet werden. Eine "Arbeitgeberrolle" ist innerhalb der Fonds grundsätzlich für keine der Tarifvertragsparteien vorgesehen. Die Funktion als Gesellschafter bzw. Teilnahme in Aufsichtsräten bzw. Anlageausschüssen dient in erster Linie der Interessenvertretung der Arbeitnehmer, ist aber nicht als unternehmerische bzw. erwerbswirtschaftliche Tätigkeit i. e. S. zu verstehen.

Cox führt im Vergleich zu der gesetzlichen "großen" Lösung zusammenfassend eine Reihe berechtigter Bedenken an, die die Hinwendung zu einer tariffähigen Lösung unterstreichen:[4]

- Abgesehen von sozialpolitisch begründeten Redistributionsmaßnahmen, verdienen in einer Wirtschaftsordnung, die auf dem Prinzip marktwirtschaftlicher Allokation und Originärverteilung basiert, autonom zwischen Individuen und/oder Gruppen ausgehandelte Einkommen den Vorzug vor staatlich verordneten Verteilungsaktionen.

- Vermögenswirksame Tarifverträge sind die marktkonformere Lösung, auf die sich die auf Tarifautonomie bedachten Gruppen eher verständigen können, als gesetzliche Eingriffe in den originären Verteilungsprozeß.

- Gewinnabführungsverträge einer "großen" Lösung wirken zu undifferenziert auf unterschiedlich leistungsstarke Branchen. Bei Branchen-, Bezirks- und den betriebsnäheren Firmentarifen besteht eher die Möglichkeit, der unterschiedlichen Leistungsstärke der Branchen oder Unternehmen Rechnung zu tragen.

- Vermögenswirksame Leistungen können als weitere Parameter neben dem Barlohn und Arbeitsbedingungen in die tarifpolitische Auseinandersetzung eingeführt werden und so auch zu einer Entschärfung des Verteilungskonflikts beitragen.

---

4 Vgl. Cox, H. (1980), S. 47 ff.

5.2 Initiativen zur Einführung von Tariffonds

Nach Jahrzehnten ergebnisloser Diskussion kommt Ehrenberg zu dem Schluß, daß der erste wirksame Schritt in überschaubarer Zeit notwendig sei. Tarifverträge würden zwar nur einen Wirtschaftszweig erfassen, aber zukunftsorientierte Tarifverträge haben ihre eigene Sogwirkung.[5] In dieser Untersuchung werden folgende Grundtypen vorgestellt:

- überbetriebliche Ertragsbeteiligung in Form von Branchenfonds (s. Kap. 5.2.1)
  bzw. nach einem Gesetzesvorschlag allgemeiner als überbetriebliche Beteiligungen durch gemeinsame Einrichtungen (s. Kap. 5.2.2)

- überbetriebliches Investivlohnmodell als Pensions-Sondervermögen (s. Kap. 5.2.3)

Das System der Tariffonds als überbetriebliche Ertragsbeteiligung in Form von Branchenfonds ist charakterisiert durch die Unternehmen, die sich verpflichten, einen Teil ihres Ertrags an eine Institution abzuführen. Dazu haben sie prinzipiell zwei Möglichkeiten:

- Die Unternehmen führen den Erfolgsanteil in bar an den Fonds ab, der die Mittel zweckgebunden weiter investiv anlegt
- Der Fonds erhält im Wert der Ertragsbeteiligung Rechtstitel gegen die Unternehmen

Für die Qualität derartiger Fonds wäre nach Krelle die Abführung von Kapitalanteilen wünschenswert, da nicht nur ein Substanzgewinn erzielt würde, sondern auch ein zusätzlicher inflatorischer Schutz gegeben ist.[6]

Im Gegenzug erhalten die privaten Haushalte eine Beteiligung am Vermögen der Fonds durch unentgeltliche Zuteilung oder Veräußerung von Anteilscheinen oder schuldrechtlichen Ansprüchen, die ein Anrecht auf einen Bruchteil des Fondsvermögens verbriefen, wobei bestimmten Einkommensgruppen Prämien oder Rabatte gewährt werden können.

---

5 Vgl. Ehrenberg, H. (1992), S. 197.

6 Vgl. Krelle, W.; Schunck, J.; Siebke, J. (1968), S. 207.

Das überbetriebliche Investivlohnmodell ist dagegen dadurch charakterisiert, daß ein festzulegender Prozentsatz der vereinbarten Lohn- und Gehaltssteigerung ausschließlich in bar an einen Fonds- oder ein Pensionssondervermögen abgeführt werden kann.

Die Pensionssondervermögen stellen hierbei Investmentfonds mit einer Zweckbindung für die Altersvorsorge dar, wobei eine der wesentlichen Prämissen die Aufnahme in die Bestimmungen des § 40b EStG ist. In diesem Fall würde der Investivlohn bis zu einer gesetzlichen Obergrenze sozialversicherungsfrei, und darüber hinaus bestünde die Möglichkeit der Lohnsteuerpauschalierung.

Wirtschaftliches Wachstum vollzieht sich auch selektiv in einzelnen Branchen. Konsequenterweise ist bei der Analyse der Eignung von Tariffonds den jeweiligen branchenspezifischen Gegebenheiten besondere Beachtung zu schenken. Diese determinieren die Verhandlungsspielräume über die Höhe der Beteiligung durch die Tarifpartner.

Jegliche Formen einer kartellartigen Lohnfestsetzung, auch im Sinne eines flächendeckenden Gesetzes, konfligiert mit der unterschiedlichen Lohnzahlungsfähigkeit einzelner Betriebe und ganzer Branchen. Im Rahmen von Tariffonds besteht dagegen die Möglichkeit, flankierend zu den Löhnen die Vermögensbildungsbeiträge als weiteren Parameter in die tarifpolitische Auseinandersetzung einzuführen.

Auch ist der Gesetzgebungsprozeß in einem föderativen Bundesstaat wesentlich schwerfälliger als vergleichsweise Vereinbarungen im Rahmen von Tarifverhandlungen. Durch eine Aufspaltung der Tarifverhandlungen in eine Phase der Barlohnsteigerungen und eine zweite "vermögenspolitische Tarifrunde" könnte den wirtschaftlichen Entwicklungen Rechnung getragen werden. Rappe sieht in einem Tariffonds grundsätzlich folgende Vorteile:[7]

- einfach, da tariflich regelbar,
- sicher, da unternehmensübergreifend und risikostreuend,
- gerecht, da Gleichbehandlung innerhalb der Branche gewährleistet wird.

---

7 Rappe, H. (1994), S. 6.

5.2.1 Das Erfolgsbeteiligungsmodell der IG Bau-Steine-Erden

Als Begründung für die Forcierung der Tariffonds-Diskussion schreibt Bruno Köbele: "Wer auf Engagement und Initiative der Arbeitnehmer setzt, kann ihre Beteiligung an den Ergebnissen ihrer Leistung nicht verweigern. Zwar erfährt diese Auffassung viel Zustimmung, aber in gesetzlicher Initiative hat sich dies nicht niedergeschlagen. Deshalb ist zu fragen, ob nicht die Tarifpolitik den notwendigen Raum für eine neue Vermögenspolitik öffnen kann. Die IG Bau-Steine-Erden jedenfalls will diesen Weg gehen".[8] Eine Expertenkommission legte 1992 das nachfolgende Modell vor:[9]

A *Der Einzug der Mittel:*
Durch Institutionalisierung einer zweiten vermögensorientierten Tarifrunde werden die Arbeitgeber des Baugewerbes tarifvertraglich verpflichtet, X % der Nettowertschöpfung jedes Unternehmens (Vermögensbildungsbeitrag - z. B. 2 %) zugunsten der Arbeitnehmer der Baubranche an eine von insgesamt vier neu zu gründenden, regional[10] abgegrenzten Kapitalanlagegesellschaften (KAGen) zu übertragen. In der Regel soll Barabführung erfolgen, die zuständige Kapitalanlagegesellschaft kann auch Aktien oder stille Beteiligungen[11] erwerben, damit es zu einem Rückfluß an liquiden Mitteln kommt. Einzug und Verteilung der Vermögensbildungsbeiträge erfolgen durch die Zusatzversorgungskasse des Baugewerbes.

B *Organisationsstruktur der Kapitalanlagegesellschaften:*
Gesellschafter: Tarifvertragsparteien bzw. nahestehende Gesellschaften
Rechtsform: GmbH (§ 1 Abs. 2 KAGG)
Aufsichtsgremium: von den Tarifvertragsparteien paritätisch besetzter Aufsichtsrat

---

8 Vgl. Vorwort von Bruno Köbele, in : Köbele, B.; Schütt, B. (Hrsg.), (1992), S. 10.

9 Vgl. Rürup, B. (1992), S. 16 ff.

10 Region 1: Bremen, Nordrhein-Westfalen, Niedersachsen
Region 2: Berlin, Brandenburg, Hamburg, Mecklenburg-Vorpommern, Sachsen-Anhalt, Schleswig-Holstein
Region 3: Hessen, Rheinland-Pfalz, Saarland, Thüringen
Region 4: Baden-Württemberg, Bayern, Sachsen

11 Anm.: Typische stille Beteiligungen können an Unternehmen jeder Rechtsform eingegangen werden. Sie gewähren lediglich Informations- und Kontrollrechte und stellen insofern kein echtes Eigenkapital dar, können aber als eigenkapitalähnlich eingestuft werden.

Geschäftsführung: professionelles Management (ggf. unterstützt durch paritätischen Anlageausschuß)

Depotbank: nach Vereinbarung der Tarifvertragsparteien (§ 12 KAGG)

C *Regionalisierung der Mittel:*
Die Mittel werden nach Maßgabe der Beschäftigtenzahlen in die jeweiligen Regionen verteilt, so kommt es zu einer relativen Begünstigung der ostdeutschen Arbeitnehmer. Dies soll auch eine Machtkonzentration der Fonds verhindern.

D *Die Anlage der Mittel:*
Jede der vier Kapitalanlagegesellschaften richtet mindestens zwei Sondervermögen ein, die die zufließenden Mittel maximal zu 30 % einem Immobilien-Sondervermögen und mindestens zu 70 % einem Beteiligungs-Sondervermögen zuführen. Die Gelder sind zu einem möglichst großen Teil innerhalb der Bauwirtschaft anzulegen. Bis zu 30 % soll grundsätzlich auch eine branchenfremde Anlage möglich sein, zum Ausgleich konjunktureller Schwankungen.

E *Zuteilung an die Arbeitnehmer:*
Jeder Arbeitnehmer, der mindestens 9 Monate in der Bauwirtschaft beschäftigt war, erwirbt für dieses Jahr einen Beteiligungsanspruch. Auf die jährliche Beschäftigungszeit wird die Zeit der Arbeitslosigkeit angerechnet (Solidaritätseffekt).

Die Zuteilung der Anteile erfolgt zur Hälfte pro Kopf (soziale Komponente) und zur Hälfte gemäß des Jahresarbeitsentgelts (Leistungskomponente). Einmal jährlich erhält ein Arbeitnehmer einen Kontoauszug seines Vermögensbestands.

F *Die Verwendungs- bzw. Auflösungsoptionen:*
Die Verwendung der Vermögensbeteiligung ist nach einer Sperrfrist von 7 Jahren (in Anlehnung an das VermBG) möglich. Eine vorzeitige Auflösung ist möglich bei Gründung einer selbständigen Existenz, Berufsunfähigkeit, Rente, Tod, Erwerb von selbstgenutztem Wohneigentum usw. Die Auszahlung erfolgt nach Ablauf der Sperrfrist in Jahrestranchen. Die Rücknahme der Anteile erfolgt zum Tageswert.

Für die Verlängerung bzw. Wiederanlage freiwerdender Anteile erhält der Arbeitnehmer einen Wiederanlagebonus in Höhe von 3 % des Kurswertes. Bei einem Branchenwechsel bleiben die angesammelten Fondsanteile bis zum Ablauf der Sperrfrist erhalten. Weitere Anteile können zum Tageswert erworben werden.

G *Staatliche Förderung:*
Die Fondsanteile sollen nach dem VermBG und § 19a EStG gefördert werden, die de lege ferenda entsprechend zu modifizieren sind:

- Anteile an Tariffonds werden in den Anlage- und Förderkatalog beider Fördersysteme aufgenommen.

- Der Förderhöchstbetrag im VermBG wird gesplittet, und für "Tariffonds-Anteile" wird ein separater Höchstbetrag von 2.000 DM jährlich geschaffen und zugleich in Anlehnung an die allgemeine Einkommensentwicklung dynamisiert.

- Die Wahlfreiheit des Arbeitnehmers ist im VermBG bei Inanspruchnahme von "Tariffonds-Anteilen" aufzuheben, da anderenfalls die Substanz des vorgelegten Modells von vornherein gefährdet wäre.

5.2.2 Überbetriebliche Beteiligungen im Entwurf des Jahressteuergesetzes (JStG) 1996 der Fraktionen der CDU/CSU und FDP

In 1995 folgte ein Gesetzesentwurf der Fraktionen der CDU/CSU und FDP zu überbetrieblichen Beteiligungen. Mit der Vorlage eines ersten Entwurfes eines Jahressteuergesetzes 1996 schien auch die Bundesregierung einen erheblichen Fortschritt zur Beseitigung oft kritisierter gesetzlicher Hürden für eine breite, überbetriebliche Produktivkapitalbeteiligung zu machen.[12]

Es ist zu prüfen, inwiefern dieser Gesetzesentwurf eine Verbesserung der geltenden Rechtslage dargestellt hätte. Im Anschluß an die branchenspezifische Analyse im 4. Abschnitt dieser Untersuchung wird die Stellungnahme hierzu erfolgen.

12 Deutscher Bundestag (1995), Gesetzentwurf der Fraktionen CDU/CSU und FDP, Entwurf eines Jahressteuergesetzes (JStG) 1996, Drucksache 13/901, Bonn.

Nach den Plänen der Fraktionen sollte der Anlagekatalog im 5. Vermögensbildungsgesetz geändert werden. Es sollten als vermögenswirksame Leistungen auch Aktien gelten, die von einer Unternehmensbeteiligungsgesellschaft im Sinne des Gesetzes über Unternehmensbeteiligungsgesellschaften (UBGG) ausgegeben werden, sowie Anteilscheine an einem Sondervermögen nach dem Gesetz über Kapitalanlagegesellschaften (KAGG), wenn die ausgebende Gesellschaft von einer gemeinsamen Einrichtung der Tarifvertragsparteien im Sinne des § 4 Abs. 2 TVG gegründet worden ist. Allerdings können die gemeinsamen Einrichtungen selbst weder als Unternehmensbeteiligungsgesellschaft noch als Kapitalanlagegesellschaft errichtet werden.

Die Wahlfreiheit der Anlage nach § 12 VermBG sollte eingeschränkt werden. Nach der bisherigen Regelung ist eine der Voraussetzungen für eine Förderung, daß der Arbeitnehmer zwischen sämtlichen Formen der Vermögensbeteiligung frei wählen kann. Nach der vorgeschlagenen Regelung sollte die Arbeitnehmersparzulage durch staatliche Förderung auch dann möglich sein, wenn der Arbeitnehmer nur noch zwischen sämtlichen Beteiligungsformen wählen kann (§ 2 Abs. 1 Nr. 1 bis 3 und 8, Abs. 2 bis 4 5. VermBG). Allerdings hat das Bundeskabinett nachträglich dem Referentenentwurf eine Änderung hinzugefügt und die eingeschränkte Wahlfreiheit revidiert. Der gemeinsamen Einrichtung fließen die Mittel dann nicht zu, wenn sich der einzelne Arbeitnehmer bewußt für eine andere als die tariflich fixierte Beteiligungsform entscheidet. Ohne diese Entscheidung erhält er in jedem Fall die Beteiligungstitel an der von den Tarifvertragsparteien gegründeten Kapitalsammelstelle.

Auch der § 19a EStG soll durch eine geänderte Auflistung entsprechend dem 5. VermBG angepaßt werden. Die rechtliche Zulässigkeit der Zuwendung von Sachbezügen als Teil des Tariflohns als betriebliche oder außerbetriebliche Vermögensbeteiligung an die Arbeitnehmer wurde in dem Gesetzentwurf ausdrücklich erwähnt. Mit dieser Klarstellung sollte den Tarif- und Betriebspartnern der Weg geebnet werden, die Vermögensbeteiligungen der Arbeitnehmer in die Lohnpolitik einzubeziehen.

Darüber hinaus sollten etwaige Zweifel, ob die Tarifmacht auch die Vereinbarung von Sachbezügen umfaßt und ob die Vorschriften der Gewerbeordnung über Barzahlungsgebot und Verbot der Lohnverwendungsabrede (§§ 115 Abs. 1 und 117 Abs. 2 GewO) entgegenstehen, durch die Regelung ausgeräumt werden.

Letztgenannte Vorschriften bestimmen, daß eine Barlohnschuld durch Geldzahlung zu erfüllen ist und grundsätzlich nicht vereinbart werden darf, wie der Arbeitslohn zu verwenden ist. Allerdings umfaßt dieses Verbot nicht, daß neben dem Barlohn auch ein Arbeitslohn in Form eines Sachbezugs vereinbart und zugewendet werden kann.

5.2.3 Ein überbetriebliches Investivlohnkonzept

Einen weiteren Impuls für die Vermögensbildung in Arbeitnehmerhand erhielt die Diskussion durch den Vorschlag einer Arbeitsgruppe zum Thema "Beteiligung der ArbeitnehmerInnen am Produktivvermögen" in 1996. Eine der Hauptprämissen ist, daß aufgrund der derzeitigen wirtschaftlichen und politischen Situation keine Chancen zur Ausnutzung vorhandener Verteilungsspielräume für eine arbeitgeberfinanzierte Produktivkapitalbeteiligung der Arbeitnehmer gesehen werden. Befürchtet wird eine große Wahrscheinlichkeit der Verrechnung des Vermögensbildungsbeitrags mit Barlohnerhöhungen in den Tarifverhandlungen. Insofern soll das Konzept als Einstieg verstanden werden, das sich am derzeit politisch Machbaren orientiert. Auch wird bei diesem Modell eindeutig der Schwerpunkt auf eine zusätzliche Alterssicherung gelegt.[13]

Im Gegensatz zum Konzept der IG Bau-Steine-Erden handelt es sich nun um investiv angelegte Lohnbestandteile, die in voller Höhe vom Arbeitnehmer freiwillig finanziert werden. Als Ausgangsbasis wird nicht die aktuelle Lohn- bzw. Gehaltssumme herangezogen, sondern Umwandlung eines Anteils der zwischen den Tarifpartnern ausgehandelten Lohn- bzw. Gehaltssteigerung.

Mögliche kontraktive Konsequenzen des Modells, in diesem Fall konsequenterweise aus der Sicht der Arbeitnehmer, sollen einerseits durch die Dimensionierung des Netto-Barlohnverzichts und insbesondere durch die Anlagepolitik der Fonds reduziert bzw. kompensiert werden. Damit kommt der Anlagepolitik der Fonds eindeutig eine Schlüsselstellung zu.[14]

---

13 Rürup, B.; Dornbach, J. (1996), S. 5 u. 15. Vgl. hierzu auch Loritz, K.-G. (1989), S. 54; der hinsichtlich der Mittelaufbringung ähnliche Vorschläge macht.

14 Anm.: Auch wird an gleicher Stelle darauf hingewiesen, daß durch die Anlage in Fonds der Anlagebetrag im Wirtschaftskreislauf verbleibt, da eine Verlagerung des Anlagebetrags von der privaten, öffentlichen und parafiskalischen Sphäre in die finanzielle, d. h. in das Kapitalmarktangebot, erfolgt.

Eine wichtige Prämisse ist die Einbeziehung der Pensions-Sondervermögen de lege ferenda in die Regelung des § 40b EStG im Rahmen der Novellierung Finanzmarktförderungsgesetzes. Für den Arbeitnehmer bedeutet dies ein steuer- und sozialversicherungsfreies Einkommen bis zu DM 3.408 jährlich. Über den Investivlohn hinaus ist es jedoch den Unternehmen freigestellt, einen freiwilligen zusätzlichen Betrag in Form eines Arbeitgeberzuschusses zu gewähren. Hierzu wäre beispielsweise der eingesparte Sozialversicherungsanteil denkbar.

Nachfolgend sind die einzelnen Modellelemente des Investivlohnvorschlags aufgeführt, und abschließend folgt ein Vergleich zum Modell der IG Bau-Steine-Erden.

A Der Einzug der Mittel:

Durch Tarifvertrag wird vereinbart, daß ein festzulegender Prozentsatz der vereinbarten Lohn- und Gehaltssteigerung ausschließlich in bar an einen Fonds bzw. ein Pensions-Sondervermögen abgeführt werden kann.[15] Eine Verpflichtung zum Zwangssparen besteht nicht (z. B. wird von einer Lohnsteigerung von 3 % ausgegangen, davon fließen 1,5 % als Investivlohn ab). Die Beiträge werden am Jahresende in einer Einmalzahlung an einen Investmentfonds, "Arbeitnehmerfonds" oder ein Pensions-Sondervermögen geleistet.[16] Zum Zwecke der optimalen Fondsgröße ist eine Regionalisierung bei großen Branchen, aber auch der Zusammenschluß mehrerer kleinerer Branchen in einen Fonds möglich.[17]

---

15 Die Wahlfreiheit ist obligatorisch und wird ausführlich in Kap. 6.1 behandelt.

16 Hinweis: In dem Konzept wird nicht ausdrücklich angeführt, wie die Anteile verbrieft werden. Es wird unterstellt, daß die Arbeitnehmerfonds arbeiten wie jeder Wertpapierinvestmentfonds. Das von einer Investmentgesellschaft (KAG) gegen Ausgabe von Anteilscheinen eingelegte Geld und damit geschaffene Vermögen bildet das Sondervermögen. Mit der Verwaltung des Sondervermögens sowie mit der Ausgabe und Rücknahme von Anteilscheinen hat die Investmentgesellschaft ein Kreditinstitut (Depotbank) zu beauftragen.

17 Hinweis: Gründe für die Beschränkung auf die Barabführung des Investivlohns sind:
- relativ geringer Liquiditätseffekt durch Abführungen in Form von Unternehmensbeteiligungen,
- Aufwand zum Einzug und zur Verwaltung des Streubesitzes,
- Problem der Bewertung und Werthaltigkeit solcher Beteiligungen,
- Renditeorientierung der Fonds,
- tarifvertragliche bzw. gesetzliche Problematik der Entlohnung in Form von Beteiligungen und insbesondere, daß
- der Anlagebetrag (in voller Höhe) aus Barlohnverzicht resultiert.

Die Möglichkeit der (teilweisen) Abführung in Form von Aktien oder Beteiligungen besteht nicht. Zur Steigerung der Vermögens- und Einkommenseffekte kann in Erwägung gezogen werden, im 5jährigen Turnus den Investivlohnanteil zu steigern.

B Die Organisationsstruktur der "Arbeitnehmerfonds" bzw. Pensions-Sondervermögen:

Die Gesellschafter sind infolge der Mittelherkunft ausschließlich Arbeitnehmervertreter. Das Aufsichtsgremium wird durch Arbeitnehmervertreter benannt. Die Geschäftsführung besteht aus einem professionellen Management, ggf. ergänzt durch einen beratenden Anlageausschuß. Das Unternehmensziel ist ausschließlich die Renditeorientierung. Struktur- oder branchenspezifische Zielsetzungen werden in dem Modell nicht verfolgt.

Als Kapitalsammel- und -anlagestelle bietet sich für den Fall der Anlage zwecks Altersvorsorge die Gründung von Pensions-Sondervermögen an, die im Rahmen der Novellierung des 3. Finanzmarktförderungsgesetzes in die Regelungen des KAGG und UBGG eingefügt werden (sollen), deren Anlagerestriktionen noch ausführlich diskutiert werden (s. Kap. 10.3).[18] Die Rechtsform der Kapitalanlagegesellschaft und der Depotbank orientieren sich an den Regelungen des KAGG.

Alternativ besteht nach wie vor die Möglichkeit der Gründung eines Tarif-/Branchenfonds in der Form der Kapitalanlagegesellschaft und der Beteiligung an einer - zusammen mit anderen Kapitalanlagegesellschaften gegründeten - Unternehmensbeteiligungsgesellschaft, deren Rechtsformen nach dem KAGG die GmbH und nach dem UBGG die Aktiengesellschaft sind.[19] Aufgrund der erweiterten Flexibilität des Modells im Vergleich zum ursprünglich definierten Branchenfonds ist eine eindeutig definierte Regionalisierung der Mittel nicht mehr vorgesehen, kann jedoch optional bei Einführung von Branchenfonds vorgesehen werden.

---

18 Hinweis : Nicht zu verwechseln mit Pensionskassen, bei denen prinzipiell durch das arbeitgebende Unternehmen oder durch die Branche ein Lebensversicherungsunternehmen gegründet (Versicherungsverein auf Gegenseitigkeit) wird, das unter der Aufsicht des Bundesaufsichtsamts für Versicherungswesen steht. Aufgrund der überschaubaren Mitgliedergruppe können relativ flexible Leistungspläne angeboten werden. Die Beiträge können hierbei anteilig vom Unternehmen und den Arbeitnehmern aufgebracht werden.

19 Vgl. hierzu auch Klein, H.W.; Braun, A. (1986), S. 677 f.

C *Die Anlage der Mittel:*
Die präferierten Pensions-Sondervermögen stellen Investmentfonds mit einer Zweckbindung der Anlage für die Altersvorsorge dar. Die Anlage der Mittel ist beschränkt auf maximal 90 % in Aktien und maximal 20 % in offenen Immobilienfonds, mit den entsprechend definierten Anlagevorschriften nach dem KAGG (s. Kap. 10.3). Zur Reduktion des Kursrisikos durch spätere Teil- bzw. Komplettauszahlung wird auch eine Umschichtung eines Teils der Anlagebeträge in Rentenpapiere vorgeschlagen.

Jedoch stehen diese nicht zwingend in Konkurrenz zu Tarif- oder Branchenfonds. Die beiden Möglichkeiten sollen als Alternative zu den bereits existierenden Investmentfonds etabliert werden, die im Rahmen der Untersuchung eine untergeordnete Rolle spielen.

D *Verwendungs- und Auflösungsoptionen:*
Der Anlagezeitraum ist aufgrund der Sozialversicherungsfreiheit an das Erreichen des 60. Lebensjahrs des Sparers gebunden; eine Ausnahme bildet lediglich der Bezug von Alters- oder Erwerbsunfähigkeitsrente. Eine vorzeitige Auszahlung kann jedoch nach einer 12jährigen Sperrfrist erfolgen, führt aber zu einer Rückführungspflicht der erlassenen Sozialversicherungsbeiträge (steuerpflichtiges Entgelt). Bei vorzeitigem Ausscheiden aus dem Berufsleben besteht die Möglichkeit der freiwilligen Einzahlung aus Eigenmitteln oder der Beitragszahlung bis zum Ablauf des gesetzlichen Anlagezeitraums.

Die Auszahlung kann hierbei optional:

- als Barauszahlung der gesamten Vermögensanteile erfolgen,
- nach Ablauf der Anlagefrist ganz oder teilweise zur weiteren Verzinsung im Fonds verbleiben,
- in Form einer monatlichen Rente ausgezahlt werden, wobei die nichtverbrauchten Vermögensteile weiter verzinst werden.

E *Das Förderkonzept:*
Eine der wesentlichen Prämissen für die erfolgreiche Umsetzung des Konzepts ist die Aufnahme der Fonds bzw. Pensions-Sondervermögen in die Bestimmungen des § 40b EStG.

In diesem Fall würde der Investivlohn bis zur gesetzlichen Obergrenze sozialversicherungsfrei sein, und darüber hinaus bestünde die Möglichkeit der Lohnsteuerpauschalierung zu 20 % bis zu einem Gesamtbetrag von 3.408 DM p. a.[20] Dieser Weg der Mittelbeschaffung gleicht der Direktversicherung, soweit es sich nach § 2 Abs. 1 Satz 1 Nr. 3 der Arbeitsentgeltverordnung um zusätzliche Aufwendungen handelt. In diesem Fall sparen sowohl Arbeitgeber als auch Arbeitnehmer den Anteil zur Sozialversicherung.

Geht man beispielsweise von einer Bruttolohnerhöhung von 60 DM monatlich aus, so kommen für den Arbeitgeber zu den 60 DM Barlohnerhöhung 12 DM Sozialversicherungsanteil hinzu und damit 72 DM Liquiditätsabfluß pro Monat. Daher liegt es nahe, daß der Arbeitgeber den erforderlichen Pauschalbetrag der Lohnsteuer nach § 40 b EStG trägt.

Die Anreizwirkung für das Konzept besteht insbesondere nach Maßgabe der Einsparung des Arbeitgeberanteils zur Sozialversicherung. Bis zu einem Einkommen von 72.000 DM (West) bzw. 61.200 DM (Ost) sparen die Arbeitnehmer den kompletten Sozialversicherungsanteil, der Arbeitgeber bezuschußt den Investivlohn in Höhe des eingesparten Arbeitgeberanteils, der Staat gewährt die 10%-ige Arbeitnehmersparzulage, und der Arbeitnehmer zahlt anstatt des individuellen Grenzsteuersatzes lediglich die 20%ige Lohnsteuerpauschale.

Bei einem Einkommen zwischen 75.600 DM und 100.800 DM (West) bzw. 63.000 DM und 84.000 DM (Ost) ist die Beitragsbemessungsgrenze der gesetzlichen Krankenversicherung (GKV) und der gesetzlichen Pflegeversicherung (GPV) überschritten. Der Arbeitgeber trägt somit nur noch rd. 12,5 % statt der gesamten 20 % Lohnsteuerpauschale, und der Arbeitnehmer reduziert seine Beiträge zur GKV und GPV nicht.

---

20 Hinw.: Grundsätzlich wird bei den Modellen davon ausgegangen, daß die Vermögensbildungsbeiträge entweder vom Mitarbeiter tatsächlich eingezahlt werden oder einbehalten wurden aus bereits zugeflossenem und versteuertem Arbeitslohn. Deutlich hiervon abzugrenzen ist das Mitarbeiterguthaben, daß aufgrund einer Gewinngutschrift des Unternehmens an die Arbeitnehmer entsteht, jedoch aufgrund bestimmter vertraglicher Vereinbarungen noch nicht in den Verfügungsbereich des Arbeitnehmers gelangt, so daß derartige Gewinngutschriften noch nicht als zugeflossener Arbeitslohn i. S. der §§ 8, 11 EStG angesehen werden. Vgl. hierzu Mitarbeiter-Beteiligung, Lose-Blatt-Werk (1996), zur Abgrenzung zu Mitarbeiterguthaben, Kap. 7100, Rand-Nr. 6.

Bei einem Einkommen von über 100.800 DM (West) bzw. 84.000 DM (Ost) ist auch die Beitragsbemessungsgrenze der gesetzlichen Rentenversicherung (GRV) und gesetzlichen Arbeitslosenversicherung (ALV) überschritten. Der Arbeitgeber leistet somit auch keinen Beitrag mehr zur Lohnsteuerpauschale, und der Arbeitnehmer hat keine Sozialversicherungsbeitragsersparnis mehr.

Außerdem wird auch hier die Förderung nach dem 5. VermBG in das Konzept einbezogen, d.h. mit einer Arbeitnehmersparzulage von 10 % bzw. maximal 936 DM p. a.

Bei analoger Anwendung der steuer- und sozialversicherungsrechtlichen Bestimmungen für Zukunftssicherungsleistungen entfällt die Sozialversicherungspflicht, und die Besteuerung erfolgt lediglich in Höhe der Lohnsteuerpauschale von 20 %. Statt einer Barauszahlung von 30 DM erfolgt bei investiver, betrieblicher Verwendung nunmehr die Anlage von 60 DM abzüglich 12 DM Lohnsteuerpauschale, was einem Nettoeffekt von 18 DM entspricht.

Unter Zuhilfenahme des 5. VermBG könnte innerhalb der Einkommensgrenzen (27.000 DM Grund-/ 54.000 DM Splittingtabelle) noch eine 10%ige Arbeitnehmersparzulage in Höhe von 6 DM hinzukommen, was den Nettoeffekt auf 24 DM erhöht. Ebenso wäre denkbar, daß der Arbeitgeber den eingesparten Anteil an der Sozialversicherung (20 %) in Höhe von 12 DM zur Deckung der Lohnsteuerpauschale dem Arbeitnehmer zuschießt.

5.2.4 Vergleich Erfolgsbeteiligungs- versus Investivlohnmodell

Der Vermögensbildungseffekt an einer Beispielrechnung

Die nachfolgende Beispielrechnung soll den Vermögensbildungseffekt der geschilderten Modelle darlegen. Zur Vereinfachung soll an dieser Stelle davon ausgegangen werden, daß der Vermögensbildungsbeitrag der Arbeitgeber im Modell der IG Bau-Steine-Erden in etwa dem Investivlohnbeitrag der Arbeitnehmer im Investivlohnmodell entspricht. Als Ansparzeitraum wurden 40 Jahre angenommen. Ab dem 41. Jahr beginnt die Auszahlung der angesammelten Erträge. Die Zahlung einer Arbeitnehmersparzulage wurde nicht berücksichtigt.

Folgende Annahmen wurden zugrunde gelegt :

Bruttoeinkommen:	DM 4.000 pro Monat
Vermögensbildungsbeitrag:	1,5 % = 60 DM pro Monat = DM 720 p. a.
Realzins:	3,0 %
Dynamik des Beitrags:	Steigerung um DM 720 alle 5 Jahre

nach Jahren	Vermögen	Zinsen p. a.	Einzahlung/ Auszahlung	Barlohn-verzicht
1	720	21,6	720	360
2	1.462	43,8	720	360
3	2.225	66,8	720	360
4	3.012	90,4	720	360
5	3.823	114,7	720	360
6	5.377	161,3	1.440	720
7	6.979	209,4	1.440	720
8	8.628	258,8	1.440	720
9	10.327	309,8	1.440	720
10	12.077	362,3	1.440	720
usw.	:	:	:	:
39	186.229	5.586	5.760	2.880
40	197.576	5.927	5.760	2.880
41	191.503	5.745	-12.000	64.800
42	185.248	5.557	- 12.000	

Tabelle 5.1 - Angesammeltes Vermögen pro Erwerbstätigen in DM

Quelle: eigene Darstellung.

Bei Realverzinsung kumuliert sich ein Kapitalvermögen von rd. 200.000 DM (real) nach 40 Jahren. Bei einer monatlichen Rente von 1.000 DM beläuft sich die Rentenzahlungsdauer auf ca. 23 Jahre. Wird der Betrag auf 500 DM reduziert, so bleibt, bei einer Verzinsung von 3 %, der Kapitalstock sogar unabhängig von der Dauer der Rentenzahlung erhalten. In dem Modell ist unterstellt, daß alle Anleger die Vermögensbildung bis zum 60. Lebensjahr betreiben und daß in gleichem Maße, in dem junge Investivlohnsparer Vermögen bilden, ältere Arbeitnehmer aus dem Modell ausscheiden und ihr Vermögen verbrauchen.

Das Beispiel verdeutlicht aber auch, daß insbesondere beim Modell der IG Bau-Steine-Erden mit einer Sperrfrist von 7 Jahren, die Vermögenshoffnungen nicht allzu optimistisch ausfallen dürfen, wenn man davon ausgeht, daß sich der Vermögensbildungsbeitrag in der gleichen Relation einpendelt, wie hier in dem Investivlohnmodell vorgerechnet. In der branchenspezifischen Analyse wird dieses Ergebnis untermauert (Kap. 13).

Zusammenfassende Charakterisierung der Modellelemente

Nachstehend die Unterscheidungsmerkmale zwischen dem Modell der IG Bau-Steine-Erden und der Arbeitsgruppe für das Investivlohnmodell:

	Modell der IG Bau-Steine-Erden von 1992	**Modell der Arbeitsgruppe "Beteiligung der ArbeinehmerInnen am Produktivvermögen" von 1996**
Mittelaufbringung	Erfolgsbeteiligung (Lohnadditiv) Aufbringung durch die Unternehmen; Teilnahme der Unternehmen per Tarifvertrag ist obligatorisch	Investivlohn (Lohnsubstitut) Aufbringung durch die Arbeitnehmer; Teilnahme der Arbeitnehmer per Tarifvertrag ist freiwillig
Bemessungsgrundlage	Nettowertschöpfung	Lohn-/Gehaltssteigerung
Beitragshöhe	In einer 2. Tarifrunde zu ermittelnder Prozentsatz der Nettowertschöpfung	Fester Anteil der vereinbarten Lohn- bzw. Gehaltssteigerung, ggf. zahlt der Arbeitgeber zusätzlich den gesparten Lohn- bzw. Sozialversicherungsanteil additiv zum Beitrag des Arbeitnehmers in den Fonds ein
Organisationsstruktur der Fonds	Tarifvertragsparteien als Gesellschafter der KAGen, paritätisch besetzter Aufsichtsrat u. professionelles Management	Gesellschafter ausschließlich Arbeitnehmervertreter
Rechtlicher Rahmen des Fonds	Investmentfonds im Rahmen des KAGG; alternativ auch UBGG möglich	Pensions-Sondervermögen im Rahmen des KAGG i. V. m. Bestimmungen des § 40b EStG
Fondsmanagement - Maximen	Rendite- und Branchenorientierung	Renditeorientierung
	institutionelle Unabhängigkeit	institutionelle Unabhängigkeit
NBL-Komponente	horizontale Nivellierung durch Regionalfonds	keine explizite Vorgabe
Beteiligungsanspruch und Zuteilung an die Arbeitnehmer	mind. 9 Monate Beschäftigung im Jahr ergibt den Beteiligungsanspruch für das betreffende Jahr; personelle Umverteilung durch 50%ige Pro-Kopf-Komponente; Zuteilung zur Hälfte pro Kopf und zur Hälfte nach Jahresentgelt in Jahrestranchen	freiwillige Beteiligung aller tarifvertraglich erfaßten Arbeitnehmer; Zuteilung nach Erreichen des 60. Lebensjahrs entweder bar, monatliche Rente oder Weiteranlage; Ansprüche an die Fonds abhängig von eingezahlten Mitteln und Performance der Fonds

Tabelle 5.2 - Erfolgsbeteiligungs- und Investivlohnmodell im Vergleich

Quelle: eigene Darstellung.

Der Vergleich der Hauptcharakteristika der beiden Modelle unterstreicht, daß das Investivlohnmodell einen eindeutigen Schwerpunkt auf die zusätzliche private Altersvorsorge setzt. Insofern sind die beiden Modelle weniger konkurrierend als vielmehr komplementär aufzufassen.

Allerdings - und das wird in der Modellkonzeption betont - ist dieses Modell lediglich ein Einstieg in eine langfristig orientierte Kapitalumverteilung, die sich an den derzeit geringen Verteilungsspielräumen orientiert und auf die Freiwilligkeit der Teilnahme der Arbeitnehmer baut und daher auch entsprechende Anreize bietet, wie die Vorteile des § 40b EStG. Das Erfolgsbeteiligungsmodell der IG Bau-Steine-Erden wirkt dagegen ausdrücklich redistributiv bzw. konzentrationsreduzierend.

Da das Investivlohnkonzept ausschließlich auf dem Barlohnverzicht basiert, besteht insofern kein grundsätzliches Erfordernis für die Zusammenarbeit mit den Arbeitgebern. Dies entspräche aber nicht dem Kerngedanken eines Tariffonds unter dem Aspekt der partnerschaftlichen Zusammenarbeit.

Die Einrichtung einer gemeinsamen Einrichtung der Tarifvertragsparteien ist ohnehin aufgrund der restriktiven Bedingungen für gemeinsame Einrichtungen bei dem Investivlohnmodell fraglich (s. Kap. 6.1), was die vorgesehene Option der Tarif-/Branchenfonds in dem Modell in Frage stellt.

Explizit wird an gleicher Stelle aber nochmals darauf hingewiesen, daß die Einführung eines Lohnadditivs, beispielsweise in Form einer Wertschöpfungsabgabe oder von Gewinnanteilen,

- eine hohe Akzeptanz in der Arbeitnehmerschaft genießt,
- die Unternehmen nach Maßgabe ihrer Leistungsfähigkeit belasten würde,
- die Vermögensbildung in Arbeitnehmerhand mit einem ausgeprägten Umverteilungsprozeß von oben nach unten kombiniert werden und
- positive gesamtwirtschaftliche Kreislaufeffekte zeitigen könnte.

Die Diskussion zu den letztgenannten Punkten wird im 3. Abschnitt dieser Untersuchung hinsichtlich der Entscheidungsebenen zur Ausgestaltung einer Vermögensbildung vertieft.

5.3 Kritische Würdigung der Tariffonds

Kritik an der Einrichtung von Tariffonds wurde von vielen Seiten geäußert. Der BDA bezweifelt in seiner Stellungnahme, ob sich die Regelungsbefugnis der Tarifvertragsparteien auch auf die Gründung gemeinsamer Einrichtungen erstreckt, da diese in keinem Zusammenhang mit dem Arbeitsverhältnis selbst steht. Auch bestehen bereits heute Möglichkeiten für außerbetriebliche Beteiligungsformen, so daß es einer zusätzlichen, von den Tarifpartnern gegründeten Kapitalsammelstelle nicht bedürfe. Es wird befürchtet, daß die gemeinsame Einrichtung Gegenstand von Arbeitskämpfen wird.[21]

Nach Auffassung des DGB können überbetriebliche Vermögensbildungsfonds ihre Gestaltungsaufgaben nur praktikabel erfüllen, wenn die obligatorische Anlage der vermögenswirksamen Leistungen in Fonds tarifvertraglich vereinbart und insofern das Prinzip der Wahlfreiheit durchbrochen wird.[22] Dagegen wird von anderer Seite stets der Grundsatz der Wahlfreiheit immer wieder gefordert, d. h., sowohl Arbeitnehmer als auch Arbeitgeber müssen frei darüber entscheiden können, ob sie sich am Produktivvermögen beteiligen bzw. ein entsprechendes Beteiligungsangebot unterbreiten.[23] Anstelle der eingeschränkten Konsumentensouveränität der Arbeitnehmer soll für mehr Transparenz durch Beratung gesorgt werden. Auch sollte berücksichtigt werden, daß die Geldersparnisbildung zur Erfüllung größerer Konsumwünsche, der Erwerb von Wohneigentum oder Versicherungssparen aus Vorsorgemotiven wichtiger eingeschätzt werden als der Erwerb von Produktivvermögen.[24]

---

21 Vgl. BDA (1995), S.1 f.; Barthel, A. (1995), S. 554 f.; ähnlich kritische Anmerkungen auch bei BVMB (Bundesvereinigung Mittelständischer Bauunternehmen) (1993), S. 1 ff.; s. auch Huonker, G. (1986), S. 697, der insbesondere das Kernelement des Investmentgeschäfts, die Verpflichtung zur jederzeitigen Anteilrücknahme, im Widerspruch zur mangelnden Fungibilität der stillen Beteiligung sieht, oder Hirche, W. (1986), S. 702, der erhebliche ordnungspolitische Bedenken hat. Arbeitgeber und Gewerkschaften könnten versucht sein, anderweitige tarifpolitische Ziele durch Nachgeben in bezug auf Tariffonds zu erreichen, was unter Umständen im Aufsichtsrat zu einer Überparität führt.

22 Vgl. Stellungnahme des Deutschen Gewerkschaftsbundes (1995), Anhörung zum Entwurf eines Jahressteuergesetzes 1996 vom 26. bis 28. April 1995 vor dem Bundestags-Finanzausschuß. Bereits auf dem 14. ordentlichen DGB-Bundeskongreß vom 20. bis 26. Mai 1990 wurde gefordert, daß Tariffonds mit den gleichen Realisierungschancen wie betriebliche Vermögensbeteiligungen in die Förderung der Vermögensbeteiligung einbezogen werden müssen.

23 Vgl. Barthel, A. (1994), S. 1 f.

24 Vgl. kritisch auch hierzu Barthel, A. (1995), S. 555.

Laux befürchtet bei Ausschluß der Wahlfreiheit eine Segmentierung des Kapitalmarkts und damit ein wettbewerbsloses und ineffizientes Investmentgeschäft. Schließlich führe die Verwaltung vieler Kleinstbeteiligungen zu erheblichen Verwaltungskosten. Die Tarifvertragsparteien würden in den marktwirtschaftlich organisierten Bereich der Wertpapierdienstleister eindringen und ihn eventuell systemwidrig verändern.[25]

Gelegentlich wurde in diesem Zusammenhang sogar von Monopolisierung des Anlagemarktes und einer Politisierung der Investitionsfinanzierung gesprochen, verbunden mit einer vergleichsweise unwirtschaftlichen Arbeitsweise der Fonds, sowie der Möglichkeit interessengeleiteter Konflikte zwischen den Tarifpartnern.[26]

Optimale Vermögensbildung und optimale Beteiligungsfinanzierung stehen nach Ansicht der Kritiker konträr zueinander. Während Investmentfonds grundsätzlich ausschließlich im Interesse der Arbeitnehmer handeln und das Kapital abziehen, wenn es in einer anderen Anlagealternative einen höheren Ertrag bringt, so widerspricht dies dem Wunsch der Unternehmen nach langfristigem Eigenkapital. Voraussetzung dafür ist, daß die Kapitalanlagegesellschaft frei entscheiden muß, an welchem Unternehmen zu welchem Zeitpunkt sie sich beteiligt und an welchem nicht. Abgesehen davon wird angeführt, daß das Unternehmensbeteiligungsgesetz keinen dem Gesetz über Kapitalanlagegesellschaften vergleichbaren Anlegerschutz enthält. Auch wird befürchtet, daß bei einem renditeorientierten überbetrieblichen Fonds die Klein- und Mittelbetriebe die strategischen Investitionen der Großunternehmen mitfinanzieren.[27]

Andererseits hält Laux gerade die marktwirtschaftlich organisierten Kapitalanlagegesellschaften grundsätzlich für optimal geeignet, die Kapitalbeteiligung in die Lohnpolitik zu integrieren, da in diesem Fall die im Interesse der Arbeitnehmer erforderliche kostengünstige und rentierliche Verwaltung von Beteiligungswerten möglich ist. Außerdem seien Unternehmensbeteiligungsgesellschaften und Kapitalanlagegesellschaften bereits heute nutzbare Möglichkeiten, wenn die Arbeitnehmer eine außerbetriebliche Beteiligungsform suchen.[28]

---

25 Vgl. Laux, M. (1995), S. 5.; ähnlich Löhr, M. (1995), S. 14 und Hornung-Draus, R. (1986), S. 706.

26 Vgl. Barthel, A. (1992a), S. 6.

27 Vgl. Barthel, A. (1992b), S. 450.

28 Vgl. Laux, M. (1995), S. 5.

Zusammengefaßt lauten die wesentlichen Kritikpunkte :

- Die Gründung überbetrieblicher Beteiligungsgesellschaften fällt nicht in den originären Verantwortungsbereich der Tarifvertragsparteien.

- Tariffonds entziehen sich dem Marktwettbewerb und beeinträchtigen die Funktionsfähigkeit des Kapitalmarkts (Segmentierung).

- Optimale Vermögensbildung und optimale Unternehmensfinanzierung sind miteinander nicht vereinbar.

- Erweiterte Mitbestimmung durch die Hintertür bzw. Verfolgung organisationspolitischer Zielsetzungen.

- Die beiderseitige Freiwilligkeit, sowohl der Arbeitgeber, ob und in welcher Form ein Beteiligungsangebot erfolgt, als auch der Arbeitnehmer im Hinblick auf die Anlegeform, ist unabdingbar. Zwangssparmodelle mit eingeschränkter Konsumentensouveränität werden grundsätzlich abgelehnt.

- Über die oben beschriebenen Kritikpunkte hinaus werden häufig auch immaterielle Aspekte angeführt, wie z. B. Steigerung der Motivation und Betriebszugehörigkeit, die durch betriebliche Beteiligung eher gefördert werden als durch überbetriebliche Formen. Im Laufe der Untersuchung wurde auf die mangelnde Evidenz dieser These bereits eingegangen.

Im Hinblick auf die Tariffondsdebatte im Zusammenhang mit dem "Frankfurter Modell" der IG Bau-Steine-Erden wurde behauptet, "solange die Bundesregierung keinen adäquaten gesetzlichen Rahmen für die Vermögensbildung schafft, werden auch die zur Regelung dieser Problematik entschlossenen Gewerkschaften keine Tarifabschlüsse tätigen können."[29] Es ist zu prüfen, ob nicht neben der Überwindung der Gegenargumente insbesondere der adäquate gesetzliche Rahmen bereits heute vorliegt. Tatsächlich erweisen sich die meisten Vorbehalte seitens der Arbeitgeber durch Sachargumente überwindbar, solange die Wahlfreiheit des Arbeitnehmers, die Einräumungsfreiheit der Arbeitgeber und die individuelle Vermögensbildung als unantastbare Grundsätze der Vermögensbildungspolitik de lege lata akzeptiert werden.

---

29 IG Metall (1995), 31.

5.4 Konsequenzen und Begründungen für Tariffonds

5.4.1 Gesellschafts- und ordnungspolitische Begründung

Prinzipiell wird zwar das Ziel der breiten Vermögensbildung und -verteilung als konstitutives Element unserer Wirtschaftsordnung befürwortet; jedoch werden bei Vorlage eines konkreten Modells stets eine Fülle ordnungspolitischer Bedenken geäußert. Allerdings werden die Modellelemente in der Regel weniger kritisch mit dem Ordnungsrahmen der sozialen Marktwirtschaft auseinandergesetzt, sondern die meisten Kritiker begnügen sich mit pauschalen ordnungspolitischen Bedenken.

Trotz aller Diskussionen über den anzustrebenden Grad der Sozialbindung bedingen soziale Marktwirtschaft und Sozialpolitik einander gegenseitig und folgen dem Sozialstaatsgebot des Grundgesetzes (Artikel 20 und 28 GG). Die breite Beteiligung der Arbeitnehmer am wachsenden Produktivvermögen muß demnach nicht nur unter dem Aspekt der Vereinbarkeit mit unserer Wirtschaftsordnung gesehen werden, sondern auch als unverzichtbares und stabilisierendes Element unserer Wirtschaftsordnung.

Auch hinsichtlich einer sozialethischen Leistungsgerechtigkeit kann gegen die herrschende Einkommens- und Vermögenskonzentration argumentiert werden. Das Eigentum an Produktionsmitteln ist kein absolutes Recht und hat nicht nur die Funktion, ausschließlich Arbeitsgelegenheit zu bieten, sondern die Arbeitnehmerschaft auch an wirtschaftlichen Entscheidungsprozessen zu beteiligen.

Der Sozialstaat und damit verbunden die Sozialabgaben der Arbeitnehmer nähern sich m. E. zunehmend der Grenze der Belastbarkeit. Möglicherweise wird zukünftig ein Teil der sozialen Sicherung vom einzelnen Arbeitnehmer selbst getragen werden müssen. Die Tariflohnpolitik der achtziger Jahre reichte jedoch nicht aus, eine gleichmäßigere Vermögensverteilung zu erreichen (s. Kap. 2).

Mit dem Instrument der Tariffonds könnte dagegen in Inflationszeiten die Lohnpolitik und somit der Kostendruck der Unternehmen vermögenspolitisch entlastet werden, während in Wachstumsperioden die Arbeitnehmer um so stärker an den neugebildeten Vermögenswerten partizipieren.

Auch in Zeiten geringerer Verteilungsspielräume können durch entsprechende Anreize die Weichen sowohl für die langfristige Umverteilung als auch für eine zusätzliche private Altersvorsorge gestellt werden. Insofern stellt das Investivlohnmodell unter den Prämissen der Direktversicherung i. V. m. den Vorteilen des § 40b EStG ebenfalls eine attraktive Alternative für die Arbeitnehmer dar.[30]

Auch ist die Verwaltung und Verwendung der Mittel entgegen der häufig geäußerten Kritik ordnungspolitisch unbedenklich, da sie sich, wie die bereits existierenden Kapitalanlagegesellschaften, sowohl dem Marktwettbewerb als auch der Kontrolle des Bundesaufsichtsamtes für das Kreditwesen (BAK) stellen. Als rechtlicher Rahmen für die Tariffonds bieten gerade das Kreditwesengesetz (KWG), die Gesetze über Kapitalanlagegesellschaften (KAGG) und Unternehmensbeteiligungen (UBGG) einen Schutz gegen zu hohe Kapitalrisiken und minimieren somit die Anlagerisiken. Die Eingliederung in das erprobte Anlegerschutzsystem, d. h. Gläubiger- und Einlagensicherungssysteme, bieten eine marktgerechte Ausgangsposition für die Anleger.[31]

Auch "ordnungspolitische" Einwände gegen paritätisch besetzte Aufsichtsgremien finden in der derzeitigen Wirtschafts- und Sozialordnung eine Reihe von Gegenbeispielen. Die paritätische Selbstverwaltung der Sozialversicherungskassen widerlegt diese Befürchtungen ebenso wie die jahrzehntelange Praxis der Sozialkassen im Baugewerbe.

Rürup sieht daher Tariffonds als ordnungspolitisch zulässige Antwort auf die ein verstärktes Eigenkapitalengagement der Arbeitnehmer hemmende Risikenkumulation. Im Hinblick auf die eingeschränkte Wahlfreiheit beim Modell der IG Bau-Steine-Erden führt er an, "die partielle Begrenzung der individuellen Entscheidungsfreiheit im Interesse einer die Gesellschaft und Gesellschaftsordnung stabilisierenden, sozial und ökonomisch ausbalancierten Entwicklung ist ein genuiner Bestandteil und kein Fremdkörper unserer - nach Kräften zu erhaltenden und auszubauenden - Wirtschaftsordnung".[32]

---

30 Siehe hierzu auch Kap. 6.2.

31 Vgl. Bilstein, J. (1989), S. 70, der sogar Unternehmensbeteiligungsgesellschaften für das geeignetere Instrument hält. In Kap.10.3 wird der rechtliche Rahmen vertieft.

32 Vgl. Rürup, B. (1993b), S. 22.

5.4.2 Regularien zur Vermeidung interessengeleiteter Konflikte

In den Stellungnahmen zu den überbetrieblichen Beteiligungsplänen wurde auf eine beabsichtigte "Mitbestimmung durch die Hintertür" immer wieder Bezug genommen, da befürchtet wurde, daß die vorgesehenen Fonds praktisch der Kontrolle der Gewerkschaften unterstehen. In absehbarer Zeit würden die Fonds sogar zu Mehrheitseigentümern werden, mit der Folge, daß die Anlagepolitik für politische Zwecke mißbraucht wird. Die These, daß Produktivvermögen Eigentumsrechte an Produktionsmitteln vermittelt, die für organisationspolitische Zwecke mißbraucht werden, kann bei differenzierter Betrachtung relativiert werden.[33]

Dies wird idealerweise sichergestellt durch eine Fonds-Gemeinschaftseinrichtung mit unabhängigem Fondsmanagement und paritätisch besetztem Aufsichtsrat sowie Festlegung der Anlagepolitik in einer Satzung. Gerade bei dem Modell der IG Bau-Steine-Erden handelt es sich ausdrücklich nicht um eine gewerkschaftsseitig dominierte Einrichtung, sondern um Fonds, die mit einer renditeorientierten Anlagepolitik nach dem KAGG arbeiten. Es dürfen demnach nur Anteile von einem Unternehmen erworben werden, wenn die Stimmrechte unter 10 % bleiben. Der paritätisch besetzte Aufsichtsrat hat keine Weisungs-, sondern lediglich Kontrollfunktion.

Der "Mitbestimmung durch die Hintertür" wird durch eine Reihe von gesetzlichen und organisatorischen Regelungen Einhalt geboten. Auch bei dem Investivlohnvorschlag greifen die Vorwürfe nicht, da die Tariffonds ebenfalls als Unternehmensbeteiligungsgesellschaften oder Kapitalanlagegesellschaften der Kontrolle des Bundesaufsichtsamtes für das Kreditwesen unterliegen. Das Fondsmanagement arbeitet wie bei jedem anderen Investmentfonds ausschließlich renditeorientiert, so daß pauschale Befürchtungen einer investitionslenkenden Industrie- oder Strukturpolitik nicht geteilt werden.

Abgesehen davon hatte auch noch Mitte der 80er Jahre nur ein Viertel der direkten Arbeitnehmer-Kapitalbeteiligungsmodelle eine vollwertige gesellschafterliche Mitbestimmungsposition, was von Gerke und Schöner nicht zu Unrecht als Fiktion für eine angestrebte "Partnerschaft von Kapital und Arbeit" beschrieben wird. Auch in der überbetrieblichen Beteiligung sei eine echte Partnerschaft nicht zu erwarten, da die Investmentsparer bei Beteiligungs-

---

33 Vgl. Schöner, M. (1989), S. 76 f.

Sondervermögen kein Mitspracherecht erhalten und ihre Unzufriedenheit lediglich durch Verkauf ihrer Zertifikate zum Ausdruck bringen können. Systemadäquate sozialpolitische Effekte entstehen nur, wenn der Anleger die Beteiligung als fair empfindet.[34]

Modellrechnungen von zeigen, daß eine Mehrheitsbeteiligung unter realistischen Bedingungen ausgeschlossen werden kann. Ein wachsender Anteil ergäbe sich nur, wenn eine Sparquote von 1 unter Verlust der individuellen Verwertbarkeit bei den Arbeitnehmern erzwungen würde.[35]

Die wirtschaftliche Macht ist zwar originär an die verbrieften Eigentumsrechte gebunden, die Ausübung derselben hängt jedoch auch von der Marktposition des Unternehmens ab. Damit übt der funktionierende Wettbewerb eine weitere wichtige Machtkontrolle aus. Außerdem geht in den großen Kapitalgesellschaften die Entscheidungsgewalt über Investitionen und letztlich Markterfolg weniger von den Anteilseignern als vielmehr vom Management aus.

Die Macht eines wichtigen Gläubigers kann ebenfalls diejenige der Teileigentümer bei weitem übertreffen. Auch verfassungsrechtliche Vorgaben, wie der Grundsatz der Sozialpflichtigkeit des Eigentums nach Artikel 14 Abs. 3 GG, sowie institutionelle Mitbestimmung durch Aufsichtsräte, Betriebsräte, Gewerbeaufsichtsamt u. a. beschränken normativ die Handlungsfreiheit der Eigentümer.

Grundlage der Vorwürfe gegen den Vermögenszugang der Fonds ist auch das idealtypische Bild eines Konkurrenzmarktes mit freiem Wettbewerb und atomistischer Entscheidungsstruktur. Tatsächlich müssen die Fonds jedoch der gegenwärtigen Konzentration an Eigentumsverhältnissen gegenübergestellt werden, die u. a. durch Querverbindungen zwischen teilweise multinationalen Großunternehmen und Banken, Investmentgesellschaften, Stiftungen etc. gekennzeichnet sind. Durch zunehmende Internationalisierung werden Wettbewerbsvorteile von Großunternehmen immer bedeutender. Auf diese Weise können sich Eigentums- und Entscheidungsverhältnisse ballen, die stärker im Kontrast zu den wirtschaftlichen Demokratisierungsbestrebungen der Tariffonds stehen.

---

34 Vgl. Gerke, W.; Schöner, M. (1986), S. 690.

35 Vgl. Krelle, W.; Schunck, J.; Siebke, J. (1968), S. 89 ff. mit Berechnungen zum zeitlichen Rahmen der Umverteilung; Krupp; H.-J.; Kleps, K.-H. (1974), S. 127-147.

5.4.3 Informations- und transaktionskostenorientierte Begründung

Property Rights besitzen für die Anteilsinhaber zwar einen wirtschaftlichen Wert, allerdings sind mit der Wahrnehmung und Durchsetzung der Anteilseignerrechte Kosten verbunden, die den Nutzen aus diesen Rechten beeinträchtigen oder übersteigen können. Ökonomisch bestimmen grundsätzlich die Grenzkosten der Wahrnehmung und Durchsetzung[36] die individuelle Grenzzahlungsbereitschaft für die Property Rights, die degressiv mit dem Nominalwert des individuellen Vermögensbesitzes steigen.[37] Der mangelnde Einfluß der Arbeitnehmer auf die Anlageentscheidungen der Investmentfonds mag damit auf den ersten Blick zutreffen, da berücksichtigt werden muß, daß im Rahmen tariffähiger Lösungen über die Art der Anlage ohnehin nur zwischen den Tarifvertragsparteien entschieden werden kann. Über einen beratenden Anlageausschuß können die Tarifvertragsparteien jedoch Einfluß auf die Anlagepolitik nehmen.

Müßten sich die Arbeitnehmer als Anteilseigner selbst organisieren, um Entscheidungen zu beeinflussen, wäre dies mit erheblichem Aufwand verbunden. Der Wert des Verfügungsrechts sinkt mit zunehmender Stückelung der Anteile bzw. wachsender Anzahl gleichwertiger Verfügungsrechte. Aus diesem Grund bestehen wenig Anreize für die Kleinanleger, ihre Stimmrechte wahrzunehmen. Sie sind daher häufig bereit, ihre Stimmrechte kostenlos auf die Depotbank zu übertragen. Bei Tariffonds wird das Stimmrecht durch das Fondsmanagement wahrgenommen. Daraus kann abgeleitet werden, daß der Abbau der Konzentration von Verfügungsrechten nicht gleichbedeutend mit dem Abbau der Entscheidungsgewalt ist.

Auch würden die Arbeitnehmer hinsichtlich des Verwaltungsaufwandes bei freier Anlagemöglichkeit mit erheblichen Informations- und Transaktionskosten belastet oder überhaupt nicht in der Lage sein, eine Entscheidung zu treffen, wenn die Arbeitnehmer nämlich versuchen, selbst am Kapitalmarkt aktiv zu werden. Die Transaktionskosten entstehen durch die Beschaffung, Verarbeitung und Verbreitung von Informationen, um einen geeigneten Kontraktpartner zu finden, bis hin zum Vertragsabschluß.

---

36 Anm.: Die Durchsetzungskosten von Verfügungsrechten hängen von institutionellen Gegebenheiten, Konventionen, den Kosten der Wahrnehmung des Rechtswegs, der Rechtssicherheit etc. ab.

37 Vgl. Schöner, M. (1989), S. 78 f.

Die Fonds gewährleisten dagegen:

- Ersparnis an Transaktionskosten durch Reduktion der Vertragsbeziehungen zwischen Unternehmen und Mitarbeiter auf eine Vertragsbeziehung zwischen Mitarbeiter und Kapitalsammelstelle,

- Flexibilitätsgewinn hinsichtlich der Anlagepolitik und der allgemeinen Konstruktion der Beteiligung (insbesondere bei stillen Beteiligungen und GmbH-Anteilen).

Diese Ansicht wird im Kern auch von Laux geteilt, der die fehlenden Mitwirkungsrechte der Anleger angesichts des erforderlichen Spezialwissens nicht als Nachteil empfindet. Nach seiner Ansicht reicht es aus, wenn aus der Sicht des Kleinanlegers durch ein spezielles Anlegerschutzgesetz (z. B. KAGG) die Wahrung der Interessen sichergestellt ist. Die Investmentidee hielt er bereits im Jahr 1986 für besonders geeignet, um breite Bevölkerungskreise am Produktivkapital zu beteiligen.[38]

Von Bedeutung ist in diesem Zusammenhang auch die Problematik der asymmetrischen Informationsverteilung, die entsteht, wenn Kapitalgeber und Kapitalnehmer ein unterschiedliches Informationsniveau in bezug auf Finanzierungskontrakte und die dahinterstehende Geschäftstätigkeit besitzen. Die meist schlechter informierte Marktseite der Kapitalgeber versucht, sich durch Kontrollrechte abzusichern oder Renditezuschläge durchzusetzen, was insofern die Finanzierung verteuert oder gar verhindert. Signaling, Screening oder Self-Selection sind Mechanismen zur Reduktion der Informationsasymmetrien zwischen den Vertragspartnern vor Vertragsabschluß. Der einzelne Anleger ist zu einer ähnlich effizienten Kapitalallokation wie ein professionelles Fondsmanagement kaum in der Lage. Nur durch übergeordnete Instanzen werden die Rahmenbedingungen für eine effiziente Verbreitung von Informationen ermöglicht, damit die Transaktions- und Informationskosten gesenkt und somit die Lage der Teilnehmer verbessert.[39]

---

38 Vgl. Laux, M. (1986), S. 713. Allerdings fügt er Einwand hinzu, daß diese Fondskonstruktion auch dem Wettbewerb ausgesetzt sein muß, um letztlich zu vermeiden, daß andere als die Interessen der Anleger die Anlageentscheidung bestimmen.

39 Vgl. Schöner, M. (1989), S. 100 ff. Alle mißtrauensreduzierenden Maßnahmen und die damit verbundenen Kosten für Verhandlungen, Vertragsabschlüsse und ihre Überwachung werden unter "Agency Costs" subsumiert. Sie führen zu einer Verteuerung des Beteiligungsvertrags oder gar zum Scheitern.

Die erhöhte Verhandlungsmacht gegenüber den Unternehmen, Anlegerschutzvorschriften sowie Informations-, Fristen-, Losgrößen und Risikotransformation der Intermediäre gewährleisten die Attraktivität einer Beteiligungsgesellschaft im Vergleich zu einer Direktanlage.

5.4.4 Junktim aus der Risikenbegrenzung und Verbesserung der Eigenkapitalversorgung der Unternehmen

Höhnen hält eine Breitenwirksamkeit bei kleinbetrieblich strukturierten Branchen für kaum umsetzbar, insbesondere aufgrund der Duplizität von Arbeitsplatz- und Kapitalrisiko. Die Einführung einer überbetrieblichen Beteiligung wird daher mit der institutionellen Absicherung begründet.[40] Die Kumulation von Liquiditäts- und Kapitalrisiken auf betrieblicher Ebene unterstreicht die Notwendigkeit, geeignete Intermediäre für Sammlung, Anlage und Verteilung der Mittel zwischenzuschalten. Vorbild hierfür sind die Banken- und Versicherungsapparate, die die zufließenden Mittel professionell und mit entsprechender Verhandlungsmacht ausgestattet an den Unternehmenssektor weiterleiten.

Aber auch aus Unternehmersicht ergeben sich einige Nachteile bei einer betrieblichen Lösung. Die Märkte zur Eigenkapitalversorgung in der Bundesrepublik sind bis auf die Aktienbörse durch einen niedrigen Organisationsgrad gekennzeichnet. Als Gründe dafür werden genannt:[41]

- fehlende Standardisierung der Anlagetitel,
- heterogene Präferenzen der Kapitalanbieter und -nachfrager,
- ungleiche Informationsverteilung und Transaktionskosten.

Insbesondere die externe Kapitalaufnahme ist im wesentlichen vom Gesellschaftstyp abhängig. Kapitalsuchende Unternehmen, die beabsichtigen, an die Börse zu gehen, unterliegen dem Rechtsformzwang der Aktiengesellschaft oder Kommanditgesellschaft auf Aktien. Damit ergeben sich gerade für mittelständische Unternehmen durch Konvertierungskosten bei Rechtsformände-

40 Vgl. Höhnen, Wilfried, in: Deutscher Bundestag, Öffentliche Anhörung zu dem Entwurf eines Jahressteuergesetzes 1996, Gesetzentwurf der Fraktionen der CDU/CSU und FDP - Drucksache 13/901, unkorrigiertes stenographisches Protokoll in der öffentlichen Sitzung des Finanzausschusses , Protokoll Nr. 8, 26.-28.4.1995, S. 489.

41 Vgl. Schöner, M. (1989), S. 206.

rung erhebliche Marktzutrittsbarrieren für den Kapitalmarkt, wobei das "Going public" mit erheblichen Transaktionskosten verbunden ist. Restriktive Zulassungsbedingungen und unterschiedliche Publizitätspflichten in den einzelnen Marktsegmenten beschränken den amtlichen Handel tendenziell für etablierte Großunternehmen, während dem übrigen Teil der Unternehmen diese Möglichkeit verschlossen bleibt. Kleine und mittlere kapitalsuchende Unternehmen haben beschränkte Möglichkeiten, Investoren zu finden. Neben Anlagerisiken führen schließlich auch die hohen Suchkosten bei nichtstandardisierten Finanztiteln auf dem unorganisierten Kapitalmarkt sowie die Heterogenität der Präferenzen von Anlegern und Kapitalnachfragern schwerlich zum Erfolg.[42]

Gerade Beteiligungsgesellschaften stellen aus betriebswirtschaftlicher Sicht eine echte Alternative zur Eigenkapitalbeschaffung für kleine und mittlere Unternehmen dar. Die Produktivkapitalförderung könnte die Allokation von Haftkapital verbessern und Kapitalmarkthemmnisse bzw. Marktzutrittsbarrieren überwinden. Der weitgehende Ausschluß von institutionalisierten Märkten für Eigenkapital bedeutet für diese Unternehmen regelmäßig einen Wettbewerbsnachteil, da gerade diese regelmäßig in stärkerem Maße unter Eigenkapitalmangel leiden. Dies trifft insbesondere auf das Baugewerbe und den Einzelhandel zu.[43] Sowohl UBGen als auch KAGen können zu einer Institutionalisierung heterogener Beteiligungsmärkte beitragen.

Es erscheint jedoch problematisch, daß das Kernelement des Investmentrechts, die Pflicht zur jederzeitigen Rücknahme der Anteilscheine, im Widerspruch zur mangelnden Fungibilität der stillen Beteiligung steht. Unterhalb einer bestimmten Betriebsgröße dürfte folglich auch weiterhin das Ziel schwerlich erreichbar sein, zu einer Verbesserung der Eigenkapitalausstattung beizutragen, da der Jahresabschluß entsprechend dem Publizitätsgesetz (§§ 264 ff. HGB) für große Kapitalgesellschaften erstellt werden muß. Zu befürchten wäre höchstens, daß sich ertragsschwache Unternehmen um eine Beteiligung bemühen, die anderweitig keine Unterstützung mehr erhalten.

---

42 Vgl. Schöner, M. (1989), S. 115 ff. Sinkt auf der anderen Seite die durchschnittliche Bonität kapitalsuchender Unternehmen und steigen deshalb die geforderten Risikoprämien, so entsteht ein mit "Adverse Selection" bezeichneter Ausleseprozeß, der im ungünstigsten Fall zum Marktzusammenbruch führt, wenn die Qualität der Anbieter nicht mehr akzeptabel ist; vgl. auch Gerke, W. (1985), S. 359 - 362.

43 Vgl. Schöner, M. (1989), S. 26 ff.; zur Problematik der Fonds im Zusammenhang mit Vermögensbildungsplänen vgl. auch Schaper, U. (1971), 119 ff.

5.4.5 Harmonisierung von Mittelaufkommen und Mittelbedarf

Die Vermögensbildung durch Produktivkapital aus Unternehmersicht verfolgt regelmäßig das Ziel einer stärkeren Eigenkapitalausstattung bzw. der Bereitstellung von Risikokapital.

Die rückläufige Quote des Eigenkapitals wird zu den Hauptproblemen der gewerblichen Wirtschaft gezählt. Während das unternehmerische Risiko zunehmend steigt, sind die Eigenkapitalquoten in den vergangenen zwei Jahrzehnten signifikant geschrumpft. Auf der anderen Seite sind gerade von Unternehmen mit besserer Eigenkapitalausstattung auch risikoreichere Investitionen zu erwarten. Auch die autonomen Investitionen für neue Entwicklungen werden ebenfalls maßgeblich von der Eigenkapitalausstattung bestimmt.[44]

Nach Schöner hat das haftende Eigenkapital Funktionen als Krisenpolster, Machtgrundlage und Bestimmungsfaktor des Fremdfinanzierungspotentials, was schließlich die Insolvenzanfälligkeit senkt und die Investitionsmöglichkeiten steigert. Damit determiniert die Eigenkapitalaustattung somit ebenfalls die Wettbewerbsfähigkeit eines Unternehmens.[45]

Allerdings wird in diesem Zusammenhang von Schöner gefordert, daß das mit den Tariffonds verbundene Transfersystem den Allokationsmechanismus am Kapitalmarkt nicht negativ beeinflussen darf. Der Allokationsprozeß wird gesteuert durch die Preisrelationen für verschiedene Investitions- und Finanzierungsalternativen. Demnach soll unabhängig von der personellen Vermögensverteilungssituation nach dem Coase-Theorem bei einem freien Markt stets eine effiziente Allokation zustande kommen. Durch Subventionen und Transfers werden jedoch die Relativpreise der verschiedenen Anlagealternativen gestört, so daß gegebenenfalls Kapital in Anlagealternativen fließt, die unsubventioniert am Markt nicht bestehen könnten. Bei beschränkten Ressourcen, so die Befürchtung, wird eine effiziente Einsatzmöglichkeit anlagebereiten Kapitals verhindert.[46]

---

44 Vgl. Besters, H. (1985), S. 13 f.; mit dem Hinweis, daß für eine Stärkung der Eigenkapitalbasis in erster Linie Steuereffekte sprechen.

45 Vgl. Schöner, M. (1989), S. 27 und Gerke, W. (1985), S. 359 - 362. Anm.: Häufig wird in diesem Zusammenhang auf die geringe Eigenkapitalquote im internationalen Vergleich hingewiesen. Allerdings ist ein Vergleich aufgrund unterschiedlicher Bilanzierungsvorschriften und Bewertungsmethoden erschwert, s. Schöner, M. (1989), S. 28 f.

46 Vgl. Schöner, M. (1989), S. 23 f. mit weiteren Querverweisen zum Coase-Theorem.

Diese Befürchtung wird jedoch relativiert durch den Umstand, daß einerseits die Arbeitnehmer bei eigenständiger Anlage mit erheblichen Transaktionskosten belastet werden oder eventuell zu einer effizienten Kapitalallokation selbst überhaupt nicht in der Lage sind.

Auch besteht nach wie vor für kleine und mittelständische Unternehmen ein weitgehender Ausschluß von den institutionalisierten Kapitalmärkten. Unter diesem Aspekt könnte die Fondslösung zu einer Verringerung dieser Wettbewerbsnachteile und einer Verbesserung der Haftkapitalallokation kleiner und mittlerer Unternehmen beitragen, auch wenn diverse institutionelle und gesetzliche Hindernisse bei der Kreditvergabe berücksichtigt werden müssen. Allerdings darf der zusätzliche Kapitaleinsatz auch nicht zu einer Kapitalverwässerung führen, sondern muß zur Deckung eines echten Kapitalbedarfs beitragen, da sonst "vagabundierendes Kapital" nicht ausgeschlossen wird.[47]

Einschränkend muß nämlich darauf hingewiesen werden, daß eine Vielzahl der Modelle, bzw. deren Vorteilhaftigkeitsberechnungen, einen gegebenen Kapitalbedarf der Unternehmen unterstellen, der Fremd- durch Beteiligungskapital substituiert oder für Neu- bzw. Erweiterungsinvestitionen genutzt wird. Bei geringer Investitionsneigung und ausreichender Selbstfinanzierungskraft besteht gegebenenfalls kein Bedarf an zusätzlichem Mitarbeiterkapital. Insofern wäre die Grundlage für eine ökonomisch relevante Verwendungsmöglichkeit entzogen. Die Harmonisierung zwischen Mittelaufkommen und Kapitalbedarf erfolgt daher auch aus diesen Gründen idealerweise durch die Tariffondskonstruktion als Kapitalleitstelle.

5.5 Abgrenzung der Tariffonds zu syndikalistischen Modellen

5.5.1 Kollektive Kapitalbildung in Arbeitnehmerhand

Im nachfolgenden werden Tariffonds noch abgegrenzt zu einer syndikalistischen Vermögensbildungsstrategie, die insbesondere während der 70er Jahre in Schweden diskutiert wurde. In verschiedener Hinsicht hatte auch der Deutsche Gewerkschaftsbund in seinen ursprünglichen Vorstellungen teilweise ähnliche Ansichten vertreten. So wurde als eine der politischen Forderungen

47 Vgl. Gaugler, E. (1981), S. 136. Anm.: Andererseits kann die Kapitalverwässerung gezielt vorgenommen werden, wenn der Kurs infolge zu hoher Reserven, etwa durch Selbstfinanzierung, unverhältnismäßig hoch geworden ist.

Anfang der 70er Jahre die Überführung von Schlüsselindustrien und anderen markt- und wirtschaftsbeherrschenden Unternehmen in Gemeineigentum und eine differenzierte Steuerung privatwirtschaftlicher Investitionstätigkeit durch den Staat aufgestellt. Zielsetzung war neben der Verteilungspolitik als Ergänzung zur Lohnpolitik demnach auch der Abbau der in der Vermögenskonzentration begründeten ökonomischen und gesellschaftlichen Machtposition. Allerdings sollte hieraus keine allgemeine Haltung der Gewerkschaften abgeleitet werden. Die Spaltung innerhalb der Gewerkschaftsbewegung wird bereits in der Abstimmung des DGB über die Einrichtung eines überbetrieblichen Systems der Ertragsbeteiligung vom 04. April 1973 deutlich. Die Befürworter konnten sich lediglich mit 55 gegen 52 Gegenstimmen knapp durchsetzen.[48] Bereits zu diesem Zeitpunkt kann ein gewisser Abbruch in der Diskussion in Fragen der überbetrieblichen Erfolgsbeteiligung als gewerkschafts- und gesellschaftspolitisches Instrument festgestellt werden.

Zu den Kapitalfonds von Arbeitnehmern in Schweden wurden von verschiedenen Arbeitnehmer- und Unternehmerorganisationen sowie politischen Parteien verschiedene Konzepte vorgelegt. Die Diskussion wurde insbesondere durch den Dachverband der angeschlossenen Gewerkschaften und von der Sozialdemokratischen Partei Schwedens getragen. Eine ablehnende Haltung war auf der Seite der bürgerlichen Parteien zu finden, die Steuervorteile und Subventionen beim Kauf von Unternehmensanteilen präferierten.[49]

Grundsätzlich war die Diskussion sehr stark von ideologischen Grundsätzen geprägt, da es der Arbeitnehmerseite nach dem Wahlrecht und der Schaffung eines Wohlfahrtsstaates nun um die industrielle Demokratisierung ging.[50]

---

48 Vgl. Deutscher Gewerkschaftsbund (1983), Dokumentation-Stellungnahme des DGB zur Vermögenspolitik, in: WSI Mitteilungen, Heft 7/1983, S. 453 ff.; die Forderung nach einer "großen" Lösung geht auf einen Beschluß des DGB-Bundesausschusses vom 04. April 1973 zurück.

49 Vgl. Rehn, G. (1983), S. 422 f. Das bürgerliche Lager erhob hierbei ähnliche Forderungen wie die Kritiker der Tariffondsmodelle:
- Zuführung von Risikokapital an Industrie und Handel
- Erwerb von dezentralisiertem, freiwilligem Privatbesitz
- Entwicklung eines wirksam funktionierenden Anlagenkapitalmarkts
- Eignung für eine große Zahl an Arbeitsmarktsektoren in Industrie und Handel
- Wahlfreiheit bei der Anlagewahl.

50 Vgl. Rehn, G. (1983), S. 425 f.

Zielsetzung war die Bildung von Fonds, durch die die Arbeitnehmer kollektive Eigentümer von immer größer werdenden Teilen der schwedischen Industrie sein sollten.

Damit sollte auch eine Gegenmachtposition zu der zunehmenden Konzentration der wirtschaftlichen Macht großer Kapitaleigner erreicht werden. Entscheidend für den Vorschlag überbetrieblicher Fonds und auch Kernproblem der schwedischen Gewerkschaftspolitik war die Frage, wie vermieden werden könnte, daß bei einer Weiterführung der solidarischen Lohnpolitik bereits rentablen Betrieben neuer Vermögenszuwachs zufällt, und zwar gerade als Resultat einer aus Solidarität mit schwächeren Gruppen geübten lohnpolitischen Zurückhaltung.[51]

Passenderweise beruht das schwedische Rentensystem auf dezentralen Fonds, die durch Unternehmensabgaben finanziert werden. Nach dem Wahlsieg der Sozialdemokraten 1982 legte eine Expertengruppe einen Gesetzentwurf mit den wesentlichen der nachfolgenden Modellelemente vor, der im Jahre 1984 als selbständige Einrichtung organisatorisch in dieses Rentensicherungssystem eingegliedert wurde:[52]

- Dem Pensionssystem zufließende Mittel werden an fünf Regionalfonds verteilt, deren Vorstände von der Regierung benannt werden. In den Fonds herrscht eine Majorität der Arbeitnehmer.

- Die Mittelaufbringung wird zum einen durch Abgaben in Höhe von 20 % auf besonders hohe Gewinne (Gewinngröße, die inflationsbereinigt und nach Abzug von Korrekturfaktoren größer als 500.000 SKr oder größer als 6 % der betrieblichen Lohnsumme ist) und zum anderen durch bestimmte Abgaben aus der Pensionsversicherung (anfangs 0,2 %, mit der Option auf spätere Erhöhung) finanziert.

- Die Mittel werden in der Wirtschaft in Aktien oder ähnlichen Papieren angelegt, wobei maximal 49 % an einem Unternehmen gehalten werden durften und ein Majoritätsverbot bestand. Die Anlagemaximen sollten nach Gewinngesichtspunkten ausgerichtet werden und die zu erwirtschaftende Mindestrendite sollte (inflationsbereinigt) 3 % betragen.

---

51 Vgl. Meidner, R. (1981), S. 21.
52 Vgl. Rehn, G. (1983), S. 431.

5.5.2 Zur Kritik am schwedischen Modell

Auch wenn beide Seiten stets die Förderung von Anlagekapital und die Verringerung der Vermögenskonzentration betonten, so wurde aus dem bürgerlichen Lager eine Gefahr für die freie Marktwirtschaft und des gesellschaftlichen Pluralismus gesehen.[53]

Zielsetzung einer konsensfähigen Tariffondslösung ist daher der Nachweis entsprechender Systeme, die Machtveränderungen ausschließen bzw. deutlich begrenzen. Die schärfsten Kritiker befürchteten, daß durch die Überführung der Produktivkapitalbeteiligung an gewerkschaftliche Organisationen ein korporatistisches Element in die parlamentarische Demokratie eingebaut würde und diese somit bedrohe.[54] Auch wenn in Grundzügen der Vorwurf des Korporatismus bei dem schwedischen Modell durchaus angebracht schien, so ist er im Hinblick auf die Einrichtung von Tariffonds weder begrifflich noch sachlich gerechtfertigt.

Im Hinblick auf die Gestaltung wurden in dem oben beschriebenen Modell generell Klein- und Mittelbetriebe aus der Gewinnbesteuerung ausgenommen, allerdings konnten auch Großbetriebe unter Ausnutzung steuerlicher Spielräume ihren Anteil unter 20 % halten. Die Fonds legten die Gelder außerdem überwiegend in bereits zirkulierenden Aktien an. Insofern ist fraglich, ob damit überhaupt Eigenkapital gebildet wurde.

Auch werden durch die Übertragung der Eigentümerrechte an Arbeitnehmervertreter letztendlich lediglich Teile der Entscheidungsgewalt von den Unternehmen auf die Fonds übertragen. Der einzelne Arbeitnehmer erhält keine verbrieften Anteile am Produktivvermögen, sondern der Nutzen der Fonds liegt für den einzelnen Privathaushalt lediglich in der Sicherung der künftigen Rentenzahlung.

---

53 Vgl Rehn, G. (1983), S. 425 u. 427 f.; statt dessen wurde von den bürgerlichen Parteien unter dem Vorsitz von Waldenström ein Gegenvorschlag erarbeitet, der in den drei bürgerlichen Parteien der damaligen Koalitionsregierung breite Zustimmung fand und 1981 zu einem anhaltenden Boom an der schwedischen Wertpapierbörse beitrug. Die Waldenström-Vorschläge sahen steuerliche Anreize für die Ersparnis von Arbeitnehmern und anderen Einkommensbeziehern vor. Dieses Kapital sollte zum Erwerb von Anteilen, mit einer Sperrfrist versehen (z. B. 10 Jahre), in bestimmte Unternehmen fließen, um damit Investitionen zu fördern. Fonds sollten auf freiwilliger, individueller Mitgliedschaft beruhen.

54 Vgl. Meidner, R. (1981), S. 30 f.

So ist anzunehmen, daß mit diesem System lediglich eine Umverteilung wirtschaftlicher Macht und eine Sanierung des Rentensystems erreicht wird. Allokations- und Verteilungsziele werden dagegen nur noch sehr begrenzt erreicht. Institutionelle Anregungen sind diesem Modell daher nicht zu entnehmen.[55]

Auch der Deutsche Gewerkschaftsbund mußte im Verlauf der vermögenspolitischen Diskussion in seiner Haltung nachgeben. Der DGB-Bundesvorstand legte so in einem Beschluß vom Dezember 1977 fest, daß die angestrebte "große Lösung" in der Vermögenspolitik zum damaligen Zeitpunkt als nicht realisierbar angesehen wurde.[56]

Zunehmend gewann jedoch die Verwirklichung von Tarif- bzw. Branchenfonds in der Diskussion die Oberhand.[57] Die Arbeitgeberseite lehnte Tariffonds als Instrument zur Realisierung eines kollektiven Machtanspruchs nach wie vor ab.[58]

Aber insbesondere die Bereitschaft der Gewerkschaften, gemeinsam mit der Arbeitgeberseite die überbetriebliche Beteiligungsgesellschaft zu verwalten, war ein deutliches Signal der Kompromißbereitschaft und ein Abrücken von der ideologiegeleiteten Auseinandersetzung hin zu einer konsensfähigen Vermögenspolitik unter Wahrung der Prinzipien der sozialen Marktwirtschaft.

Die Diskussionen, die in den vergangenen Jahren zunehmend versachlicht wurden, betreffen zunehmend Fragen der konkreten Ausgestaltung der Beteiligung. Häufig geht es um Fragen hinsichtlich der Absicherung des Anlagerisikos, das aber durch die bereits vorliegenden Instrumentarien bzw. gesetzliche Regelungen beherrschbar ist, wie der weiter Verlauf der Untersuchung noch zeigen wird.

---

55 Vgl. Schöner, M. (1989), S. 188 ff.

56 Vgl. DGB-Bundesausschuß (1983), S. 454 ff. Diese Haltung wurde in der Stellungnahme des DGB zum Gesetzentwurf der Niedersächsischen Landesregierung zur Förderung betrieblicher Vermögensbeteiligungsmodelle vom April 1982 manifestiert. Es wurde keine Chance gesehen, durch betriebliche Vermögensbeteiligungsmodelle den Verteilungskampf zu entschärfen.

57 Vgl. Höhnen, W. (1986), S. 707 ff.

58 Vgl. Hornung-Draus, R. (1986), S. 704.

6. Prüfung der rechtlichen Konformität und steuerrechtliche Behandlung von Tariffonds

6.1 Die gemeinsame Einrichtung als Rechtsinstitut von Tariffonds

Die Prüfung der rechtlichen Konformität einer tarifvertraglich vereinbarten Mitarbeiterbeteiligung wirft grundsätzlich zwei Problemfelder auf. Einerseits muß die rein rechtliche Frage geklärt werden, ob eine Mitarbeiterbeteiligung mit Tariffonds durch einen Tarifvertrag überhaupt zulässig ist und andererseits, welche Form der Mitarbeiterbeteiligung im Hinblick auf die staatlichen Förderungsmöglichkeiten zweckmäßig ist. Hierbei geht es in erster Linie nicht um Vorschläge de lege ferenda, sondern darum, wie die Modellvorstellungen in das geltende Recht eingebaut werden können.

Grundsätzlich steht die Verfassung, die nach Artikel 9 Abs. 3 GG auch die Tarifautonomie schützt, diesem Ansinnen nicht im Weg.[1] Dabei ist zu berücksichtigen, daß es in Tarifverträgen normative und schuldrechtliche Regelungen gibt. Normative Regelungen wirken als Rechtsnorm und gelten unmittelbar und zwingend zwischen tarifgebundenen Arbeitgebern und Arbeitnehmern, allerdings auch nur zwischen diesen. Eine schuldrechtliche Regelung bindet dagegen lediglich die beiden Tarifparteien, z.B. wenn diese vereinbaren, ihren Mitgliedern die Vermögensbeteiligung näherzubringen.[2]

Bislang wurden trotz verschiedener Initiativen der politischen Parteien noch keine speziellen Gesetze über Arbeitnehmerbeteiligungsgesellschaften bzw. über Regelungen zu Tariffonds verabschiedet. Dies bedeutet jedoch nicht, daß auch mit dem gegenwärtigen Recht praktikable Konstruktionen möglich sind.

Da grundsätzlich die erforderlichen Willenserklärungen der zu beteiligenden Arbeitnehmer und der Unternehmenseigentümer bzw. ihrer Organe vorliegen müssen, stellt sich die Frage, ob diese Willenserklärungen unmittelbar in einem Tarifvertrag enthalten sein können.[3]

---

1 Vgl. Lechler, H. (1993), S. 270.

2 Vgl. Loritz, K.-G. (1989), S. 45.

3 Vgl. Loritz, K.-G. (1985), S. 532 zu den zivilrechtlichen Erfordernissen bei der Begründung einer betrieblichen bzw. tarifvertraglich begründeten Arbeitnehmerbeteiligung mit einer ausführlichen Darstellung der auftretenden Probleme.
Vgl. auch Wagner, K.-R. (1994), S. 29 ff.

6.1.1 Regelung der Mittelaufbringung in Tarifverträgen und Betriebsvereinbarungen

Bei der Betrachtung der rechtlichen Grenzen sind Mittelaufbringung und Mittelverwendung auseinanderzuhalten. In dem Modell der IG Bau-Steine-Erden sollen die Mittel für die angestrebte Vermögensbildung durch Beiträge der Arbeitgeber aufgebracht werden. Da die Mittel nicht unmittelbar den Arbeitnehmern zufließen, bedarf es der Zwischenschaltung einer Kapitalsammelstelle, die als gemeinsame Einrichtung der Tarifpartner geschaffen wird. Für das Investivlohnmodell ist insbesondere von Interesse, ob die Arbeitnehmer normativ zur Abführung der Beiträge verpflichtet werden können.

Gegen die Auferlegung einer Geldleistungspflicht für die Arbeitgeber im normativen Teil des Tarifvertrags bestehen grundsätzlich keine Bedenken. Dagegen kann ein Tarifvertrag die Arbeitgeber nicht verpflichten, Gesellschaftsanteile ihrer Unternehmen anzubieten.

Der verfassungsrechtliche Schutz des Eigentums in Artikel 14 GG würde durch eine Aufhebung des Wahlrechts und eine entschädigungslose Zwangsabtretung - quasi als teilweise Enteignung - von Gesellschaftsanteilen verletzt, selbst wenn die Abtretung der Anteile durch eine Gewinnbeteiligung erfolgen würde.

Bei tariflichen Regelungen über Arbeitnehmerbeteiligungen ist Artikel 14 GG unter zwei Aspekten zu beachten. Zum einen schützt er die Substanz des Eigentums und zum anderen die unternehmerische Verfügungs- und Leitungsmacht.

Die Geldleistungen dürfen im Rahmen der Gesetze deshalb auch nicht übermäßig belastend sein und die Vermögensverhältnisse des Betroffenen nicht grundlegend beeinträchtigen.[4]

---

4 Vgl. Reiß, W. (1992), S. 257; Loritz, K.-G. (1989), S. 46, mit weiteren Hinweisen auf die grundlegende Rechtsprechung; s. dazu auch Loritz, K.-G. (1985), S. 533 und auch Hanau, P. (1985), S. 121: die Pflicht zur wirtschaftlich begrenzten (liquiditätsmäßig tragbaren) Abführung von Gewinnanteilen hält sich eventuell selbst zwar noch im Rahmen der eigentumsrechtlichen Inhaltsbestimmung des Artikel 14 I 2 GG, wird jedoch sachlich die wertgleiche Abtretung von Rechten am Unternehmen selbst gefordert, wäre die Dimension des enteignenden Eingriffs i. S. des Artikel 14 III GG erreicht; Buschmann, B. (1983), S. 261 ff.

Verfassungsrechtliche Bedenken, daß die Arbeitgeberseite nicht verpflichtet werden kann, Arbeitnehmer am Unternehmen zu beteiligen, sind dann hinfällig, wenn den Arbeitgebern diese Möglichkeit wahlweise anstelle einer Geldzahlung eingeräumt wird.[5]

Durch die Möglichkeit, wahlweise eine Kapitalbeteiligung oder eine Geldleistung anzubieten, bestehen gegen eine tarifvertragliche Regelung prinzipiell keine Bedenken mehr. Versperrt ist der Weg, durch normative Regelungen in einem Verbandstarifvertrag eine echte gesellschaftsrechtliche Position des Arbeitnehmers zu schaffen. Der einzelne Arbeitgeber kann zur Einrichtung eines indirekten Beteiligungsverfahrens über eine zwischengeschaltete Organisation nicht normativ verpflichtet werden. Auch kann die zwangsweise Einführung gegenüber den Mitgliedern des Arbeitgeberverbandes nicht durchgesetzt werden.[6] Auch im Hinblick auf die Verpflichtung der Arbeitnehmer, einen Teil des Arbeitslohns zwingend in einer Beteiligung anzulegen, setzt der sogenannte Individualbereich der Tarifautonomie Grenzen. Vor allem bei Gesellschaftsbeteiligungen wäre sonst der Arbeitnehmer auch mit haftungsmäßigen Belastungen konfrontiert.

Nach Loritz muß die Freiheit der Tarifpartner dort enden, "wo den Arbeitnehmern die Pflicht zum Abschluß eines Rechtsverhältnisses auferlegt würde, das zwar faktisch einen Bezug zum Arbeitsvertrag aufweist, rechtlich jedoch über diesen hinausgehende, völlig andersartige Rechte und Pflichten begründen würde."

Damit wird der Beteiligungsvertrag als Gegenstand eines Tarifvertrags oder Betriebsvereinbarung ausgeschlossen. Die herrschende Rechtslage ermöglicht somit nur die freiwillige Teilnahme der Arbeitnehmer am Investivlohnmodell. In Betracht kommt lediglich das Beteiligungsangebot, wie auch im Investivlohnmodell vorgeschlagen.[7]

---

5 Vgl. Loritz, K.-G. (1985), S. 531 f.; Wagner, K.-R. (1994), S. 32 ff.

6 Vgl. Lechler, H. (1992), S. 270 f.; vgl. auch Buschmann, B. (1983), S. 278 f.

7 Vgl. Loritz, K.-G. (1989), S. 48. Anm.: Auch Klein, H.-W.; Braun, A. (1986), S. 674 f. weisen darauf hin, daß in der Praxis häufig Betriebsvereinbarungen als Rechtsgrundlage der Mitarbeiterbeteiligung angetroffen werden und gemäß § 88 BetrVG als freiwillige und nicht über die Einigungsstelle erzwingbare Vereinbarungen möglich sind, sofern Tarifverträge nicht bestehen oder üblich sind. Insbesondere eine Pflicht zur Unternehmensbeteiligung kann die Betriebsvereinbarung den Arbeitnehmern jedoch nicht auferlegen. Ausführlich Buschmann, B. (1983), S. 93 ff. und S. 354.

Der § 3 Abs. 2 TVG sichert die Einbeziehung von Außenseitern, die ebenfalls nicht zur schuld- oder mitgliedschaftsrechtlichen Beteiligung gezwungen werden können.[8]

Die Diskussionen zeigen, daß in der Regel die Bedenken gegen eine tarifvertragliche Regelung von Vermögensbeteiligungen vor allem die Interessen betroffener Kapitaleigner, nicht gewerkschaftsangehörender Arbeitnehmer, der Kapitalanlagegesellschaften und der begünstigten Arbeitnehmer an einer freien Anlagewahl wahren wollen.

Der Arbeitgeber kann ebenso durch Firmentarifvertrag nach § 4 Abs. 1 S. 2 TVG verpflichtet werden, im Rahmen gesellschaftsrechtlicher Möglichkeiten ein indirektes Beteiligungsmodell einzuführen. Der Unterschied zur Betriebsvereinbarung nach § 88 Nr. 3 BetrVG besteht darin, daß am Vertragsabschluß die Gewerkschaft beteiligt ist und nicht der Betriebsrat. Die Wirkungen eines derartigen Tarifvertrags sind jedoch mit denjenigen einer Betriebsvereinbarung vergleichbar.[9]

Im Gegensatz zu den Tarifparteien, die lediglich eine tarifliche Regelungsbefugnis für die Vermögensbildung in Form von Geldleistungen des Arbeitgebers haben, erfaßt die Regelungsbefugnis der Betriebsräte via Betriebsvereinbarung neben der Herkunft der Mittel, d.h. eine Geldleistungspflicht der Arbeitgeber, auch die Verwendung für eine betriebliche Beteiligung. Allerdings darf der Arbeitgeber aufgrund einer Betriebsvereinbarung freiwillig vereinbarte vermögenswirksame Leistungen auf tariflich vereinbarte vermögenswirksame Leistungen anrechnen, sofern das Wahlrecht der Arbeitnehmer zwischen der vermögenswirksamen Leistung und einer anderen Leistung, z. B. einer Barleistung, ausgeschlossen ist.

Die Betriebsvereinbarung als schriftlicher Vertrag zwischen Arbeitgeber und Betriebsrat kommt in Betracht, wenn nicht tarifvertraglich bereits die Erfolgsbeteiligung geregelt ist, bzw. wenn der Tarifvertrag ausdrücklich eine ergänzende Betriebsvereinbarung zuläßt (Öffnungsklausel). Dies ist auch eine gute Möglichkeit zur Auflockerung zu starrer Tarifverträge.[10]

---

8 Vgl. Buschmann, B. (1983), S. 280; Koberski, W.; Clasen, L.; Menzel, H. (1997), § 3 Rz. 68 ff.

9 Vgl. Buschmann, B. (1983), S. 280; Kempen, O.-E.; Zachert, U. (1997), Rz. 264.

10 Vgl. Sievert, O. (1992), S. 29 ff.; Schneider, H.-J.; Zander, H. (1985), S. 87 ff.

Der Vorrang tariflicher Regelungen nach § 77 Abs. 3 BetrVG gilt nur für die Geldleistungspflichten und für nicht betriebsbezogene Anlageformen, jedoch nicht für die Vereinbarung betrieblicher Beteiligungen, die in freiwilligen Betriebsvereinbarungen stets zulässig sind. Nach § 88 BetrVG besteht die Möglichkeit einer "freiwilligen" Betriebsvereinbarung, die auslaufen kann bzw. kündbar ist, ohne daß es einer Änderungskündigung gegenüber dem einzelnen Mitarbeiter bedarf.[11] Im Hinblick auf die "Wahlfreiheit" der Anteilseigner ergibt sich ein hinreichender Schutz auch aus den gesellschaftsrechtlichen Vorschriften, die für den Abschluß von Gewinnabführungsverträgen und die Beteiligung neuer Gesellschafter die Zustimmung der bisherigen Gesellschafter fordern. Bei juristischen Personen ergibt sich aus der Beschränkung der Tarifmacht auf die Vertretungsmacht der Vertretungsorgane, daß die Tarifverträge nicht in die Rechte der Gesellschafter eingreifen können. Dies wird man auch auf Personengesellschaften anwenden können.[12]

Zusammenfassend gilt, daß ein Tarifvertrag die Mittelaufbringung für eine Arbeitnehmerbeteiligung regeln kann, wenn sowohl die Wahlfreiheit der Barlohnverwendung des Arbeitnehmers als auch die Einräumungsfreiheit von Beteiligungen des Arbeitgebers als Grundsätze der Vermögenspolitik akzeptiert werden. Die Konsumentensouveränität und verfassungsrechtliche Bedenken machen die Wahlfreiheit damit zur "conditio sine qua non".

6.1.2 Die Mittelverwendung durch die gemeinsame Einrichtung nach dem § 4 Abs. 2 Tarifvertragsgesetz

Im Hinblick auf die Diskussion der Mittelverwendung durch die gemeinsame Einrichtung nach § 4 Abs. 2 TVG werden folgende Problemstellungen erörtert:

- Begriff der gemeinsamen Einrichtung
- Zweckfestsetzung der gemeinsamen Einrichtung
- Störung des Synallagmas zwischen Arbeitgeber und Arbeitnehmer
- Zulässigkeit zur Vereinbarung von Beteiligungswerten und die Teilnahmebedingungen

---

11 Vgl. Vgl. Loritz, K.-G. (1985), S. 538 f.; Däubler, W.; Kittner, M.; Klebe, T.; Schneider, W. (1994), § 88 Rz. 3, 6.

12 Weitere Einzelheiten hierzu vgl. Hanau, P. (1985), S. 124 und 129 (Bericht über die Diskussion); vgl. auch ausführlich Buschmann, B. (1983), S. 117 ff., S. 183 ff. u. 261 ff.

ad Begriff der gemeinsamen Einrichtung

Hinsichtlich der Mittelverwendung ist zu prüfen, ob eine gemeinsame Einrichtung selbst als Kapitalsammel- und Verwaltungsstelle fungieren kann. Hierzu soll der Begriff der gemeinsamen Einrichtung konkretisiert werden, dessen gesetzliche Normierung in § 4 Abs. 2 TVG zu finden ist.

Bei dem angestrebten Beteiligungsmodell mit indirekter Kapitalbeteiligung kommt es zu einer klaren Trennung zwischen Arbeitnehmer- und Gesellschafterstellung. Nach der Normenwirkung des § 4 Abs. 2 TVG können nicht nur die Arbeitsverhältnisse zwischen tarifgebundenen Arbeitgebern und Arbeitnehmern tariflich geregelt werden, sondern auch die Rechtsbeziehung der beiden genannten Gruppen zu einer selbständigen Rechtseinheit. Aufgrund ihrer besonderen Einwirkung auf das klassische Einzelarbeitsverhältnis bestehen eine Reihe von Anforderungen.

Die erste Forderung gilt einer abgegrenzten organisatorischen Einheit. Vereinbarungen über bloße Verfahrensweisen sind nicht ausreichend. Ferner wird für erforderlich gehalten, daß der gemeinsamen Einrichtung als Vermögensträger Selbständigkeit zukommt gegenüber dem Vermögen der Tarifvertragsparteien, den tarifunterworfenen Arbeitgebern oder sonstigen Mitgliedern.[13] Eine Verbandsform als Personengesellschaft ist damit unbrauchbar. Das bedeutet nicht, daß die Einrichtung eine juristische Person sein muß. Die Rechtsform der Stiftung kommt ebenso in Frage wie Vereinsformen des bürgerlichen Rechts.[14] Strittig ist, ob die Gemeinsamkeit der Einrichtung die paritätische Organisation, die Verwaltung oder die Besetzung der Organe umfaßt. Der Begriff der Gemeinsamkeit wird weitestgehend dahin interpretiert, daß innerhalb dieser Einrichtung Parität gewahrt sein müsse. Hierbei geht es nicht um die Parität in der gesamten Verwaltung bzw. bei der Besetzung des Mitgliederorgans geht, sondern im wesentlichen nur um die Parität in der Aufsicht, die jedoch unverzichtbar ist und wahrgenommen werden muß.[15]

---

13 Buschmann, B. (1983), S. 286; Kempen, O.-E.; Zachert, U. (1997), § 4 Rz. 144. Anm.: Die Selbständigkeit kann nur ausgeschlossen werden, wenn der gemeinsamen Einrichtung keine nennenswerten Beträge zufließen bzw. kein Vermögen angesammelt wird.

14 Anm.: Die Tarifpartner sind an die vom Privatrecht zur Verfügung gestellten Rechtsformen gebunden und nicht in der Lage, neue Rechtsformen zu bilden.

15 Anm.: auch hier werden differierende Ansichten vertreten, die bis hin zur paritätischen Besetzung der Organe reichen, allerdings teilweise ohne nähere Begründung. Vgl. Übersicht bei Kempen, O.-E.; Zachert, U. (1997), § 4 Rz. 153.

Zöllner hält es für erforderlich, daß ein paritätisch besetztes Aufsichtsorgan mit umfassenden Kontroll- und Eingriffsbefugnissen besteht und Satzungsänderungen nicht allein aufgrund der Stimmen einer Seite möglich sind.[16] Gegen die Verpflichtung unparteiischer Geschäftsführer wäre nichts einzuwenden, da Ermessensfehler oder Willkür durch das paritätische Kontrollorgan korrigiert werden könnten. Die gemeinsame tarifvertragliche Vereinbarung zur Gründung oder Erhaltung der gemeinsamen Einrichtung wird hingegen in diesem Zusammenhang als nicht ausreichend verneint.

Es wird darauf hingewiesen, daß die negative Koalitionsfreiheit (Art. 9 GG) verletzt wird, wenn eine Produktivvermögensbeteiligung über größere Fonds sowohl für organisierte als auch für nichtorganisierte Arbeitnehmer allein unter gewerkschaftliche Leitung gestellt würde.[17]

Grundsätzlich ist die Verteilung der Funktionen Verhandlungsgegenstand der Tarifparteien und kann in der Satzung der gemeinsamen Einrichtung festgelegt werden. Dem Willen der Tarifvertragsparteien kann es somit auch entsprechen, daß die Mittel für die gemeinsame Einrichtung ausschließlich von der Arbeitgeberseite aufgebracht werden. Die daraus resultierende Benachteiligung der Arbeitgeberseite kann dann nicht mit dem Hinweis auf die Parität vermieden werden, sondern muß als ungünstiges Verhandlungsergebnis im Rahmen der Tarifautonomie toleriert werden.

Weichen Satzungen der gemeinsamen Einrichtung von den Regelungen des Tarifvertrags ab, so sind die Tarifvertragsparteien schuldrechtlich verpflichtet, den mit dem Tarifvertrag beabsichtigten Zustand herbeizuführen.[18]

ad Zweckfestsetzung der gemeinsamen Einrichtung

Gemeinsame Einrichtungen können nicht zu jedem beliebigen Zweck gegründet werden, vielmehr kann nur ein Zweck verfolgt werden, der in den Rahmen der Tarifmacht fällt. Der Streitpunkt rankt sich demnach um die Frage, wie weit

---

16 Vgl. Zöllner, W. (1968), S. 597 ff.; mit weiteren Quellenangaben zur Begriffsdefinition. Buschmann hält diese Forderung zwar für sinnvoll, jedoch für die Wirksamkeit der Tarifnorm nach § 4 Abs. 2 TVG nicht für unverzichtbar; Buschmann, B. (1983), S. 290 f.

17 Vgl. Maunz, T.; Dürig, G.; Herzog, R.; R. Scholz, R. (1996), Art. 9 Rz. 235.

18 Vgl. Buschmann, B. (1983), S. 289. Kempen, O.-E.; Zachert, U. (1997), § 4 Rz. 150.

die Regelungsgegenstände reichen. Aus dem Tarifvertrag muß sich dann ergeben, welchem Zweck die gemeinsame Einrichtung dient, mit welchem Verfahren dieser Zweck erreicht und wie die Mittel des Sondervermögens verwendet werden sollen.[19] Es kann beispielsweise nicht Aufgabe einer gemeinsamen Einrichtung sein, soziale Aufgaben wahrzunehmen, wie z.B. sozialer Wohnungsbau, seien sie auch noch so dringend. Die beispielhafte Aufzählung möglicher Institutionen in § 4 Abs. 2 TVG wird als Hinweis gedeutet, daß der Gesetzgeber absichtlich den Tarifvertragsparteien einen weiten und offenen Gestaltungsspielraum hinsichtlich der Zwecksetzung und Ausgestaltung gemeinsamer Einrichtungen geben wollte.[20]

Grundsätzliches Erfordernis für eine gemeinsame Einrichtung ist das Vorliegen sachlicher Gründe, wie beispielsweise größere Sicherheit für zukünftige Ansprüche, Saisonarbeit, Fluktuation u. ä. Dies gilt auch für die Überbetrieblichkeit. Eine gemeinsame Einrichtung ist dann angebracht, wenn die Vermögensbildung von der wirtschaftlichen Entwicklung des Arbeitgebers unabhängiger sein soll.[21] Die bloße Zwischenfinanzierung der arbeitgeberseitiger Leistungspflichten wird jedoch nicht als ausreichend erachtet. Die Organisationen müssen geschaffen werden, weil der einzelne Arbeitgeber die von gemeinsamen Einrichtungen erbrachten Leistungen aus finanziellen, organisatorischen, psychologischen oder sonstigen Gründen individuell nicht erbringen kann.[22]

Das Bedürfnis besteht auch zur Schaffung eines zusätzlichen Sicherungseffekts, um Ansprüche nicht von der Zahlungsfähigkeit des eigenen Arbeitgebers abhängig zu machen.[23] Fraglich ist, ob das vernünftige Bedürfnis für eine ge-

---

19 Vgl. Bötticher, E. (1966), S. 147; Zöllner, (1968), 597 - 599.

20 Vgl. Kempen, O.-E.; Zachert, U. (1997), § 4 Rz. 140.

21 Vgl. Zöllner, W. (1970), G1 - G109; Kempen, O.-E.; Zachert, U. (1997), § 4 Rz. 144.

22 Vgl. Kempen, O.-E.; Zachert, U. (1997), § 4 Rz. 140 und 148, die als Beispiel die Sozialkassen in der Bauwirtschaft anführen, da es aufgrund häufig wechselnder Arbeitsverhältnisse bzw. witterungsbedingten Arbeitsunterbrechungen neben Einkommensverlusten auch zu verringerten Leistungsansprüchen gegenüber den Sozialversicherungsträgern kommt und zum Ausgleich die Gemeinsamen Einrichtungen gegründet wurden.
Vgl. auch Buschmann, B. (1983), S. 282, die folgende Aufgabenbereiche nennt :
- Urlaubskassen, zur Sicherung von Urlaubsentgelt in Branchen mit starker Arbeitnehmerfluktuation
- Lohnausgleichskassen, zum Ausgleich saison- oder wetterbedingter Ausfälle
- Einrichtungen zur Sicherung der zusätzlichen Altersvorsorge

23 Vgl. Kempen, O.-E.; Zachert, U. (1997), § 4 Rz. 142 (Fortsetzung FN s. nächste Seite). Häufig wird in diesem Zusammenhang auch § 3 Abs. KWG genannt, der ein über 50 Jahre altes "Werkssparkassenverbot" enthält, das mit Rücksicht auf die Übung großer

meinsame Einrichtung auch dann vorliegt, wenn das arbeitgebende Unternehmen die gleiche Leistung, z. B. Überlassung von Aktien, auch ohne Einschaltung einer gemeinsamen Einrichtung gewähren kann.[24]

Es wird festgehalten, daß Leistungen, deren Erbringung dem Arbeitgeber in gleicher Weise möglich ist, nicht durch Schaffung einer gemeinsamen Einrichtung mediatisiert werden dürfen.[25]

Bezweifelt wird, daß gemeinsame Einrichtungen weder de lege lata noch de lege ferenda auf Gewinnerzielung ausgerichtet werden können, da kein Zusammenhang mit der inhaltlichen Regelung von Arbeitsverhältnissen besteht.[26] Es wird hier die These vertreten, daß die gemeinsamen Einrichtungen zwar selbst keinen erwerbswirtschaftlichen Zweck verfolgen dürfen. Gleichwohl ist es dennoch erlaubt, angesammeltes Vermögen gewinnbringend anzulegen.[27]

Insofern ist es als zulässig anzusehen, wenn die Mittel von der gemeinsamen Einrichtung zum Erwerb von Anteilen an Sondervermögen an einer Kapitalanlagegesellschaft oder Aktien an einer Unternehmensbeteiligungsgesellschaft eingesetzt werden und diese Anteile den Arbeitnehmern zum Zwecke der Vermögensbildung wieder zufließen.

Es wird bestritten, daß die gemeinsame Einrichtung selbst als Kapitalanlagegesellschaft bzw. Unternehmensbeteiligungsgesellschaft tätig sein darf, da eine derartige Regelung nicht Inhalt eines Arbeitsverhältnisses sein kann. Jedoch hat eine gemeinsame Einrichtung gerade den Sinn, Regelungen zu ermöglichen, die einzelvertraglich nicht erreicht werden können. Auch wenn die

Unternehmen entstanden ist, ihre Betriebsangehörigen zur darlehensweisen Überweisung von Ersparnissen zu bewegen. In der Begründung wurde darauf verwiesen, daß der Arbeitnehmer im Falle des Unternehmenszusammenbruchs außer seinem Arbeitsplatz auch noch seine Ersparnisse verliere." Vgl. hierzu näher mit weiteren Nachweisen Klein, H.-W.; Braun, A. (1986), S. 673 ff. Das Werkssparkassenverbot des § 3 KWG steht jedoch einer gewinnorientierten Beteiligung der Arbeitnehmer grundsätzlich nicht entgegen, da das Verbot gegebenenfalls durch die Bestellung banküblicher Sicherheiten umgangen werden kann; Buschmann, B. (1983), S. 218ff.

24 Vgl. Zöllner, W. (1968), S. 599 ff. Vgl. Kempen, O.-E.; Zachert, U. (1997), § 4 Rz. 140.

25 Vgl. Zöllner, W. (1970), G 42.

26 Vgl. Bötticher, E. (1966), S. 147 ff.

27 Vgl. Zöllner, W. (1970), G 40; (insofern scheiden auch die Rechtsformen der OHG und KG aus); so auch Bötticher, E. (1966), S. 147 f.

Bedenken von Reiß nicht geteilt werden, hält er die Beteiligung als Gesellschafter einer Kapitalanlagegesellschaft oder einer Unternehmensbeteiligungsgesellschaft als Tochtergesellschaft für denkbar, da das Halten einer Beteiligung nicht als eigene erwerbswirtschaftliche Tätigkeit angesehen werden dürfe.[28] Reiß sieht es als unbedenklich an, daß zum Zwecke der betrieblichen Vermögensbildung den Arbeitgebern Beitragspflichten auferlegt werden, die durch Abführung an eine gemeinsame Einrichtung zu erfüllen sind. Er rät, zu überlegen, ob nicht unabhängig von tarifvertraglichen Regelungen von den Tarifvertragsparteien zusätzlich eine KAG und/oder UBG gegründet werden sollte.[29] Der tarifvertraglich eingerichteten gemeinsamen Einrichtung könnte auferlegt werden, Anteile an den jeweiligen KAGen und/oder UBGen zu erwerben. In der Satzung der KAG/UBG könnte festgelegt werden, daß unter Beachtung der Risikomischung vorrangig Beteiligungen an Unternehmen der inländischen Baubranche (bzw. der jeweiligen Branche) erworben werden sollen. Vor allem hinsichtlich unterschiedlicher Anlagemöglichkeiten, insbesondere den Bezug von börsennotierten Anteilen betreffend, müssen die KAGen und die UBGen als unterschiedliche Gesellschaften betrieben werden. Sollen Anlagemöglichkeiten in Unternehmen aller Größenordnungen wahrgenommen werden, ist sogar die Gründung beider Gesellschaftsformen erforderlich.[30]

ad Störung des Synallagmas zwischen Arbeitgeber und Arbeitnehmer

Gemäß § 4 Abs. 2 TVG gelten die tariflichen Regelungen über gemeinsame Einrichtungen unmittelbar und zwingend (normativ) sowohl für die Satzung der gemeinsamen Einrichtung als auch für das Verhältnis zu den tarifgebundenen Arbeitgebern und Arbeitnehmern. Problematisch erscheint die Überlegung, ob schließlich jede Arbeitgeberleistung, wie beispielsweise auch tarifliche Löhne und Urlaubsgelder, an den Arbeitnehmer über Umwege durch eine gemeinsame Einrichtung geleistet werden könne.

Theoretisch wäre denkbar, daß alle Pflichten des Arbeitgebers über eine gemeinsame Einrichtung abgewickelt werden. Es käme damit faktisch zu einer Verdrängung des Arbeitgebers aus seiner Position, sofern keine Grenzen für den Leistungsumfang der gemeinsamen Einrichtungen existieren.

---

28 Vgl. Reiß, W. (1992), S. 260.

29 Vgl. Reiß, W. (1992), S. 258 ff., m. w. Quellenangaben.

30 Siehe ausführlich Kap. 10.

Die Konsequenz wäre eine erhebliche Störung des Synallagmas zwischen Arbeitgeber und Arbeitnehmer, mit der Folge eines Schwunds der Bindung an das eigene Unternehmen oder Entpersönlichung durch Übertragung von Fürsorgeleistungen auf selbständige Rechtsträger sowie eine Ungleichbehandlung der Arbeitnehmer, wenn die Leistungen nur auf tarifgebundene Arbeitnehmer begrenzt werden sollen. Dem Arbeitnehmer würde auch der Vertragspartner genommen, den er sich selbst ausgesucht hat.

Zöllner weist deutlich darauf hin, daß die gemeinsame Einrichtung niemals soweit zwischen Arbeitgeber und Arbeitnehmer geschoben werden dürfe, daß sie eine dominierende Stellung erhält und der Arbeitgeber nur noch eine unwesentliche oder gar keine Leistung mehr an den Arbeitnehmer zu erbringen hat. Zumindest muß dem Arbeitgeber für die Leistungsgewährung eine dominierende Stellung verbleiben.[31]

ad Zulässigkeit zur Vereinbarung von Beteiligungswerten und die Teilnahmebedingungen

Das Arbeitsentgelt soll nach den Modellvorschlägen aus dem geschuldeten Barlohn und einem zusätzlich vereinbarten Sachbezug, etwa in Beteiligungswerten, bestehen. Das Verbot der Lohnverwendungsabrede und das Barzahlungsgebot sind in diesem Zusammenhang nicht zutreffend:[32]

- Das Barzahlungsgebot besagt lediglich: Ist Geld als Arbeitsentgelt vereinbart, dann muß der Arbeitgeber seine Geldschuld durch Zahlung in Deutsche Mark erfüllen. Jedoch wird durch diese Regelung weder gefordert, daß ausschließlich Geldlohn zu vereinbaren ist, noch die Möglichkeit verhindert, daß neben Geldlohn Arbeitsentgelt in Form von Sachbezügen vereinbart wird.

- Die Lohnverwendungsabrede verbietet zwar den Tarifvertragsparteien, Verabredungen darüber zu treffen, wie der Arbeitnehmer den geschuldeten Geldlohn zu verwenden hat. Auf die zusätzlich vereinbarten Sachbezüge ist diese Regelung jedoch nicht anwendbar.

---

31 Vgl. Zöllner, W. (1968), S. 600.

32 Vgl. Vogt, W. (1994), S. 18.

Es ist jedoch unabdingbar, bei der Einführung der Erfolgsbeteiligung objektive Abgrenzungskriterien als Teilnahmevoraussetzung zu definieren. Die Beachtung des Gleichheitsgrundsatzes wirkt sich insbesondere auf die Ermittlung der Erfolgsanteile der einzelnen Mitarbeiter aus. Generell sind Angestellte und Arbeiter bei der Berechnung der persönlichen Erfolgsanteile nach den gleichen Kriterien zu behandeln. Allerdings verlangt dieser Grundsatz keinesfalls die Nivellierung, so daß eine unterschiedliche Behandlung nicht ausgeschlossen ist. Ziel ist es vielmehr, ohne sachlichen Grund gleiche Sachverhalte nicht unterschiedlich zu behandeln. Beispielsweise ist es unzulässig, ausländische Mitarbeiter von der Teilnahme auszugrenzen oder die Prämie wegen krankheitsbedingter Fehlzeiten zu kürzen.[33] Folgende Unterscheidungsmerkmale dürften sich als unbedenklich erweisen:[34]

- Mindest-Betriebszugehörigkeit,
- Abgrenzung nach hierarchischen Gesichtspunkten,
- Staffelung der Erfolgsanteile nach Lohn- und Gehaltshöhe,
- Staffelung der Erfolgsanteile erfaßt durch ein Beurteilungssystem,
- Ausschluß von Auszubildenden oder Aushilfskräften,
- Ausschluß von Arbeitnehmern in gekündigtem Arbeitsverhältnis.

Durch die sogenannte Verfallklausel dürfen Mitarbeiter, die zum Auszahlungszeitpunkt bereits ausgeschieden sind, oder sich in gekündigter Stellung befinden, von der Gewährung einer Erfolgsbeteiligung ausgeschlossen werden. Durch die Rückfallklausel sind die Mitarbeiter verpflichtet, im Falle einer vorzeitigen Kündigung die Erfolgsanteile zurückzuzahlen, wobei der vereinbarte Bindungszeitraum mit dem Ausscheiden des Mitarbeiters endet und nicht mit dem Zugang der Kündigung.[35]

Auch besteht die Möglichkeit, daß der Arbeitnehmer ein Beteiligungsangebot erhält, und falls er es ausschlägt, nichts bekommt. Dies verstößt nicht gegen den Gleichheitsgrundsatz, da hier keine sachwidrige, sondern eine sachgerechte Differenzierung vorliegt.[36]

---

33 Vgl. Mark, G.; Spilker, M. (1996), S. 14.

34 Vgl. Schneider, H.; Zander, E. (1985), S. 90 ff.; mit Hinweis auf den Aufsatz von Esser, K., Arbeitsrechtliche Probleme der Mitarbeiter-Beteiligung, in : Handbuch der Mitarbeiterbeteiligung, S. 199 ff.

35 Dieser Sachverhalt ist durch die oberste Rechtsprechung noch nicht entschieden.

36 Vgl. Loritz; K.-G. (1989), S. 50; ähnlich auch Buschmann, B. (1983), S. 297.

Tarifnormen über gemeinsame Einrichtungen sind durchaus wirksam, sofern sie mit dem Angebot der Mitgliedschaft eine Leistungsberechtigung verbinden. Keine arbeitsrechtlichen Bedenken bestehen, wenn ausscheidende Arbeitnehmer anstelle der entfallenden Kapitalbeteiligung eine wertmäßig gleiche Abfindung bekommen. Ein ersatzloser Verfall bei Ausscheiden aus dem Arbeitsverhältnis verstößt gegen Artikel 12 GG.[37]

6.1.3 Prüfung der Erzwingbarkeit von Beteiligungsangeboten

Es gilt der Grundsatz, daß mit einem Streik nur tariflich regelbare Ziele verfolgt werden dürfen.[38] Unter der Bedingung, daß die gemeinsame Einrichtung tariflich regelbar ist, stellt sich die Frage nach der Erzwingbarkeit derselben. Grundsätzlich erscheint es problematisch, daß die Regelbarkeit gemeinsamer Einrichtungen im Tarifvertrag mit normativer Wirkung zwar bejaht, die Erzwingbarkeit mittels Arbeitskampf andererseits verneint wird.

Die Unterscheidung zwischen erkämpfbaren und nicht erkämpfbaren Tarifnormen stößt auf schwere Bedenken. Loritz weist darauf hin, daß Arbeitnehmerbeteiligungen nicht dazu führen dürfen, daß die Tarifautonomie zum Mittel der Gewerkschaften wird, die Arbeitgeber zu zwingen, die Arbeitnehmer zu ihren Kapitalgebern zu machen.[39]

Im Kommentar zum Grundgesetz wird hingewiesen, daß mit Artikel 14 GG ein Arbeitskampf unvereinbar sei, der eine arbeitnehmerische Beteiligung am Produktivvermögen durchzusetzen versuche: Hier würde in die Substanz des verfassungsrechtlichen geschützten Eigentums eingegriffen, auch wenn es sich um Gewinnanteile handelt.[40] Mit Artikel 14 GG ist insofern auch unvereinbar, daß die Produktivvermögensbeteiligung mit einem Arbeitskampf durchgesetzt werden soll. Sofern Verbandsverträge für zulässig gehalten werden, die die Arbeitgeber mit normativer Wirkung zu einer Gewinnbeteiligung verpflichten, sind deren Vereinbarungen in gewissen Grenzen erstreikbar.

---

37 Vgl. Hanau, P. (1985), S. 126, mit weiteren hier nicht angeführten Erörterungen über die Anrechnung der Vermögensbeteiligung auf Abfindung für den Verlust des Arbeitsplatzes.

38 Vgl. Buschmann, B. (1983), S. 336 f. und Koberski, W.; Clasen, L.; Menzel, H. (1997), Rz. 63.

39 Vgl. Loritz, K.-G. (1985), S. 534 u. 536.

40 Vgl. Maunz, T.; Dürig, G.; Herzog, R.; Scholz, R. (1996), Grundgesetz, Art. 14 Rz. 368f.; hierzu auch Hanau, P. (1985), S. 121.

Im untersuchten Zusammenhang ist nur die Auferlegung einer Geldleistungspflicht erstreikbar. Jedoch muß die Ertrags- und Investitionskraft des Unternehmens sowie eine angemessene Rendite erhalten bleiben. Davon ausgeschlossen bleibt die Verpflichtung zur Eröffnung der Anlagemöglichkeit im eigenen Unternehmen, da hier die Schutzwirkung des Artikel 14 GG greift. Streikmaßnahmen wären diesbezüglich verfassungswidrig.[41]

Dagegen kann die Arbeitgeberseite zum Abschluß schuldrechtlicher Tarifvereinbarungen durch Streik gezwungen werden mit der Verpflichtung, darauf hinzuwirken, daß die einzelnen Unternehmen betriebliche Anlagemöglichkeiten zugunsten der Arbeitnehmer schaffen. Denkbar ist hierbei die Verpflichtung zur Erarbeitung eines Beteiligungskatalogs, die Durchführung von Informations- und Aufklärungsveranstaltungen etc., um Entscheidungsprozesse in Gang zu setzen.[42] Buschmann kommt im Hinblick auf Firmentarifverträge auch zu dem Ergebnis, daß weder die schuldrechtlichen noch die normativ wirkenden Firmentarifklauseln über betriebliche Kapital- oder investive Gewinnbeteiligungsangebote mittels eines Arbeitskampfes erzwingbar seien.[43]

6.2 Die steuerrechtliche Behandlung der Vermögensbeteiligung

Grundsätzlich gibt es im aktuellen Steuerrecht keine eigenen Regelungen für unternehmensbeteiligte Mitarbeiter, sondern es ist anhand der allgemeinen Vorschriften zu prüfen, wie sich die Besteuerung beim arbeitgebenden Unternehmen, den beteiligten Mitarbeitern bzw. im Falle der überbetrieblichen, indirekten Beteiligung bei dem Tariffonds auswirkt. Die Berührungspunkte ergeben sich unter anderem aus dem 5. Vermögensbildungsgesetz und § 19a EStG. Diese enthalten Gestaltungsvorschriften für die Unternehmen, damit steuerliche Vergünstigungen beim Arbeitnehmer eintreten.

Dies kann ebenfalls als Indiz für die mangelnde Durchsetzung der Mitarbeiterbeteiligung seitens des Gesetzgebers gesehen werden, trotz der jahrzehntelangen Diskussion um die Ausgestaltung derselben.

---

41 Vgl. Buschmann, B. (1983), S. 339 f.

42 Vgl. Buschmann, B. (1983), S. 344. Vgl. auch Wagner, K.-R. (1994), S. 35, 37.

43 Vgl. Buschmann, B. (1983), S. 350 ff.

6.2.1 Steuerliche Vorteile bei Zukunftssicherungsleistungen der Arbeitnehmer i. V. m. § 40b EStG

Bei der Betrachtung der steuerlichen Aspekte von Zukunftssicherungsleistungen werden folgende Aspekte erörtert:

- Charakterisierung der Direktversicherung
- Pauschalierung der Lohnsteuer bei bestimmten Zukunftssicherungsleistungen nach § 40b EStG

ad Charakterisierung der Direktversicherung

Aufgrund der Anlehnung des aktuellen Investivlohnmodells (Kap.5.2.3) an das Prinzip der Direktversicherung soll damit begonnen werden. Insbesondere der Weg der Mittelbeschaffung i. V. m. der Befreiung von der Sozialversicherungspflicht ist nicht neu, sondern wird seit vielen Jahren im Rahmen der betrieblichen Altersversorgung in Form der Direktversicherung praktiziert, soweit es sich nach § 2 Abs. 1 Satz 1 Nr. 3 der Arbeitsentgeltverordnung um zusätzliche Aufwendungen handelt.[44]

Das einfache Prinzip für eine (betriebliche) Altersvorsorge durch Direktversicherung könnte schon im 2-Mann-Betrieb angeboten werden. Hierbei wird dem Mitarbeiter eine Versorgungszusage gegeben, für die der Arbeitgeber eine Versicherung abschließt und auch die Beiträge bezahlt. Grundsätzlich ist die Direktversicherung ein Lebensversicherungsvertrag zwischen dem Arbeitgeber als Versicherungsnehmer und der Versicherungsgesellschaft zugunsten des Arbeitnehmers (versicherte Person), bzw. nach § 17 BetrAVG gleichgestellten Personen und/oder dessen Hinterbliebenen. Der Arbeitgeber ist zwar zur Zahlung der Prämien verpflichtet, der Arbeitnehmer kann jedoch an der Prämienzahlung beteiligt werden, was steuerlich als Eigenvorsorge des Arbeitnehmers anzusehen wäre. Die Direktversicherung berührt jedoch nicht das arbeitsrechtliche Innenverhältnis zwischen Arbeitgeber und Arbeitnehmer.[45]

---

44 Vgl. Gabler Wirtschaftslexikon (1997[14]), unter „Direktversicherung".

45 Vgl. Jakob, W. (1996[2]), S. 55 zu Vorsorgeaufwendungen, mit Hinweis auf § 10 Abs. 1 Nr. 2 EStG. Der Abzug der Vorsorgeaufwendungen begünstigt prinzipiell die Familienvorsorge durch Versicherungsschutz.

Im Hinblick auf die steuerliche Behandlung sind die Prämien grundsätzlich steuerpflichtiger Arbeitslohn, damit lohnsteuerpflichtig und im Rahmen der Beitragsbemessungsgrenzen sozialversicherungspflichtig. Nach Eintritt des Versicherungsfalls fließen dem Arbeitnehmer bzw. den Hinterbliebenen die Kapitalleistungen regelmäßig lohnsteuer- bzw. einkommensteuerfrei zu. Ausnahmen hierzu bilden lediglich Verträge, die nicht den Anforderungen des § 10 Abs. 2b EStG (Voraussetzungen für Vorsorgeaufwendungen) entsprechen und damit Einkünfte aus Kapitalvermögen nach § 20 EStG sind und deren rechnungsmäßige und außerrechnungsmäßige Zinsen der Kapitalertragsteuer unterliegen würden.[46]

ad Pauschalierung der Lohnsteuer bei bestimmten Zukunftssicherungsleistungen nach § 40b EStG

Beim Arbeitgeber sind die Prämien zur Direktversicherung abzugsfähige Betriebsausgaben.[47] Übernimmt der Arbeitgeber auch die durch die Direktversicherung veranlaßte Lohnsteuer, so kann er diesen Betrag ebenfalls als Betriebsausgabe geltend machen.

Nutzt er sogar die Möglichkeit zur Pauschalierung der Lohnsteuer nach dem § 40b EStG mindert sich nicht nur die Steuerlast, sondern nach der Arbeitsentgeltverordnung sind die direkt versteuerten Direktversicherungsprämien kein sozialversicherungspflichtiges Arbeitsentgelt, sofern die Beitragsbemessungsgrenzen der Sozialversicherung noch nicht erreicht sind. Der Arbeitnehmer wird dann lediglich mit der pauschalen Lohnsteuer und ggf. mit Kirchensteuer belastet.

Nach § 40b EStG kann der Arbeitgeber die Lohnsteuer von den Beiträgen für eine Direktversicherung des Arbeitnehmers und von den Zuwendungen an eine Pensionskasse bis zu 3.408 DM im Jahr mit einem Pauschalsteuersatz von 20 % erheben, darüber hinaus gilt der individuelle Lohnsteuersatz des Arbeitnehmers.

---

46 Vgl. zu sonstigen Einkünften Jakob, W. (1996^2), S. 139 ff.; Rentenleistungen sind stets mit dem Ertragsteil Einnahmen im Rahmen der sonstigen Einkünfte (§ 22 Nr. 1 a EStG).

47 Vgl. Grefe, C. (1996), S. 68.

Die pauschale Erhebung des Lohnsteuersatzes ist nach § 40b Abs. 1 Satz 2 EStG aber nur dann zulässig, wenn die Versicherung nicht auf den Erlebensfall eines früheren als des 60. Lebensjahrs abgeschlossen und eine vorzeitige Kündigung des Versicherungsvertrags durch den Arbeitnehmer ausgeschlossen ist.[48]

Bei dem in der Untersuchung diskutierten Investivlohnmodell handelt es sich um eine Direktversicherung durch Barlohnumwandlung. Der Arbeitgeber wandelt hier Barlohnerhöhungen in Versicherungslohn um und nutzt idealerweise die Pauschalierung der Lohnsteuer nach § 40b EStG, wozu er jedoch nicht verpflichtet ist. Bei Fälligkeit und Zufließen der Leistungen an den Arbeitnehmer bzw. seine Hinterbliebenen hat das keine steuerliche Auswirkung für den Arbeitgeber.[49]

6.2.2 Steuerrechtliche Wirkungen beim Arbeitnehmer

Bei der Betrachtung der steuerrechtlichen Wirkung beim Arbeitnehmer werden folgende Aspekte betrachtet :

- Überlassung von Vermögensbeteiligungen nach § 19a EStG
- Körperschaft- und Kapitalertragsteuerpflicht
- Vermeidung der Mitunternehmerschaft

ad Überlassung von Vermögensbeteiligungen nach § 19a EStG

Erhalten Arbeitnehmer im Rahmen eines gegenwärtigen Dienstverhältnisses unentgeltlich oder verbilligt Sachbezüge in Form von Kapitalbeteiligungen oder Darlehensforderungen (Vermögensbeteiligungen), so ist nach § 19a EStG i. V. m. § 6 EStG der Vorteil steuerfrei, soweit er nicht höher als der halbe Wert der Vermögensbeteiligung ist und insgesamt 300 DM im Kalenderjahr nicht übersteigt.

---

48 Anm.: Bei einer analogen Anwendung der steuerlichen Behandlung der Ertragsanteile von Kapitallebensversicherungen ist eine Bindungsfrist von mindestens 12 Jahren erforderlich.

49 Vgl. zur Pauschalbesteuerung Jakob, W. (1996^2), S. 119.

Nach § 19a Abs. 2 EStG ist Voraussetzung, daß die Vermögensbeteiligung unverzüglich nach ihrer Überlassung bis zum Ablauf einer Frist von sechs Jahren (Sperrfrist) festgelegt und bis zum Ablauf der Sperrfrist nicht durch Rückzahlung, Abtretung, Beleihung oder in anderer Weise verfügt wird. Bei einer schädlichen Verfügung oder Aufhebung der Festlegung mit einem Pauschalsteuersatz können Vorschriften für eine vorläufige Nachversteuerung erlassen werden (§ 19a Abs. 9 EStG). Nach Ablauf der 6-jährigen Laufzeit kommen dann die Beteiligungsbeträge in Jahres-Tranchen zur Auszahlung, wobei die Kündigung nach Ablauf der Sperrfrist nicht zwingend erfolgen muß.

Als Vermögensbeteiligungen kommen nach §19a Abs. 3 EStG beispielsweise nachfolgende in Betracht: Aktien des Arbeitgebers, an der Börse im geregelten Markt zugelassene Aktien, andere Aktien von inländischen Unternehmen, Anteilscheine an Sondervermögen einer KAG, typische stille Beteiligungen und Darlehen gegen den Arbeitgeber, GmbH-Anteile sowie Wandel- und Gewinnschuldverschreibungen.

Ein wichtiger Unterschied zum 5. VermBG ist, daß es sich bei Sachbezügen nicht um eine Geldleistung handeln darf, selbst wenn diese zum Erwerb einer Vermögensbeteiligung verwendet würde. Soll § 19a EStG genutzt werden, darf ausdrücklich nicht der Arbeitslohn, der dem Arbeitnehmer ohnehin zusteht, für das Konzept in Erwägung gezogen werden. Insofern können in diesem Zusammenhang ebenfalls lediglich die tariflich vereinbarten Lohnzuwächse diskutiert werden.[50] Im Unterschied zum 5. VermBG ist außerdem eine freie Wahl der Anlage nicht erforderlich.

Für die in dieser Untersuchung behandelte Problematik muß folgender Unterschied festgehalten werden:[51] Für Sachzuwendungen einer Vermögensbeteiligung wird die Steuerfreiheit des § 19a EStG gewährt; eine Sparzulage kommt nach dem 5. VermBG nicht in Betracht. Umgekehrt unterliegen vermögenswirksam angelegten Geldleistungen der Besteuerung, können aber durch eine Arbeitnehmersparzulage nach § 13 VermBG gefördert werden. Entscheidend ist, daß bei verbilligtem Bezug eine Kombination möglich ist. Hinsichtlich des Vorteils der Verbilligung trifft die Steuerbefreiung des §19a EStG zu, hinsichtlich der aufzuwendenden Geldleistung kommt die Arbeitnehmersparzulage in Betracht.

50 Vgl. auch Kap. 6.1.2.3.

51 Reiß, W. (1992), S. 262.

An der Wirksamkeit des §19a EStG in Verbindung mit einer überbetrieblichen Beteiligung können jedoch Zweifel gehegt werden. Wollen die Unternehmen die Möglichkeiten der steuerfreien Zuwendung von Beteiligungen an ihre Mitarbeiter bis 300 DM pro Jahr und Person nutzen, so werden sie im Zweifel wohl eher die Mitarbeiter am eigenen Vermögen beteiligen, um von den steuerlichen Vergünstigungen zu profitieren, als den Erwerb von Anteilen an fremden Unternehmen oder Fondsanteilen zu forcieren. Dies könnte bedeuten, daß gerade börsennotierte Unternehmen betriebliche Beteiligungen vorzuziehen.

Auch müßten Arbeitnehmer, die die Einkommensgrenzen für die Arbeitnehmersparzulage überschreiten, kritisch prüfen, ob sie beispielsweise eine Vermögensbeteiligung in Höhe von 600 DM erwerben sollen mit einem Eigenanteil von 300 DM, um den vollen Steuervorteil zu nutzen; oder ob sie nur eine unentgeltliche Vermögensbeteiligung von DM 300 vereinbaren und dabei immer noch den halben Vermögenswert steuerfrei empfangen.

ad Körperschaftsteuer - und Kapitalertragsteuerpflicht

Für Dividendeneinkünfte fallen grundsätzlich Körperschaftsteuer- und Kapitalertragsteuer an. Die Kapitalertragssteuer wird als besondere Einkommensteuerschuld im Quellenabzugsverfahren von bestimmten inländischen Kapitalerträgen erhoben und vom Schuldner der Kapitalerträge einbehalten und abgeführt (§ 43 Abs. 1 EStG). Sie ist vergleichbar mit dem Abzug der Lohnsteuer vom Arbeitslohn des Arbeitnehmers.

Die Kapitalertragsteuer wird vom Unternehmen einbehalten und gilt als Vorauszahlung auf die Einkommensteuerschuld des Mitarbeiters und wird bei der Veranlagung zur Einkommensteuer oder beim Lohnsteuerjahresausgleich berücksichtigt.[52]

Daraus folgt für den Arbeitnehmer ein Liquiditätsnachteil, da die Verrechnung mit der Einkommensteuerschuld erst mit der Einkommensteuererklärung bzw.

---

52 Vgl. zu Kapitalertragsteuer Jakob, W. (1996^{2}), S. 125 f.; Die Kapitalertragsteuer beträgt 25 % und beim Zinsabschlag 30 % der Bruttobeträge. Das Unternehmen hat die Kapitalertragsteuer grundsätzlich einzubehalten und wird wie bei der Lohnsteuer als Haftungsschuldner in Anspruch genommen, wenn der Einbehalt unterbleibt (§ 44 Abs. 5 EStG); vgl. auch Mitarbeiter-Beteiligung, Lose-Blatt-Sammlung (1996), Kap. 7100, Rand-Nr. 14.

mit dem Lohnsteuerjahresausgleich ein Jahr später erfolgt, sofern nicht die engen Möglichkeiten der sofortigen Erstattung (§§ 44b, 36 b EStG) gegeben sind. Entsprechend unterliegen auch stille Beteiligungen der Kapitalertragsteuer.[53]

Der Arbeitnehmer erhält die Kapitalertragsteuer vom Finanzamt wieder erstattet, wenn keine Einkommensteuer auf den Kapitalertrag anfällt. Die Kapitalertragsteuer beträgt 25 % der Kapitalerträge (§ 43 a Abs. 1 EStG). Das Unternehmen braucht die Kapitalertragsteuer dann nicht einzubehalten, wenn der Arbeitnehmer eine Nichtveranlagungsbescheinigung vorlegt (§ 44a EStG). Diese erhält der unbeschränkt steuerpflichtige Arbeitnehmer vom Finanzamt ausgestellt, wenn eine Veranlagung für ihn unterhalb definierter Einkommensgrenzen nicht in Betracht kommt. In Anbetracht der Steuerbefreiung für Einkünfte aus Kapitalvermögen bis zu DM 6.000/DM 12.000 (§ 20 Abs. 4 EStG) kann aber davon ausgegangen werden, daß für die Zielgruppe der Vermögensbildung, die relativ vermögenslosen Arbeitnehmerhaushalte, nach aktueller Rechtslage keine Steuerbelastung anfallen wird.

ad Vermeidung der Mitunternehmerschaft

Von den begünstigten Anlageformen sind diejenigen ausgeschlossen, nach denen der Arbeitnehmer Mitunternehmer i. S. des § 15 EStG wird, vor allem Kommanditanteile und atypische stille Beteiligungen i. S. des § 15 EStG. Die steuerrechtliche Mitunternehmerschaft ist daher prinzipiell zu vermeiden. Die Mitunternehmerschaft wird von der Rechtsprechung grundsätzlich dann bejaht, wenn Unternehmerrisiko und Unternehmerinitiative auf Seiten des Arbeitnehmers vorliegen.[54]

Die Teilhabe am Unternehmerrisiko setzt die Beteiligung am Gewinn und Verlust sowie an den stillen Reserven des Unternehmens voraus. Da aber die Beteiligung an den stillen Reserven aus vielfältigen Gründen ausgeschlossen ist, nicht zuletzt aufgrund der Problematik ihrer Ermittlung, wird die Mitunternehmerschaft insoweit kaum durchzusetzen sein. Auch die Teilhabe am Verlust sollte für auf die Höhe der Einlage begrenzt sein.

---

53 Vgl. hierzu Schneider, D. (1985), S. 164; Juntermanns, H.-J. (1991), S. 51 u. S. 60; Jakob, W. (1996[2]), S. 125f.

54 Vgl. Loritz, K.-G. (1992), S. 43; vgl. auch Reuter, D. (1990), S. 717.

Sowohl das 5. VermBG als auch § 19a EStG setzen voraus, daß eine typische und keine mitunternehmerische atypische stille Beteiligung vereinbart ist.[55] Der Gesetzgeber begründet den Ausschluß damit, daß steuerliche Nachteile aus der Mitunternehmerschaft auszuschließen sind, aber auch schwierige Bewertungsprobleme vermieden werden sollen. Beteiligungen als Mitunternehmer hätten zur Folge, daß neben Löhnen und Gehältern auch die Arbeitgeberanteile für Sozialversicherungen bei diesen Arbeitnehmern als Einkünfte aus Gewerbebetrieb aufgefaßt würden.[56]

6.2.3 Steuerrechtliche Wirkungen bei den Anlagegesellschaften

Falls die gemeinsame Einrichtung als eingetragener Verein betrieben wird und sich auf die Entgegennahme der Beiträge der Arbeitnehmer bzw. Anlage derselben in Anteilen an einer UBG oder einem Sondervermögen einer KAG beschränkt, unterhält sie keinen Gewerbebetrieb. Sie erzielt dann auch sonst keine der Einkommensteuer unterliegenden Einkünfte.[57]

Eine Unternehmensbeteiligungsgesellschaft ist von der Gewerbesteuer befreit (§ 3 Nr. 23 GewStG). Allerdings besteht keine Befreiung hinsichtlich der Körperschaftsteuerpflicht. Umsatzsteuerliche Belastungen aus dem Erwerb von Beteiligungen fallen nicht an, ein Vorsteuerabzugsrecht besteht dagegen nicht. Eine Kapitalanlagegesellschaft unterliegt hinsichtlich ihres Fondsvermögens gemäß § 38 KAGG weder der Körperschaft- noch der Gewerbesteuer. Umsatzsteuerliche Belastungen treten ebenfalls nicht ein.

Damit die Anteilsinhaber (Arbeitnehmer) ihren Steuerpflichten nachkommen, muß die KAG ihnen die notwendigen Angaben in einer Bescheinigung bekanntgeben, die vor allem die steuerpflichtigen Teile der Ausschüttung (§§ 41, 43a, 47 KAGG) und thesaurierte Gewinne betreffen (§§ 42, 43, 48 KAGG). Aufgrund der Steuerbefreiung aus Kapitalvermögen bis zu 6.000 DM/12.000 DM ist aber regelmäßig mit keiner Steuerbelastung für die Arbeitnehmer zu rechnen.

55 Vgl. Mitarbeiter-Beteiligung, Lose-Blatt-Sammlung (1996), Kap. 7100, Rand-Nr. 23.

56 Vgl. Schneider, D. (1985), S. 163 f.

57 Vgl. Reiß, W. (1992), S. 265 ff.

Hinsichtlich der Folgesteuerpflicht liegt ein wesentliches Unterscheidungsmerkmal zwischen UBG und KAG vor. Die körperschaftsteuerlichen Regelungen führen zu einer Ungleichbehandlung zwischen Anteilen an einer UBG im Vergleich zur KAG. Die Anleger einer UBG werden nicht behandelt, als ob sie sich direkt am Beteiligungsunternehmen beteiligt hätten, was zu höheren Belastungen von Veräußerungsgewinnen führt.[58]

Nach dem Grundsatz der Transparenz werden Anleger von Beteiligungs-Sondervermögen steuerlich so behandelt wie Direktanleger. Verkaufen die Beteiligungs-Sondervermögen aus ihrem Portefeuille bestimmte Aktien, so können die Anteilsinhaber die auf Veräußerungsgewinne entfallenden Ausschüttungen steuerfrei vereinnahmen, sofern die Spekulationsfrist abgelaufen ist und es sich nicht um eine wesentliche Beteiligung nach § 17 EStG handelt.[59]

6.2.4 Steuerrechtliche Wirkungen bei den Beteiligungsunternehmen

Bei der Betrachtung der steuerlichen Wirkung auf die Unternehmen werden folgende Aspekte betrachtet :

- steuerliche Vorteile für die Unternehmen,
- Problematik der verdeckten Gewinnausschüttung,
- Hinweise zum Erwerb von GmbH-Anteilen, Aktien und Genossenschaftsanteilen.

ad steuerliche Vorteile für die Unternehmen

Die vorangegangenen Ausführungen zeigen, daß sich auch für die Unternehmen in bestimmten Grenzen nachfolgende steuerliche Vorteile bzw. Effekte ergeben können, wenn eine Vermögensbeteiligung vereinbart wird:[60]

---

58 Vgl. zu den Unterschieden zwischen KAG und UBG ausführlich Bilstein, J. (1989), S. 67 ff.; Kürten, S. (1991), S. 623 ff.

59 Anm.: Die Befreiung der Beteiligungs-Sondervermögen von der Gewerbesteuer hat im Gegenzug jedoch Auswirkungen auf den Gesellschaftsvertrag zwischen KAG und Beteiligungsunternehmen. Durch die Gewerbesteuerbefreiung verlagert sich die Gewerbesteuerbelastung einer stillen Beteiligung und der Erträge dieser Beteiligung auf das Beteiligungsunternehmen; Bilstein, J. (1989), S. 68.

60 Vgl. Besters, H. (1985), S. 13 f. mit weiteren Quellenangaben.

Steuervermeidungseffekt:[61]
da die Anteile der Arbeitnehmer Betriebsausgaben darstellen und folglich die zu entrichtenden Steuern den Gewinn- und Gewerbeertrag mindern. Für diese Kapitalzuwendungen fällt keine Gewerbesteuer an.

Steuerspareffekt
Unternehmenszuwendungen werden als Teil des Jahresergebnisses an die Mitarbeiter übereignet. Da die Arbeitnehmer in der Regel einer geringeren Steuerlast unterliegen als die Unternehmen bzw. deren Kapitaleigner, wird die Gesamtbesteuerung des Gewinns bei gleichzeitiger Erhöhung der Unternehmensliquidität (Ausnutzung des § 19a EStG) vermindert. Bei der vorgeschlagenen Tariffonds-Lösung werden den Anteilsinhabern nicht nur die Ausschüttungen zugerechnet, sondern auch thesaurierte Erträge, sofern es sich um Einnahmen aus Kapitalvermögen handelt. Die Fonds können also nicht dazu benutzt werden, die Einnahmen bis zu einer späteren Ausschüttung zu thesaurieren.[62]

Grundsätzlich sind Betriebsausgaben durch den Betrieb veranlaßte Aufwendungen nach § 4 Abs. 4 EStG. Handelsrechtlich korrespondiert mit den Betriebsausgaben der Begriff der "Aufwendungen". Die vorangestellten Überlegungen zeigen, daß die Unternehmen Liquididiätsvorteile unter Zuhilfenahme des § 19a EStG geltend machen können. Durch die Einkommensteuer und Gewerbeertragsteuer werden Unternehmensgewinne mit einem Grenzwert von rd. 70 % besteuert. Durch den steuer- und sozialversicherungsfreien Unternehmenszuschuß von 300 DM für Beteiligungen im Rahmen des § 19a EStG können diese Zahlungen als Betriebsausgaben geltend gemacht werden. Dadurch wird zwar der Gewinn des Unternehmens verringert, im Falle einer betrieblichen Beteiligung können aber diese Gelder in vollem Umfang die Liquidität des Unternehmens verbessern. Bei juristischen Personen sind neben den Betriebsausgaben derzeit noch die Auswirkungen auf Gewerbesteuer und Kapitalertragsteuer zu berücksichtigen.[63]

---

61 Anm.: Gemäß § 4 Abs. 4 EStG sind Betriebsausgaben alle diejenigen Aufwendungen, die durch den Betrieb veranlaßt sind. Löhne und soziale Leistungen sind unbestritten Betriebsausgaben, selbst wenn sie wie im Falle der Erfolgsbeteiligung freiwillig gezahlt werden, vgl. Schneider, H.-J.; Zander, E. (1985), S. 98 f., mit weiteren Hinweisen zur Rechtsprechung. Vgl. Juntermanns, H.-J. (1991), S. 26 f.

62 Vgl. Reiß, W. (1992), S.261ff.

63 Vgl. z.B. zur Körperschaftsteuer und Gewerbeertragsteuer Grefe, C. (1996), S. 201 ff. u. 269 ff.

In diesem Zusammenhang wird darauf hingewiesen, daß die Bundesregierung bestrebt ist, die Gewerbekapitalsteuer abzuschaffen. Allerdings bedarf es hierzu noch der Zustimmung des Bundesrates und einer Änderung des Grundgesetzes, um die Beteiligung der Kommunen an der Umsatzsteuer zu ermöglichen.

Das Gewähren eines Vermögensvorteils von beispielsweise DM 60 mindert zunächst beim Arbeitgeber als Betriebsausgabe den steuerpflichtigen Gewinn. Der Gewerbesteuer-Hebesatz betrage außerdem 360 %, für Kapitalgesellschaften gilt eine einheitliche Steuermeßzahl von 5 % nach § 11 Abs. 2 Nr. 2 GewStG.
Damit könnte sich ergeben:

$$\text{Gewerbeertragsteuer} = \frac{\text{Meßzahl x Hebesatz}}{1 + \text{Meßzahl x Hebesatz}} = \frac{5\,\%\text{ x }360\,\%}{1 + 5\,\%\text{ x }360\,\%} = \frac{18}{118} = 15{,}25\text{ DM}$$

Die verbleibenden DM 60 - DM 15,25 = 44,75 DM hätten der Einkommen- bzw. Körperschaftsteuer unterlegen. Wenn hier der Grenzsteuersatz von 53 % angesetzt wird, fällt eine Einkommen- bzw. Körperschaftsteuerzahlung von DM 23,71 an. Die ersparte Gewinnsteuerbelastung beträgt in diesem Fall DM 15,25 + 23,71 = DM 38,96. Damit sinkt durch einen gewährten Vermögensvorteil von DM 60 die Einbuße an versteuertem Gewinn des Unternehmens auf DM 21,03. Berücksichtigt man noch die Kirchensteuer von 9 %, fällt der Anteil sogar auf rd. 19 DM. Die gleiche Einbuße an versteuertem Gewinn entsteht auch bei DM 60 vermögenswirksamen Leistungen.[64]

ad Problematik der verdeckten Gewinnausschüttung

Analog zum Einkommensteuerrecht wird auch bei juristischen Personen strikt zwischen den Bereichen Einkommenserzielung und Einkommensverwendung getrennt, und die Ergebnisverwendung hat keinen Einfluß auf die Ermittlung des Einkommens (§ 8 Abs. 3 Satz 1 KStG). In den Mittelpunkt des Interesses rücken demnach die Einkommensteuer beim arbeitgebenden Unternehmen bzw. die Körperschaftsteuer, bei einer juristischen Person.

Bislang wurde unterstellt, daß die Vermögensbildungsabgaben steuerlich wie Betriebsausgaben zu handhaben sind. Tatsächlich könnte es sich hierbei auch um eine verdeckte Gewinnausschüttung handeln. Demnach wäre es denkbar, daß durch entsprechende Vertragsgestaltung zu Lasten des Ergebnisses der Gesellschaft einzelnen Gesellschaftern gezielt Vorteile eingeräumt werden. Gekleidet in schuldrechtliche Verträge könnten dabei verdeckt Gewinne an Anteilseigner ausgeschüttet werden.

---

64 Vgl. hierzu Schneider, D. (1985), S. 156 ff.

Letzteres dürfte vor allem bei kleineren Gesellschaften mit kleinem, überschaubarem Gesellschafterkreis eine Rolle spielen, da von gleichgerichteten Interessen zwischen Gesellschaftern und Anteilseignern ausgegangen werden kann. Hierzu könnte auch eine Pensionszusage für einen Gesellschafter zählen. Die Terminologie der verdeckten Gewinnausschüttung ist aber gesetzlich nicht definiert.

Hinsichtlich einer erfolgsabhängigen Vermögensbildungsabgabe ist dieses Problem nicht völlig auszuschließen. Aufgrund der Vielschichtigkeit dieses Problems, aber auch der Zielsetzung eines partnerschaftlich ausgerichteten Modells zwischen Arbeitgeber und Arbeitnehmer soll auf die Problematik hier nur hingewiesen, jedoch nicht vertiefend eingegangen werden.

ad Hinweise zum Erwerb von GmbH-Anteilen, Aktien und Genossenschaftsanteilen

Da es bei bestimmten Branchenkonstellationen durchaus denkbar ist, den Erwerb von direkten Beteiligungen zu favorisieren, folgen auch hierzu in Kürze einige steuerrechtliche Grundlagen.[65] Unter Förderung des 5. VermBG können die Mitarbeiter bei einer GmbH, AG oder Genossenschaft unmittelbar am Eigenkapital des arbeitgebenden Unternehmens beteiligt werden. Aus steuerlicher Sicht sind die Mitarbeiter-Gesellschafter, -Aktionäre bzw. -Genossen wie alle anderen Anteilseigner zu behandeln. Die Gewinnanteile sind steuerliches Einkommen der Gesellschaft und das Mitarbeiterkapital verbleibt als Vermögen der Gesellschaft. Die Kapitalertragsteuer der Mitarbeiter ist außer im Falle einer Nichtveranlagungsbescheinigung vom Unternehmen stets einzubehalten. Die Gewinnanteile werden wie andere Anteile mit Körperschaftsteuer belegt.

Bewertungsprobleme ergeben sich hierbei erst beim Erwerb der Anteile vom arbeitgebenden Unternehmen, aber auch bei einer eventuellen Rückgabe der Anteile durch den Mitarbeiter. Der billigere Erwerb gilt als geldwerter und damit lohnsteuerpflichtiger Vorteil, der lediglich in den Grenzen des § 19a EStG steuerfrei ist. Erwirbt das Unternehmen die Anteile zu einem hohen Wert zurück, so liegt darin ebenfalls ein geldwerter und lohnsteuerpflichtiger Vorteil für den Arbeitnehmer.

---

65 Vgl. Mitarbeiter-Beteiligung, Lose-Blatt-Sammlung (1996), Kap. 7100, Rand-Nr. 70-74.

6.3 Die Kosten der Konzepte

Die anfallenden Kosten der Konzepte erfassen folgende Aspekte:

- Kosten der Steuermindereinnahmen und Arbeitnehmersparzulage
- Kosten aufgrund der Vorteilsgewährung nach § 40b EStG

ad Kosten der Steuermindereinnahmen und Arbeitnehmer-Sparzulage

Bereits in Kap.3.3 wurde auf die Kosten der Vermögenspolitik eingegangen. Idealerweise sollte von zusätzlichen flankierenden staatlichen Maßnahmen abgesehen werden, d.h. die Überlegungen sollen kostenneutral im Vergleich zum derzeitigen Gesetz sein. Die vorliegenden Daten sollen in erster Linie eine grobe Vorstellung über die Höhe des Steuerausfalls geben. Cox forderte, daß (zusätzliche) Eigenleistungen der Arbeitnehmer und Leistungen des Staates generell nur subsidiäre Funktion haben dürfen.[66]

Soll die Dimension der Belastung der öffentlichen Haushalte durch die vermögenspolitischen Maßnahmen erfaßt werden, müssen zwei Kostenaspekte berücksichtigt werden:

- Steuermindereinnahmen nach §19a EStG
- Arbeitnehmer-Sparzulage nach dem VermBG

Darüber hinaus gäbe es noch die Möglichkeit, Verwaltungskosten und andere Aufwendungen der öffentlichen Haushalte zu berücksichtigen, die jedoch hier unberücksichtigt bleiben. Es ist zu unterscheiden, ob die Vermögensbildungsabgabe als thesaurierte Gewinnverwendung (additiv zum Barlohn) oder als einbehaltener Lohnbestandteil (substitutiv zum Barlohn) gewährt wird. Der mögliche Steuerausfall wird durch die Kriterien Mittelaufbringung durch den Arbeitgeber oder Arbeitnehmer, durch die Häufigkeit der Beteiligung und durch die Anzahl der teilnehmenden Arbeitnehmer determiniert.

Durch die zusätzlich gezahlte Vermögensbildungsabgabe entstehen unter Ausnutzung des §19a EStG Ausfälle im Körperschaft- und Gewerbesteueraufkommen, da die Gewinnbeteiligung der Arbeitnehmer zu den Betriebs-

66 Vgl. Cox, H. (1980), S. 50.

ausgaben zählt. Stolper quantifizierte als Orientierungsgröße durch die Vorteilsgewährung Steuerausfälle im Körperschaftsteuer- (56 %) und Gewerbesteueraufkommen (4 %) in Höhe von 180 Mio DM bei 1 Million betroffener Arbeitnehmer bei einem Freibetrag von 300 DM.[67]

Wird die Vorteilsgewährung als Teil des Arbeitslohns, d.h. anstelle des Barlohns, interpretiert, muß die entgangene Einkommensteuer berücksichtigt werden. Soll der fiskalische Aufwand geschätzt werden, so sind Annahmen über die differenzierte Einkommensschichtung, über den durchschnittlich geförderten Anlagebetrag und die Anzahl der die Förderung in Anspruch nehmenden Haushalte zu treffen. Hierzu ist aufgrund der Progression die Verteilung der Steuerpflichtigen auf die Tarifzonen entscheidend. Auf der Grundlage des Einkommensteuertarifs ergab sich hier ein Steuerausfall von rd. 79 Mio DM je 1 Million betroffener Arbeitnehmer.[68]

Außerdem sind die 300 DM von der Lohnsteuer- und Sozialversicherung befreit. Die Beiträge zur Arbeitslosenversicherung betragen 6,5 % des lohnsteuerpflichtigen Lohnes, womit sich bei einem vorausgesetzten Barlohncharakter des gewährten Vorteils Mindereinnahmen von 19,5 Mio DM bei 1 Million betroffener Arbeitnehmer ergeben. Bei einem Beitragssatz von 20,4 % ergeben sich in der Rentenversicherung Beitragsausfälle in Höhe von rd. 61 Mio DM pro 1 Million Arbeitnehmer.

ad Kosten aufgrund der Vorteilsgewährung nach § 40b EStG

Bei dem Investivlohnkonzept müssen insbesondere die steuerlichen Vergünstigungen i. V. m. § 40b EStG in Betracht gezogen werden.

a.) Kosten für den Staat
b.) Einfluß auf die Sozialversicherungsträger
c.) Einfluß auf die Rentenzahlung

---

67 Vgl. Stolper, H.-D. (1983), S. 434.

68 Vgl. Stolper, H.-D. (1983), S. 434. Zur Bestimmung des Steuerausfalls wurde über die im Tarifbericht des Finanzministeriums angegebenen Intervalle der Einkommensverteilung integriert. Der mittlere Grenzsteuersatz lag bei 26,4 % bei einer Einkommensänderung von 300 DM.

a.) Kosten für den Staat

Das vorliegende Konzept kann nach der herrschenden Rechtslage lediglich eine Lohnsteuerpauschalierung nach § 40b EStG zugrunde legen, so daß der Staat die Differenz aus Grenzsteuersatz (30 %) und Lohnsteuerpauschale (20 %) zu tragen hätte. Beispielsweise bedeutet dies bei DM 60 Bruttoinvestivlohn rd. 6 DM pro Monat und Arbeitnehmer (DM 18 Grenzsteuersatz minus DM 12 Lohnsteuerpauschale) und damit rd. DM 72 p.a. Bei 1 Million betroffener Arbeitnehmer betrüge der Steuerausfall 72 Mio DM.

b.) Einfluß auf die Sozialversicherungsträger

Durch die Freistellung des Investivlohns von der Sozialversicherungspflicht entstehen den Sozialversicherungsträgern Aufkommensverluste im Jahr der Einführung und in den Jahren, in denen der Investivlohn ggf. aufgestockt wird. Die Beitragssätze für die einzelnen Parafisci, die jeweils zur Hälfte von Arbeitgeber und Arbeitnehmer getragen werden, betragen derzeit wie folgt:

- Gesetzliche Rentenversicherung : 20,4 %
- Gesetzliche Pflegeversicherung : 1,7 %
- Gesetzliche Krankenversicherung : 13,2 %
- Beitragssatz zur Arbeitslosenversicherung : 6,5 %

Bei einer Einführung des Investivlohns wird nicht das laufende Beitragsaufkommen reduziert, sondern es erfolgt eine Reduzierung des Beitragsaufkommens im Jahr der Einführung des Investivlohns. In den Folgejahren fließt wieder das zusätzliche Beitragsaufkommen als Folge der Lohnsteigerung in der Entgeltzahlung in voller Höhe. Berücksichtigt man die Neutralität der Teilnahme von Arbeitnehmern jenseits der Beitragsbemessungsgrenze für die Einnahmesituation der Sozialversicherungsträger, so werden die Einnahmeverluste der Parafisci noch geringer ausfallen. Auch wird im Falle einer 3 %igen Lohnsteigerung und einer hälftigen Verwendung als Investivlohn lediglich der Aufkommenszuwachs reduziert, die Beitragsleistungen steigen aber absolut in Höhe der 1,5 %igen, lohnsteuer- und sozialversicherungspflichtigen Bruttolohnerhöhung, d.h. die Kostenbelastung bedeutet tatsächlich nur eine Verringerung des Aufkommenszuwachses im Jahr der Einführung.[69]

69 Vgl. mit ausführlichen Berechnungen Rürup, B.; Dornbach, J. (Verf.), (1996), S.33 ff.

c.) Einfluß auf die Rentenzahlung

Infolge der Befreiung der Investivlöhne von der Sozialversicherungspflicht sinkt das individuelle Rentenniveau der "Vermögensbilder". Die Wirkungsanalyse der derzeit gültigen Rentenformel[70] liefert folgendes Fazit: Variabel sind die individuellen Entgeltpunkte. Sie drücken das Verhältnis des individuellen Jahresbeitrags zum durchschnittlichen Jahresbeitrag aller Versicherten aus. Durch die Freistellung des Investivlohns reduziert sich die individuelle Beitragsleistung und damit der "Persönliche Entgeltpunkt". Unterstellt man den theoretischen Fall einer Teilnahme aller Beitragszahler, ändert sich an der Beitragsrelation nichts und der einzelne Arbeitnehmer hat keinen Rentenausfall. Es wurde ermittelt, daß je nach Maßgabe der Teilnahme der Beitragszahler am Investivlohnmodell die Rentenniveausenkung zwischen 0 und 7,5 % der Rentenleistung schwankt. Bei einer durchschnittlichen Rente nach 40-45 Versicherungsjahren (Männer, Westdeutschland) liegt die Rente bei derzeit DM 2.250 monatlich. Unter der Annahme, daß 1/3 aller Beitragszahler am Modell teilnehmen, verringert sich die Renteneinbuße auf 5 % und absolut 112,50 DM monatlich. Der Einbuße steht aber eine Ausschüttung in Höhe von DM 500 monatlich durch den Fonds gegenüber.

Fazit zur Kostenbelastung

Unter Beachtung der gesetzlichen Restriktionen ergeben sich zusammenfassend folgende Sperrfristen, wenn steuer- und sozialversicherungsrechtlich Vorteile voll genutzt werden sollen:

- 6 Jahre bei Inanspruchnahme der Leistungen gemäß § 19a EStG (Steuerfreiheit unentgeltlich oder verbilligt gewährter Sachbezüge bis zum halben Wert und maximal 300 DM p.a.)
- 7 Jahre bei Inanspruchnahme des 5. VermBG
- 12 Jahre im Falle einer analogen Anwendung der steuerlichen Ertragsanteile von Kapitallebensversicherungen
- Altersgrenze von 60 Jahren in Anlehnung an die Regelungen für Zukunftssicherungsleistungen nach § 40b EStG

70 Anm.: Auch hier dürften in naher Zukunft Änderungen möglich sein, die aber in diesem Zusammenhang ebenfalls nicht weiter vertieft werden.

Zieht man ein Fazit, so läßt sich aus der Sicht der Arbeitgeber im Rahmen der Vermögensbeteiligung festhalten, daß diese auf der einen Seite neben der Verpflichtung zur Zahlung vermögenswirksamer Leistungen mit hohen Kosten belastet sind, aber auf der anderen Seite auch teure Zusatzleistungen (Kaufpreisnachlässe im Rahmen des § 19a EStG) erbringen müssen, um gegebenenfalls den Arbeitnehmer überhaupt zu einer Vermögensbeteiligung zu motivieren. Damit wird diese Form der Kapitalbeschaffung für die Unternehmen sehr teuer und gewinnt eher den Charakter eines Instruments der betrieblichen Sozialpolitik denn eines Instruments der Kapitalbeschaffung. Dennoch sollte eine steuerliche Bevorzugung von Einkommensteilen, die in Produktivkapital oder in Risikokapital angelegt werden, weiter verfolgt werden. Denkbar ist, daß für die Anlage in Risikokapital ein niedrigerer Steuersatz erhoben werden könnte als der normale Steuersatz; m. a. W. wird die investive Einkommensverwendung steuerlich weniger belastet als der Konsum.

Denkbar ist in diesem Zusammenhang auch ein Abzug der investiv verwandten Mittel von der Steuerbemessungsgrundlage. Damit würde schließlich die Förderung von Produktivvermögen nicht nur den jeweils betroffenen Arbeitnehmern zugute kommen, sondern alle (einkommensteuerpflichtigen) Bürger betreffen. An die Stelle des bisherigen Vermögensbildungsgesetzes könnte sogar ein spezifisches Förderinstrumentarium für Produktivvermögen in Form eines "Beteiligungsförderungsgesetzes" treten, andere Formen wie z.B. das Bausparen würden dann ebenfalls spezifisch gefördert.

Die steuerliche Förderung sollte nicht mehr an ein konkretes Investitionsobjekt geknüpft werden, sondern daran, daß ein potentieller Anleger bei freier Wahl der Anlage Einkommen für Beteiligungen am Produktivvermögen einsetzt. Allerdings müßten diese Ansätze durch eine Reform der ertragsunabhängigen Unternehmenssteuern unterstützt werden, um auch von dieser Seite die Rendite unternehmerisch gebundenen Kapitals zu erhöhen und damit die Attraktivität einer Produktivkapitalbeteiligung zu steigern. Damit käme dem Instrumentarium des § 19a EStG weiterhin herausragende und künftig sogar wachsende Bedeutung zu. Daher sollte auf eine Rücknahme der Kürzung des Freibetrags (von 500 DM auf 300 DM) und auf die Aufhebung der bisherigen Hälftungsregelung gedrängt werden.[71] Es ist daher zu hoffen, daß der Gesetzgeber davon absieht, künftig gegebenenfalls sogar ganz die Freistellung des §19a EStG streicht.

---

71 Vgl. Barthel, A. (1994), S. 23 u. 25 ff.

III. Entscheidungsebenen der Vermögensbeteiligung

7. Darstellung der Entscheidungsebenen

Der Staat kann bei der Einführung und Ausgestaltung von Tariffonds nur die Rahmenbedingungen setzen. Um einen "workable compromise" zu erreichen, sind vor allem die Tarifpartner gefordert. Ohne das entsprechende Engagement von Gewerkschaften und Arbeitgeberverbänden kann ein wirklicher Durchbruch in der Vermögenspolitik kaum gelingen. Hierbei sind jedoch eine Reihe von Entscheidungen zu fällen, um ein Tariffondsmodell an branchenspezifische Gegebenheiten zu adaptieren.

Die nachfolgende Tabelle 7.1 gibt einen Gesamtüberblick über die Entscheidungsebenen und alternative Lösungsmöglichkeiten. Am Ende der branchenspezifischen Analyse des 4. Abschnitts der Untersuchung soll für jede der ausgewählten Branchen anhand dieser Entscheidungsmatrix das idealtypische Beteiligungsmodell definiert werden.

Das erste Grundsatzproblem betrifft die Mittelaufbringung eines Vermögensbildungsbeitrags. Grundsätzlich ist hier zu klären, ob die Vermögensbildungsabgabe alternativ zum Lohnadditiv nicht auch als Lohnsubstitut fällig wird. Beim Lohnadditiv zahlt das Unternehmen zusätzlich zum Barlohn einen Vermögensbildungsbeitrag, beim Lohnsubstitut erfolgt die Verrechnung des Vermögensbildungsbeitrags mit dem Barlohn oder auch mit den Barlohnzuwächsen. Auch staatliche Leistungen wären für die Mittelherkunft ebenfalls denkbar (Kap. 8).

Bei der additiven Variante ist der Effekt auf das verfügbare Einkommen relativ klein, wenn man Verrechnungsprozesse (theoretisch) weitestgehend ausschließt und damit auf die Konsumneigung keinen Einfluß hat. Fraglich ist, welche Reaktionen die Vermögensbildungsabgabe bei den Unternehmen auslöst. Insofern hat bei allen Modellkonstruktionen die gewählte Bemessungsgrundlage, als nächste Entscheidungsebene, überragende Bedeutung, wenn die Reaktionen auf den Vermögensbildungsbeitrag vermieden bzw. möglichst klein gehalten werden sollen. Insbesondere mögliche Reaktionen der Unternehmen werden hierbei diskutiert (Kap. 9).

	Entscheidungsebene	Lösungsmöglichkeiten	Modell	
			IG Bau-Steine-Erden	Investivlohnmodell
I.	Mittelaufbringung	<u>Lohnadditiv (Leistung der Unternehmen)</u> • investive Erfolgsbeteiligung (laboristische Kapitalbeteiligung) • Sonderzuwendungen des Unternehmens (Jubiläumszahlungen, vermögenswirksame Leistungen) • Unentgeltliche oder verbilligte Überlassung einer Vermögensbeteiligung <u>Lohnsubstitut (Eigenleistung der Mitarbeiter)</u> • Investivlohn aus Barlohnabführung (Investivlohn i. e. S.) • Investivlohn aus Teilen der Bruttolohn-/gehaltszuwächse <u>subsidiäre staatliche Leistungen</u> • Gewährung von Prämien oder partielle Steuerbefreiung	X	X X
II.	Bemessungsgrundlage	• Leistung → z. B. Produktivität • Ertrag → z. B. (Netto-)Wertschöpfung • Gewinn → investive Gewinnanteile • Lohn → Investivlohn	X	X
III.	Mittelverwendung	• existierende Investmentfonds • Tariffonds, hier als: 1. Branchenfonds 2. Pensions-Sondervermögen • betriebliche Beteiligung	X	X
IV.	Rechtlicher Rahmen bei überbetrieblicher Mittelverwendung	• Gesetz über Kapitalanlagegesellschaften (KAGG) • Gesetz über Unternehmensbeteiligungsgesellschaften (UBGG)	X	X
V.	Mittelzuteilung auf die einzelnen Mitarbeiter bei investiven Erfolgsbeteiligungsmodellen	• Leistungskriterien (z. B. nach Lohn/Gehalt; Leistungsbeurteilung) • soziale Kriterien (z. B. gleichmäßige Pro-Kopf-Verteilung) • Kombination aus Leistungs- und sozialen Kriterien (hälftig nach Leistung und Pro-Kopf) • sonstige Kriterien (z. B. Betriebszugehörigkeit, Fehlzeiten, Alter)	X	

Tabelle 7.1 - Entscheidungsebenen der Mitarbeiterbeteiligung

Quelle: eigene Darstellung.

In der wissenschaftlichen Diskussion werden insbesondere Investivlöhne, auch als übertarifliche Zulage, und investive Gewinnbeteiligung einander gegenübergestellt. Allerdings ist gerade bei den Gewinnbeteiligungsplänen eine für alle Unternehmen vergleichbare Bemessungsgrundlage aufgrund der steuerrechtlichen Problematik von Personengesellschaften erhebungstechnisch problematisch. In dem Modell der IG Bau-Steine-Erden wurde daher die Nettowertschöpfung als betriebsgrößenunabhängige Bemessungsgrundlage vorgeschlagen.

Bei einem Lohnsubstitut sind zwar keine Verhaltensänderungen der Unternehmer zu erwarten. Allerdings wird das verfügbare Einkommen der Arbeitnehmer verringert und damit gegebenenfalls der private Verbrauch gebremst, was durch den Nachfrageausfall negative Beschäftigungswirkungen auslösen könnte. Mögliche Reaktionen der Haushalte im Sparverhalten, insbesondere im Hinblick auf ein Lohnsubstitut, folgen hierzu in Kap. 11, im Rahmen der Diskussion der Mittelverteilung der Vermögensbildungsbeiträge.

Weitere Entscheidungsprobleme betreffen die organisatorische Ausgestaltung und den rechtlichen Rahmen der Kapitalbeteiligung (Kap. 10). Die Beteiligungen sollen nach dem Grundsatz des Risikoausgleichs in Sondervermögen nach dem Gesetz über Kapitalanlagegesellschaften (KAGG) angelegt werden. Gerade für mittelständische Unternehmen könnten jedoch auch Unternehmensbeteiligungsgesellschaften nach dem UBGG zu einer verbesserten Kapitalbereitstellung beitragen.

In Branchen, die von Großunternehmen und regelmäßig in der Gesellschaftsform einer Kapitalgesellschaft dominiert werden, sind aufgrund des relativ geringen Insolvenzrisikos auch betriebliche Beteiligungsmodelle denkbar. Als rechtliche Rahmenbedingungen kämen dann die jeweiligen gesellschaftsrechtlichen Regelungen aus dem Aktien- bzw. GmbH-Gesetz zur Geltung. Die konkreten gesetzlichen Regelungen werden in dieser Untersuchung aber nicht erörtert. Es wird auf die bereits umfangreiche Fachliteratur verwiesen.

Außerdem - so eine andere Forderung - könne die Kumulation von Arbeitsplatz- und Kapitalrisiko auch durch einen verbindlichen Beteiligungssicherungsfonds auf Branchenebene, durch entsprechende konkursrechtliche Änderungen (vorrangige Bedienung der Arbeitnehmer) und durch staatliche Risikobürgschaften aufgefangen werden.[1] Allerdings sind zur Erfüllung dieser Forderung ebenfalls wieder Gesetzesänderungen notwendig. Daher erscheint der Weg mit Hilfe einer überbetrieblichen Lösung am sinnvollsten, auch vor dem Hintergrund, daß sich die angestrebte Modellösung innerhalb des existierenden gesetzlichen Rahmens bewegen soll.

Bei einem Investivlohnmodell wird das angesparte Vermögen von der Höhe der Anlagebeträge und der Performance der Anlagegesellschaft determiniert. Dagegen muß auf der letzten Entscheidungsebene (Kap. 11) bei einem investiven Erfolgsbeteiligungsmodell der Erfolgsanteil auf die einzelnen Mitarbeiter umverteilt werden. Hierbei kann grundsätzlich differenziert werden nach einer Verteilung nach Leistungskriterien, sozialen oder sonstigen Kriterien wie Betriebszugehörigkeit oder Alter.

Bei einem System nach leistungsbezogenen Gesichtspunkten werden die individuellen Leistungs- oder Erfolgsanteile nach der Lohnsumme bemessen, d. h. dem Anteil des Lohns/Gehalts an der gesamten Lohn-/Gehaltssumme, wenn man unterstellt, daß Leistungsbereitschaft und -fähigkeit vom Lohnniveau abhängen. Eine andere Möglichkeit ist die Leistungsbeurteilung nach einem Punktesystem. Soll nach sozialen Gesichtspunkten verteilt werden, bietet sich die gleichmäßige Verteilung pro Kopf an. Die genannten Verfahren können auch miteinander kombiniert werden unter Einbeziehung weiterer Faktoren wie Betriebszugehörigkeit und Alter.[2]

Auch die (hälftige) Leistungsorientierung bei der Zuteilung der Kapitalanteile liefert in dem Modell der IG Bau-Steine-Erden Grund zur Kritik. Nach einem Rechenbeispiel erhält ein Mitarbeiter der höchsten Verdienstgruppe pro Jahr 2.042 DM an Anteilen, ein Mitarbeiter aus der untersten Verdienstgruppe dagegen nur 992 DM. Damit wird die Ungleichverteilung reproduziert.[3] Soll die Verteilung ausdrücklich redistributiv sein, gebietet dies eine Verteilung nach Köpfen. Andererseits muß berücksichtigt werden, daß gerade durch die hälftige Zuteilung der Vermögensbildungsbeiträge nach Köpfen der sozialen Komponente Rechnung getragen wird, was einem Kompromiß zwischen Leistungsanspruch einerseits und sozialem Ausgleich andererseits am ehesten gerecht werden dürfte.

---

1 Vgl. Stratmann-Mertens, E. (1992), S. 5.

2 Vgl. Schneider, H.J.; Zander, E. (1985), S. 46 f.

3 Vgl. Stratmann-Mertens, E. (1992), S. 5.

8. Mittelaufbringung des Vermögensbildungsbeitrags

8.1 Finanzierungsquelle des Vermögensbildungsbeitrags

Die Finanzierungsquelle der Vermögensbildung kann grundsätzlich ein zusätzlich zum Barlohn vom Arbeitgeber gezahltes Lohnadditiv oder alternativ ein Lohnsubstitut durch Barlohnabführung der Arbeitnehmer sein, wenn die Vermögensbildung nicht staatlichen Anreizsystemen obliegen soll. Die Finanzierungsquellen können auch kombiniert eingesetzt werden:[1]

- Leistungen der Unternehmen als Lohnadditiv:
  - investive Erfolgsbeteiligung
  - Sonderzuwendung des Unternehmens
  - unentgeltliche (oder verbilligte[2]) Überlassung einer Vermögensbeteiligung

- Eigenleistung der Arbeitnehmer als Lohnsubstitut:
  - Investivlohn aus Barlohnabführung (Investivlohn i. e. S.)
  - Investivlöhne aus Teilen der Bruttolohn-/gehaltszuwächse (Charakter eines Lohnsubstituts)

- (subsidiäre) staatliche Leistungen

8.1.1 Leistungen der Unternehmen als Lohnadditiv

Für die Unternehmensleistungen gibt es zwei zu betrachtende Ausprägungen. Grundsätzlich kann der Vermögensbildungsbeitrag erfolgsabhängig oder unabhängig von der jeweiligen Ertragssituation der Unternehmen gewährt werden.

ad investive Erfolgsbeteiligung

Im erfolgsabhängigen Fall wird normalerweise als Bemessungsgrundlage eine bestimmte Erfolgsgröße gewählt, z. B. eine Gewinngröße, eine Leistungsgröße oder eine Ertragsgröße.

---

1 Vgl. Juntermanns, H.J. (1991), S. 10 f. u. 58; Stehle, H. (1985), S. 23 f.

2 Hinw.: Bei der verbilligten Überlassung einer Vermögensbeteiligung handelt es sich um eine Mischform.

Um die Bindung zur investiven Beteiligung herzustellen, muß bei einer materiellen Mitarbeiterbeteiligung grundsätzlich unterschieden werden zwischen:[3]

- Erfolgsbeteiligungen
- Kapitalbeteiligungen
- laboristischen Kapitalbeteiligungen

Angestrebt wird eine vertraglich definierte und dauerhafte Beziehung zwischen den Mitarbeitern und dem Unternehmen bzw. den Fonds. Bei der "reinen" Erfolgsbeteiligung hat der Mitarbeiter über seine Lohnzahlung hinaus noch einen Anspruch auf einen Teil des Betriebserfolgs. Unter einer Erfolgsbeteiligung versteht man damit eine regelmäßig und additiv zum Lohn oder Gehalt gezahlte erfolgsabhängige Zuwendung. Sie wird entweder zwischen Arbeitgeber und Mitarbeitern individual- oder kollektivvertraglich via Betriebsvereinbarung oder Tarifvertrag durch die Tarifparteien vereinbart. Es ist auch möglich, auch die Teilhabe am Verlust zu vereinbaren.[4]

Die Erfolgsbeteiligung fällt in die arbeitsrechtliche Sphäre und ist lohnsteuer- und sozialversicherungspflichtig. Sie hängt nicht von der Leistung des einzelnen Mitarbeiters ab, sondern grundsätzlich von der Gesamtheit, was insofern ein Abgrenzungskriterium zum Leistungslohn bedeutet.[5]

Die Erfolgsbeteiligung ist aber kein grundlegendes konstituierendes Modell der Kapitalbeteiligung, z. B. wenn die Mitarbeiter die Erfolgsanteile teilweise oder gänzlich in bar erhalten würden, würde die Kapitalbeteiligung davon nicht berührt. Krelle zeigte sehr anschaulich, daß eine "reine" Ertragsbeteiligung mit großer Wahrscheinlichkeit zu einer Verminderung der Investitionsbereitschaft führt. Dieser Rückgang wird gemildert, wenn den Unternehmen die Mittel zur Selbstfinanzierung verbleiben (Leistung in Schuldverpflichtung und Kapitalanteilen).

---

3 Schneider, H.-J.; Zander, E. (1985), S. 11 ff.; Stehle, H. (1985), S. 13 f.; Klein, H.-W.; Braun, A. (1986), S. 675; die darüber hinaus noch reine laboristische Systeme anführen, d. h. Unternehmen, in denen das gesamte Kapital in den Händen der Mitarbeiter liegt und dementsprechend der Gewinn vollständig dem Faktor Arbeit zusteht. Siehe auch Esser, K.; Falthauser (1974), S. 19 ff. (vgl. hierzu Kap. 5.5).

4 Vgl. Schneider, H.-J.; Zander, E. (1985), S. 14 ff.; Gabler Wirtschaftslexikon, (1988[12]), unter "Erfolgsbeteiligung", "Ertragsbeteiligung" und "Leistungsbeteiligung", S. 99, 1576 u. 2153.

5 Vgl. Juntermanns, H.J. (1991), S. 2 ff.

Im Hinblick auf die Beeinflussung der Investitionsneigung werden hierzu zwei Wesensmerkmale der Selbstfinanzierung herausgestrichen. Im Gegensatz zu den Mitteln, die durch Selbstfinanzierung dem Unternehmen mit Sicherheit zur Verfügung stehen, ist die Kapitalmarktfinanzierung mit Unsicherheiten und Risiken behaftet. Zum einen, ob, in welchem Umfang und zu welchem Zeitpunkt die Mittel beschafft werden können. Zum anderen ist die Kapitalmarktfinanzierung im Gegensatz zur Selbstfinanzierung durch rechtliche Verpflichtung (z. B. Kredite) oder durch faktischen Druck (z. B. bei Aufnahme von Eigenkapital) zu einer Ertragszahlung verpflichtet.[6]

Bei der "reinen" Kapitalbeteiligung kommt eine Beteiligung aufgrund einer Kapitaleinlage zustande, die entweder vom Unternehmer oder vom Arbeitnehmer oder kombiniert von beiden gezahlt wird. Das Augenmerk richtet sich hier überwiegend auf die Verwendungsseite und nicht auf die Aufbringung. Zu den ursprünglichen Kapitaleignern treten die Arbeitnehmer als neue hinzu, und die Teilhabe am Betriebserfolg ergibt sich in der Folgezeit aus der Stellung als Kapitalgeber.

Sowohl die Erfolgs- als auch die Kapitalbeteiligung können ein eigenes Modell bilden. Allerdings würde bei einer reinen Erfolgsbeteiligung lediglich die Einkommensseite der Arbeitnehmer berührt. Daher müssen die beiden Beteiligungsarten miteinander verknüpft werden.

Durch die Kapitalbeteiligung entsteht erst die gesellschaftsrechtliche Verknüpfung. Bei einer reinen Kapitalbeteiligung bleibt die Frage der arbeitnehmerseitigen Mittelaufbringung offen; erst durch die investive Erfolgsbeteiligung wird dabei regelmäßig die Mittelaufbringung, d. h. die Finanzierung der Kapitalbeteiligung, gewährleistet. In diesem Fall spricht man auch von einer laboristischen Kapitalbeteiligung.[7]

Die Mitarbeiter beziehen ihr Einkommen damit schließlich aus den drei Quellen Grundlohn, dem Erfolgsanteil und dem Gewinnanteil aus der Kapitalanlage. Beim später folgenden Investivlohn verbleiben nur zwei Quellen, nämlich der Grundlohn und der Gewinnanteil aus der selbstfinanzierten Kapitalanlage.

---

6 Vgl. Krelle, W.; Schunck, J.; Siebke, J. (1968), S. 218 f.

7 Vgl. Schneider, H.J.; Zander, E. (1985), S. 111 ff.

ad Sonderzuwendung des Unternehmens

Im Gegensatz zur investiven Erfolgsbeteiligung besteht bei einer Mittelherkunft durch Sonderzuwendungen grundsätzlich keine rechtliche und damit auch keine dauerhafte Verpflichtung des Unternehmens zur Leistung, wie z. B. Jubiläumszuwendungen durch das Unternehmen, bei erfolgreichem Abschluß der Ausbildung oder sonstigen Anlässen.

Der Vorteil dieser Form der Mittelaufbringung ist, daß sich die Unternehmen, abhängig von der wirtschaftlichen Entwicklung, sehr flexibel zur Zahlung einer Zuwendung entscheiden können. Damit kann erreicht werden, daß über die betriebliche Übung keine langfristigen Verpflichtungen geschaffen werden.[8] Ein kontinuierlicher Vermögensaufbau wäre mit dieser Prämisse jedoch erheblich in Frage gestellt. Das einmalige, unverbindliche Angebot eignet sich, ähnlich wie Mitarbeiterdarlehen, für Unternehmen, die probeweise die Erfolgsbeteiligung einführen wollen.

Allerdings zählen auch vermögenswirksame Leistungen zu den Sonderzuwendungen. Diese sind zur Mittelaufbringung für Tariffonds in besonderem Maße geeignet, um einen kontinuierlichen und von der Unternehmensgröße bzw. Gesellschaftsform unabhängigen Vermögensaufbau zu gewährleisten.

Gaugler befürchtet jedoch, daß die Aufwendungen des Unternehmens für die Vermögensbildung seine Wettbewerbsfähigkeit beeinträchtigen, sofern die Belastung nicht alle Wettbewerber in gleichem Umfang trifft. Gesetzliche und tarifvertragliche Regelungen egalisieren den Belastungseffekt.[9] Die Belastung der Unternehmen mit einer Vermögensbildungsabgabe wird daher noch eingehend im Rahmen der Diskussion der Bemessungsgrundlage in Kap. 9 diskutiert.

Es war eines der Ziele des IG Bau-Modells, die Fondsanteile entsprechend den Traditionen der vermögenswirksamen Tarifpolitik zu fördern.[10] Insofern wird idealerweise eine Kombination aus investiver Erfolgsbeteiligung und vermögenswirksamen Leistungen angestrebt.

---

8 Vgl. Schneider, H.J.; Zander, E. (1985), S. 87 mit Hinweisen zu Schaub, G. (1980), Arbeitsrechtshandbuch, 4. Auflage, S. 592 ff. (im Literaturverzeichnis nicht aufgeführt).

9 Vgl. Gaugler, E. (1985), S. 56.

10 Vgl. Rürup, B. (1992), S. 20.

ad unentgeltliche oder verbilligte Überlassung von Vermögensanteilen

Die unentgeltliche oder verbilligte Überlassung von Vermögensanteilen ist vor allem für Großunternehmen geeignet. Die hierzu bekannteste, wenn auch rechtsgebunde Form der Vermögensbeteiligung ist die verbilligte Überlassung von Belegschaftsaktien. Der Kapitalzufluß kann von Unternehmensseite sehr flexibel sowohl durch die Festlegung des Ausgabezeitpunkts als auch durch den Ausgabekurs gesteuert werden.[11]

Eine Verpflichtung zum Angebot von Unternehmensanteilen scheidet aus verfassungsrechtlichen Gründen aus. Diese Form ist damit aufgrund der Unregelmäßigkeit für einen kontinuierlichen Vermögensaufbau relativ ungeeignet. Da die Mitarbeiter bei einer kontinuierlichen betrieblichen Beteiligung theoretisch im Zeitablauf einen zunehmend steigenden Anteil am Eigenkapital der Unternehmen erwerben würden, könnte sich bei einer Kapitalgesellschaft nach Ansicht von Krelle das Grundkapital ständig erhöhen und der innere Wert der Aktie verwässert werden.[12] Bei einer Umwandlung der Ansprüche in Fremdkapital ändert sich die Bilanzstruktur. Damit würde die Außenfinanzierungsmöglichkeit des Unternehmens bei sinkenden Kursen, aber auch bei laufender Aufstockung des Fremdkapitals, insgesamt verschlechtert.[13] Diese Einwände dürften zwar eher theoretischer Natur sein, dennoch gilt auch hier die These der Harmonisierung zwischen Kapitalbedarf und Mittelaufkommen durch die Fondskonstruktion.

Bei dieser Form der Vermögensbeteiligung liegt die Kombination der Finanzierungsquellen nahe. Der Erwerb von Belegschaftsaktien kann von Unternehmensseite bezuschußt werden, wenn der Erwerbskurs für den Mitarbeiter kleiner ist als der aktuelle Börsenkurs. Die Eigenleistung des Mitarbeiters erfolgt durch den Kaufpreis der Aktie. Von staatlicher Seite kommen ggf. noch die Arbeitnehmersparzulage durch das Vermögensbildungsgesetz sowie die partielle Steuerbefreiung (§ 19a EStG) hinzu.

Ähnlich wie bei der Sonderzuwendung ist daher die Kombination der investiven Mitarbeiterbeteiligung in Verbindung mit dem VermBG und § 19a EStG für die angestrebte Umverteilung eine wirkungsvolle Option.

---

11 Vgl. Stehle, H. (1985), S. 47 ff. und S. 85 mit Kriterien zur Belegschaftsaktie.

12 Vgl. Krelle, W.; Schunck, J.; Siebke, J. (1968), 272 ff.

13 Vgl. Krelle, W.; Schunck, J.; Siebke, J. (1968), S. 206.

8.1.2 Eigenleistung der Mitarbeiter als Lohnsubstitut

ad Investivlöhne aus Barlohnmitteln

Die Eigenleistung hinsichtlich der Mittelaufbringung bedeutet, daß die Kapitalanteile an den Fonds durch Teile aus dem laufenden Lohn bzw. Gehalt oder sogar aus dem Privatvermögen der Arbeitnehmer aufgebracht werden. Im Mittelpunkt der Diskussionen stehen hier in der Regel Investivlöhne. Im Gegensatz zum Konsumlohn, der bis auf gesetzliche Abgaben frei verfügbar ist, wird bei den Investivlohnplänen die Entscheidungsfreiheit der Arbeitnehmer über den Lohn bzw. das Gehalt eingeschränkt.[14] Aus "Barlöhnen werden somit Sparlöhne". Vereinfacht substituiert das Mitarbeiterkapital das Fremd- oder Eigenkapital anderer Kapitalgeber. Allerdings gibt es hierbei erhebliche rechtliche Bedenken, wenn die Arbeitnehmer zu einer obligatorischen Abführung von Barlohnanteilen verpflichtet werden sollen (s. Kap. 6.1).

Gaugler zählt zu den Eigenleistungen der Mitarbeiter sogar die individuellen Ansprüche der Arbeitnehmer aus Sozialplänen gemäß Betriebsverfassungsgesetz (§§ 111, 112 BetrVG). Im Falle einer Insolvenz bringen die Mitarbeiter ihre Sozialplanansprüche in Auffanggesellschaften ein, um den Betrieb weiterzuführen.[15] Im Rahmen dieser Untersuchung soll jedoch diese spezielle Möglichkeit keine weitere Rolle spielen.

Für die Arbeitnehmer ergibt sich ein kontinuierlicher Vermögensaufbau durch regelmäßige, allerdings erfolgsunabhängige Einzahlungen. Investivlöhne könnten daher insbesondere in Sektoren eingesetzt werden, die keine Gewinne machen, z. B. beim Staat.

Im Gegensatz zu einer additiven Zulage dürften aber Renditeüberlegungen beim Lohnsubstitut eine bedeutsamere Rolle spielen. Stellen die Mitarbeiter Eigenleistungen als Eigenkapitalanteile zur Verfügung, so fordern sie wie externe Kapitalgeber eine risikoäquivalente Rendite und unterscheiden sich nicht mehr von alternativen Kapitalgebern. Allerdings ist die Rendite, auch bei einer konkret definierten Anlagepolitik, schwer kalkulierbar und könnte tendenziell sogar eine eher unterdurchschnittliche Performance aufweisen.

---

14 Vgl. Oberhauser, A. (1981), S 29.

15 Vgl. Gaugler, E. (1985), S. 52 ff.

Gegebenenfalls könnte sogar mit einer "liquiditätsbegründeten" Fluktuation gerechnet werden, wenn die Folgen des Barlohnverzichts nicht kompensiert werden.[16] Zum einen wird durch Investivlöhne die freie Verwendung des Einkommens beschränkt, und zum anderen werden den Unternehmen gerade bei einer betriebsbezogenen Lösung Kapitalmittel zugeteilt, die allenfalls im Durchschnitt, aber je nach Verzinsung nicht für das einzelne Unternehmen marktgerecht sind.[17]

Vorteilhaft für die Unternehmen erscheint lediglich, daß bei einer betrieblichen Beteiligung durch die Investivlohnvereinbarungen kein Liquiditätsabzug eintritt. Dadurch wird der eigentliche Kostencharakter der Einlage abgeschwächt, wenn man eine Sperrfrist und eine vorgegebene Mindestverzinsung unterstellt. Die Kapitalbeschaffungsmöglichkeiten ändern sich für die Unternehmen aber nicht, wenn die Verzinsung des Mitarbeiterkapitals dem Kapitalmarktzins entspricht. Vorteile würden sich nur für kreditrationierte Unternehmen ergeben, was aufgrund des Kapitalrisikos nicht im Sinne der Arbeitnehmer sein kann.[18]

In Kapitel 3 wurde gezeigt, daß nahezu 20 % der Haushalte kein oder nur sehr wenig Geldvermögen besitzen und daß beim Sparen das Zwecksparen und andere Vermögensformen dominieren. Unter diesen Aspekten hält Pitz das gegebene Arbeitseinkommen bei einem Großteil der Unselbständigen für wenig geeignet als Grundlage für eine substantielle Bildung von dauerhaftem Vermögen. Nach seiner Ansicht wird der überwiegende Teil der Vermögensbildung von einer Haushaltsschicht getragen, die keineswegs auf Konsum verzichtet, sondern im Gegenzug ein sehr hohes Konsumniveau unterhält. Unter der Bedingung, daß der Konsum so gering als möglich einzuschränken ist, müßte der entscheidende Unterschied im Hinblick auf die Mittelaufbringung bei der Einkommenshöhe der Erwerbstätigen gesucht werden, die die Sparfähigkeit maßgeblich beeinflußt.[19]

---

16 Vgl. Vgl. Rürup, B.; Dornbach, J. (1993c), S. 321.

17 Vgl. Sievert, O. (1992), S. 16. Anm.: Barthel bezeichnet die Anlage der vermögenswirksamen Leistungen in Form der betrieblichen Vermögensbildung als teuerste Form der Kapitalbeschaffung, da neben der Verpflichtung zur Zahlung vermögenswirksamer Leistungen auf der anderen Seite noch teure Zusatzleistungen erbracht werden müssen (z.B. Kaufpreisnachlässe i. S. des § 19a EStG), um die Arbeitnehmer überhaupt an der Anlage der vermögenswirksamen Leistungen im eigenen Unternehmen zu interessieren; in: Hintergrundvermerk zur Vermögensbildung in Arbeitnehmerhand; S. 10.

18 Vgl. Michaelis, J.; Spermann, A. (1991), S. 615.

19 Vgl. Pitz, K.H. (1980), S. 259.

Daraus kann die Schlußfolgerung gezogen werden, daß in Unternehmen/Branchen mit überdurchschnittlichem Einkommensniveau eine Investivlohnregelung durchaus denkbar ist. Im Vordergrund steht dann die Substitution der bisherigen Sparbeträge durch das Produktivkapitalsparen. Im Rahmen der Untersuchung sollte jedoch berücksichtigt werden, daß in der Vergangenheit die Vermögenseinkommen gerade bei den Gruppen am stärksten gestiegen sind, deren Erwerbseinkommen sich ebenfalls überdurchschnittlich stark entwickelt haben. Insofern käme einer lohnabhängigen Bemessungsgrundlage ein Festschreiben des Status quo der Vermögensverteilung gleich, und eine Umverteilungseffizienz wäre nicht feststellbar.[20]

Als ausgeschlossen erweist sich die Investivlohnkonzeption aus Barlohnmitteln in Verbindung mit der steuerlichen Förderung nach § 19a EStG. Nach dem § 19a EStG sind für alle Arbeitnehmer, die von ihrem Arbeitgeber eine Kapitalbeteiligung verbilligt oder unentgeltlich angeboten bekommen, bis zu 300 DM jährlich steuer- und sozialversicherungsfrei. Die Zuwendung des Arbeitgebers ist aber dann nicht als unentgeltlich oder verbilligt anzusehen, wenn die Vermögensbeteiligung anstelle eines Barlohns gewährt wird, der ohnehin geschuldet wird, da es sich gerade nicht um eine Geldleistung, sondern eine Sachzuwendung handeln muß.[21]

Um dies auszugleichen, wird beispielsweise in einem Investivlohnkonzept der IG Chemie-Papier-Keramik und IG Bergbau und Energie die Forderung nach steuerlicher Begünstigung nach dem § 19a EStG erhoben.[22] Dies bedeutet jedoch auch eine gleichwertige Befreiung des investiv gebundenen Barlohnanteils aus der Sozialversicherungspflicht und führt damit im Laufe der Jahre zu steigenden sozialversicherungsfreien Lohnanteilen. Dadurch bleibt die Bemessungsgrundlage der Rentenversicherung im Vergleich zur reinen Barlohnerhöhung zurück. Dies kann in der Erwerbsphase zu Defiziten bei der Rentenfinanzierung und gegebenenfalls zu empfindlichen Einbußen bei den individuellen Rentenansprüchen sowie den Arbeitslosengeldansprüchen führt.[23]

---

20 Vgl. Rürup, B.; Dornbach, J. (1993c), S. 319.

21 Vgl. Reiß, W. (1992), S. 262.

22 Vgl. IG Chemie-Papier-Keramik; IG Bergbau und Energie (1992), S. 3.

23 Vgl. Rürup, B.; Dornbach, J. (1993c), S. 320, die darauf hinweisen, daß dieser Weg der Mittelbeschaffung durch Befreiung von der Sozialversicherungspflicht seit vielen Jahren bei der betrieblichen Altersversorgung in Form der Direktversicherung praktiziert wird, sofern es sich gemäß der Altersentgeltversorgung um zusätzliche Aufwendungen handelt (s. Kap. 6.2).

Insbesondere angesichts der Folgen der Transformationskrise in den neuen Bundesländern haben in den letzten Jahren Investivlohnkonzepte eine Renaissance erlebt. Werden die jedoch ohnehin unterdurchschnittlichen Löhne und Gehälter zusätzlich mit einer Investivlohnkomponente belastet, so ist nicht nur eine Verzögerung bei der Angleichung der Lebensverhältnisse zu erwarten, sondern die Folge wären auch weitere Nachfrageausfälle.[24]

Investivlöhne bedeuten regelmäßig nur eine Substitution, sprich Austausch von Barlöhnen in Sparlöhne, und deswegen wird die Einkommens- und Verteilungssituation nicht verbessert. Insofern ist fraglich, ob die Bemessungsgrundlage "Löhne" geeignet ist, Gegenstand einer zweiten Verteilungsrunde zu sein. Einen etwas anderen Weg ist man aus diesem Grund in dem Investivlohnmodell i. V. m. § 40b EStG (s. Kap. 5.2.3) gegangen, da hier als Grundlage nicht die Löhne, sondern die Lohnzuwächse herangezogen werden, was nachfolgend diskutiert wird.

ad Investivlöhne aus Teilen der Bruttolohn-/-gehaltszuwächse

Tatsächlich weichen die theoretischen Überlegungen von der gängigen Praxis ab. Es ist keineswegs der Fall, daß der Investivlohn ausschließlich als Lohnsubstitut vom Arbeitnehmer aufgebracht werden muß, sondern dieser kann auch additiv zusätzlich zum Lohn und Gehalt gewährt werden. Gerade in Form tariflich vereinbarter "vermögenswirksamer Leistungen" wurden nicht zuletzt in Übereinstimmung mit Forderungen der Gewerkschaften seit den 70er Jahren Investivlöhne als feste, übertarifliche Lohn-/ Gehaltszuschläge vereinbart. Es kann damit sogar eine Verdrängung der investiven Erfolgsbeteiligung durch den Investivlohn konstatiert werden.

Damit hat die Förderung des Staates durch das Vermögensbildungsgesetz dazu geführt, daß die Mittelaufbringung relativ einseitig den Investivlohn forciert hat, obwohl das Hauptvolumen der Vermögensbildungsbeiträge überwiegend außerhalb des Produktivvermögens angelegt wurde (s. Kap. 3). Normalerweise sind die gesparten Beträge in Verbindung mit dem Vermögensbildungsgesetz mit einer mehrjährigen Sperrfrist versehen, um sie einer konsumtiven Verwendung zu entziehen.[25]

---

24 Vgl. Offermann, V. (1992), S. 66.

25 Vgl. Juntermanns, H.J. (1991), S. 48; Hardt, U. (1991), S. 85.

Schwetzler hat in einem Analysemodell die Reichtumsposition der Unternehmenseigentümer hierzu untersucht. Die Eigentümerposition wurde unterschieden in eine Welt ohne Vermögensbildungsgesetz und eine Welt mit Vermögensbildungsgesetz.[26] Aus Unternehmersicht wurden das Investitionsprogramm, die Zahlungsüberschüsse und der Kapitalbedarf als gegeben angenommen und Alternativen zur Deckung des Kapitalbedarfs untersucht. Vorausgesetzt wurde ein vollkommener Kapitalmarkt, bei idealer Unsicherheit ohne Informationsbarrieren und Transaktionskosten sowie risikoscheue Investoren.[27] Stellen die Mitarbeiter bei Wahlfreiheit ihre vermögenswirksamen Leistungen als Eigenkapital zur Verfügung, fordern sie wie externe Kapitalgeber eine risikoäquivalente Marktrendite, die von der Risikoklasse und dem Verschuldungsgrad des Unternehmens abhängt. Bei Gewährung von Fremdkapital wird ein sicherer Marktzins gefordert.

Die Mittel werden als vermögenswirksame Leistungen über mehrere Perioden aufgebracht und entsprechend der geförderten Anlagemöglichkeiten investiert. Nach dem Vermögensbildungsgesetz unterliegen die Mittel einer Sperrfrist von 6 bzw. 7 Jahren. Nach Ablauf der Sperrfrist sind die Mitarbeiter nur noch bereit, die Mittel im Unternehmen zu belassen, wenn sie eine risikoäquivalente Rendite erhalten. Es besteht dann kein Unterschied mehr zu alternativen Kapitalgebern.[28] Die Ursache für die Forderung nach einer risikoäquivalenten Marktrendite liegt an der Wahlfreiheit der Anlagemöglichkeiten, da die Arbeitnehmersparzulage bei jeder der im VermBG aufgeführten Anlageformen gewährt wird und folglich ohne entsprechende Rendite die Mitarbeiter auf andere Anlageformen ausweichen.[29] Insofern sind Modell-Rechnungen betrieblicher Beteiligungsmodelle, die die Arbeitnehmersparzulage zur Ermittlung der Rendite der Arbeitnehmer verwenden, nur beschränkt aussagefähig.

---

26 Schwetzler, B. (1990), S. 1057; Heuberger, W. (1979), S. 134, spricht bei einer bar ausbezahlten Erfolgsbeteiligung von einem Definanzierungseffekt.

27 Anm.: Wegen des unterstellten vollkommenen Kapitalmarkts existiert annahmegemäß auch kein Kapitalbeschaffungsproblem, zu dessen Lösung das VermBG beitragen muß. Das erforderliche Kapital kann gegen Gewährung einer risikoäquivalenten Rendite auf dem Kapitalmarkt aufgenommen werden.

28 Anm.: Im Modell der IG Bau-Steine-Erden wird bei Wiederanlage der Mittel ein "Verlängerungs- bzw. Wiederanlagebonus" in Höhe von 3 % des jeweiligen Kurswertes gewährt.

29 Vgl. Juntermanns, H.-J. (1991), S. 23 ff.; Schneider, H.-J.; Zander, E. (1985), S. 37 ff. Anm.: Auch die Förderung nach §19a EStG ändert an der sogenannten "Reichtumsposition" der Unternehmer nichts, da die Mitarbeiter in jedem Fall eine risikoäquivalente Rendite auf ihre eingesetzten Mittel fordern.

Vereinfacht substituiert das (staatlich geförderte) Mitarbeiterkapital das Fremdkapital oder das Eigenkapital anderer Kapitalgeber. Unter diesen Annahmen wäre es im Hinblick auf Liquiditätsaspekte von entscheidender Bedeutung, "ob die Beschaffung erforderlicher Mittel auf diesem Wege zu geringeren Kosten möglich ist als durch alternative Maßnahmen".[30]

	Mittelaufbringung	
	durch Mitarbeiter (z. B. nach § 11 VermBG)	durch Unternehmen (z. B. nach § 10 Abs.1 VermBG)
Mittelverwendung		
Anlage außerhalb des Unternehmens	Lohnanteil + Anlage außerhalb in einer alternativen Anlageform	Lohnadditiv + Anlage außerhalb in einer alternativen Anlageform
Anlage innerhalb des Unternehmens	Lohnanteil + Anlage innerhalb des Unternehmens und Verdrängung des Kapitals anderer Investoren	Lohnadditiv + Anlage innerhalb des Unternehmens und Verdrängung des Kapitals anderer Investoren

Abbildung 8.1 - Kombinationen von Mittelaufbringung und Mittelverwendung
Quelle: Schwetzler, B. (1990), S. 1063.

Mathematisch ausgedrückt werden also in den Tarifverhandlungen vermögenswirksame Leistungen in Höhe von vL_t vereinbart (mit L_t als periodischer Barlohn für alle n Mitarbeiter). Allerdings ist auch nicht auszuschließen, daß die zusätzliche Leistung beim nächsten Tarifabschluß verrechnet wird und somit die Nettobelastung der Unternehmen im wesentlichen durch die Austauschrate γ gleich "vermögenswirksame Leistung minus Barlohn" beeinflußt wird. Beispielsweise werden für einen Wert von 0,7 (70 %) durch 100 DM vermögenswirksame Leistungen 70 DM des Barlohns verdrängt, der sich in den Tarifverhandlungen ohne die zusätzliche Leistung ergeben hätte.[31] Bei einer Verdrängungsrate von 1 bleibt die Position der Unternehmen unverändert. Insofern ist die Austauschrate von wichtiger Bedeutung, wenn auch schwer zu antizipieren.

30 Schwetzler, B. (1990), S. 1062; Schöner, M. (1989), S. 327 schlägt in diesem Zusammenhang die Gewährung einer mit zunehmendem Risiko höheren Arbeitnehmersparzulage als Sicherheitsäquivalent vor. Dieses hat die Funktion, mögliche Wertverluste des Beteiligungstitels bis zur Höhe des Prämienvorteils zu kompensieren.

31 Vgl. Schwetzler, B. (1990), S. 1065.

Die Höhe der Bruttozahlungen aus der Summe der Barlöhne und der vermögenswirksamen Leistungen, korrigiert um die Austauschrate, beträgt:[32]

- $L_t + vL_t - \gamma\, vL_t = L_t + (1-\gamma)\, vL_t$

Damit ändert sich die "Reichtumsposition der Eigentümer" um:

- $\Delta K^{VermBG} = -(1-\gamma)\, vL_t$,

mit v als Vermögensbildungsanteil am periodischen Barlohn L_t.

Der Investivlohn könnte hier im Zusammenhang mit einer produktivitätsorientierten Lohnpolitik betrachtet werden. Es kann versucht werden, tarifpolitisch die Vermögensbildung und Lohnzurückhaltung miteinander zu kombinieren. Es erfolgt dann die Wandlung der über den Produktivitätszuwachs hinausgehenden Barlohnerhöhungen in einen "Sparlohn".

Eine lohn- und beschäftigungspolitische Begründung für Investivlöhne lieferte Sievert hierzu in 1992. Insbesondere in den neuen Bundesländern würden durch die Angleichung der Tariflöhne an Westniveau höhere Löhne gezahlt, als die Produktivität der Betriebe eigentlich zuläßt. Die andererseits erforderlichen Investitionen erhöhen zusätzlich den Selbstfinanzierungsbedarf. Die Lösung des Problems liegt bei einem Lohn, der zwar auf Dauer tragbar ist, vorläufig aber erst noch durch Kreditaufnahme erwirtschaftet werden muß. "Arbeitnehmer kreditieren ihren Unternehmen Löhne, die noch nicht erwirtschaftet sind, bis sie erwirtschaftet werden." Die Alternative zum Investivlohn ist insofern nicht der Barlohn, sondern eine deutlich geringere Lohnsteigerung.[33] Allerdings beurteilte Offermann in diesem Zusammenhang lediglich eine Fondslösung als akzeptabel, da nur dann eine gezielte Förderung überlebensfähiger und zukunftsträchtiger Unternehmen ermöglicht und die Risikenkumulation von Kapital- und Arbeitsplatzrisiko vermieden wird.[34] Diesen Thesen kann nach den vorangegangenen Ausführungen gefolgt werden.

---

32 Anm.: Steuerliche Abzugsfähigkeit und Sozialabgaben, die von Schwetzler zusätzlich berücksichtigt wurden, sollen in diesem einfachen Beispiel aus Gründen der Übersichtlichkeit aus der Betrachtung herausgelassen werden.

33 Vgl. Sievert, O. (1992), S. 20 f.

34 Vgl. Offermann, V. (1992), S. 68; eine Übersicht und kritische Würdigung weiterer Investivlohnkonzepte im Rahmen der Finanzierung des Aufbau Ost findet sich bei: IG Metall (1991); Zur solidarischen Finanzierung der sozialen Einigung, S. 49 f.

Voraussetzung für die Beteiligung der Arbeitnehmer am Produktivkapital ist, daß die Beteiligung nicht zu "Lasten einer den Angebotsmöglichkeiten entsprechenden und konjunkturell erforderlichen Steigerung der Konsumgüternachfrage gehen darf".[35] Die Vermögensbeteiligung würde sonst beschäftigungs- und einkommenspolitisch kontraproduktiv wirken. Ehrenberg befürchtet eine investivlohnbedingte Verlangsamung des Anstiegs der Konsumgüternachfrage, die durch den Kaufkraftentzug von Solidaritätszuschlag und weitere Abgabenerhöhungen noch verstärkt wird.[36]

Begrenzt werden die angeführten Nachteile durch die vorgeschlagene Investivlohnlösung unter Einbeziehung der Pensions-Sondervermögen in die Bestimmungen des § 40b EStG. In diesem Fall kompensiert der langfristig kumulierte Kapitalstock die Rentenschmälerung, die aus der Sozialversicherungsfreiheit resultiert. Die redistributive Wirkung eines derartigen Investivlohns ergibt sich dann durch die Förderelemente des 5. VermBG, d. h. die Einkommensgrenzen für die Arbeitnehmersparzulage, die Obergrenze für die Lohnsteuerpauschalierung des § 40b EStG sowie den anteiligen Wegfall des Arbeitgeberzuschusses bei Überschreiten der Beitragsbemessungsgrenzen in der Sozialversicherung.

8.1.3 Subsidiäre Leistungen des Staates

Leistungen des Staates sind möglich, wenn über staatliche Gewährung von Prämien die Mittel zur Vermögensbildung zusätzlich mobilisiert werden. Im Modell der IG Bau-Steine-Erden wurde vorgeschlagen, daß die Anteile an Tariffonds nicht nur in die beiden Fördersysteme (5. VermBG und § 19a EStG) aufgenommen werden, sondern für Tariffonds im VermBG ein Förderhöchstbetrag von 2.000 DM jährlich geschaffen und in Anlehnung an die allgemeine Einkommensentwicklung dynamisiert wird.[37]

Grundsätzlich sind vermögenswirksame Leistungen steuer- und beitragspflichtig.[38] Die Arbeitnehmersparzulage (§ 13 Abs. 3 im 5. VermBG) ist dagegen steuer- und beitragsfrei. Bei einer Erhöhung des Förderrahmens für Tariffond-

---

35 Vgl. Hengsbach, F.; Höhnen, W. (1992), S. 41.

36 Vgl. Ehrenberg, H. (1992), S. 194.

37 Vgl. Rürup, B. (1992), S. 20.

38 Vgl. zur Sozialversicherungspflicht Reiß, W. (1992), S. 270.

santeile auf 2.000 DM würden die Unternehmen auch mit höheren Beiträgen zur Sozialversicherung konfrontiert, und auch der Staat hätte höhere Ausgaben für die Arbeitnehmersparzulage, wenn unterstellt wird, daß 10 % Arbeitnehmersparzulage gewährt werden. Der Spielraum für eine investive Beteiligung in Verbindung mit der Förderwirksamkeit des Vermögensbildungsgesetzes wird damit jedoch deutlich erhöht.

Ein weiterer Vorteil dieser Regelung liegt in der Abmilderung der Risikoaversion und des Sicherheitsziels in der Anlagepolitik der privaten Haushalte. Eventuelle Werteverluste der Beteiligungstitel können bis zur Höhe des Prämienvorteils kompensiert werden. Erst darüber hinausgehende Werteverluste stellen für den Anleger ein absolutes Verlustrisiko dar. Der Arbeitnehmer erhält in diesem Fall eine sichere Prämie im Gegenzug zur Risikoübernahme.

Konsequenterweise wäre aber neben der vorgeschlagenen anlagespezifischen Differenzierung der Förderhöchstsätze auch eine Differenzierung nach branchenspezifischen Risiken denkbar. Auf diese Weise würde zwischen den Risiken der Aktien eines Maschinenbau-, Chemie- oder Automobilunternehmens unterschieden. Eine Unterscheidung nach objektiven Kriterien scheint hierfür aber diffizil. Auch wird durch die überbetriebliche Konstruktion gerade die Risikomilderung erreicht.[39] Ebenso würde eine einseitige Bevorzugung der Tariffondsanteile gegenüber betrieblichen Beteiligungen nicht allen Branchenstrukturen gerecht, wie die branchenspezifische Analyse in Kap. 12 noch zeigen wird.

Ferner wird im Modell der IG Bau-Steine-Erden in Anlehnung an die Einkommensentwicklung eine Dynamisierung der Förderhöchstbeträge gefordert.[40] Die konstanten Sparhöchstgrenzen blieben in der Vergangenheit hinter dem Preisindex für Lebenshaltung und insbesondere hinter der Preissteigerung für Bauleistungen und Grundstücke zurück. Um den Realwert der Förderung konstant zu halten, wäre denkbar, den Förderrahmen idealerweise in zeitlichen Abständen in Abhängigkeit von den Preisindizes anzupassen.

---

39 Anm.: Eine risikoorientierte Fördersatzdifferenzierung nach dem Kriterium der Rechtsform wurde auch von Schöner, M. (1989), S. 326 ff., vorgeschlagen. Anlagentitel mit originärem Eigenkapitalcharakter (Aktien, GmbH-Anteile etc.) werden mit einem einheitlichen Spitzentarif gefördert. Kapitalmischformen (Genußscheine, stille Beteiligungen) erhalten einen mittleren Tarif, und alle weiteren Anlageformen werden nach einem dritten (untersten) Tarif gefördert.

40 Vgl. hierzu auch Gress, K. (1983), S. 268 ff. u. 282 mit ähnlichen Forderungen.

Verteilungspolitisch ineffizient wirken Transfers, die an keine Einkommensgrenzen gebunden sind. Angesichts der Zielsetzung, mit vermögenspolitischen Maßnahmen die Zielgruppe der untersten Einkommens- und Vermögensschichten erreichen zu wollen, sind Einkommensgrenzen effizienzsteigernd. Trotzdem sind die Einkommensgrenzen des 5. VermBG willkürlich. Antragsteller, die unterhalb und oberhalb dieser Grenzen liegen, werden gegebenenfalls trotz gleicher wirtschaftlicher Verhältnisse unterschiedlich behandelt. Gress fordert die Berücksichtigung von Familienstand, Kinderzahl und Alter.[41] Optionen für eine Änderung der staatlichen Maßnahmen gäbe sehr viele, es soll an dieser Stelle der Prämisse dieser Untersuchung gefolgt werden, daß sich Leistungen des Staates im herrschenden Rechtsrahmen bewegen sollen. Die vorgeschlagene Bevorzugung der Tariffonds wären dennoch eine praktikable Option zum weiteren Ausbau und zur Attraktivitätssteigerung derselben.

8.2 Mittelaufbringung durch die investive Erfolgsbeteiligung

In dem Modell der IG Bau-Steine-Erden wurde für die Mittelaufbringung die investive Erfolgsbeteiligung vorgeschlagen mit der Nettowertschöpfung als Bemessungsgrundlage. Mögliche Adaptionen an andere Branchenstrukturen sind nicht auszuschließen. Daher soll der Begriff der Erfolgsbeteiligung weiter spezifiziert werden. Die Erfolgsbeteiligung läßt sich in drei Hauptformen mit den nachfolgenden Ausprägungen unterteilen.[42] Erfolgsbeteiligung durch:

- Leistungsbeteiligung, als:
    - Produktionsbeteiligung
    - Produktivitätsbeteiligung
    - Kostenersparnisbeteiligung
- Ertragsbeteiligung, als:
    - Umsatzbeteiligung
    - Nettoertragsbeteiligung
    - Wertschöpfungsbeteiligung
- Gewinnbeteiligung, als:
    - Bilanzgewinnbeteiligung
    - Ausschüttungsbeteiligung

---

41 Vgl. Gress, K. (1983), S. 67

42 Vgl. Juntermanns, H.J. (1991), Mitarbeiterbeteiligung, S. 29 ff.

8.2.1 Mittelaufbringung durch Leistungsbeteiligung

Erfolgsbeteiligungen, die an Leistungsgrößen anknüpfen, versuchen einen möglichst engen Zusammenhang zwischen der Leistung der gesamten Belegschaft, einzelner Abteilungen oder Gruppen bis hin zum einzelnen Mitarbeiter herzustellen. Als Maßstab kommen beispielsweise Produktion, Produktivität oder Kostenersparnis in Betracht. Die Leistungsbeteiligung ist keinesfalls als Alternative zu einem Leistungslohn in Form von Akkord- und Prämienentlohnung zu sehen, da nicht die Leistung des einzelnen, sondern die Betriebsleistung als Ganzes prämiert wird. Dennoch sollen in der Regel ebenfalls zusätzliche Leistungsreserven mobilisiert werden.[43]

Als Ziel der aufgeführten Produktionsbeteiligung wird die Steigerung der physischen Produktion angegeben, wenn die Produktion eine Normalleistung oder eine vergangenheitsbezogene Vergleichsleistung überschreitet. Bei der Kostenersparnisbeteiligung soll das Kostenbewußtsein der Mitarbeiter angesprochen werden. Die Produktivitätsbeteiligung zielt schließlich auf die Verbesserung des Verhältnisses Kosteneinsatz zu Produktionsmenge ab.[44] Bei derartigen Leistungsgrößen ist die Ausgangsbasis für den Leistungsanteil stets die Differenz zwischen einer tatsächlich erbrachten Leistung und einer definierten Normalleistung.

Die Kenngrößen erscheinen rechnerisch zwar relativ einfach erfaßbar und verständlich, dem stehen aber erhebliche Nachteile gegenüber: Es wird nicht berücksichtigt, daß Produktions- oder Produktivitätssteigerungen auch auf andere Faktoren als größeren Arbeitseinsatz zurückzuführen sind. In diesen Größen werden außerdem überwiegend technische Vorgänge konzentriert und Markt- bzw. Preiseinflüsse vernachlässigt. Über die tatsächliche Gewinnsituation wird relativ wenig ausgesagt. Heuberger bezeichnet es als Charakteristikum für Leistungsbeteiligungsarten, "daß sie keinen Bezug zur Leistungsverwertung am Markt haben".[45] Die Leistungsbeteiligung ist relativ unabhängig von Markt- und Preiseinflüssen, die auch sehr kurzfristigen Schwankungen unterliegen können. Es ist also nicht auszuschließen, daß auch "Erfolgsanteile" fällig werden, wenn das Unternehmen Verluste macht.

---

43 Vgl. Schneider, H.J.; Zander, E. (1985), S. 49 ff.; Juntermanns, H.J. (1991), S. 29 ff.

44 Vgl. Heuberger, W. (1979), S. 151 f.; Esser, K.; Falthauser (1974), S. 25 f.

45 Heuberger, W. (1979), S. 153.

Problematisch für eine branchenbezogene Lösung wäre die Ermittlung und Definition einer Normalleistung bzw. wie auch immer gearteter Kenngrößen bei einer Kostenersparnis- oder Produktivitätsbeteiligung, da notwendigerweise Verrechnungspreise und bestimmte Normgrößen definiert werden müßten. Die objektive Vergleichbarkeit mit anderen Unternehmen ist fraglich. Daher erscheint die Leistungsbeteiligung geeignet für eine betriebliche Lösung mit einer spezifisch abgegrenzten Mitarbeitergruppe bzw. -anzahl.

Die Leistungsbeteiligung ist auch für Sektoren geeignet, die keinen Gewinn erwirtschaften. Ertrags- oder Gewinngrößen als Bemessungsgrundlage erweisen sich dann als ungeeignet, wenn die Unternehmen nicht erwerbswirtschaftlich orientiert sind. Zu einer umfassenden Breitenwirkung der Vermögensbeteiligung könnte nämlich auch die Einbeziehung öffentlicher Unternehmen beitragen. Für Zwecke der überbetrieblichen Beteiligung scheint die Leistungsbeteiligung aufgrund ihres diffizilen und aufwendigen Charakters wenig praktikabel.

8.2.2 Mittelaufbringung durch Ertragsbeteiligung

Im Gegensatz zur Leistungsbeteiligung werden bei der Ertragsbeteiligung neben der Leistung in mehr oder weniger ausgeprägter Form auch Markteinflüsse berücksichtigt. Es wird unter anderem an Erfolgsgrößen wie Umsatz, Rohertrag und Wertschöpfung angeknüpft. Als Bemessungsgrundlage kommen hier Erträge im Sinne von Erlösen ebenso in Betracht wie saldierte Erträge.[46] Ein unmittelbarer Bezug zu der Leistung der einzelnen Mitarbeiter ist jedoch häufig nicht mehr feststellbar,[47] so daß die Problematik die anschließende Verteilung der ermittelten Gewinngröße auf die Produktionsfaktoren Arbeit und Kapital bzw. auf die Mitarbeiter ist.

ad Umsatz- und Nettoertragsbeteiligung

Eine sehr einfache Form der Ertragsbeteiligung ist die Umsatzbeteiligung. Sie ist vor allem ein Ansatzpunkt für Mitarbeiter im Verkaufsbereich. Von Vorteil ist die einfache Handhabung und Berechnung dieser Größe.

---

[46] Vgl. Heuberger, W. (1979), S. 154.

[47] Vgl. Juntermanns, H.J. (1991), S. 4.

Jedoch stehen dieser Bemessungsgrundlage ebenfalls gewichtige Nachteile gegenüber: Aus dem Umsatz kann nicht ohne weiteres ein bestimmtes Leistungsniveau oder eine Mehrleistung der Mitarbeiter gefolgert werden, da eine Reihe von Faktoren außerhalb des Einflußbereichs eines Großteils der Mitarbeiter liegen kann, wie etwa Preise und Mengen. Möglicherweise wird außerdem durch Umsatzdenken einerseits der Kostenentwicklung zuwenig Beachtung geschenkt und andererseits eine nichtoptimale Umsatzstruktur begünstigt, wenn Produkte mit hohen Verkaufspreisen, aber niedrigen Deckungsbeiträgen besonders gefördert werden.[48]

Bei einer saldierten Größe wie der Nettoertragsbeteiligung kann zusätzlich versucht werden, den Bruttoertrag um den Aufwand für Fremdleistungen, Steuern, aber auch kalkulatorische Kosten, wie z. B. Eigenkapitalverzinsung, Risikoprämien und Unternehmerlohn, zu reduzieren.[49]

Diese beiden nur kurz angerissenen Bemessungsgrundlagen der Ertragsbeteiligung sind sehr stark geprägt von unternehmensspezifischen Gegebenheiten. Sie sind eher für bestimmte Mitarbeitergruppen geeignet, wie z. B. den Außendienst. Der Nettoertrag berücksichtigt zwar einige Einflußgrößen, ist aber nicht unbedingt identisch mit den Ansätzen der Gewinn- und Verlustrechnung. Damit wird die Objektivität und Vergleichbarkeit zu anderen Unternehmen erheblich erschwert, da der Ermessensspielraum für die Aufwandsgrößen auf Branchenebene einheitlich definiert werden müßte. Heuberger sieht bei diesen Größen die Beeinflußbarkeit der zugrundegelegten Erfolgsgröße durch die Mitarbeiter im Vordergrund.[50] Insofern sind Umsatz- und Nettoertragsbeteiligung ebenfalls für betriebliche Belange besser geeignet.

ad Wertschöpfungsbeteiligung

Für die überbetriebliche Beteiligung wird eine Bemessungsgrundlage benötigt, die idealerweise für den überwiegenden Teil der Unternehmen einer Branche praktikabel anwendbar ist und die Unternehmen entsprechend ihrer Leistungsfähigkeit erfaßt.

---

48 Vgl. Heuberger, W. (1979), S. 155; Esser, K.; Falthauser, K. (1974), S. 26.

49 Vgl. Schneider, H.J.; Zander, E. (1985), S. 60 ff.

50 Vgl. Heuberger, W. (1979), S. 158.

Eine geeignete Bemessungsgrundlage ist die Nettowertschöpfung. Für ihre Ermittlung ist eine enge Anlehnung an das Schema der Veranlagung zur Umsatzsteuer möglich, was die Vergleichbarkeit zwischen den Unternehmen ermöglicht.

Volkswirtschaftlich ergibt sich die Nettowertschöpfung aus dem Einsatz aller Produktionsfaktoren und entspricht auf der Verwendungsseite dem Volkseinkommen als zentraler Größe der Volkswirtschaftlichen Gesamtrechnung und Ausgangsgröße für die Einkommensverteilung und -umverteilung. Auf der Verteilungsseite entspricht sie der Summe von Bruttoeinkommen aus unselbständiger Arbeit zuzüglich dem Bruttoeinkommen aus Unternehmertätigkeit und Vermögen.

Die der Untersuchung zugrundeliegende Definition der Nettowertschöpfung ist, "die Betriebe nach Maßgabe ihrer ökonomischen Potenz - und zwar unabhängig von deren Quellen" zu erfassen.[51] Die Nettowertschöpfung ist grundsätzlich der Mehrwertsteuer sehr ähnlich, nur breiter angelegt, da letztere als "Umsatzsteuer vom Konsumtyp" die Investitionen ausgrenzt.[52] Die Nettowertschöpfung kann durch die "additive" und "subtraktive" Methode bestimmt werden.

Im allgemeinen ließe sich die Nettowertschöpfung auch mit der "additiven" Methode ermitteln, bei der sämtliche entstehende Einkünfte wie Löhne, Gehälter, Zinsen, Mieten, Pachten und Gewinne zusammengefaßt werden. Aufgrund des Steuergeheimnisses der Einkünfte bei Personengesellschaften ist die Erhebung der Nettowertschöpfung auf diese Art und Weise mit großen Schwierigkeiten verbunden, wenn nicht gar unmöglich.

Der Vorzug wird daher der "subtraktiven" Methode gegeben, die, von den Umsätzen ausgehend, die Lagerbestandsveränderungen und Vorleistungen abzieht und auch selbsterstellte Anlagen berücksichtigt. Gegenüber der Bruttowertschöpfung werden auch Abschreibungen berücksichtigt.

In Anlehnung an den Wissenschaftlichen Beirat beim Bundesministerium für Finanzen hat Ehrenberg folgende Definition für die Nettowertschöpfung festgelegt: "Die produktive Leistung eines Unternehmens kommt nicht in seinem

51 Vgl. Rürup, B. unter Mitarbeit von Hujer, R. (1986) S. 18.

52 Vgl. Gabler Wirtschaftslexikon (1988[12]), unter "Wertschöpfungssteuer".

Umsatz zum Ausdruck. Vielmehr müssen vom Umsatz diejenigen Größen abgezogen werden, die von anderen Unternehmen bezogen werden. Die so gewonnene Größe - Umsatz minus Vorleistungen anderer Unternehmen - gibt bereits näherungsweise den produktiven Beitrag eines Unternehmens an. Werden außerdem die Lagerbestandsveränderungen, der Kapitalverschleiß und die selbsterstellten Anlagen berücksichtigt, erhält man den Wert, den ein Unternehmen netto zur Produktion beigetragen hat, nämlich seine Wertschöpfung".[53] Die Nettowertschöpfung ist tabellarisch wie folgend definiert:

Nettoumsatzerlöse, inklusive Verbrauchssteuern
+/- periodische Erhöhung oder Verminderung des Bestandes an fertigen und unfertigen Erzeugnissen
+ andere aktivierte Eigenleistungen
+ sonstige "umsatzähnliche" Erträge
= Bruttoproduktionswert
- Verbrauchsvorleistungen (periodische Materialaufwendungen, Aufwendungen für bezogene Leistungen, sonstige vorleistungsbedingte (betriebliche) Aufwendungen, inkl. Miet- , Leasingaufwendungen, ohne Leiharbeitsentgelte)
= Bruttowertschöpfung zu Marktpreisen
- Nutzungsvorleistungen (periodisch (planmäßige) Abschreibungen auf immaterielle Vermögensgegenstände und Sachanlagen)
= Nettowertschöpfung zu Marktpreisen
- indirekte Steuern ("Produktionssteuern" und Einfuhrabgaben)
+ Subventionen (Zuschüsse)
= Nettowertschöpfung zu Faktorkosten

Tabelle 8.1 - Definition der Nettowertschöpfung
Quelle: Ehrenberg, H. (1992), S. 203.

53 Ehrenberg, H. (1992), S. 201.

8.2.3 Mittelaufbringung durch Gewinnbeteiligung

Die am häufigsten genannte Größe der Erfolgsbeteiligung ist die Gewinnbeteiligung. Die Gewinnbeteiligung wird definiert als Teilhabe der Mitarbeiter am Gewinn oder an Teilgrößen des Gewinns am arbeitgebenden Unternehmen.[54] Vorteil ist, daß grundsätzlich nur dann Erfolgsanteile ausbezahlt werden, wenn tatsächlich ein Jahresüberschuß erwirtschaftet wurde. Leistungs- und Markterfolg schlagen sich in dieser Größe gleichermaßen nieder.[55] Diese Bemessungsgrundlage wird neben dem Leistungsbeitrag der Mitarbeiter noch durch eine Reihe weiterer Bestimmungsfaktoren beeinflußt. Äußere Faktoren wie Konjunktur und Wechselkurse spielen ebenso eine Rolle wie die Situation auf den Beschaffungs- und Absatzmärkten. Auch bilanzpolitische Motive beeinflussen den Gewinnausweis der Unternehmen. Diese Betrachtungen können aber hier nur am Rande gestreift werden.

Als Ausgangsbasis dient üblicherweise der Steuer- oder der Handelsbilanzgewinn, die jedoch aufgrund betriebswirtschaftlicher Überlegungen um zusätzliche Korrekturfaktoren bereinigt werden können (z. B. Risikoprämie, Unternehmerlohn, Eigenkapitalverzinsung). Bei der Frage, ob die Handels- oder Steuerbilanz als Ausgangspunkt, als Bemessungsgrundlage für den Vermögensbildungsbeitrag gewählt werden soll, wird nach einer Umfrage die Steuerbilanz befürwortet, da einer subjektiven Bewertung engere Grenzen gesetzt sind und da sich durch die Einschaltung des Finanzamtes Kontrollmechanismen zum Anlegerschutz möglicherweise erübrigen.[56] Moxter befürwortet auf der anderen Seite den Handelsbilanzgewinn, da in der Steuerbilanz die Risikovorsorge nur unzureichend gewährleistet wird.[57]

Die einfachste Methode der Gewinnbeteiligung ist die bei Aktiengesellschaften vorkommende Ausschüttungsgewinnbeteiligung. Sie richtet sich an der Verzinsung des Kapitals aus, die der Unternehmer bzw. Gesellschafter als Entschädigung für den Kapitaleinsatz entnehmen will. Der auf die Mitarbeiter entfallende Anteil orientiert sich dann an den ausgeschütteten Dividenden.

---

54 Vgl. Juntermanns, H.J. (1991), S. 45.

55 Vgl. Schneider, H.-J.; Zander, E. (1985), S. 67 ff.

56 Vgl. Klein, H.-W.; Braun, A. (1986), S. 675 f. mit dem Hinweis, daß als Berechnungsbasis der Beteiligung 84 % der Unternehmen den Steuerbilanzgewinn, 14 % den Handelsbilanzgewinn und 2 % den betriebswirtschaftlichen Gewinn, die Unternehmensrendite oder das Bruttoergebnis laut Gewinn- und Verlustrechnung verwenden.

57 Vgl. Moxter, A. (1985), S. 141.

Dabei werden zwei Formen unterschieden: Bei einer Dividendensatz-Beteiligung erhalten die Mitarbeiter soviel Prozent ihres Lohneinkommens als Beteiligung, wie die Gesellschaft an Dividende ausschüttet. Bei der Dividendensummen-Gewinnbeteiligung wird die Gesamtsumme der Dividenden entweder ganz oder teilweise an die Belegschaft als Erfolgsanteil ausgezahlt. Bei der letztgenannten Größe könnte ein Anreiz für die Gewinnbeteiligten bestehen, die Mitarbeiteranzahl möglichst gering zu halten.[58]

8.2.4 Gewinn versus Nettowertschöpfung

Beim Vergleich des Gewinns oder der Nettowertschöpfung als Bemessungsgrundlage kristallisieren sich zwei Unterscheidungsmerkmale heraus:

- erhebungstechnische Vorteile der Nettowertschöpfung
- schematische Erfassung der Nettowertschöpfung

ad erhebungstechnische Vorteile der Nettowertschöpfung

Bei der Konstruktion des IG Bau-Steine-Erden-Modells war einer der zentralen Entscheidungen das Finden einer Bemessungsgrundlage, die einfach und sicher zu ermitteln ist und gleichzeitig Gegenstand einer eigenen, spezifischen lohnunabhängigen Verteilungsrunde ist.[59] Theoretisch ist die Beteiligung der Arbeitnehmer an den Gewinnen der Betriebe die ideale Form einer erfolgsorientierten Beteiligung, da "Grenzbetriebe" bzw. mit Verlust abschließende Unternehmen von einer Vermögensbildungsabgabe nicht betroffen sind. Jedoch stehen dem Gewinn als Bemessungsgrundlage erhebungstechnische Probleme gegenüber, da nur publizitätspflichtige Kapitalgesellschaften zur Veröffentlichung des Gewinns verpflichtet sind.

Problematisch sind Branchen, die überwiegend von Klein- und mittelständischen Betrieben und demnach nichtpublizitätspflichtigen Unternehmen dominiert werden. Die Durchsetzbarkeit des Modells mit dem Gewinn als Bemessungsgrundlage dürfte dann ausgeschlossen sein. Einer der Hauptgründe für

---

58 Vgl. Heuberger, W. (1979), S. 159 ff.; Esser, K.; Falthauser, K. (1974), S. 30.

59 Vgl. Köbele, B.; Rürup, B. (1993), S. 15 f.; wobei die Autoren einräumen, daß der Gewinn in Branchen, in denen GmbHs und AGs die dominierende Unternehmensform sind, eine durchaus geeignete Bemessungsgrundlage sind.

die Wahl der Nettowertschöpfung als Bemessungsgrundlage war auch die Praktikabilität. Da alle Betriebe der Mehrwertsteuer unterliegen und die zur Ermittlung notwendigen Informationen in Analogie zur Umsatzsteuererklärung ermittelt werden könnten, stellt die Nettowertschöpfung insofern einen einfachen Indikator der betrieblichen Leistungsfähigkeit dar.

Aber auch die verschiedenartigen Bemessungsgrundlagen des Gewinns sind kritisch, da differierende Ansätze aus dem Handels- und Steuerrecht zu unterschiedlichen Ergebnissen führen können. Die Beeinflussung dieser Bemessungsgrundlage läßt sich durch den vereinbarten Beteiligungssatz zusätzlich korrigieren. Ehrenberg befürchtet einen Vertrauensverlust bei einer Bemessungsgrundlage mit sehr unterschiedlichen Größen, die durch unternehmerische Entscheidungen und Bewertungsgrundsätze veränderbar ist.[60] Auch Krauter bezeichnet den Einsatz von Korrekturfaktoren als wenig einleuchtend, nach seiner Ansicht wird der relativ objektive Maßstab "Steuerbilanzgewinn" durch subjektive Größen korrigiert. Dies könnte zu Akzeptanzproblemen innerhalb der Arbeitnehmer führen.[61]

Ein weiteres Problem bei der Gewinnbeteiligung ergibt sich für die Gewinnermittlung der stillen Gesellschaft. Diese ist zwar am Gewinn, nicht jedoch an Vermögenswertsteigerungen beteiligt (§ 337 HGB). Moxter bemängelt hier, daß die Abgrenzung von Gewinn- und Vermögenswertsteigerung unklar sei, zumal der Gewinn in der Bilanz im Rechtssinne als Vermögenszuwachs verstanden wird. Da weder Schrifttum noch Judikatur Lösungshinweise geben, fordert er eine Präzisierung des § 337 HGB.[62]

Die Grundprobleme des Gewinns als Bemessungsgrundlage sind damit zum einen erhebungstechnische Probleme, wenn lediglich die publizitätspflichtigen Kapital- und Personengesellschaften zur Offenlegung ihres Gewinns verpflichtet sind. Die Bemessungsgrundlage Gewinn wird immer unzugänglicher, je höher der Anteil kleinerer Betriebe in einer Branche ist. Eine einheitliche Berechnungsweise für einen ganzen Sektor/Branche auf der Basis des Gewinns ist damit erschwert. Diese Überlegungen verdeutlichen, daß der Gewinn damit als Grundlage für betriebliche Beteiligungen vor allem für publizitätspflichtige Kapitalgesellschaften geeignet ist.

---

60 Vgl. Ehrenberg, H. (1992), S. 198.

61 Vgl. Krauter, H.-J. (1985), S. 25.

62 Vgl. Moxter, A. (1985), S. 133.

ad schematische Erfassung der Nettowertschöpfung

Als grundsätzliches Problem der Nettowertschöpfung könnte sich herausstellen, daß ihre Berechnung ebenfalls auf der schematischen Erfassung bestimmter im Aktiengesetz normierter Posten der Gewinn- und Verlustrechnung beruht. Aber damit ist die Nettowertschöpfung auch nicht frei von außerordentlichen Einflüssen, die das Unternehmensgeschehen untypisch beeinflußt haben.

Da die Nettowertschöpfung außerdem nicht auf den Reingewinn, sondern auf einen breiter angelegten Rohertrag abstellt, schwankt sie je nach Fertigungstiefe gegebenenfalls im Konjunkturverlauf weniger als der Gewinn. Eine relativ invariate Belastung der Unternehmen auch in ertragsschwachen Zeiten wäre in diesem Fall nicht ganz auszuschließen.

Mit zunehmendem Outsourcing anstelle der Eigenfertigung wird die Fertigungstiefe und damit auch die Wertschöpfung reduziert oder wenn Handelsware in das Sortiment eines Unternehmens mit aufgenommen wird.[63] Umgekehrt steigt der Wertschöpfungsanteil bei Know-how-intensiver Fertigung und großer Fertigungstiefe.

Obwohl die Nettowertschöpfung zwar abschreibungsintensive Modernisierungen berücksichtigt, werden auch beschäftigungswirksame Erweiterungsinvestitionen mit einem Vermögensbildungsbeitrag belastet. Zu berücksichtigen ist jedoch, daß in dem vorgeschlagenen Modell die zu leistenden Vermögensbildungsbeiträge nicht nur in Barmitteln, sondern auch in Form von Aktien und stillen Beteiligungen geleistet werden können, mit der Folge, daß es weder zum Abfluß liquider Mittel noch unmittelbaren Kostensteigerungen kommen muß.

Die Nettowertschöpfung ist nach Abwägung der Unterschiede zum Gewinn besonders geeignet für mittelständisch orientierte Branchen mit einem großen Anteil nichtpublizitätspflichtiger Unternehmen und im Hinblick auf die Invarianz geeignet für lohn- und arbeitsintensive Branchen mit hohem Wertschöpfungsanteil.

63 Vgl. Heuberger, W. (1979), S. 156.

9. Bemessungsgrundlage des Vermögensbildungsbeitrags

9.1 Umverteilbare Gewinnanteile für die Vermögenspolitik

Die Grenze der Vermögenspolitik liegt theoretisch dort, wo die Investitionsneigung zurückgeht und die (Voll)-Beschäftigung gefährdet wird. Föhl und Krelle sehen die Grenze dort, wo Kapitalflucht eintritt.[1] Dennoch müssen die Unternehmenserträge Gewinnanteile enthalten, die über die "normale" Kapitalrendite und den Unternehmerlohn hinausgehen. Bislang mangelt es an empirischen Analysen über das Verhältnis zwischen einer materiellen Mitarbeiterbeteiligung und dem Investitionsverhalten der Kapitalgeber.[2] Insofern ist man auf Plausibilitätsannahmen angewiesen.

Die Vermögenspolitik zu Lasten der Gewinneinkommen erzielt nur die gewünschte Umverteilungswirkung, wenn die Unternehmensgewinne funktionslose Teile enthalten, auf die die Umverteilungshoffnungen gründen. Wird die Gewinnquote der Unternehmen nicht von der Verteilungs-, sondern von der Entstehungsseite zu betrachtet, können folgende Gewinnkategorien unterschieden werden, die durch die Vermögenspolitik abgeschöpft werden sollen:[3]

- Kostendifferenzgewinne bzw. Differentialgewinne,
  denen formal auch Marktmachtgewinne zuzurechnen sind
- Monopolgewinne
- dynamische Marktlagengewinne

Kostendifferenzgewinne oder Differentialgewinne resultieren aus unterschiedlichen Erfolgen bei der Anpassung der Unternehmen an die Marktlage, d. h., wenn es gelingt, kostengünstiger, zu produzieren als Konkurrenten. Monopolgewinne erzielt der Monopolist aufgrund seiner überragenden Marktposition als Alleinanbieter eines Gutes.[4]

---

1 Vgl. Föhl, C. (1964), S. 152.

2 Anm.: Eine umfassende Erhebung wurde in den Jahren 1977, 1983 und 1987 durchgeführt in Guski, H.-G.; Schneider, H.-J. (1977, 1983), Betriebliche Vermögensbildung in der Bundesrepublik Deutschland Teil I, Köln und dies. (Hrsg.), (1996), Mitarbeiter-Beteiligung (MAB) - Handbuch für die Praxis, Neuwied (mit Ergänzungslieferungen).

3 Vgl. Schillert, U. (1976), S. 182.

4 Anm.: Die Gewinn- und Kapitalbeteiligung im Rahmen der Monopolgradtheorie nach Preiser findet sich einschließlich einer kritischen Würdigung ausführlich bei Krauter, H.-J. (1985), S. 135 ff.

Die Unternehmen erzielen dynamische Marktlagengewinne, die aufgrund einer vorauseilenden Gewinnquote bzw. Nachfrage vor der Lohnquote oder den Kosten im Wachstumsprozeß bei Inflation entstehen. Da sie nicht planbar sind, können sie auch nicht in die Investitionsrechnung der Unternehmen eingehen.

Im Vordergrund der Überlegungen zu einer investiven Erfolgsbeteiligung stehen insbesondere die Kostendifferenz- bzw. Differentialgewinne. Die Investivlohnmodelle stützen sich dagegen verstärkt auf die Marktlagengewinne, wie nachfolgend gezeigt wird.

9.1.1 Das Differentialgewinntheorem als Grundlage einer erfolgsabhängigen Bemessungsgrundlage

Den grundlegenden theoretischen Ansatz zur Erweiterung der makroökonomischen Gleichgewichtsbetrachtung durch mikroökonomische Faktoren liefert das von Rüstow und später von Föhl erweiterte Differentialgewinntheorem, das von einer Analyse des Keynesschen Gleichgewichts ausgeht und eine Gewinnspanne beschreibt, die zusätzlich zum Normalgewinn anfällt, der die notwendige Faktorvergütung und den Beschäftigungsstand garantiert.[5] Es wird dabei von der Vorstellung ausgegangen, daß auf einem Markt für das gleiche Gut zum gleichen Preis mehrere Produzenten mit unterschiedlichen Stückkosten produzieren.[6] Die Anbieter mit geringeren Stückkosten erzielen dann einen Differentialgewinn (Rüstow) bzw. Kostendifferenzgewinn (nach Föhl).[7]

---

5 Vgl. Föhl, C. (1970), S. 19 ff. und Föhl, C.; Hennies, M. (1966), S. 17 ff.

6 Vgl. Rüstow, H.-J. (1969), Die gesamtwirtschaftliche Bedeutung des Unternehmergewinns. Eine Differentialgewinntheorie, in: Greiss, Franz u. a. (Hrsg.): Der Mensch im sozio-ökonomischen Prozeß. Festschrift für Wilfried Schreiber zum 65. Geburtstag, Berlin 1969, S. 165 ff.; Barone, Enrico: Grundzüge der theoretischen Nationalökonomie. Mit einer Einführung von Josef Schumpeter, Berlin und Bonn 1935, S. 20 f. (nicht im Literaturverzeichnis enthalten). Entnommen aus Schillert, U. (1976), S. 190, der betont, daß zugleich die neoklassische Vorstellung modifiziert wird, daß im Gleichgewicht die Unternehmen lediglich ihre Stückkosten (einschließlich Unternehmerlohn und Eigenkapital) verzinst bekommen, darüber hinaus aber keine Unternehmergewinne erzielt werden, da technischer Fortschritt nahezu zeitgleich von allen Unternehmen übernommen wird und Kostendifferenzgewinne durch Imitation wieder aufgezehrt werden.

7 Theoretisch müßten sowohl kurzfristige als langfristige Aspekte berücksichtigt werden. Schillert, U. (1976) schreibt (S. 190), daß langfristig neben den laufenden Lohnkosten, Aufwendungen für Vorleistungen und Fremdzinsen auch eine kalkulatorische Verzinsung des eingesetzten Kapitals und eine angemessene Vergütung für die Arbeitsleistung der Eigner gedeckt werden muß. Kurzfristig kann auf die beiden letzten Kategorien verzichtet werden, sofern die Liquidität nicht gefährdet wird.

Auch wenn diese durch Anpassung und Imitation der Konkurrenten im zeitlichen Ablauf immer wieder aufgezehrt werden, führt die unterschiedliche Geschwindigkeit, mit der sich unterschiedliche Produzenten an veränderte Marktdaten und Produktionsverfahren in einer wachsenden Wirtschaft anpassen, zu immer neuen intramarginalen Kostendifferenzgewinnen. Kostendifferenzgewinne enthalten somit Gewinnanteile aus unternehmerischer Leistung, aber auch Gewinne aus Marktmachtstellung, die aus Marktzutrittsbarrieren für neue Anbieter und der Marktmacht der Anbieter resultieren. Aufgrund der Anpassung aller Produzenten an den technischen Fortschritt entstehen zeitlich begrenzte Leistungsmonopole.[8] Föhl nennt als strukturelle Bedingungen für das Entstehen von Kostendifferenzgewinnen:[9]

- Präferenzen der Verbraucher
- Knappheit der einzelnen Erzeugnisse
- Marktstellungen der Unternehmen
- Produktivitätsunterschiede

Die beiden letztgenannten Bedingungen sind im Rahmen der Untersuchung von besonderem Interesse. Die gezielte Belastung der Kostendifferenzgewinne gelingt, wenn die Sparneigung der Arbeitnehmer mindestens auf das Niveau der Unternehmenssparneigung angehoben wird. Investitionen als Funktion des Normalgewinns sind dann unabhängig von der Verteilung des Kostendifferenzgewinns. Präferenzen der Verbraucher und Knappheit der einzelnen Erzeugnisse sind im betrachteten Zusammenhang konstant.

Die graphische Ableitung der Annahmen Föhls zeigt das Kosten-Erlös-Diagramm, das ein Bindeglied zwischen mikro- und makroökonomischer Betrachtungsweise darstellt. Die Funktion ist insofern makroökonomisch, als sie Lage und Verlauf des Verhaltens eines ganzen Sektors, d. h. der Gesamtheit der Unternehmen bzw. der gesamten Branche, darstellt. Gleichzeitig stellt jede durch einen beliebigen Punkt der Abszisse gezogene Senkrechte mikroökonomisch die Verhältnisse der Produktionskosten und Erlöse je Arbeitsstunde einer bestimmten Unternehmung dar.[10]

---

8 Vgl. Schillert, U. (1976), S. 191.

9 Vgl. Föhl, C. (1964), S. 41.

10 Vgl. Föhl, C. (1964), Kreislaufanalytische Untersuchungen, S. 10 ff.; in der Kostenkurve wurden indirekte Steuern, Abschreibungen und Kosten der Fremdleistungen nicht berücksichtigt.

Die Beschäftigung befindet sich im Gleichgewicht, wenn die Erlöskurve die Kostenkurve im Punkt C schneidet, da dann Arbeitsnachfrage gleich dem Arbeitsangebot ist.

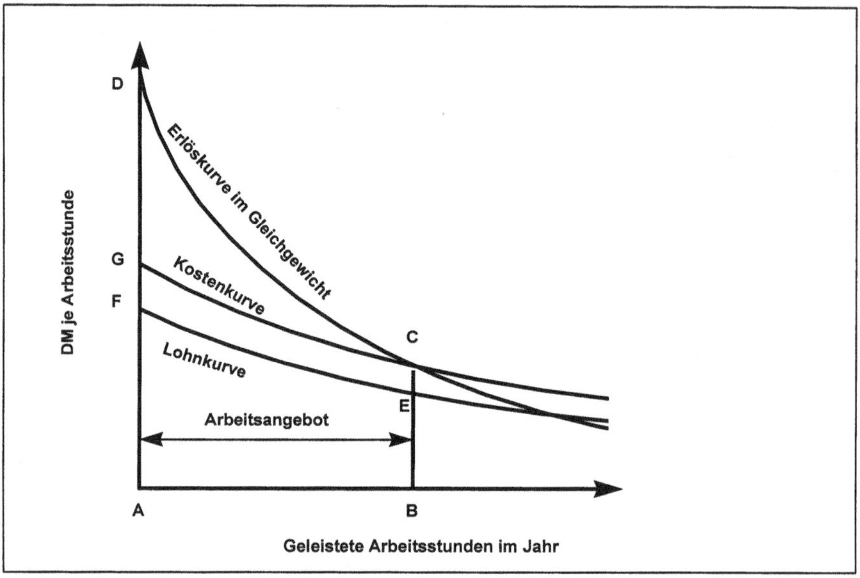

$$\text{"Erlöse"} = \frac{\text{Gesamterlös - Fremdkosten - Abschreibungen}}{\text{geleistete Arbeitsstunden}}$$

= Veredelungserlös/ Arbeitsstunde

$$\text{"Kosten"} = \frac{\text{Lohn- u. Gehaltssumme + Eigen- u. Fremdzinsen}}{\text{geleistete Arbeitsstunden}}$$

= Veredelungskosten je Arbeitsstunde

Volkseinkommen	= Fläche ABCD
Einkommen aus unselbständiger Arbeit	= Fläche ABEF
Zinseinkommen	= Fläche FECG
Gewinneinkommen	= Fläche GCD
Einkommen aus selbständiger Tätigkeit und Vermögen	= Fläche FECD
Lohnquote	= Fläche $\frac{\text{ABEF}}{\text{ABCD}}$

Abbildung 9.1 - Kosten-Erlös-Diagramm

Quelle: Föhl, C. (1964), S. 11.

Die Unternehmen werden nach der Höhe der Gewinne je geleisteter Lohnstunde geordnet und als fallende Kurve dargestellt. Die Neigung dieser Kurve wird als Gewinngefälle bezeichnet. Über der gleichen Abszisse werden die mittleren Stundenlöhne der einzelnen, nach der Gewinnhöhe geordneten Unternehmen aufgetragen. Die mittleren Stundenlöhne resultieren aus der Lohn- und Gehaltssumme, dividiert durch die Arbeitsstunden. Die fallende Kurve ergibt sich aus der Annahme, daß erfolgreiche Unternehmen höhere Löhne bezahlen. Bei gleichen Stundenlöhnen würde sich eine Horizontale ergeben. Werden zu den Lohnkosten noch Zinsen für Eigen- und Fremdkapital je Arbeitsstunde addiert, erhält man die nach rechts abfallende Kostenkurve.

Werden zu den Ordinatenwerten der Kostenkurve die um den Eigenzins verminderten Gewinne je Arbeitsstunde addiert, ergibt dies die Erlöskurve abzüglich der Abschreibungen und abzüglich der Kosten der Fremdleistungen. Diese Kurve verläuft steiler als die Kostenkurve und schneidet bei dem Abszissenwert, bei dem der erzielbare Gewinn gleich null ist (Grenzproduzent). Dieser Abszissenwert stellt die Gesamtnachfrage nach Arbeitsleistung dar, da links von dem Schnittpunkt mit Gewinn gearbeitet wird und rechts davon mit Verlust. Der Gewinnaufschlag ist der Differentialgewinn der erfolgreichen Unternehmen.[11] Das Diagramm verdeutlicht, daß das Gewinngefälle im Falle einer Erfolgsbeteiligung geringer wird. Es kann gefolgert werden, daß die Belastung der Kostendifferenzgewinne ohne wettbewerbs- bzw. wachstumspolitische Folgen nicht beliebig gesteigert werden kann. Auch müssen alle Verfahren versagen, die Grenzbetriebe mit einer Vermögensbildungsabgabe belasten.

9.1.2 Marktlagengewinne als Grundlage einer lohnbezogenen Bemessungsgrundlage

Während die erfolgsabhängigen Modelle einer Mitarbeiterbeteiligung hauptsächlich auf Monopol- und Differentialgewinne der Unternehmen abzielen, versuchen Vertreter lohnbezogener Verfahren alle Unternehmensgewinne zu beschneiden, die aus ungleichgewichtigen Kreislaufprozessen entstehen.

---

11 Vgl. Willgerodt, H. (1971), S. 214 u. 222. Auch der hier verwendete Gewinnbegriff ist aus dessen Sicht aus erhebungstechnischen Gründen nicht frei ist von Kostenelementen, so daß auch der Grenzanbieter auf Konkurrenzmärkten letztlich von einer Vermögensbildungsabgabe getroffen würde. An dieser Stelle wird angenommen, daß Grenzanbieter belastungsfrei bleiben. Anderenfalls wäre mit einem Ausscheiden aus dem Marktwettbewerb zu rechnen.

Das makroökonomische Gleichgewicht bei Keynes geht immer von einem Gleichgewicht zwischen Investition und Sparen aus. Kühlewind weist jedoch darauf hin, daß die Gleichheit zwischen Sparen und Investitionen nur ex post gilt, dagegen ex ante die Sparpläne der Haushalte und die Investitionspläne nur selten übereinstimmen.[12]

Zu Beginn des Prozesses besteht ein Gleichgewicht am Markt für Investitions- und Konsumgüter. In einem elastischen Kreditsystem, in dem die Investoren ihre Pläne durchsetzen können, führt eine vermehrte Investitionsgüternachfrage zu Preissteigerungen im Investitionsgüterbereich. Da die Investitionsgüterindustrie intensiviert wird, steigt aufgrund der Faktorwanderung von der Konsumgüterproduktion zum Investitionsgüterbereich das reale Konsumgüterangebot schwächer als die nominale Konsumgüternachfrage. Dies bewirkt auch Preissteigerungen für Konsumgüter. Die Preissteigerungen führen demnach zu höheren Gewinnen (Q-Gewinne, windfall gains), mit denen schließlich die Kredite für die Investitionen konsolidiert werden. Wenn die Investitionsquote auf den Anteil der ursprünglich geplanten Ersparnis zurückfällt, verschwinden auch die Marktlagengewinne, und das Preisniveau pendelt sich beim Anfangszustand ein.[13]

Nach dieser Annahme wären Marktlagengewinne nur einmalige Zufallsgewinne und für vermögenspolitische Initiativen ungeeignet. Dieser Prozeß kann sich jedoch in mehreren Perioden wiederholen, wenn die vorausgehende Kreditschöpfung im Anschluß durch Ersparnis aus den Gewinnen der Unternehmungen wieder konsolidiert wird, so daß der kreditfinanzierte Investitionsprozeß in den Folgeperioden gerade weiterlaufen und die Investitionsquote ihr einmal erreichtes Niveau halten kann.

Wenn die Investoren sich verschulden und in der gesamten Volkswirtschaft in einer Periode die geplanten Investitionen über die freiwillige Ersparnis hinausgehen und sich dieser Prozeß in den Folgeperioden wiederholt, könnte ein gleichgewichtiger Wachstumspfad erreicht werden, mit:

- $I - S_{geplant} = Q$ als "Überraschungsgewinne".

---

12 Vgl. Kühlewind, G. (1993), S. 171.

13 Vgl. Schillert, U. (1976), S. 183 ff.

Mit den Marktlagengewinnen konsolidieren die Unternehmen die primäre Kreditschöpfung, so daß dieser Prozeß in der Folgeperiode weiterläuft. In jeder Periode könnten folglich neue "Überraschungsgewinne" entstehen, sofern die Lohnbezieher die Preisniveauerhöhung akzeptieren. Die Marktlagengewinne können aber nur dann umverteilt werden, wenn sichergestellt ist, daß sie auch nach der Umverteilung weiterhin der Investitionsfinanzierung zugute kommen. Nach diesem Theorem hängt die Vermögensbildung von vier miteinander zusammenhängenden Quellen ab:[14]

- unternehmerische Leistung
- kreditfinanzierte Investitionen
- kreislaufmäßig determinierte Unternehmensgewinne
- permanente Wiederanlage von Vermögenserträgen und -werten

Allerdings muß nicht nur die Kreditwirtschaft elastisch reagieren. Insbesondere wenn die Geldpolitik sich an Preisniveaustabilität orientiert, werden Kreditrestriktionen dieses System begrenzen. Die Marktlagengewinne sind im Fall einer inflationären Investitionsfinanzierung nur dann abschöpfbar, wenn die erwartete Verzinsung der Kapitalgeber keinen vollständigen Inflationsausgleich bewirkt. Durch Einschränkung der Konsumgüternachfrage bei einem unelastischen Kreditsystem können die Unternehmen schließlich nur in der Höhe der freiwilligen Ersparnisse investieren.

Auch dürfen steigende Lohnkosten die Marktlagengewinne nicht kompensieren. Schätzen die Gewerkschaften die Gewinnentwicklung richtig ein, werden die Lohnforderungen so hoch sein, daß nur so viel Gewinn entsteht, daß der Beschäftigungsstand gesichert wird.

Schillert kommt zu dem Ergebnis, daß gerade im Konjunkturaufschwung die Investitionsquote weitgehend unabhängig von der Verteilungspolitik ist. Eine vermögenspolitische Verwendung der Marktlagengewinne zu Beginn einer Hochkonjunktur könnte nach seiner Ansicht insofern durchaus sinnvoll sein.[15] Gerade in den neuen Bundesländern wird auch in den kommenden Jahren neues Vermögen in Form von Anlagen, Maschinen und Gebäuden geschaffen werden, was eine steigende Investitionsquote erfordert.

---

14 Vgl. Lampert, H. (1993), S. 251.

15 Vgl. Schillert, U. (1976), S. 189.

Andererseits ist zu bezweifeln, daß im Wachstumsprozeß laufend Marktlagengewinne entstehen, die die Arbeitnehmer nicht in ihre Lohnforderungen einbeziehen. Marktlagengewinne als Inflationsgewinne erscheinen damit eher als Resultat mangelnder konjunkturpolitischer Disziplin.

Die Vermögenspolitik würde in letzterem Fall lediglich die Folgen der Inflation für die Einkommens- und Vermögensverteilung neutralisieren, was eher durch rigide Geldpolitik verhindert werden sollte.

9.2 Möglichkeiten zur Abwälzung der Vermögensbildungsbeiträge

Mit Hilfe der Kreislauftheorie wird beim Branchenmodell der IG Bau-Steine-Erden eine Argumentationskette aufgebaut, die den Vermögensaufbau durch "Sparen ohne Konsumverzicht" begründet.

Es ist jedoch zum einen fraglich, ob die Investitionsneigung bei sinkenden Unternehmergewinnen konstant bleibt. Zum anderen ist auch unsicher, ob höhere Preise nicht auch bei konstantem Konsum der Haushalte durchsetzbar sind. Die einfachste Möglichkeit wäre die Verrechnung der Vermögensbildungsabgabe in der nächsten Tarifrunde über Lohnerhöhungen.

Erfolgreiche Abwälzungsprozesse führen zur ursprünglichen Gewinnquote zurück. Die Kernfrage der einzelwirtschaftlichen Unternehmung lautet aus diesem Grund: Wie wirkt sich der Vermögensbildungsbeitrag auf Produktions-, Preis-, Beschäftigungs- und Investitionspolitik aus?

Die Reaktionen sind auch abhängig von der Größe der Unternehmen und der Marktform, in denen die Unternehmen operieren. Bei der Beantwortung dieser Frage ist zunächst unerheblich, ob die Arbeitnehmer direkt oder indirekt die Erfolgszuwendungen erhalten.[16] Im Vordergrund steht, ob die zugeteilten Mittel dem Unternehmen ganz oder teilweise wieder zur Verfügung stehen.

---

[16] Hinweis: mögliche Reaktionen im Sparverhalten der Haushalte werden daher erst im Kapital 11 behandelt.

Das Ziel der Vermögensumverteilung kann an folgenden Reaktionstypen scheitern:[17]

- Einhergehend mit höherer Ersparnis der Arbeitnehmer können die Unternehmen die Kosten der Abgabe auf höhere Preise überwälzen, oder die freiwilligen Ersparnisse der privaten Haushalte gehen entsprechend zurück, und es ändert sich nichts am Status quo ante (Überwälzung).

- Die Investitionsneigung der Unternehmen ist rückläufig. Damit werden entweder die Spielräume für künftige Barlohnerhöhungen eingeschränkt, oder die Produktivitätszuwächse werden in den nächsten Lohnrunden nicht voll weitergegeben, sondern verrechnet (Rückwälzung).

Die deflatorische Anpassung vermiedener Investitionen oder die inflatorische Anpassung über die Konsumgüterpreise kann vermieden werden, wenn die gesamtwirtschaftliche Konsum- und Sparquote gleich bleibt. Die Vermögensbildungsabgabe wird idealerweise von den empfangenden Haushalten in gleicher Weise für Ersparnis und Konsum verwendet wie bei den originären Gewinnempfängern. Allerdings könnte sich die Nachfragestruktur innerhalb der Konsumgüterindustrie verschieben, wenn der Durchschnitt der Haushalte nicht die gleichen Güter nachfragt wie die Selbständigenhaushalte. In den Überlegungen wird von einer gleichbleibenden Nachfragestruktur ausgegangen.[18]

Bleibt die gesamtwirtschaftliche Nachfrage nach Konsumgütern unverändert, ist eine Überwälzung in höhere Preise nur unter Absatzrückgängen wahrscheinlich. Der Rückgang der Absatzmenge könnte über Beschäftigungsrückgänge dann eine Anrechnung auf zukünftige Lohnerhöhungen ermöglichen.

---

17 Anm.: Ob mit einer "inflatorischen" Überwälzung oder einer "deflatorischen" Rückwälzung gerechnet werden muß, hängt unter anderem auch von der hier nicht betrachteten Elastizität der Lohnpolitik und der Konjunkturpolitik ab. Falls beschäftigungspolitische Überlegungen über die Preisstabilität dominieren, rechnet Schillert, U. (1976), S. 40 mit einer geldpolitischen Alimentierung der Überwälzung, unterstützt durch expansive Fiskalpolitik. Im Falle einer rigiden Geldpolitik werden die Gewerkschaften eher zu Lohnzugeständnissen gedrängt.

18 Vgl. Willgerodt, H. (1971), S. 201; und Schillert, U. (1976), S. 37. Nach Willgerodt können die Unternehmen Preiserhöhungen in folgenden Fällen durchsetzen:
- je unelastischer die Nachfrage reagiert (Preiselastizität der Nachfrage),
- je mehr die Arbeitnehmer aus ihrem zusätzlichen Einkommen zusätzliche Nachfrage nach Gütern der betroffenen Unternehmen entfalten (partielle Einkommenselastizität der Nachfrage).

9.2.1 Überwälzung in Abhängigkeit von der Marktform

Der Unternehmenssektor wird in der makroökonomischen Theorie als ein Aggregat aufgefaßt. Die Differenzierung nach einzelnen Marktformen ermöglicht jedoch eine Beurteilung, unter welchen Bedingungen mit einer Überwälzung gerechnet werden kann. Möglicherweise könnte sogar mit einer Verschiebung der Nachfragekurve in andere Marktformen gerechnet werden. Die Überwälzungschancen müssen damit je nach Marktform unterschiedlich bewertet werden. Folgende Märkte werden betrachtet:

- mögliche Reaktionen auf Konkurrenz- und Monopolmärkten
- mögliche Reaktionen auf oligopolistischen Märkten

Der Marktpreis soll durch die Stückkosten des Grenzanbieters bestimmt werden. Dieser erzielt im Gleichgewicht keinen Gewinn und zahlt folglich keine Abgabe. Dadurch ergeben sich für kostengünstigere Konkurrenten keine Spielräume für Preiserhöhungen. Der Beschäftigungsstand bliebe unberührt. Einzelne Unternehmen haben damit kaum Überwälzungsmöglichkeiten, vor allem, wenn das Gewinnmaximum bereits erreicht ist, außer es handelt sich um Unternehmen mit großer Marktmacht.

Allerdings bedarf diese Annahme einer etwas differenzierteren Betrachtung. Gerade auf Oligopolmärkten ist der Marktpreis häufig nicht eindeutig definiert, sondern wird durch den Grad der preispolitischen Zusammenarbeit zwischen den Konkurrenten bestimmt. Bei einem gleichzeitigen Abschluß zur Zahlung einer Vermögensbildungsabgabe könnte sich die Bereitschaft der Oligopolisten zur preispolitischen Zusammenarbeit als problematisch erweisen. Auch Monopolisten haben ihr Gewinnmaximum möglicherweise noch nicht ausgeschöpft und besitzen somit Spielräume zur Abwälzung.[19] Auch Branchen mit einer relativ starren Nachfrage haben eher die Möglichkeit der Überwälzung.[20] Die zuverlässigste Sperre gegen steigende Preis bleibt jedoch vermutlich der Wettbewerb.

---

19 Vgl. Schillert, U. (1976), S. 241.

20 Anm.: Flankierend könnte die Stabilitätspolitik gezwungen sein durch zusätzliche Nachfrage den Beschäftigungsrückgang aufzuhalten, was den Unternehmen wiederum Spielräume für zusätzliche Nachfrage schafft. Dieser Aspekt bleibt jedoch unberücksichtigt. Weiterhin führt Willgerodt, H. (1971), S. 202 an, daß für die Frage der Überwälzbarkeit, die alle Unternehmen trifft, es auf ein flexibles Geld- und Kreditsystem ankommt. Ohne monetäre Expansion steigt das Preisniveau nur, wenn die Gütermenge abnimmt.

ad mögliche Reaktionen auf Konkurrenz- und Monopolmärkten

Betrachtet man zunächst die Vermögensbildung durch Konsumverzicht, die der bisherigen Sparförderung entspricht. Bei vollkommener Konkurrenz führt Konsumverzicht der privaten Haushalte zu einer Linksverschiebung der Nachfragekurve. Bei u-förmigem Durchschnittskostenverlauf sinkt nicht nur der Gleichgewichtspreis (sofern die Grenzkostenkurve nicht senkrecht an der Kapazitätsgrenze verläuft), sondern auch Absatz und Beschäftigung sind rückläufig. Grenzanbieter werden langfristig ausscheiden. Selbst wenn die Grenzunternehmen ihre gesamten Stückkosten decken, ist ein Rückgang der Absatzmengen und der Beschäftigung unvermeidlich. Die gleiche Wirkung ergibt sich beim Monopolisten. Fällt die Nachfrage nach Arbeitskräften, so müßten unter den Bedingungen "u-förmige Kostenverläufe" und "keine Marktlagengewinne" die Barlohnzuwächse mittelfristig geringer ausfallen, um das Beschäftigungsgleichgewicht wiederherzustellen.[21] Der Beschäftigungsrückgang würde nur bei vollständig elastischen Grenzkosten vermieden, wobei die Untergrenze für den Preis bei denjenigen Grenzanbietern liegt, die auch langfristig ihre Kosten einschließlich einer Normalverzinsung decken.

Unterstellt man eine gleichbleibende gesamtwirtschaftliche Nachfrage und keine strukturellen Verschiebungen, wird beim Investivlohn (additive Vermögensbildungsabgabe) die u-förmige Grenzkostenkurve auf ein höheres Niveau mit höheren Preisen wandern. Die Grenzanbieter verbleiben nur dann im Markt, sofern lediglich Marktlagengewinne abgeschöpft werden. Scheiden die Grenzanbieter als Folge der zusätzlichen Belastung aus dem Wettbewerb aus, so sinkt die Absatzmenge mit der Folge, daß die Preise steigen.

Lediglich ein Abschöpfen von Marktlagengewinnen hat auf Konkurrenzmärkten durch eine Investivlohnregelung keinen unmittelbaren Einfluß auf Absatzmenge und Preise. Dagegen könnten marktmächtige Unternehmen in monopolistischen, oligopolistischen und kartellierten Branchen den Investivlohn zum Anlaß nehmen, ihre Preise zu erhöhen. Marktmacht- und Kostendifferenzgewinne bleiben vom Investivlohn unberührt.[22]

---

21 Vgl. Schillert, U. (1976), S. 233.

22 Vgl. Willgerodt, H. (1971), S. 227, der das Abschöpfen von Kreislaufgewinnen als Surrogat der Stabilitätspolitik bezeichnet und fragt, ob die Rückkehr zu konjunkturpolitischer Disziplin und außenwirtschaftliche Absicherung nicht geeignetere Instrumente gegen die Inflation darstellen.

Unter der idealtypischen Annahme, daß die Gewinnabgabe nur die Kostendifferenzgewinne betrifft und die Unternehmen stets das Gewinnmaximum anstreben, verringert eine hier unterstellte proportionale Gewinnabgabe[23] zwar die Differenz zwischen Erlösen und Kosten, die gewinnmaximale Preis-Mengen-Kombination bleibt jedoch unverändert.

Die Abwälzung einer Gewinnbeteiligung kann folglich auf Konkurrenzmärkten im Modell grundsätzlich ausgeschlossen werden, da die Stückkosten des Grenzproduzenten den Marktpreis bestimmen und dieser keinen Gewinn erzielt. Die übrigen mit der Abgabe belasteten Konkurrenten dürften folglich ebenfalls an einer Preiserhöhung nicht interessiert sein. Folglich ergeben sich auch keine preispolitischen Spielräume. Die gleichen Bedingungen lassen sich für den Monopolisten ebenfalls ableiten, solange ausschließlich Kostendifferenzgewinne abgeschöpft werden.

Anders stellt sich jedoch die Situation dar, wenn auch über die Kostendifferenzgewinne hinausgehende Gewinnanteile von der Abgabe betroffen sind. Damit stellt sich auch hier die Frage, wie die Unternehmen in den einzelnen Marktformen reagieren.

Geht man zunächst von einer gleichbleibenden gesamtwirtschaftlichen Nachfrage aus, so bleiben auch die jeweiligen Nachfragekurven auf Konkurrenzmärkten und die Preis-Absatz-Funktionen der Monopolisten unverändert. Bei Änderung der Stückkosten und der gleichen Nachfragekurve verschiebt sich das Gleichgewicht in Richtung höherer Preise und geringerer Absatzmengen.

Auf Konkurrenzmärkten würden in diesem Fall auch die Grenzanbieter mit einer Abgabe belastet. Kurzfristig werden sie zwar weiter produzieren, solange sie die variablen Kosten decken, langfristig jedoch ausscheiden, vor allem wenn die Anbieter auf den Konkurrenzmärkten zusätzlich von höheren Preisen der Monopolisten betroffen wären.[24] Damit geht zwangsläufig auch die Nachfrage nach Arbeitskräften zurück, so daß auch die Barlohnzuwächse geringer ausfallen, um das Beschäftigungsgleichgewicht wieder zu erreichen.

23 Grundsätzlich könnten in die Überlegungen auch gestaffelte Gewinnabgaben einbezogen werden. Im Rahmen des Modells wird jedoch von einem einheitlichen Erhebungssatz für alle Unternehmen ausgegangen.

24 Vgl. Schillert, U. (1976), S. 238 f.

Der Monopolanbieter könnte die Erhöhung seiner Stückkosten durch höhere Preise und eine niedrigere Absatzmenge ausgleichen, wenn er das Cournotsche Maximum anstrebt. Dies führt jedoch zu einer Verringerung der Beschäftigung. Falls noch preispolitische Spielräume vorhanden sind, d. h. unter dem Maximum liegende, könnte der Monopolist sogar seinen gesamten früheren Gewinn wieder abschöpfen.

ad mögliche Reaktionen auf oligopolistischen Märkten

Auf Oligopolmärkten ist der Absatzpreis nicht eindeutig durch Kosten- und Nachfragefunktionen, sondern insbesondere durch die Reaktionsverbundenheit der Oligopolisten determiniert. Bei der Auswahl seiner Strategien muß der Oligopolist nicht nur die Reaktionen der Kunden, sondern auch die seiner Konkurrenten berücksichtigen.

Das Aufstellen sinnvoller Reaktionshypothesen ist ein Hauptproblem des Oligopols. Vor allem die Preisbildung ist eines der Kernelemente des Oligopolisten.[25] Oligopolisten unterscheiden sich vom Monopol und der polypolistischen Konkurrenz durch auftretenden Interdependenzen der Wettbewerber, bzw. je nach Homo- bzw. Heterogenität der Güter. Je größer die Heterogenität der Güter, Kundenpräferenz und räumliche Entfernung zwischen den Oligopolisten, um so mehr wird die Interdependenz abgeschwächt. In der ökonomischen Realität gelten als typische Verhaltensweisen der Oligopolisten:[26]

- Verdrängungspolitik
- friedliches Verhalten
- Zusammenarbeit

Bei der Verdrängungspolitik wird versucht, den Konkurrenten durch Preisunterbietung vom Markt zu drängen. Auf längere Sicht ist diese Strategie nur erfolgreich, wenn die Nachfrageelastizität hinreichend groß ist, also Kunden gewonnen werden und tatsächlich eine günstigere Kostensituation vorliegt, da anderenfalls der Konkurrent mitziehen kann.

---

25 Anm.: Auch hier nicht diskutierte Fragen der Qualität der angebotenen Waren, Werbung, Standortwahl etc. spielen unter bestimmten Aspekten eine wichtige Rolle.

26 Vgl. Bartling, H. (1981), S. 30 ff.; Gabler Wirtschaftslexikon (1997[14]) unter "Oligopol" und Varian, Hal R. (1985[12]), S. 103 f.

Aus Furcht vor einer Verdrängungspolitik, verbunden mit einem Preiskrieg, arrangieren sich gegebenenfalls die Oligopolisten friedlich, und keiner versucht den anderen vom Markt zu verdrängen. Dies würde in diesem Fall zu einer relativen Preisstarrheit führen. Eine andere Variante des friedlichen Verhaltens ist neben der relativen Preisstarrheit die Preisführerschaft, wenn ein Oligopolist einen Preis setzt, der von den anderen Oligopolisten übernommen wird.

Die für die vollkommenen Konkurrenz beschriebenen Reaktionen der Preis- und Mengenanpassung müssen sich für Oligopolisten nicht zwangsläufig ergeben. Die typische Preisstarrheit der oligopolistischen Anbieter könnte eine Preissteigerung auch dann verhindern, wenn damit gerechnet wird, daß sich die eigene Marktposition verschlechtert, wenn die übrigen Oligopolisten ihre Preise nicht anheben und die Belastung so gering ist, daß der oligopolistische Unbestimmtheitsbereich nicht verlassen wird.

Im Rahmen laufender inflationärer Kostensteigerungen wird vor allem eine Überwälzung der Investivlöhne auf Preiserhöhungen nicht ausgeschlossen. Unter den veränderten Preis-Mengen-Kombinationen wird dann nicht mehr das alte Gewinniveau erreicht, so daß der Beschäftigungsstand sinkt und in der Folge Rückwälzungsprozesse ausgelöst werden.[27] Falls die Oligopolisten ihren gewinnmaximalen Preis aufgrund ihrer Reaktionsverbundenheit noch nicht erreicht haben, ergeben sich auch bei einer Gewinnbeteiligung Spielräume für Preiserhöhungen durch abgestimmte Preispolitik. Ein einzelner Anbieter würde "im Alleingang" seine Marktposition verschlechtern. Eine sämtliche Anbieter treffende Abgabe könnte die Unternehmen jedoch zu abgestimmten preispolitischen Aktionen veranlassen.[28]

Auch Anbieter auf Konkurrenzmärkten können von höheren Preisen der Vorprodukte von oligopolistischen oder monopolistischen Anbietern getroffen werden.[29] In der Marktform eines Nachfrageoligopols haben die Anbieter aufgrund ihrer schwachen Stellung wenig Einfluß auf den Preisbildungsprozeß, spüren aber um so mehr die Marktmacht der Nachfrageoligopolisten. Daher sind Überwälzungsversuche auf Vorprodukte nicht auszuschließen.

27 Vgl. Schillert, U. (1976), S. 235.

28 Vgl. Schillert, U. (1976), S. 235.

29 Vgl. Schillert, U. (1976), S. 239.

9.2.2 Rückwälzung durch Änderungen im Investitionsverhalten

Bei der Betrachtung einer möglichen Rückwälzung der Vermögensbildungsabgabe, durch Änderungen im Investitionsverhalten, werden die drei folgenden Aspekte erörtert:

- Bestimmungsgründe für Investitionen
- mögliche Reaktionen unter Renditegesichtspunkten
- alternative Anlagemöglichkeiten und Kapitalflucht

ad Bestimmungsgründe für Investitionen

Im Hinblick auf die Wirkung der Ertragsbeteiligung auf Investitionen kann die Frage gestellt werden, ob durch die Reduzierung der Gewinne einerseits die Investitionsneigung geschmälert wird oder andererseits durch den Verlust an Finanzierungsmitteln auch die Investitionsmöglichkeiten begrenzt werden.[30] Grundsätzlich unterscheidet Krelle im untersuchten Zusammenhang folgende Bestimmungsgründe für Investitionen:[31]

- zukünftige Nachfrage
- technischer Fortschritt
- Liquidität im Unternehmen oder am Kapitalmarkt erhältliche Mittel bzw. bei Fremdfinanzierung die Kreditzinsen
- erwartete Erträge aus einer Investition ("interner Zinsfuß")
- Herrschaftsgrad innerhalb des Unternehmens

Zu berücksichtigen ist dabei, daß Investitionen kaum monokausal an eine einzige Größe gebunden werden können, sondern durch verschiedene Bestimmungsfaktoren überlagert werden. Theoretisch verlangen Investitionen nach einer bestimmten Mindestverzinsung, wobei jedoch nur im Einzelfall festgelegt werden kann, wo die Grenze liegt, an der Investitionen nicht mehr als rentabel betrachtet werden.

Nachfrageinduzierte Investitionen nach dem Akzeleratorprinzip bleiben von einer Gewinnbeteiligung zunächst unbeeinflußt. Die Investitionen werden in

30 Vgl. Krelle, W.; Schunck, J.; Siebke, J. (1968), S. 183.

31 Vgl. Krelle, W.; Schunck, J.; Siebke, J. (1968), S. 57.

diesem Fall durch die Erwartungen der zukünftigen Nachfrage gesteuert. Ähnliches ergibt sich bei Investition durch technischen Fortschritt, d. h. aus Entwicklung neuer Produkte oder Verfahren, die als autonome Investitionen bezeichnet werden können. Nachteilige Effekte würden sich nur dann ergeben, wenn wegen einer gesunkenen Risikobereitschaft der Unternehmer der technische Fortschritt zurückbleibt und als Konsequenz die internationale Wettbewerbsfähigkeit leidet.

Auch wenn Nachfrageerwartungen für die langfristige Unternehmenspolitik wichtig sind, soll jedoch in den nachfolgenden Betrachtungen eine zusätzliche Nachfrageentfaltung unberücksichtigt bleiben. Es wird davon ausgegangen, daß die Nachfrage und Nachfrageerwartungen im allgemeinen von der Vermögenspolitik unbeeinflußt bleiben. Auf die Problematik zur Erhaltung der Liquidität im Unternehmen wird im Rahmen der Anlagepolitik der Fonds in Kapitel 10. eingegangen. Auch der Herrschaftsgrad wird durch die gesetzlichen Regularien in diesem Zusammenhang berücksichtigt.

In der folgenden Betrachtung sollen die Investitionsentscheidungen maßgeblich von Gewinn- bzw. Renditeerwartungen geleitet werden. Grundsätzlich treffen die Unternehmen damit ihre Investitionsentscheidungen nach einem bestimmten Renditekalkül.

Den einfachen Fall einer Wirtschaftlichkeitsüberlegung, ohne Berücksichtigung des technischen Fortschritts, zeigt Abbildung 9.2.[32] Die Kurve AA gibt die Grenzleistungsfähigkeit des Kapitals als Funktion des Investitionsvolumens an. Mit zunehmender Anzahl Investitionen sinkt die Renditeerwartung weiterer Investitionsobjekte. Der Schnittpunkt S gibt das gesamte Investitionsvolumen I mit dem Marktzins i an. Mit den Grenzinvestitionen in Punkt S wird kein abgabepflichtiger Gewinn erzielt. Der Punkt S_r ist die Grenzinvestition bei einem Investitionsvolumen I_r, das die Rendite r erwarten läßt. Die Nettoinvestitionen können soweit ausgedehnt werden, bis die Rendite der Grenzinvestitionen ge-

32 Vgl. Krelle, W.; Schunck, J.; Siebke, J. (1968), Überbetriebliche Ertragsbeteiligung, S. 185 ff.; in dem sehr einfachen Fall bestehen die Investitionskosten lediglich aus den in der Periode 0 erforderlichen Beschaffungskosten K des Kapitalgutes. Während der Lebensdauer n des Kapitalgutes werden die Periodengewinne Q1, Q2, Q3.....Qn erwartet. Der Unternehmer kalkuliert mit dem Marktzins i. Das Investitionsprojekt ist dann vorteilhaft, wenn gilt:

$$K \leq \frac{Q1}{1+i} + \frac{Q2}{(1+i)2} + \ldots\ldots + \frac{Qn}{(1+i)n}$$

rade dem Marktzins entspricht. Falls darüber hinaus investiert wird, ist die Mehrinvestition unrentabler als die marktübliche Verzinsung. Wird weniger investiert, bleiben gewinnbringende Möglichkeiten ungenutzt. Bei günstigeren Gewinnerwartungen verschiebt sich die Kurve nach BB, bei ungünstigeren Erwartungen nach CC.

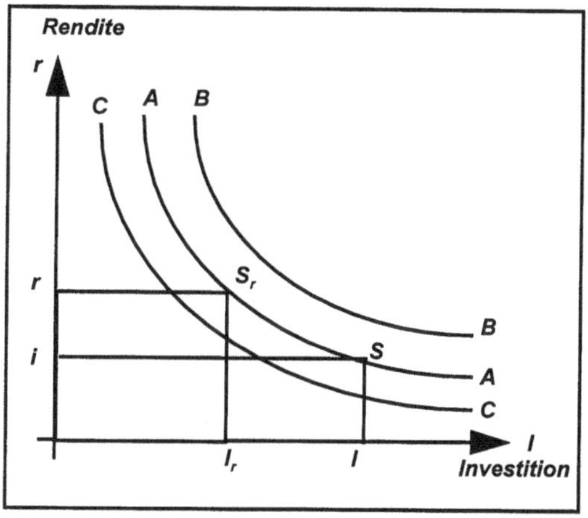

Abbildung 9.2 - Grenzleistungsfähigkeit des Kapitals

Quelle: Krelle, W.; Schunck, J.; Siebke, J., (1968), S. 185.

Die Wirkung einer Ertragsbeteiligung der Quote α zeigt Abbildung 9.3. Die erwartete Rendite der geplanten Investitionen sinkt um den Betrag α (r - i) für alle Punkte der Kurve, die links von dem Schnittpunkt S liegen. Die Kurve verschiebt sich dann um den Betrag α (r - i) nach A`S und liegt damit unterhalb des alten Niveaus.

In die Überlegungen des Unternehmers fließen aber auch Unsicherheiten ein, für die eine gewisse Mindestverzinsung erforderlich ist und als Prämie auf den Marktzins geschlagen wird, der risikolos auf dem Kapitalmarkt zu erzielen wäre. Daher kalkuliert der Unternehmer nicht mit dem Marktzins i, sondern mit einem Kalkulationszinsfuß r. Die Grenzinvestition liegt in diesem Fall nicht mehr bei dem Schnittpunkt S, sondern bei S_r mit dem Investitionsvolumen I_r.

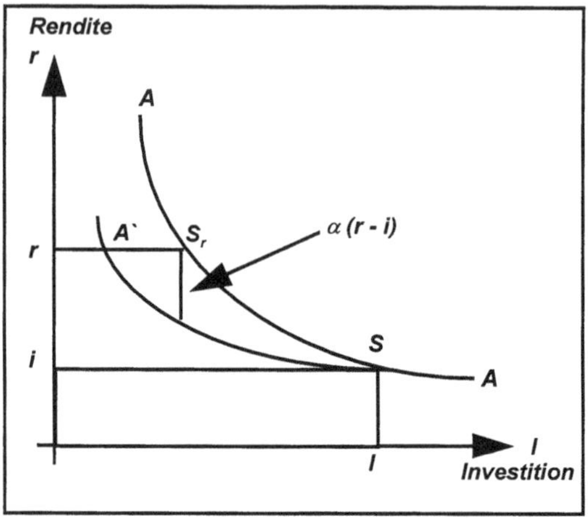

Abbildung 9.3 - Wirkung einer Ertragsbeteiligung.
Quelle: Vgl. Krelle, W.; Schunck, J.; Siebke, J. (1968), S. 186.

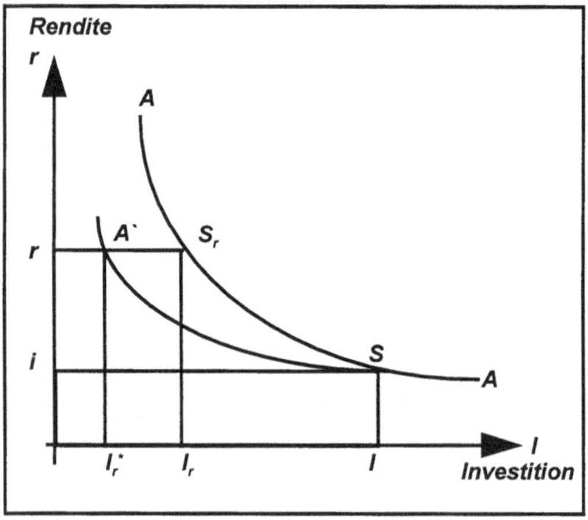

Abbildung 9.4 - Kalkulationszinsfuß und Marktzins bei einer Ertragsbeteiligung
Quelle: Vgl. Krelle, W.; Schunck, J.; Siebke, J. (1968), S. 187.

Die Differenz zwischen dem Kalkulationszinsfuß und dem Marktzins $\Delta r = r - i$ unterliegt nun der Ertragsbeteiligung. Wird ein Mindestnettogewinn erwartet, unterbleiben alle Investitionen, die den Aufschlag Δr nicht mehr erbringen. Die

Kurve verschiebt ebenfalls nach A`S mit dem geschmälerten Investitionsvolumen I_r^* und der Rendite r (Abb.9.4).[33] Die Finanzierungsart (Selbstfinanzierung, Aktienemission, Kredite) hat nach diesen Überlegungen keinen Einfluß auf die Investition, da allein der Kalkulationszinsfuß ausschlaggebend ist. Die Investition wird durchgeführt, wenn die in Rechnung gestellte Rendite erzielt werden kann. Unsicherheitsmomente über die künftige Gewinnentwicklung können die zusätzliche Ertragsbeteiligung überkompensieren. Dies ist der Fall, je geringer die Beteiligungsquote ausfällt. Auch ist eine Anpassung der Mindestrenditevorstellungen der Unternehmen denkbar. Sinkt der Kalkulationszinsfuß proportional zu der Quote des Vermögensbildungsbeitrags, so ist eine Minderung der unternehmerischen Investitionsneigung um so weniger zu erwarten.[34] Projekte sind dann nicht mehr lohnenswert, wenn die Mindestrenditevorstellungen nicht an die geschmälerten Renditen aufgrund der Vermögensbildungsabgabe angepaßt werden.

Als letzter Bestimmungsfaktor für eine Einschränkung der Investitionen könnte daher die Elastizität der Investition in bezug auf den Kalkulationszinsfuß r genannt werden, die angibt, um wieviel Prozent sich das Investitionsvolumen ändert, wenn sich der Kalkulationszinsfuß um 1 % ändert. Bei einem gegebenen Vermögensbildungssatz α ist die Investitionsabnahme um so größer (kleiner), je flacher (steiler) die Kurve AA verläuft.

ad mögliche Reaktionen unter Renditegesichtspunkten

Wird der Kalkulationszinsfuß als Kriterium herangezogen, werden alle Vorhaben realisiert, die oberhalb dieser fiktiven Größe liegen. Wird der Kalkulationszinsfuß mindestens proportional zu den Erträgen gesenkt, so dürfte eine Vermögensbildungsabgabe geringen Einfluß auf die Investitionsneigung haben. Ist dies nicht der Fall, werden bei sinkenden Erträgen die Investitionsvorhaben zurückgestellt, die ursprünglich noch vorteilhaft erschienen.

---

33 Anm.: Vgl. Krelle, W.; Schunck, J.; Siebke, J. (1968), S. 189. Der erwartete Gewinn kann nicht auf einen Betrag geschätzt werden, sondern wird innerhalb einer Bandbreite Qn +/- 20 % geschätzt. In diesem Fall ist die Kurve der Grenzleistungsfähigkeit keine Linie mehr, sondern wird mit einer Bandbreite dargestellt. Allerdings sollten die Investitionen nicht soweit ausgedehnt werden, daß für die Grenzinvestitionen eine Rendite anfallen kann, die unterhalb des Marktzinses liegt.

34 Vgl. Willgerodt, H. (1971), S. 207.

Schaper weist darauf hin, daß die Rendite als Investitionsmotiv insbesondere für klein- und mittelständische Unternehmen zutrifft. Besonders risikoreiche Investitionen könnten eventuell abnehmen, da im Falle eines Fehlschlages das Risiko zu Lasten der bisherigen Eigentümer geht, dagegen erzielte Gewinne demselben zu einem geringeren Teil zufließen.[35] Das Sicherheitsbestreben der klein- und mittelständischen Unternehmen äußert sich in einer im Vergleich zu Großunternehmen vorsichtigeren Wirtschaftsweise und geringerem Expansionsstreben bzw. Kapazitätsanpassungen. Auch dürfte der Hang zur Wahrung der eigenen Eigenständigkeit besonders ausgeprägt sein. Insofern wird ein stärkerer negativer Einfluß der Gewinnbeteiligung auf die Investitionsentscheidung kleiner und mittlerer Unternehmen erwartet.[36]

Grundsätzlich werden damit im Rahmen der Untersuchung Großunternehmen andere Entscheidungskalküle unterstellt als Klein- und Mittelbetrieben. Denkbar wäre, daß in Großunternehmen Investitionen nicht nur unter dem Aspekt der Gewinnmaximierung getätigt werden, sondern beispielsweise auch mit der Maxime „Umsatzmaximierung bei angemessenem Gewinn“ oder „Behauptung des Marktanteils“. Der stärkere negative Einfluß einer Gewinnbeteiligung auf mittelständische Unternehmen ist auch darin begründet, daß bei nichtemissionsfähigen Unternehmen eine entstehende Finanzierungslücke durch Kapitalmarktbeschränkungen entstehen kann. Durch Barabführung der Fondsanteile wird die Selbstfinanzierung der Unternehmen beschnitten, die weder Zinsen noch Dividenden kostet.[37]

Die Teile des erwirtschafteten Gewinns, die ohne Vermögensbildungsabgabe in die Selbstfinanzierung fließen, müßten konsequenterweise in Beteiligungskapital umgewandelt werden. Bindende Anlagevorschriften müssen dann dafür sorgen, daß die Mittel ungeschmälert in die Branche zurückfließen. Nur so wäre von der Finanzierungsseite her kein Investitionsrückgang zu befürchten. Allerdings ist diese Forderung schon aus anlagerechtlichen Grundsätzen nach dem Gesetz über Kapitalanlagegesellschaften nur mit bestimmten Restriktionen erfüllbar, wie in Kap. 10.3 noch erörtert wird. Einen wesentlichen Einfluß auf die Liquidität der Unternehmen gewinnt somit die Anlagepolitik der Fonds.

---

35 Schaper, U. (1971), S. 166 u. 168.

36 Vgl. Krelle, W.; Schunck, J.; Siebke, J. (1968), S. 195 f.; Willgerodt, H. (1971), S. 207 f.

37 Vgl. Krelle, W.; Schunck, J.; Siebke, J. (1968), S. 197, die sogar die Verfügung dieser Mittel als Grundlage für besonders riskante Investitionen ansehen, die gerade dem technischen Fortschritt zum Durchbruch verhelfen.

ad alternative Anlagemöglichkeiten und Kapitalflucht

Die Unternehmen könnten auch versuchen, die Mittel im Nichtunternehmenssektor anzulegen. Diese Option wird an dieser Stelle nicht weiter verfolgt. Problematischer ist die Kapitalflucht zu beurteilen. Voraussetzung ist, daß die Rendite, die eine Kapitalflucht auslöst, spürbar über den Renditen des Inlands liegt, um die Risiken von Auslandsinvestitionen auszugleichen.[38]

Allerdings kann auch hier ein unterschiedliches Verhalten der Groß- und Kleinunternehmen unterstellt werden, da für die kleinen und mittleren Unternehmen dieser Weg häufig aufgrund der Unterschiede in der Rechts- und Wirtschaftsordnung ausscheiden dürfte, wenn der Einzelunternehmer nicht nur reinen Kapitaltransfer anstrebt. Schwieriger ist die Abschätzung, wie sich Kapitalbesitzer oder Beteiligungsgesellschaften verhalten. Es gibt kaum rechtliche Hindernisse für den Erwerb ausländischer Aktien, so daß die Beweglichkeit von Beteiligungskapital durchaus als hoch zu bezeichnen ist. Eine Beteiligung, die sich im Rahmen der wirtschaftlichen Schwankungen und Unsicherheiten bewegt, sollte trotzdem relativ unschädlich sein.[39]

Auf der anderen Seite wird jedoch auch für ausländisches Kapital der Anreiz zu Investitionen herabgesetzt, so daß möglicherweise selbst bei konstanter inländischer Investitionsneigung das ausländische Kapital die Bundesrepublik meidet. Jedoch werden auch hier spürbare Abwanderungen erst mit zunehmenden Sätzen der Ertragsbeteiligung erwartet.[40]

Bei Kapitalgesellschaften könnte eine zusätzliche Reduktion des Selbstfinanzierungsumfangs eintreten, wenn durch die beteiligungsbedingte Erhöhung des Eigenkapitals zusätzliche Gewinnausschüttungen notwendig werden, auch wenn die Unternehmen in ihrer Dividendenpolitik grundsätzlich frei sind. Aus Selbstfinanzierung werden gegebenenfalls auch Investitionen getätigt, die strengen Rentabilitätsanforderungen nicht Stand halten.[41]

---

38 Vgl. Schillert, U. (1976), S. 177.

39 Vgl. Schillert, U. (1976), S. 181.

40 Anm.: Vgl. Krelle, W.; Schunck, J.; Siebke, J. (1968), S. 206; schlagen vor, neben einer gemäßigten Ertragsbeteiligung auch investitionsfördernde Maßnahmen bereitzustellen.

41 Vgl. Willgerodt, H. (1971), S. 211, der durch die reduzierte Selbstfinanzierung der Kapitalgesellschaften auch Auswirkungen auf den Aktienmarkt, Börsenkurse und Emissionskurse ableitet, da eine angemessene Dividende bei geringerem wirtschaftlichem Erfolg ausbleibt, die bislang aus Reserven der Selbstfinanzierung noch möglich war.

9.3 Dynamik der Angleichung der Vermögensumverteilung

Es wurde darauf hingewiesen, daß die gesamt- und einzelwirtschaftlichen Auswirkungen sowie Abwälzungsversuche auch von der Höhe der Ertragsbeteiligung abhängen. Das unterstreicht, daß die Verteilungswirksamkeit nicht überschätzt werden darf.

Die Vermögensbeteiligung wird also beim einzelnen Arbeitnehmer unter den betrachteten Modellannahmen nur einen geringen Teil seines Bruttolohnes ausmachen. Die Lohnunterschiede (inklusive Pensionszusagen) zwischen einzelnen Branchen, aber auch innerhalb der Unternehmen einer Branche, gehen in der Regel darüber hinaus.[42]

Daß zusätzliches Sparen der Arbeitnehmer nachhaltig die Einkommens- und Vermögenssituation zu ihren Gunsten beeinflußt, bedarf neben den angeführten Gründen noch einer weiteren Einschränkung: Die Höhe der Ersparnisbildung sagt noch nichts darüber aus, ob und in welchem Umfang sich eine möglichst langfristige Vermögensumverteilung in Arbeitnehmerhand vollzieht, da die Dynamik des Prozesses nicht erfaßt wird.

Ausgehend von einer definierten Verteilung des Vermögensbestandes auf die beiden Gruppen Arbeitgeber und Arbeitnehmer, kann ein funktionaler Zusammenhang zwischen verschiedenen Quoten der Vermögensumschichtung bei verschiedenen Wachstumsraten des Gesamtvermögens hergeleitet werden.

Die Zielsetzung lautet, eine bestimmte konstante Quote des Vermögenszuwachses periodisch von den Selbständigen zu den Arbeitnehmern umzuleiten (s. u. FN 43: - $[a + \rho u]$). Es stellt sich die Frage, welchen Zeitraum der Umverteilungsprozeß benötigt, bis eine gewünschte Vermögensumverteilung erreicht ist. Die neue Verteilungsstruktur des Gesamtvermögens wird als erreicht ("gerecht") angesehen, wenn zum Zeitpunkt t_λ der Anteil der Arbeitnehmer am jährlich umzuverteilenden Gesamtvermögenszuwachs um einen bestimmten Prozentsatz λ erhöht ist ($[a + \lambda (\rho u)]$); mit dem Anteil "a" der Arbeitnehmer am Vermögenszuwachs und der Nettoumverteilungsquote ρu sowie λ als gewünschter Grad der Angleichung (in Prozent).

---

42 S. ausführlich in Kap. 12.

Das Ergebnis des Gleichungssystems ergibt nachfolgende Funktion, mit deren Hilfe die Zeitdauer der Angleichung (in Jahren) an eine neue gewünschte Vermögensverteilung (des Vermögenszuwachses) ermittelt werden kann:[43]

- $t_\lambda = \frac{1}{w} \ln \left(\frac{1}{1-\lambda}\right)$

- Die alte Verteilung des gesamten privaten Vermögens nähert sich asymptotisch der neuen Verteilung der Vermögenszuwächse. Die Zeitdauer der Anpassung hängt von einem vorgegebenen Satz λ der Angleichung an die gewünschte Endverteilung ab; d. h. $\lambda = 0{,}75$ oder 0,8 etc. bedeutet, daß die Angleichung zu 75 % oder 80 % erreicht ist; mit $[a + \lambda\,(\rho u)]$ als Verteilungssatz für die Arbeitnehmer. Mit steigendem λ erhöht sich die Zeitdauer.

- Die Zeitdauer der Anpassung hängt daneben nur noch von der Wachstumsrate des Gesamtvermögens - der Vermögensbildung - w ab, aber nicht von der Höhe der Beteiligungsquote. Lediglich die Auswirkungen der Quote einer Ertragsbeteiligung ist um so gewichtiger, je höher die Beteiligungssätze gewählt werden. Die Anfangsausstattung ist für die Zeitdauer der Umverteilung des Vermögenszuwachses unerheblich.

---

43 Anm.: Der Anteil "a" der Arbeitnehmer am Vermögenszuwachs ΔV nähert sich bei wachsendem Gesamtvermögen V(t) um die Nettoumverteilungsquote "ρu" dem Grenzwert $(a + \rho u)$; entsprechend vermindert sich der Anteil "u" der Unternehmer am Vermögenszuwachs auf den Grenzwert $(u - \rho u)$. Das Differential in Abhängigkeit von dem Zeitpunkt t_λ (Eintritt der gewünschten Anpassung) ergibt folgenden Ansatz:

1. $\frac{V_A(t_\lambda)}{V(t_\lambda)} = a + \lambda\,(\rho u)$

   mit V_A= Vermögensbestand Arbeitnehmer und V(t) = Gesamtvermögensbestand und

2. $\frac{V_A(t)}{V(t)} = (a + \rho u) - \rho u \frac{V(0)}{V(t)}$

   mit V(0) = Gesamtvermögensbestand zum Zeitpunkt 0.

Durch Gleichsetzen von 1. und 2. unter der Bedingung, daß das Vermögen V(t) vom Anfangsbestand V(0) langfristig mit einer konstanten Wachstumsrate w wächst, erhält man den oben angeführten Zusammenhang. Zum Zeitpunkt t_λ gelten für die Verteilungsstruktur des Gesamtvermögens die Verteilungssätze $[a + \lambda\,(\rho u)]$ für die Arbeitnehmer und $[u - \lambda\,(\rho u)]$ für die Unternehmen am jährlich umzuverteilenden Gesamtvermögenszuwachs. Vgl. Krelle, W.; Schunck, J.; Siebke, J. (1968), S. 89 ff.; und dies. S. 95 ff.; mit einer Quantifizierung des Einflusses der Ertragsbeteiligung auf die Vermögensbildung von privaten Haushalten und Unternehmen, mit dem Fazit, daß ein kräftiges Wachstum der Gesamtwirtschaft für den Erfolg einer Vermögensumverteilung absolut notwendig ist.

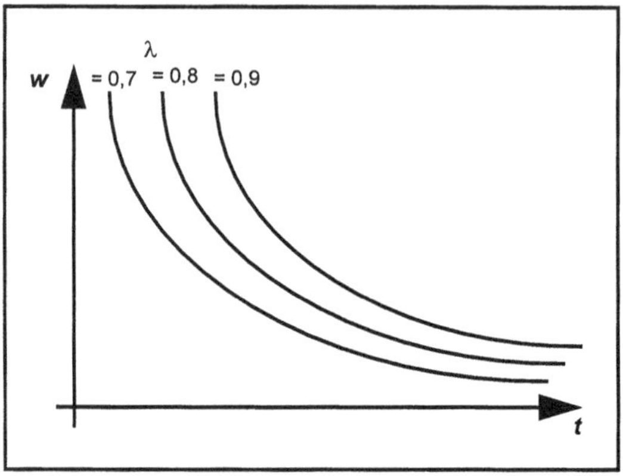

Abbildung 9.5 - Asymptotische Angleichung des Vermögenszuwachses
Quelle: Krelle, W.; Schunck, J.; Siebke, J. (1968), S. 91 (schematische Darstellung).

Unter der Bedingung eines prognostizierten Wachstums kann exemplarisch aus der folgenden Tabelle für die beiden Angleichungssätze 75 % und 90 % der Anpassung (λ = 0,75 bzw. 0,9) die Dauer der Anpassung abgelesen werden. Es wird deutlich, daß von einer Vermögenspolitik in der dargestellten Form innerhalb von 10 bis 20 Jahren keine entscheidenden Änderungen erwartet werden können. Die Anpassung der bisherigen Vermögensverteilung an die veränderte Verteilungsstruktur erfolgt bei 4 % Wachstum (λ= 0,75) in ca. 35 Jahren. In Branchen mit nur 2 % Wachstumsrate dauert die Anpassung fast doppelt so lange. Auch wenn sich die Wachstumsraten kurzfristig erhöhen, bedarf es jedenfalls nahezu eine Generation, bis die Umverteilung im gewünschten Maße erfolgt. Die Vermögensverteilung könnte insofern tatsächlich als sinnvolle Ergänzung der Rentenversicherung aufgefaßt werden.

λ = Angleichungssatz	75 %	90 %
w = Wachstumsrate	Dauer in Jahren	Dauer in Jahren
1 %	138,6	230,3
2 %	69,3	115,1
3 %	46,2	76,8
4 %	34,7	57,6
5 %	27,7	46,1

Tabelle 9.1 - Zeitdauer der Angleichung der Vermögenszuwächse in Jahren
Quelle: eigene Darstellung.

Die Vermögenspolitik steckt hier in einem Dilemma. Soll sich die Vermögensverteilung für die Arbeitnehmer in absehbarer Zeit ändern, dann erfordert dies neben dem entsprechenden Wachstum auch nennenswerte Beträge, die aber in ihren gesamtwirtschaftlichen Wirkungen die vermögenspolitischen Vorteile deutlich überschatten. Wenn das vermieden werden soll, dann sind sichtbare Erfolge frühestens nach einer Generation zu erwarten.[44] Diese Resultate sprechen für die Konzeption in Verbindung mit den steuerrechtlichen Vorteilen des § 40b EStG als zusätzliche Altersvorsorge.

9.4 Erfolgsabhängige versus lohnabhängige Bemessungsgrundlage

Sowohl der additive Investivlohn als auch die investive Gewinnbeteiligung könnten theoretisch gleiche Umverteilungseffekte erzielen. Beide Varianten bedeuten zusätzliches Sparen der Arbeitnehmer und sind der konsumtiven Verwendung entzogen. Allerdings bestehen zwischen beiden Ansätzen grundlegende Unterschiede, die nachfolgend zusammengefaßt werden.

9.4.1 Beschäftigungswirkung einer Vermögensbildungsabgabe

Bei der Betrachtung der Beschäftigungswirkung einer Vermögensbildungsabgabe sind drei Aspekte zu beachten:

- Elastizität im Konjunturzyklus
- Belastung der Grenzbetriebe
- Belastung der Unternehmen nach der Leistungsfähigkeit

ad Elastizität im Konjunkturzyklus

Im Konjunkturzyklus hat eine erfolgsabhängige Bezugsgröße den Vorteil, daß sie zwar ex ante vereinbart, aber erst dann zahlungswirksam wird, sobald sich der Aufschwung einstellt. In einer ungefestigten Konjunktur kann dagegen eine zu sehr verteilungsorientierte Lohnstrategie, beispielsweise durch Investivlöhne, einen sich anbahnenden Aufschwung belasten.

---

44 Vgl. Krelle, W.; Schunck, J.; Siebke, J. (1968), S. 482.

Letzteres wird angenommen, weil bei Preisüberwälzungen der Kostendruck inflationär wirkt und bei Nichtabwälzbarkeit gerade die Gewinne überproportional belastet werden, die in dieser Konjunkturphase zur Stabilisierung der Beschäftigung und des Wachstums benötigt werden.

Durch die Gewinnbeteiligung wird vermieden, daß bei mangelnder Anpassung der Lohnsätze im Boom zeitlich verzögert entsprechend hohe Tariflöhne abgeschlossen werden, die nicht mehr in den gesamtwirtschaftlichen Rahmen passen. Im Abschwung verschärfen zu hohe oder inflexible Tariflohnsätze die Krise zusätzlich.[45]

Auch die Gefahr einer Kostendruckinflation könnte vermieden werden, da die Gewinnbeteiligung grundsätzlich einen geringeren Kostencharakter hat als der Investivlohn, da sie sich Gewinnrückgängen im Konjunkturverlauf anpaßt. Konsequenterweise bleiben Erlöse, Beschäftigung, Preisniveau und Wachstumsrate bei einer Gewinnbeteiligung nach der kreislauftheoretischen Untersuchung Föhls unverändert.[46]

Soll eine Überwälzung des Investivlohns ausgeschlossen sein, befürchtet Oberhauser, daß bei konjunktureller Abschwächung die Investitionsneigung beeinträchtigt wird. Dadurch käme es zu einer Verschärfung der Rezession, da der Investivlohn starr ist und bei abflachender Konjunktur für die Unternehmen eine größere Belastung darstellt als eine investive Gewinnbeteiligung.[47] Aus dieser Perspektive ist die Gewinnbeteiligung aufgrund ihrer größeren Elastizität im Konjunkturverlauf dem Investivlohn vorzuziehen. Allerdings könnte der Investivlohn ein probates Mittel sein, um konjunkturdynamische Lohn- und Preisauftriebe zu beheben.[48] Dazu müßte jedoch der Investivlohn entsprechend der konjunkturellen Lage variabel ausgestaltet werden.

Besters macht in diesem Zusammenhang für eine Lohnpolitik in Abhängigkeit von der jeweiligen Konjunkturlage folgenden Vorschlag:[49] Nur bei aufsteigender Konjunktur, wenn die Erlöse den Kosten vorauseilen und die Gewinne ansteigen, könnte der Investivlohn auf den Barlohn aufgestockt werden, bei

[45] Vgl. Cox., H. (1984), S. 4 ff.

[46] Vgl. Föhl, C. (1964), S. 137.

[47] Vgl. Oberhauser, A. (1981), S. 36.

[48] Föhl, C. (1964), S. 123.

[49] Vgl. Besters, H. (1985), S. 13.

rückläufiger Konjunktur, wenn schrumpfende Erlöse bei unveränderten Kosten die Gewinne schmälern, müßte er zu Lasten des Barlohns gehen, d. h. mit diesem verrechnet werden. In Verbindung mit dem "Revisionsklauselkonzept" des Sachverständigenrates bliebe für den Investivlohn nur eine flexible Ausgestaltung in Abhängigkeit von der jeweiligen Konjunkturlage als Ausweg.[50] Im Aufschwung und bei Erlösen, die den Kosten vorauseilen, wird der Investivlohn auf den Barlohn aufgestockt. Im Abschwung, bei unveränderten Kosten und schrumpfenden Gewinnen, müßte der Investivlohn dagegen mit den Löhnen verrechnet werden. Prinzipiell käme man damit einer erfolgsabhängigen Lösung, mit dem Gewinn oder der Wertschöpfung als Bemessungsgrundlage, wieder sehr nahe. Jedoch erfolgt unter Umständen die Anpassung an die Konjunktur möglicherweise erst dann, wenn die Krise bereits eingetreten ist.

Der Kostencharakter des Investivlohns bleibt somit, selbst bei variabler Ausgestaltung, stets erhalten. Insofern stellt Schaper die These auf, daß der Investivlohn "für den Unternehmer ein Kostenbestandteil darstellt und dieser überwälzt wird wie der Barlohn, die indirekten Steuern und alle anderen Kosten".[51] Auch wenn diese These nicht unstrittig ist, so ist eine Erfolgsgröße elastischer im Konjunkturzyklus als der Investivlohn.

ad Belastung der Grenzbetriebe

Die Auswirkungen einer erfolgsabhängigen versus lohnabhängigen Bemessungsgrundlage soll die nachfolgende vereinfachte Version des bereits oben behandelten Kosten-Erlös-Diagramms zusammenfassen.

Die Unternehmen sind, beginnend vom "rentabelsten" in O bis zum "Grenzanbieter" in C, aufgereiht. Die Fläche OABC sei der Gesamtumsatz einer Branche. Die Fläche ODCB stellt die gesamten Produktionskosten (insbesondere Löhne, Zinsen, Abschreibungen, Kostensteuern) dar. Die Kostenlinie verläuft von D nach B.

Im Falle einer (additiven) Investivlohnregelung wird die Kostenlinie parallel nach oben verschoben und verläuft dann von D` nach B``, so daß es entweder zum Arbeitsplatzabbau oder Ausscheiden von Betrieben aus dem Wettbewerb

50 Sachverständigenrat (1979), Jahresgutachten 1978/79, Ziffer 398.

51 Schaper, U. (1971), S. 142.

käme (Strecke B`B). Bei der investiven Gewinnbeteiligung kommt es zu einer Drehung der Kostenkurve nach BD``, und der Grenzanbieter bleibt belastungsfrei.

Die Belastung der Grenzbetriebe führt unter Umständen sogar zum Ausscheiden aus dem Wettbewerb und in der Folge zu negativen Beschäftigungswirkungen und Preiserhöhungen. Damit würde die gesamtwirtschaftliche Absatzmenge sinken, und die Preise würden steigen. Es ist neben dem Beschäftigungsrückgang mit geringeren Barlohnzuwächsen zu rechnen, um das Beschäftigungsgleichgewicht wiederherzustellen.[52]

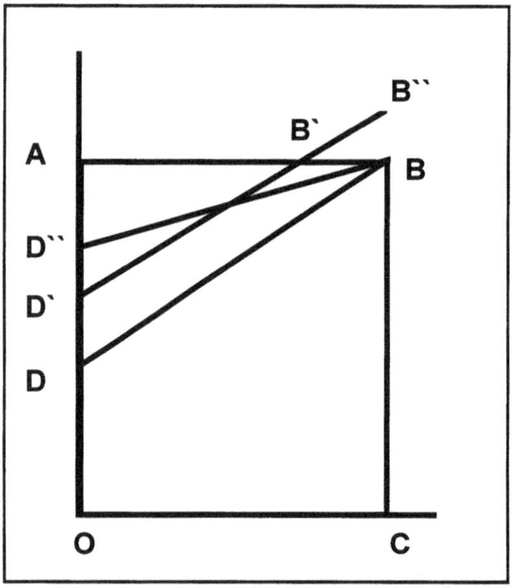

Abbildung 9.6 - Beschäftigungswirkung der Vermögensbildungsabgabe
Quelle: Rürup, B.; Dornbach, J. (1993a), S. 24.

Aus betriebswirtschaftlicher Sicht wird zudem befürchtet, daß der Investivlohn in die Grenzkostenkalkulation der Unternehmen einfließt. Da die zu zahlende Investivlohnsumme mit der Zahl der beschäftigten Mitarbeiter anwächst, wird

52 Vgl. Schillert, U. (1976), S. 232; vgl. Heuberger, W. (1979), S. 47 f.

betriebswirtschaftlich mit einem verringerten optimalen Beschäftigungsniveau gerechnet.[53] Durch die Belastung der Grenzbetriebe muß der Investivlohn zwangsläufig zur Überwälzung führen, was entweder ein höheres Preisniveau oder Verrechnungen bei den tariflichen Lohnsteigerungen bedeutet. Gelingt dies nicht, ist im Gegenzug mit Beschäftigungseinbrüchen zu rechnen. Mit der relativen Kostenneutralität für die Unternehmen im vorgestellten Investivlohnmodell in Verbindung mit § 40b EStG könnte ein eleganter Ausweg gefunden werden.

ad Belastung der Unternehmen nach der Leistungsfähigkeit

Bei einem für alle Unternehmen gleich hohen Erhebungssatz (z. B. 2 % von der Nettowertschöpfung) werden die Unternehmen bei einer erfolgsabhängigen Bemessungsgrundlage entsprechend ihrer Leistungsfähigkeit belastet. Allerdings könnte diesem Vorteil entgegengehalten werden, daß leistungsstarke Unternehmen im Wachstum gehemmt werden. Es ist zu berücksichtigen, daß in Kostendifferenzgewinnen auch Risikoprämien enthalten sind, da hohe Gewinnchancen regelmäßig auch mit höheren Verlustrisiken verknüpft sein können.

Das führt dazu, daß durch die Einebnung des Gewinngefälles die Bereitschaft der Unternehmen zu besonders risikoreichen Investitionen gemindert wird. Betroffen könnten hiervon gerade die kleinen und mittleren Unternehmen sein, da aufgrund der geringeren Anzahl an Investitionen und eingeschränkter Selbstfinanzierungsspielräume geringere Chancen bestehen, Fehlinvestitionen durch erfolgreiche Investitionsvorhaben auszugleichen.[54]

Die Verteilungswirkung des Investivlohns hängt dagegen im wesentlichen von der Bezugsgröße ab, an der er sich orientiert. Dazu gibt es grundsätzlich zwei Möglichkeiten: Entweder wird ein Einheitsinvestivlohn gezahlt, einheitlich für die gesamte Branche, oder es kann einer betriebsnahen Lösung der Vorzug gegeben werden.[55]

---

53 Vgl. Sinn, H.-W.; Sinn, G. (1991), S. 191.

54 Vgl. Schillert, U. (1976), S. 199.

55 Vgl. Cox, H. (1984), S. 12 f.

Bei einem Einheitsinvestivlohn ist die Verteilungswirksamkeit theoretisch relativ gering, wenn sich der Investivlohn am Grenzbetrieb orientiert. Wird versucht, einen hohen Verteilungseffekt zu erzielen, wenn man sich an den Unternehmen mit hohen Gewinnmargen orientiert, muß mit Widerstand der gewinnschwachen Betriebe gerechnet werden, sofern die Lohnkosten nicht überwälzt werden können.

Folglich kann die Belastung der Unternehmen entsprechend ihrer Gewinnsituation nur durch eine betriebsnahe Lösung erreicht werden. Verbands- bzw. Einheitstarife werden in diesem Fall durch einen Firmentarif ersetzt, der auf die einzelnen Unternehmen zugeschnitten ist.[56]

Daraus ergibt sich jedoch das Problem der Verteilungsungerechtigkeit innerhalb der Branche, da Arbeitnehmer in gewinnträchtigen Unternehmen bevorzugt wären. Diese Differenzierung wird jedoch gerade mit Hilfe der Tariffondsregelung auf der Basis einer erfolgsabhängigen Größe vermieden.

9.4.2 Problematik der Abwälzung und Gefahr der Kapitalflucht

Zwar werden die Gewinnerwartungen der Unternehmen geschmälert, aber auf der anderen Seite wird dies möglicherweise durch das Expansionsstreben der Großunternehmen kompensiert. Nach Willgerodt hat die Erfolgsbeteiligung sogar die Folge, daß Großunternehmen mit oligopolistischer oder monopolistischer Marktmacht am ehesten Überwälzungsmöglichkeiten haben und von der Vermögensbildungsabgabe damit geringer getroffen werden. Damit bleiben Marktmachtgewinne überwiegend unberührt, während die auf unternehmerischer Leistung beruhenden Kostendifferenzgewinne teilweise abgeschöpft werden.[57]

Konkurrenzanbieter können höhere Preise regelmäßig nicht durchsetzen, weil die Grenzanbieter im Gegensatz zu ihren gewinnstärkeren Konkurrenten in der Branche nicht belastet werden. Denkbar wäre höchstens, daß ein Unterneh-

---

56 Anm.: Hieraus leitet Oberhauser, A. (1981), S. 36, sogar einen gewissen verteilungspolitischen Vorteil für Investivlöhne auf betrieblicher Ebene ab.

57 Vgl. Willgerodt, H. (1971), S. 223 ff., der anmerkt, daß sich dieser Zustand nur bei Nachfrageüberhängen aufhellen läßt, wenn die Grenzanbieter Kreislaufgewinne erzielen.

men aufgrund regionaler Gebundenheit und eines spezialisierten Produktionsprogramms eine starke Marktstellung hat. Verbunden mit einer preisunelastischen Nachfrage wäre in diesem Fall die Abwälzung möglich. Wegen der geringeren Überwälzungsmöglichkeiten und schwierigerer Eigenkapitalbeschaffung ist der Investitionsrückgang bei kleinen und mittleren Unternehmen auf Konkurrenzmärkten somit vermutlich wahrscheinlicher als bei oligopolistischen Großunternehmen.

Eine lohnbezogene Abgabe muß in weitaus stärkerem Maße als Kostenfaktor überwälzt werden, da auch auf Konkurrenzmärkten Grenzanbieter etwa gleich belastet werden wie intramarginale Anbieter. Vor allem lohn- und arbeitsintensiv produzierende Betriebe werden hierbei sogar stärker belastet als kapitalintensiv produzierende Unternehmen.

Arbeits- und lohnintensive Betriebe, die zusätzliche Mitarbeiter einstellen, würden durch eine Investivlohnregelung vergleichsweise sogar noch bestraft. Insofern kann der Investivlohn zu höchst ungleichmäßigen Belastungen führen und zwingt die Unternehmen geradezu, sich nach Überwälzungsmöglichkeiten umzusehen.[58]

Aber auch die zunächst einseitige höhere Belastung der arbeits- und lohnintensiven Unternehmen kann in der Folgestufe durch das Beziehungsgeflecht von Lieferungen und Faktorwanderungen zu einer verstärkten Belastung der kapitalintensiven Unternehmen führen, da steigende Lohnkosten auch höhere Kosten für Kapitalgüter implizieren.

Allerdings muß bei der Betrachtung dieser Aspekte stets berücksichtigt werden, daß sowohl vermögenspolitische Initiativen als auch Überwälzungsversuche von konjunkturellen Einflüssen überlagert werden. Im konjunkturellen Boom dürften Preise leichter überzuwälzen sein als in der Rezession. Konsequenterweise sind in der Rezession weniger Preisüberwälzungen, dafür aber negative Einflüsse auf die Beschäftigung zu erwarten. Der Beschäftigungsrückgang würde die Konjunkturpolitik zur Beschäftigungsanregung verpflichten oder die Gewerkschaften zu zurückhaltenden Lohnforderungen. Auch hängen die Möglichkeiten zur Überwälzung maßgeblich von der Intensität des Wettbewerbs, auch mit dem Ausland, ab.

58 Vgl. Willgerodt, H. (1971), S. 354.

Aber gerade unter dem Aspekt, daß auch der Produktionsfaktor Kapital international relativ beweglich ist, ist die Konstanz der inländischen Investitionsausgaben kritisch zu hinterfragen. Schillert kommt in diesem Punkt zu einem ähnlichen Ergebnis wie Krelle, daß eine Gefahr für die angestrebte Vermögensumverteilung in einer Kapitalflucht in das Ausland liegt. Dies ist die Folge durch ein Renditegefälle, das die Kapitalflucht auslöst.[59] Schaper vermutet, daß im Ausland der Zugriff auf die Gewinne nicht möglich ist.[60]

Kapitalwanderungen ins Ausland sind somit sorgfältig zu beobachten. Willgerodt zieht im Hinblick auf die Vermögensbeteiligung den Schluß, daß es sich wie in der Steuerpolitik um eine Frage des Maßes handelt.[61]

Die Investitionsneigung oder Kapitalbewegungen der Unternehmer dürften sich dann nur unwesentlich oder gar nicht ändern, wenn die Quote des Vermögensbildungsbeitrags im Rahmen der allgemeinen Unsicherheiten bleibt, die mit Investitionen in der Regel verbunden sind.

9.4.3 Möglichkeiten für zweiphasige Tarifverhandlungen

Homeyer sieht durch die investive Erfolgsbeteiligung auch die Möglichkeit gegeben, daß die Tarifpartner in den Verhandlungsrunden vereinbaren, die Erhöhung der Löhne und Gehälter aufzuspalten. Die Aufspaltung erfolgt in einen Anteil, der den Reallohn sichert und als konsumtiv verwendbares Einkommen zur Verfügung steht, und in einen Anteil, der dem Produktivitätszuwachs einschließlich einer Umverteilungskomponente entsprechen soll.[62]

Die Möglichkeit der Kombination von Barlohnpolitik und vermögenswirksamen Leistungen entspräche auch Vorschlägen, die bereits Ende der 70er Jahre in der lohnpolitischen Diskussion gemacht wurden, mit der Bezeichnung "gespaltene bzw. zweiphasige Tarifverhandlungen".[63]

---

59 Vgl. Krelle, W.; Schunck, J., Siebke, J. (1968), S. 206.

60 Vgl. Schaper, U. (1971), S. 168, 171 und 183.

61 Vgl. Willgerodt, H. (1971), S. 215.

62 Vgl. Homeyer, J. (1992), S. 33 f.

63 Vgl. dazu die Ausführungen des Sachverständigenrats zur Begutachtung der gesamtwirtschaftlichen Entwicklung: Zeit zum Investieren, Jahresgutachten 1976/77, Stuttgart/Mainz, S. 361 ff.

Danach sollen Tarifverhandlungen in zwei Verhandlungsrunden aufgespalten werden. In der ersten Runde könnten dann, bei Unsicherheit über Produktivitätsfortschritt und erwartete Inflationsrate, über relativ niedrige Barlohnsteigerungen verhandelt werden. In der zweiten Runde können Lohnzuschläge oder andere Leistungen, wie zum Beispiel die Vermögensbildungsabgabe, vereinbart werden.[64]

In der angestrebten zweiten, vermögensbildungsorientierten Tarifrunde wird mit der Nettowertschöpfung bzw. einer anderen erfolgsabhängigen Größe über eine andere Bemessungsbasis als Löhne verhandelt, so daß es bei künftigen Tarifverhandlungen mehr als bislang möglich sein sollte, der wirtschaftlichen Ertragskraft einer Branche Rechnung zu tragen.

Die Kapitalbeteiligung zielt aber nicht nur ausschließlich auf die Gewährung eines geldwerten Vorteils ab, sondern die Arbeitnehmer sollen langfristig am Produktivkapital beteiligt werden. Renditeorientierte Überlegungen können besser durch die Konstruktion eines zusätzlichen Arbeitnehmerbonus ausgeschaltet werden.

Schließlich wird befürchtet, daß ohne diesen zusätzlichen Bonus und bei dem weiter stark anhaltenden Trend des Nachwuchskräftemangels in der Baubranche der Mangel an ausgebildeten Fachkräften künftig derart eklatant sein wird, daß mittelfristig Preissteigerungen unvermeidlich sind.[65] Auch vor diesem Hintergrund könnte ein zusätzlicher Bonus, der in einer zweiten Tarifrunde ausgehandelt wird attraktivitätssteigernd wirken.

64 Vgl. dazu die Ausführungen des Sachverständigenrats zur Begutachtung der gesamtwirtschaftlichen Entwicklung: Zeit zum Investieren, Jahresgutachten 1976/77, Stuttgart/Mainz, S. 361 ff.

65 Anm.: Eines der explizit genannten Ziele des Modells ist auch die Erhöhung der Attraktivität der Baubranche, vgl. Rürup, B. (1992), S. 13.

10. Organisation und der rechtliche Rahmen der Tariffonds

10.1 Organisatorische Ausgestaltung der Fonds

Tariffonds wenden sich nicht an das breite Anlegerpublikum, sondern verwalten Vermögenswerte nach einer definierten Anlagestrategie für eine vorgegebene, vermögenspolitisch zu fördernde Zielgruppe.

Für die Mittelverwendung bedarf es einer juristisch selbständigen Gesellschaft als Finanzintermediär, die die zufließenden Finanzmittel verwaltet und anlegt, d. h. Beteiligungen eingeht (s. Abb. 10.1). Auf diese Weise kann das Kapital effizienten Verwendungsmöglichkeiten zugeführt werden. Entsprechend hat die Gesellschaft die Ausgabe der Anteilscheine zu übernehmen, Ausgabe- und Rücknahmepreise festzulegen und die jährlichen Ausschüttungen zu berechnen. Die Ausübung von Beteiligungsrechten wird ebenfalls durch die Fondsgesellschaft wahrgenommen. Als Finanzintermediäre kommen grundsätzlich in Frage:

- Kapitalanlagegesellschaften (KAG) nach dem KAGG
- Unternehmensbeteiligungsgesellschaften (UBG) nach dem UBGG

Zwischen Fondsgesellschaft und Arbeitnehmer muß eine Clearingstelle geschaltet werden, die den Begünstigtenkreis ermittelt, den Einzug und die Weiterleitung der Mittel übernimmt. Die Clearingstelle entspricht der gemeinsamen Einrichtung der Tarifvertragsparteien nach dem § 4 Abs. 2 TVG.[1]

Grundsätzlich wäre auch denkbar, daß schon aus Gründen der Praktikabilität die Fonds in das existierende System der Investmentfonds innerhalb des Bankensystems eingegliedert werden. Tariffonds haben zwar die gleichen Grundzüge und gesetzlichen Auflagen wie ein Publikumsfonds, unterscheiden sich jedoch von diesem in einigen Punkten:

- Der Einlegerkreis ist begrenzt, da nur die tarifvertraglich erfaßten Mitarbeiter zeichnungsberechtigt sind,
- Tariffonds benötigen keine eigene Vertriebsorganisation,
- ein Teil der Verwaltungskosten wird durch die den Fonds mittragenden Unternehmen übernommen.

1 Siehe Kap. 6.1.

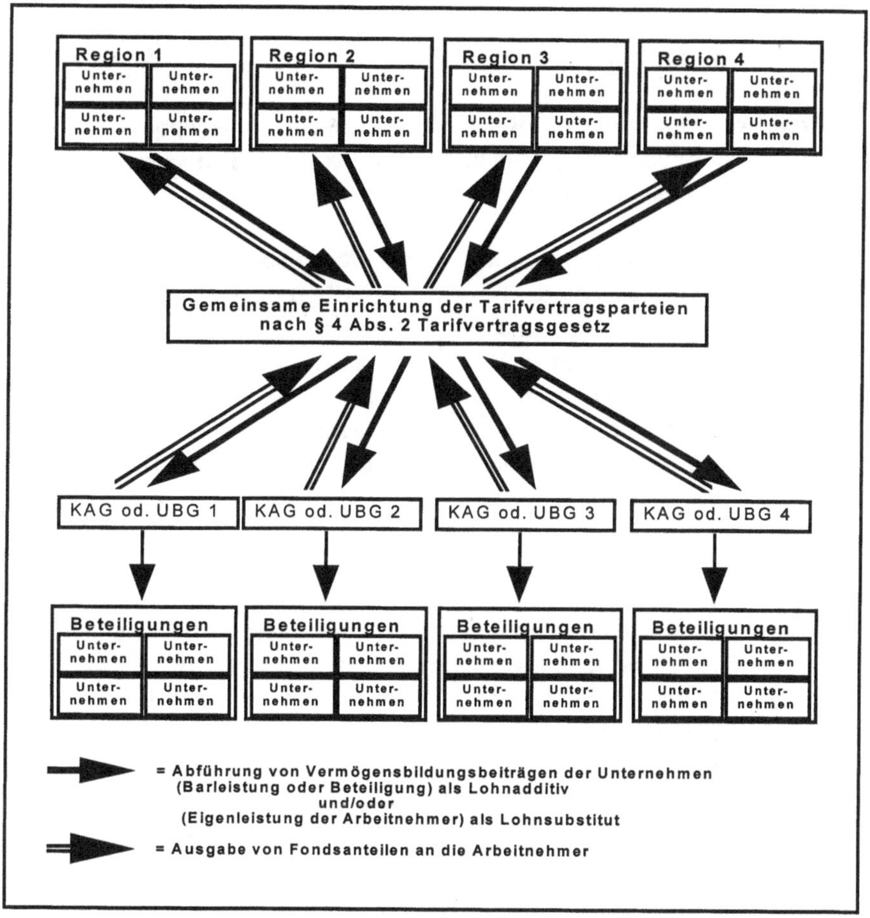

Abbildung 10.1 - Mittelaufbringung, Mittelverteilung und Mittelzuteilung am Beispiel des Modells der IG Bau-Steine-Erden

Quelle: eigene Darstellung.

Auch im Hinblick auf die speziellen Zielsetzungen der Tariffonds im Sinne eines Partnerschaftsmodells, der homogenen Gruppe der Kapitalgeber sowie einer gegebenenfalls branchenspezifisch ausgerichteten Anlagepolitik soll ausdrücklich mit Tariffonds eine Alternative zu den bereits existierenden Fonds etabliert werden. Letztgenannte wurden hier nicht weiter untersucht.

Zu Tariffonds wurden zwei Alternativen mit unterschiedlichen Anlagestrategien vorgeschlagen. Tariffonds als:

- Branchenfonds, d. h. mit einer branchenorientierten Anlagepolitik,
- Pensions-Sondervermögen, d. h. ausschließlich renditeorientierte Anlagepolitik ohne branchenspezifische Schwerpunkte.

Beide Fonds arbeiten im Prinzip wie andere Wertpapier-Investmentfonds. Das bei einer KAG (Investmentgesellschaft) (oder UBG) gegen Ausgabe von Anteilscheinen eingelegte Geld und das geschaffene Vermögen bilden im Falle der KAG das Sondervermögen. Mit der Verwaltung des Vermögens sowie mit der Ausgabe und Rücknahme von Anteilscheinen hat die Investmentgesellschaft ein Kreditinstitut (Depotbank) zu beauftragen. Den rechtlichen Rahmen bietet das KAGG (oder im Falle der Beteiligungsgesellschaft das UBGG).

10.1.1 Institutionelle Unabhängigkeit der Fonds

Einer der Hauptkritikpunkte an überbetrieblichen Einrichtungen war die Befürchtung einer Kapital- und Machtkonzentration mit der Folge, daß die Anlagepolitik möglicherweise für politische Zwecke mißbraucht wird. Durch Beteiligungen an Großunternehmen oder Finanzierung industrieller Großprojekte kann eine starke Einflußnahme auf die Unternehmen ausgeübt werden.[2]

Dieser Vorwurf wird auch durch die Einrichtung institutionell unabhängiger Fondsorgane entkräftet. Krelle hält den gleichen Aufbau für angemessen, wie man ihn bei großen Unternehmen oder organisatorisch verselbständigten öffentlichen Betrieben antrifft, und fordert "eine von Stabsstellen unterstützte Geschäftsführung, die die laufenden Entscheidungen trifft, und ein Aufsichtsorgan (Verwaltungsrat), das die Ordnungsmäßigkeit der Geschäftsführung und die Einhaltung der dem Fonds gestellten Aufgaben kontrolliert."[3]

Eine ähnliche Auffassung wird auch von Gleitze vertreten, der neben einer Exekutive (gesetzliches Vertretungsorgan, Management, Vorstand) auch ein

2 Vgl. Schaper, U. (1971), S. 157.; siehe auch Kap. Kap. 5.3.

3 Vgl. Krelle, W.; Schunck, J.; Siebke, J. (1968), S. 238.

Kontrollorgan (Aufsichtsrat) vorschlägt.[4] Um interessengeleitete Konflikte zu vermeiden, sollte die Besetzung des Vorstandes der Geschäftsführung nach fachlichen Qualifikationen erfolgen. Die Tarifpartner könnten optional bei der Besetzung des Kontrollorgans (Aufsichtsrat oder Anlageausschuß) berücksichtigt werden.

Für die Besetzung des Kontrollorgans sind auch andere Kombinationen denkbar. Neben den Vertretern der Arbeitnehmer und Arbeitgeber schlägt Schaper auch die Hinzuziehung unabhängiger oder neutraler Sachkenner vor, die zusätzlich darüber wachen, "daß bei den Entscheidungen des Fonds keine bestimmte Interessenpolitik dominiert".[5]

In diesem Zusammenhang könnte auch eine Beschränkung der Gesellschafterrechte der Fonds gefordert werden, um die Gefahr einer zu großen Anhäufung wirtschaftlicher Macht zu reduzieren. Dadurch wird zwar ebenfalls die Umverteilung des Vermögens gefördert, die Arbeitnehmer bzw. ihre Stimmrechtsvertreter würden aber hinsichtlich ihrer Rechte diskriminiert.[6] Daher sollten die Fonds das volle Stimmrecht besitzen. Bei Aktiengesellschaften übt der Fonds wie jeder Aktionär seine Stimmrechte in der Hauptversammlung aus. Bei Personengesellschaften werden entsprechende Regelungen im Gesellschaftsvertrag über die inneren Verhältnisse getroffen.

10.1.2 Dezentralisierung der Verfügungsrechte durch Tariffonds

Die Konstruktion einer volkswirtschaftlichen Kapitalsammelstelle ist zwar schon durch die Sozialversicherung bekannt, aber Föhl befürchtet, daß "die Konzentration wirtschaftlicher Macht in den Händen der Leiter dieser Fonds nicht unbedenklich ist".[7] Krelle sieht sogar die Gefahr einer schwerwiegenden Beeinträchtigung der Wettbewerbsordnung.[8]

---

4 Vgl. Gleitze, B.: Thesen über eine mögliche Organisation von Sozialfonds, in: Sozialkapital und Sozialfonds als Mittel der Vermögenspolitik, S. 39, zitiert bei Schaper, U. (1971), S. 146.

5 Schaper, U. (1971), S. 147.

6 Siehe Kap. 10.3.

7 Föhl, C. (1964), S. 92.

8 Vgl. Krelle, W.; Schunck, J.; Siebke, J. (1968), S. 236.; vgl. auch Kap. 5.1.

Der Kleinanleger braucht jedoch Interpreten für seine Interessen, die er selbst kaum noch wahrnehmen kann. Durch einen zentralen Fonds käme es aber zum Paradoxon, daß auf der einen Seite die gleichmäßigere Vermögensverteilung zugunsten der Arbeitnehmer durch eine zentralisierte Verfügungsmacht durch die Fonds auf der anderen Seite erreicht wird.[9]

Ein einziger Zentralfonds wäre in seiner Geschäftspolitik praktisch dem Wettbewerb entzogen und ließe auch Gefahren der Machtkonzentration in den Händen weniger Funktionäre größer werden. Gegenüber diesem Fonds sind sowohl der einzelne Arbeitnehmer als auch die Beteiligungsunternehmen in einer schwachen Position. Jegliche Fondskonstruktion, die mit dem Vorrecht ausgestattet ist, Mittel aus der Erfolgsbeteiligung verwalten zu dürfen, stellt letztlich einen Teilmarkt dar, der den nichtprivilegierten Instituten verschlossen bleibt. Die Aufteilung der Fonds ist daher nach folgenden Kriterien möglich:[10]

- Konkurrierende Fonds
- Gliederung nach Wirtschaftsbereichen
- Regionale Gliederung

Statt eines Zentralfonds werden beispielsweise im gesamten verarbeitenden Gewerbe mehrere Fonds gegründet, die unabhängig voneinander konkurrierend wie Privatunternehmen operieren. Durch Tariffonds ist eine Gliederung nach Wirtschaftsbereichen eindeutig determiniert. Denkbar wäre allerdings aus Wirtschaftlichkeitsgründen auch der Zusammenschluß mehrerer kleinerer Branchen.

Auch eine mögliche Begründung, daß das Aufkommen durch eine Clearingstelle grundsätzlich erst zusammengefaßt und im Anschluß an die Begünstigten weitergeleitet wird, behindert nicht die Einführung dezentraler Fonds und die Eingliederung in die bestehenden Kapitalmarktinstitutionen.[11]

---

9 Anm.: Weiterführend könnte an dieser Stelle sogar noch die Problematik des Depotstimmrechts diskutiert werden. Siehe hierzu auch Kap. 5.4.3.

10 Vgl. Krelle, W.; Schunck, J.; Siebke, J. (1968), S. 241.

11 Vgl. Krelle, Schunck, J.; Siebke, J. (1968), S. 237; s. auch Willgerodt, H. (1971), S. 303, der befürchtet, daß sich dem Sog der privilegierten Fonds die nichtbevorrechtigten Träger von Investmentfonds selbst dann kaum entziehen können, wenn sie bessere Konditionen böten und größere Erfolge in der Anlagepolitik vorweisen. Er fordert (S. 309), daß neben mehreren unabhängig voneinander operierenden Fonds der Mittelzufluß von der Entscheidung des einzelnen Begünstigten abhängig ist, welchem Fonds er angehören möchte.

Die erforderliche Konkurrenz zwischen den Fonds ergibt sich aus den einzelnen Branchenfonds, Pensions-Sondervermögen und den etablierten Investmentfonds. Eine Regionalisierung der Mittel ist je nach Zielsetzung und Anlagepolitik der Fonds branchenspezifisch zu ermitteln. Durch die Branchenorientierung und Regionalisierung der Mittel ist denkbar, daß miteinander konkurrierende Unternehmen dem gleichen Fonds zugeordnet werden und daß die Vertreter der Fonds gegebenenfalls Geschäftsgeheimnisse der Unternehmen erfahren. Diese Gefahr ist bei der regionalen Gliederung deshalb kritisch, da gerade kleine und mittlere Unternehmen häufig auch nur regional begrenzte Märkte haben. Bei branchenbezogenen Fonds ist außerdem das Problem der Marktenge an Beteiligungstiteln zu berücksichtigen, wenn die Anlagegesellschaften die zur Verfügung stehenden Mittel überwiegend branchenbezogen verwenden sollen. Auch könnte die branchenbezogene Anlagepolitik dazu führen, daß bei Konjunkturschwankungen oder anderen sich verändernden Rahmenbedingungen die Tendenz der Wertentwicklungen bei allen Beteiligungen in die gleiche Richtung weist.

Schaper weist hierzu darauf hin, daß gerade branchenmäßige und regionale Anlagerisiken auch strukturellen Charakter haben können. Unterschiedliche Wachstumschancen der Fondsvermögen wären die Folge.[12] Er empfiehlt, um ein Auseinanderklaffen von Angebot und Nachfrage an Beteiligungstiteln zu vermeiden, auch Wandelschuldverschreibungen und Optionsanleihen als Beteiligungswerte neben relativ sicheren Immobilienfonds heranzuziehen.[13]

Bei der vorgeschlagenen Option des Branchenmodells der IG Bau-Steine-Erden ist aus obengenannten Gründen auch eine branchenfremde Anlage der Mittel bis zu 30 % möglich, um konjunkturelle Schwankungen auszugleichen.

---

12 Vgl. Schaper, U. (1971), S. 156; anderer Ansicht ist Willgerodt, H. (1971), S. 243 f., der lediglich eine Milderung, aber keine Beseitigung dieser Problematik sieht. Statt dessen fordert er, daß insbesondere kleine und mittlere Unternehmen sich zur Kredit- und Kapitalversorgung speziellen Institutionen zuwenden können und auch steuerliche Erleichterungen für eben diese Unternehmen Widerstände abbauen, Arbeitnehmerkapital aufzunehmen. Die Gründung von Kapitalbeteiligungsgesellschaften hielt er bereits zum damaligen Zeitpunkt für einen gangbaren Weg.

13 Vgl. Schaper, U. (1971), S. 159; Willgerodt, H. (1971), S. 305., merkt zur Anlagepolitik der Fonds an, "... eine ausgewogene und alle Vermögensarten einbeziehende Anlagepolitik, wie sie etwa den Lebensversicherern doch wohl nicht ohne Grund gesetzlich vorgeschrieben ist, sollte jedenfalls nicht bei der Anlage des Vermögens gerade der bisher Vermögenslosen geopfert werden, um solche Ordnungsfehler des Kapitalmarkts weiterhin zementiert lassen zu können".

10.2 Aufgaben und Geschäftspolitik der Fonds

10.2.1 Rahmenbedingungen zur Erhöhung der Fondsakzeptanz

Die Gestaltung der Geschäftspolitik durch das Fondsmanagement entscheidet über Anlageerfolg und Publikumsakzeptanz. Trotz gesetzlicher und tarifvertraglicher Rahmenbedingungen hat das Fondsmanagement noch genügend Freiraum zur Verfolgung unterschiedlicher Anlagestrategien. Für vermögenspolitisch orientierte Beteiligungsgesellschaften hebt Schöner folgende Aufgabenfelder hervor:[14]

- Die Bereitstellung von Informationen über die Geschäftstätigkeit gegenüber den Anlegern bzw. Arbeitnehmern.

- Die Imagepolitik und Werbung zur Erhöhung der Akzeptanz.

- Die Selektion von Beteiligungen unter Kosten- und Risikoaspekten.

- Die Gestaltung der Konditionen des Beteiligungsvertrags.

- Die Gestaltung des Mittelrückflusses über die Beteiligungsgesellschaft in die Unternehmen.

Auch wenn das Beteiligungsgeschäft an nichtemissionsfähigen Unternehmen großes Marktpotential besitzt, so werden die bei Beteiligungs-Sondervermögen erforderlichen Publizitätsmaßnahmen als besonders nachteilig empfunden.[15]

Jedoch gerade die Publizität wirkt sich positiv auf eine sachgerechte Beurteilung und eventuell notwendige Risikoprämie der Beteiligungsgesellschaft aus. Aber auch gegenüber dem Anleger müssen Hemmnisse abgebaut werden. Dazu zählen auch Maßnahmen einer zusätzlichen freiwilligen Publizität der Beteiligungsgesellschaft oder beispielsweise Informationen über die Entwicklung einzelner Beteiligungen, Kapitalstrukturquoten und Einblick in die Zusammensetzung des Portefeuilles.

---

14 Vgl. Schöner, M. (1989), S. 362.

15 Vgl. Schöner, M. (1989), S. 362 f. u. 368 f.; mit weiteren Querverweisen zu dem Marktpotential.

10.2.2 Risikoverteilung, Ertragserzielung und Liquiditätserhaltung

Die Tariffonds müssen als Instrument der Vermögensbildung im Rahmen ihrer Geschäfts- und Anlagepolitik drei Hauptforderungen erfüllen:[16]

- Risikoverteilung
- Ertragserzielung
- Liquiditätserhaltung

ad Risikoverteilung

Durch die Risikoverteilung soll vermieden werden, daß die Beteiligungswerte der Mitarbeiter während der Anlagedauer nachhaltige Substanzverluste erleiden. Die quantitative Risikoverteilung wird jedoch erschwert, wenn die Fonds überwiegend Beteiligungen an nur einer Branche erwerben dürfen. Werden die Beteiligungswerte ausschließlich anhand einer qualitativen Risikoverteilung ausgewählt, besteht die Gefahr, daß überwiegend in ertragsstarke, emissionsfähige Unternehmen investiert wird. Kleine und mittlere Unternehmen würden damit ausgeschlossen.

ad Ertragserzielung

Allerdings soll die Vermögensanlage auch einen ökonomischen Nutzen erbringen und das Kriterium der Ertragserzielung berücksichtigen. Die Erfüllung des Sicherheitsbedürfnisses und die Ertragserzielung sind aber nicht immer miteinander vereinbar. Jedoch hat ein Fonds ungleich größere Möglichkeiten zur Substanzerhaltung und -mehrung als der einzelne Kapitalgeber, da dieser in drei Punkten dem privaten Investor überlegen ist: im Hinblick auf Anlagekapital, Fachwissen und der erforderlichen Zeit.[17]

ad Liquiditätserhaltung

Abschließend ist auch der Gesichtspunkt der Liquiditätserhaltung der Fonds zu beachten. Dabei läßt sich die Liquiditätserhöhung unter dem Aspekt der Zahlungsfähigkeit, der Liquidierbarkeit und den Liquiditätsreserven betrachten. Die Fondsgesellschaften haben neben disponiblen Geldern für ihre Anlagepolitik und den Rückkauf von Anteilscheinen auch die Ertragsausschüttung in ihren Liquiditätsplan miteinzubeziehen.[18]

---

[16] Vgl. Schaper, U. (1971), S. 55 ff.; mit einer umfassenden Definition der Kriterien.

[17] Vgl. Schaper, U. (1971), S. 64 ff.

[18] Vgl. Schaper, U. (1971), S. 72 ff.

10.2.3 Konsequenzen für die Zusammenstellung der Portefeuilles

Die wichtigste Aufgabe der Fonds besteht in der Zusammenstellung der geeigneten Beteiligungen zu einem Portefeuille. Die Kapitalmarkt- bzw. Portefeuilletheorien werden in der Wissenschaft umfangreich diskutiert. An dieser Stelle wird nur auf zwei wesentliche Aspekte eingegangen:

- Diversifikation der Portefeuilles
- Vermeidung von Konzentrationswirkungen

ad Diversifikation der Portefeuilles

Durch Diversifikation wird eine Risikoreduktion herbeigeführt. Die Diversifikation besitzt eine quantitative und qualitative Komponente:

Die quantitative Komponente bedeutet die Festlegung der Anzahl an Beteiligungen und deren relative Gewichtung innerhalb der Portefeuilles. Der Rahmen wird durch gesetzliche Regelungen[19] und durch die Vereinbarungen der Tarifvertragsparteien gesteckt.

Die qualitative Komponente umfaßt die Höhe der Einzelrisiken und die Korrelation zwischen der Wertentwicklung der einzelnen Beteiligungen. Die Höhe der Einzelrisiken sinkt mit steigender Anzahl an Beteiligungen. Risikoreduzierend ist auch eine möglichst geringe Korrelation einer neuen Beteiligung zum Gesamtportefeuille. Eine ausschließlich risikovermeidend orientierte Selektion der Beteiligungsunternehmen dürfte insgesamt jedoch zu suboptimaler Ausnutzung von Renditechancen führen.[20]

Schöner hat den Zusammenhang von Risikopräferenz, Liquiditätsneigung und Renditeorientierung analysiert. Er gelangt zu dem Ergebnis, daß die Akzeptanz einer bestimmten Anlageform durch eine Risikoreduktion schneller gegeben ist als eine vergleichsweise prozentual gleich große Steigerung der Rendite. Auch mit abnehmendem Risiko bei gleichzeitig wachsender Liquidität eines Finanztitels wächst die Akzeptanz überproportional. Insofern haben aufgrund der restriktiveren Anlegervorschriften, der geringeren Wertschwankungen und der

---

19 Anm.: Mindestdiversifikationsnormen s. ausführlich Kap. 10.3.

20 Vgl. Schöner, M. (1989), S. 371; mit weiteren Querverweisen.

Rücknahmeverpflichtungen die Beteiligungs-Sondervermögen bessere Absatzchancen als Unternehmensbeteiligungsgesellschaften.[21]

Damit die Fonds zu einer Ertragsausschüttung in der Lage sind, müssen die Unternehmen, an denen die Fonds Kapitalanteile halten, einen Teil ihrer Gewinne ausschütten. Problematisch sind Personengesellschaften, wenn der Gewinn thesauriert wird. Die Beteiligung an den stillen Reserven am Beteiligungsunternehmen sind ausgeschlossen. Da eine Mitbestimmung bei der Ausnutzung von Bilanzierungswahlrechten und bei der Gewinnverwendung über die Rechte eines stillen Gesellschafters hinausgeht, liegen damit Ertragsbeschränkungen vor. Unter Umständen muß eine gewinnunabhängige Mindestverzinsung vereinbart werden.[22] Möglicherweise akzeptieren kreditrationierte Unternehmen geringerer Bonität einseitig zu ihren Ungunsten ausgestaltete Vertragsbedingungen akzeptieren. Dies könnte zu einem Adverse-Selection-Prozeß führen, der zu einer Kumulation risikoreicherer Beteiligungen im Portefeuille führt.[23]

ad Vermeidung von Konzentrationswirkungen

Die Vermögensbildung durch Produktivkapital aus Unternehmersicht verfolgt regelmäßig das Ziel einer stärkeren Eigenkapitalausstattung bzw. der Bereitstellung von Risikokapital. Die rückläufige Quote des Eigenkapitals wird zu den Hauptproblemen der gewerblichen Wirtschaft gezählt. Von Unternehmen mit besserer Eigenkapitalausstattung sind auch risikoreichere Investitionen zu erwarten. Auch die autonomen Investitionen für neue Entwicklung werden maßgeblich von der Eigenkapitalquote bestimmt.[24]

---

21 Vgl. Kap. 10.3; s. auch Schöner, M. (1989), S. 242 ff., der Bezug nimmt erwähnte Spiegel-Dokumentation (1985), S. 222. Als kognitive Kriterien werden für eine ideale Geldanlage als wichtigste Kriterien genannt (Basisjahr 1984, Mehrfachnennungen möglich):

- Geldanlage ohne Risiko (58 % der Nennungen)
- gute Rendite (43 %)
- schnell wieder in Bargeld unwandelbar (38 %)
- Geldanlage, die durch laufende Inflation nicht entwertet wird (36 %)
- Geldanlage, die ich genau kenne (36 %)
- Wertzuwachs auf lange Sicht (34 %) etc.
- im Vergleich dazu : Staatliche Förderung, Prämien nur 23 % aller Nennungen

22 Vgl. Krelle, W; Schunck, J; Siebke, J. (1968), S. 226.

23 Ähnlich auch Willgerodt, H. (1971), S. 301.

24 Vgl. Besters, H. (1985), S. 13 f.

Die Fonds können sich aber durch Aktienerwerb in Aktiengesellschaften leichter einfügen als in Personengesellschaften. Willgerodt kommt bei dieser Betrachtung zu dem Schluß, daß die Vermögensbeteiligungen daher:[25]

- direkt oder indirekt dem Aktienmarkt zufließen und damit der Eigenkapitalversorgung großer Unternehmen dienen,

- oder in festverzinsliche Wertpapiere angelegt werden und neben der Schuldaufnahme des Staates vor allem die Kreditfinanzierung bekannter Großunternehmen erleichtern.

Eine solche Konzentrationsförderung ist wettbewerbspolitisch nicht wünschenswert, weil ein Zurückbleiben kleinerer und mittlerer Firmen hinter den Großfirmen die Vermachtung der Märkte begünstigen kann. Die Konzentration kann nach Ansicht Willgerodts zweifellos durch Fonds verhindert werden, da auch kleine und mittlere Unternehmen, die expandieren wollen und keinen Zugang zum Kapitalmarkt haben, durch Abgabe in Form von Beteiligungsrechten und Darlehensforderungen keine Investitionsmittel verlieren.[26]

Zur Vermeidung einer weiteren Konzentration und der einseitigen Anlage der Mittel in emissionsfähigen Großunternehmen am Kapitalmarkt müßten die Mittel konsequenterweise im selben Verhältnis der Größenklassen der Unternehmen investiert werden. Anderenfalls wird befürchtet, daß Großunternehmen in ihrem Wachstum gefördert und kleine bzw. mittlere Unternehmen durch Einschränkung ihrer Selbstfinanzierung entsprechend behindert werden. Der Vermögensdekonzentration stünde dann eine fortschreitende Unternehmenskonzentration gegenüber.

Auch die Anlagemöglichkeiten der Investmentgesellschaften kommen durch die strengen Vorschriften überwiegend der Eigenkapitalversorgung großer Aktiengesellschaften zugute. Durch die Gewährung von Beteiligungsrechten oder gegebenenfalls auch Darlehensforderungen, die den Fonds gerade von den kleineren Unternehmen eingeräumt werden, kann dieser befürchtete Effekt gemindert werden.[27]

---

25 Vgl. Willgerodt, H. (1971), S. 234.

26 Vgl. Willgerodt, H. (1971), S. 241.

27 Vgl. Willgerodt, H. (1971), S. 231 f. u. 234 f.

10.3 Der rechtliche Rahmen der überbetrieblichen Mittelverwendung

Bei der Beteiligungsgesellschaft als Finanzintermediär[28] kann es sich zum einen um eine Investmentgesellschaft, die dem Gesetz über Kapitalanlagegesellschaften (KAGG) unterliegt, handeln[29] und zum anderen um eine Kapitalbeteiligungsgesellschaft, die Beteiligungen an nicht emissionsfähigen Unternehmen eingeht. Grundlage ist hier das Gesetz über Unternehmensbeteiligungsgesellschaften (UBGG).[30] Nachfolgend die wichtigsten Regelungen und Unterschiede im untersuchten Zusammenhang.

10.3.1 Grundlagen der Unternehmensbeteiligungsgesellschaft

Das Gesetz über die Unternehmensbeteiligungsgesellschaften regelt die Mindestanforderungen für die Finanzintermediäre, die die geschützte Bezeichnung "Unternehmensbeteiligungsgesellschaft" tragen wollen. Die Einführung des Namenschutzes dokumentiert die Bonität für Außenstehende (§§ 1, 20 UBGG). Auf die Regulierungsvorschriften des Kreditwesengesetzes wurde verzichtet, im Gegensatz zu den Beteiligungs-Sondervermögen, was den liberalen Charakter des UBGG unterstreicht.[31] Mit der Verabschiedung des 3. Finanzmarktförderungsgesetzes in 1998 ergaben sich auch einige Änderungen für die UBGen. Einige Eckpunkte der Novellierung sind:[32]

- Steuerliche Entlastung durch Verkürzung der Frist für eine steuerfreie Wiederanlage von sechs auf einem Jahr (§ 6 b EStG).
- Verzicht zum Zwang zum öffentlichen Angebot von Aktien der UBGen und Zulassung der GmbH, KG und KGaA als Rechtsform (§ 2 Abs. 1 UBGG).
- Erweiterung der Refinanzierungs- und Anlagespielräume

28 Vgl. Schöner, M. (1989), S. 30 ff.; Kürten, S. (1991), S. 623 f.

29 Gesetz über Kapitalanlagegesellschaften (KAGG) vom 14. Januar 1970, BGBl. I, S. 127 ff. und zur Änderung auch Gesetz über den Wertpapierhandel und zur Änderung börsenrechtlicher und wertpapierrechtlicher Vorschriften (Zweites Finanzmarktförderungsgesetz) vom 26. Juli 1994.

30 Gesetz über Unternehmensbeteiligungsgesellschaften (UBGG) vom 17. Dezember 1986, BGBl. I, S. 2488 ff. und zur Änderung Zweites Finanzmarktförderungsgesetz (s. FN 29); Beckmann, K.; Scholtz, R.D. (1995), 455 § 1 Rz. 1.

31 Vgl. Schöner, M. (1989), S. 142.

32 Vgl. Deutscher Bundestag (1997), S. 13 u. 65 ff.; Deutscher Bundestag (1998b).

Die Rechtsform der Gesellschaft war bislang ausschließlich als Aktiengesellschaft möglich und primäres Refinanzierungsmittel somit die Ausgabe von Aktien. Neben den genannten Rechtsformen können nun auch beispielsweise Genußscheine für das Beteiligungsengagement und als Refinanzierungsinstrument eingesetzt werden. Auch die Flexibilität bei der Begebung von Gesellschafterdarlehen wird erhöht.

Der Unternehmensgegenstand war auf den Erwerb von Anteilen oder stillen Beteiligungen nicht börsennotierter Unternehmen begrenzt, deren Anteile zum Erwerbszeitpunkt weder an einer Börse zum amtlichen Handel zugelassen noch in einen anderen organisierten Markt einbezogen sind (§§ 2, 3 UBGG). Die Zulassung zum geregelten Markt signalisiert, daß die Unternehmensbeteiligungsgesellschaften nicht den allerhöchsten Anlegerschutzvorschriften unterliegen müssen.[33] Eine Erweiterung erfährt diese Regelung, da künftig der satzungsmäßig oder gesellschaftsrechtliche festgelegte Unternehmensgegenstand der Unternehmensbeteiligung ausschließlich der Erwerb, das Halten, die Verwaltung und Veräußerung von Wagniskapitalbeteiligungen ist (§§ 1a u. 2 Abs. 2 UBGG). Wagniskapital sind Aktien, GmbH-Anteile, KG-Anteile, Beteiligung als Komplementär und stiller Gesellschafter.[34] Hierzu sind vor allem innovative und kapitalintensive Unternehmen in dynamischen Wachstumsmärkten geeignet.

Durch die eingeschränkte Möglichkeit Anteile von börsennotierten Unternehmen zu halten, bleibt die Risikostreuung begrenzt. Anteile an einem börsennotierten Unternehmen, dessen Bilanzsumme 500 Mio DM übersteigt, dürfen nach Plänen der Bundesregierung nicht erworben werden.[35] Besonders kritisch wird aber auch die Ausfallhaftung nach § 31 Abs. 3 GmbHG beurteilt, mit nicht absehbaren Risiken, bei Beteiligungen an einer GmbH.[36]

Die Portefeuillemischung der Unternehmensbeteiligungsgesellschaft sollte bislang mindestens zehn Beteiligungen umfassen, und die Bilanzsumme aller an ein Unternehmen vergebenen Beteiligungen und Darlehen war in der Regel auf 20 % beschränkt. Die Kapitalbeschaffung durch Gewährung von Genußrechten oder stillen Beteiligungen war unzulässig (§ 7 UBGG). Damit wird kon-

33 Vgl. Schöner, M. (1989), S. 145.; Fanselow, K.-H.; Stedler, H. (1994), S. 740 u. 743.

34 Vgl. Deutscher Bundestag (1998b), S. 36 f.

35 Vgl. Deutscher Bundestag (1998b), S. 37.

36 Vgl. Schneider, U. (1992) S. 2 f.; Beckmann, K.; Scholtz, R.D. (1995), 455 § 3 Rz. 1.

sequent das Ziel verfolgt, dem Publikum echte Risikokapitaltitel anzubieten.[37] Mit den Änderungen im 3. Finanzmarktförderungesetz werden die Refinanzierungsspielräume erheblich erweitert, was die Attraktivität nicht nur für private Investoren, sondern auch für institutionelle Anleger fördern dürfte. Die Wagniskapitalbeteiligung an einem Unternehmen darf 30 % der Bilanzsumme der UBG nicht überschreiten (§ 4 Abs. 1 UBGG).[38] Den Marktteilnehmern wird die notwendige Flexibilität gegeben, um sich die ihren Bedürfnissen entsprechende Rechtsform auszuwählen.

Dennoch unterliegt das öffentliche Angebot einer Reihe von Voraussetzungen, die dem Anlegerschutz dienen (§§ 10,11 UBGG), wie z.B. der Börsenzulassungsprospekt oder der Unternehmensbericht, der eine Reihe von Angaben über jedes Unternehmen verlangt, an dem die Unternehmensbeteiligungsgesellschaft beteiligt ist.[39] Künftig wird jedoch unterschieden, ob eine UBG als offene UBG oder als integrierte UBG betrieben wird. Bei der offenen UBG sind nach einer Anlaufphase Beteiligungen nur bis max. 40 % zulässig. An integrierten UBGen können sich auch dauerhaft Mehrheitsgesellschafter beteiligen, wobei hier strengere Anlagegrenzen gelten. Dauerhafte Beteiligungen oder Mehrheitsbeteiligungen sind für beide nur eingeschränkt möglich.[40]

Hinsichtlich der Rechnungslegungspflichten gelten die Vorschriften des Handelsrechts (§§ 12), wobei zusätzliche Angaben zu machen sind. Eine börsennotierte Unternehmensbeteiligungsgesellschaft muß zusätzlich einen Zwischenbericht innerhalb des 7. und 8. Monats des Geschäftsjahres veröffentlichen (§ 13 UBGG). Allerdings unterliegen stille Beteiligungen einem Anonymitätsrecht hinsichtlich des Namens des Beteiligungsunternehmens (§ 11 Abs. 3 UBGG). Dies ist wenig geeignet, Informationsasymmetrien abzubauen.

Durch die Körperschaftsteuerpflicht der Unternehmensbeteiligungsgesellschaft unterliegen mögliche Veräußerungsgewinne einer Besteuerung, was die Marktchancen im Vergleich zur KAG mindern kann.[41]

---

37 Vgl. Schöner, M. (1989), S. 147; zum Begriff des Risikokapitals s. Gerke, W. (1985), S. 359 ff.

38 Vgl. Deutscher Bundestag (1997), S. 67; Deutscher Bundestag (1998), S. 36

39 Vgl. Bilstein, J. (1989), S. 58; Fanselow, K.-H.; Stedler, H. (1994), S. 743.

40 Vgl. Deutscher Bundestag (1997), S. 67; Deutscher Bundestag (1998b), S. 67.

41 Vgl. Schöner, M. (1989), S. 151 f.; Kürten, S. (1991), S. 625.

10.3.2 Grundlagen der Kapitalanlagegesellschaft

In der Erweiterung des Gesetzes über Kapitalanlagegesellschaften sind die Regelungen zu den hier im Vordergrund stehenden Beteiligungs-Sondervermögen enthalten. Auch die Kapitalbereitstellung für die mittlere Unternehmensgröße kann damit unter bestimmten Voraussetzungen verbessert werden.[42] Der Gesetzgeber hat diese Entwicklung forciert und entsprechend wurde im 5. Vermögensbildungsgesetz die überbetrieblichen Anlageformen im Jahr 1986 aufgenommen. Die Anlage von vermögenswirksamen Leistungen wird gefördert, wenn sich das Beteiligungskapital zu mindestens 70 % aus Aktien oder stillen Beteiligungen zusammensetzt (§ 2 Abs. 1 c, d). Mit der Novellierung im 3. Finanzmarktförderungsgesetz wird folgendes beabsichtigt:[43]

- Zulassung neuer Fondstypen (z. B. Pension-Sondervermögen, gemischte Wertpapier- und Grundstücks-Sondervermögen)
- Erweiterung der Geschäftsmöglichkeit für bereits zugelassene Investmentfondstypen (u. a. Aktienfonds mit begrenzter Laufzeit und Aktienindex-Fonds, erhöhte Flexibilität beim Liquiditätsmanagement)
- Verbesserung des Anlegerschutzes

Das gegen Ausgabe von Anteilscheinen eingelegte Geld wird als Sondervermögen bezeichnet. Verwaltet werden die Sondervermögen von Kapitalanlagegesellschaften, die als Kreditinstitute besonderen gesetzlichen Vorschriften unterliegen, d.h. den Anlegerschutzbestimmungen des Gesetzes über Kreditwesen (KWG) und insbesondere der Bankenaufsicht durch das Bundesaufsichtsamt für Kreditwesen.[44]

Die Refinanzierung der Kapitalanlagegesellschaft erfolgt hier durch Ausgabe von Anteilscheinen, die die Ansprüche gegenüber der KAG verbriefen. Der Arbeitgeber zahlt demnach eine bestimmte Summe im Namen der Arbeitnehmer und für deren Rechnung an die Kapitalanlagegesellschaft. Diese bündelt sämtliche Zahlungen zu einem oder mehreren Sondervermögen und beauftragt eine Depotbank mit der Verwahrung der Sondervermögen, die dem Arbeitnehmer Anteilscheine ausstellt.[45]

42 Vgl. §§ 25a - 25j und §§ 43 a - 43 b KAGG.

43 Vgl. Deutscher Bundestag (1997), S. 2 u. 15 ff.; Deutscher Bundestag (1998b), S. 12 ff.

44 Vgl. §§ 1, 2, 6 KAGG.

45 Vgl. §§ 6, 12, 12a, 18 KAGG.

Die Bildung von mehreren Sondervermögen mit einer Orientierung in Richtung bestimmter Anlagewerte ist grundsätzlich möglich, z.B. Geldmarkt-Sondervermögen, Immobilien-Sondervermögen, Wertpapier-Sondervermögen für Beteiligungen börsennotierter Aktiengesellschaften oder Beteiligungs-Sondervermögen für Beteiligungen an mittelständischen Unternehmen.

Mehrere Sondervermögen einer KAG dürfen von derselben Depotbank verwaltet werden. Die Anlagepolitik kann auch mit Blick auf andere Branchen und unter dem Grundsatz der Risikomischung (§ 1 KAGG) frei ausgestaltet werden. Neben dem Erwerb von Aktien können unter bestimmten Voraussetzungen auch stille Beteiligungen eingegangen werden, wobei jedoch in diesem Fall nicht die begünstigten Arbeitnehmer, sondern allein die KAG an den Unternehmen beteiligt ist (§ 25 f KAGG). Die Wahrnehmung der sich ergebenden Rechte und Pflichten obliegt somit ebenfalls der KAG, die dabei treuhänderisch für die Anleger handeln muß. Der Erwerb von GmbH- und/oder KG-Anteilen ist jedoch ausgeschlossen.

Als Gesellschaftsform einer KAG ist nur die Rechtsform der Aktiengesellschaft oder der Gesellschaft mit beschränkter Haftung zulässig (§ 1 Abs. 3 KAGG). In Form der GmbH ist ebenfalls ein Aufsichtsrat zu bilden (§ 3 KAGG). Die Geschäftsleitung der KAG muß zuverlässig sein und die zur Leitung der KAG erforderliche fachliche Eignung haben (§ 2 Abs. 2b KAGG). Durch den Bezeichnungsschutz (§ 7 KAGG) wird das Bonitätsrisiko für den Anleger reduziert. Die Vertragsbedingungen haben nach § 15 Abs.3 KAGG einen geregelten Mindestinhalt und bedürfen der Genehmigung durch das Bundesaufsichtsamt für Kreditwesen. Die Überwachung aller Regelungen laut Beteiligungsvertrag erfolgt durch die Depotbank (§ 2 Abs. 1 KAGG).[46]

Die Anlagevorschriften für Beteiligungs-Sondervermögen ergeben sich aus dem § 25 b KAGG, nach denen stille Beteiligungen an einem inländischem Unternehmen und börsennotierte Wertpapiere erworben werden dürfen. Die KAG darf in Wertpapieren und Schuldscheindarlehen desselben Ausstellers nur bis zu 5 % des Wertes des Sondervermögens anlegen; in den Vertragsbedingungen können jedoch bis zu 10 % am Nennkapital einer Aktiengesellschaft festgelegt werden. Konzernunternehmen i. S. des § 18 AktG gelten dabei als ein Unternehmen.[47]

---

46 Vgl. § 25 c Abs. 1 KAGG.

47 Vgl. § 8a KAGG.

Für Schuldverschreibungen und stille Beteiligungen gilt eine Anlagegrenze von 30 % des Sondervermögens. Pro Beteiligungsunternehmen darf die Summe der stillen Beteiligungen 5 % des Sondervermögens nicht überschreiten.[48] Eine Darlehensgewährung der Kapitalanlagegesellschaft für gemeinschaftliche Rechnung der Anteilinhaber ist nach § 9 Abs. 2 KAGG ausgeschlossen. Eine Kreditierung der Unternehmen ist daher bis auf Schuldscheindarlehen (§ 8 Abs. 2 Ziffer 2 KAGG) sowie begrenzten Ankauf von Inhaberschuldverschreibungen nicht möglich. Kritisch wurde angemerkt, daß bis zu 49 % des Sondervermögens in Bankguthaben oder Geldmarktpapieren angelegt werden darf, da im Gegensatz zu langfristig ausgerichteten Unternehmensbeteiligungen geldmarktnahe Fonds eher kurzfristiger Natur sind. [49] Gerade Aktienfonds mit beschränkter Laufzeit könnten aber ein interessantes Instrument sein, Anlegerkreise an den Aktienmarkt heranzuführen, die diesem bislang eher zurückhaltend gegenüberstanden. Im Interesse der Wettbewerbsfähigkeit und um Anlegern eine interessante Anlagemöglichkeit zu erschließen, werden künftig auch Aktienindex-Fonds zugelassen.[50]

Dem Sicherheitsbedürfnis der Anleger kann beispielsweise dadurch Rechnung getragen werden, daß das Fondsvermögen zu einem nicht unerheblichen Teil durch den Erwerb von Verkaufsoptionen gegen Kursverluste abgesichert wird. Jedoch sind noch weiter Anforderungen zu beachten, die für die Verwendungsmöglichkeiten innerhalb der Tariffonds einige Einschränkungen mit sich bringen. Der Erwerb einer stillen Beteiligung setzt die Bestätigung durch einen Abschlußprüfer voraus und die Jahresabschlüsse müssen den Vorschriften für große Kapitalgesellschaften i. S. des § 267 Abs. 3 HGB genügen.[51] Die laufende Bewertung einer stillen Beteiligung ist in § 25 d KAGG geregelt. Mit dem Ertragswertverfahren gehen der erwartete Ertrag, der erwartete Rückzahlungsbetrag, die Veräußerbarkeit und das Risiko der stillen Beteiligung sowie die Umlaufrendite festverzinslicher Wertpapiere mit annähernd gleicher Restlaufzeit in die Bewertung ein.[52] Eine substanzbeteiligende atypische Gesellschaft ist jedoch nicht möglich.[53]

---

48 Vgl. § 25b Abs. 2, 4 KAGG.

49 Vgl. Schneider, U. (1992), S. 5.

50 Vgl. Deutscher Bundestag (1997), S. 62.

51 Vgl. § 25 b Abs. 1, Nr. 2 b, 2. Halbsatz KAGG.

52 Anm.: Die Problematik und Lösungsansätze für das Bewertungspoblem sind ausführlich dargestellt bei Schöner, M. (1989), S. 158 ff. Vgl. auch Bilstein, J. (1989), S. 63 ff.

53 Vgl. § 25 c Abs. 2 KAGG; Schöner, M. (1989), S. 155; Beckmann, K.; Scholtz, R.D. (1995), 425 § 25c Rz. 20.

Stille Beteiligungen dürfen jedoch nach § 25 i KAGG nur veräußert werden, wenn der Erlös den bei der Bewertung ermittelten Wert nicht oder nur unwesentlich unterschreitet. Es ist fraglich, ob eine derartige Regelung im Sinne der Arbeitnehmer als Anteilscheininhaber ist, wenn Beteiligungen von Unternehmen, deren wirtschaftliche Verhältnisse sich verschlechtern, solange unverkäuflich bleiben, bis der Abschlußprüfer eine Neubewertung vorgenommen hat. Bilstein weist darauf hin, daß die KAG dadurch gezwungen wird, eine Beteiligung mit einer weiteren Wertminderung zu Lasten des Sondervermögens zu halten.[54]

Sollen die Fondsanteile öffentlich gehandelt werden, sind Ausgabe- und Rücknahmepreise bei jeder Ausgabe und Rücknahme, mindestens jedoch zweimal pro Monat festzustellen und auch zu veröffentlichen (§ 21 Abs. 6 KAGG). Außerdem können die Anteilscheininhaber verlangen, daß gegen Rückgabe der Anteilscheine ihr Anteil ausbezahlt wird, was ebenfalls die laufende Bewertung voraussetzt.[55] Bilstein vermutet in diesem Zusammenhang, daß die Kapitalanlagegesellschaften in Fällen größerer Nettoabflüsse versuchen, stille Beteiligungen an Dritte abzugeben, was hinsichtlich der Möglichkeiten eines "fliegenden Wechsels" die Akzeptanz bei den Beteiligungsunternehmen nicht fördert.[56]

Kritisch könnte bei Beteiligungs-Sondervermögen damit ein durch Kündigung von Krediten und Beteiligungen hervorgerufenes Liquiditätsrisiko sein, was auch zu Anschlußfinanzierungsproblemen führen kann, mit weiteren Zins- und Transaktionskosten. Eine naheliegende Regelung, wie z.B. die für Grundstücks-Sondervermögen bestehende Möglichkeit der befristeten Rückzahlungsverweigerung (§ 36 KAGG) ist nicht vorgesehen.

Zum Schutz der Anleger sind auch besondere Publizitätsvorschriften definiert. Die Vertragsbedingungen müssen Angaben darüber enthalten, welche Informations-, Kontroll- und Zustimmungsrechte die Kapitalanlagegesellschaft in allen Beteiligungsverträgen vereinbaren wird. Auch den Besonderheiten der Beteiligungs-Sondervermögen muß durch laufende Berichterstattung, insbe-

---

54 Vgl. Bilstein, J. (1989), S. 61.

55 Vgl. § 11 Abs. 2 KAGG.

56 Vgl. Bilstein, J. (1989), S. 55; vgl. auch Beckmann, K.; Scholtz, R.D. (1995), 425 § 11 Rz. 3.

sondere Entwicklung der stillen Beteiligungen, Rechnung getragen werden.[57] Allerdings führt die Mehrfachkontrolle, die sich nur mit qualifiziertem Personal durchführen läßt, auch zu höheren Transaktions- und Kontrollkosten als vergleichsweise bei Unternehmensbeteiligungsgesellschaften.[58] Die Novellierung im 3. Finanzmarktförderungsgesetz versucht Impulse für die Auflegung von Beteiligungs-Sondervermögen insoweit zu geben, als dies im Hinblick auf den Anlegerschutz, die Produktwahrheit und der mit der Konzeption der Beteiligungs-Sondervermögen verfolgten Zielsetzung noch zu vereinbaren ist. Vor diesem Hintergrund ist die Aufhebung des § 25 e KAGG zu verstehen.[59]

Bei Beteiligungs-Sondervermögen werden die Anleger nach dem Grundsatz der Transparenz steuerlich so behandelt wie Direktanleger. Die Zuteilung von Fondsanteilen oder Anteilen an einer UBG führt grundsätzlich zu steuerpflichtigen Einkünften, wobei jedoch nach § 19a EStG eine teilweise Steuerbefreiung möglich ist. Zu den Einkünften aus Kapitalvermögen gehören die Ausschüttungen auf Anteilscheine und die vom Sonderfonds thesaurierten Erträge, sofern es sich der Sache nach um Einnahmen aus Kapitalvermögen handelt, die nicht zur Ausschüttung oder Kostendeckung verwendet wurden.

Der Fonds kann demnach nicht dazu dienen, Einnahmen bis zu einem späteren Zeitpunkt zu thesaurieren. Steuerfrei bleiben dagegen Veräußerungsgewinne (capital gains). In Anbetracht der Steuerbefreiung für Einkünfte aus Kapitalvermögen bis 6.000/12.000 DM p. a. wird im allgemeinen keine Steuerbelastung bei den Anteilscheininhabern eintreten.[60]

Durch die definierten Marktzutrittsbarrieren der Beteiligungs-Sondervermögen liegt schon eine deutliche Abgrenzung zu den Unternehmensbeteiligungsgesellschaften vor. Risikoaverse Anleger dürften insofern Anteile an Beteiligungs-Sondervermögen den Aktien einer Unternehmensbeteiligungsgesellschaft vorziehen. Das Sondervermögen als zentrales Rechtsinstitut der KAG dient demnach der Schaffung klarer Rechtsverhältnisse und dem Schutz der Anleger vor Verlusten, da es durch eine Anzahl von Vorschriften gegen Mißbräuche und andere Beeinträchtigungen geschützt ist.

---

57 Vgl. § 25 j insbes. Abs. 2 und Abs. 3 KAGG, die die aufzuführenden Mindestangaben in den Vermögensaufstellungen und der Rechenschaftsberichte definieren.

58 Vgl. Bilstein, J. (1989), S. 59.

59 Vgl. Deutscher Bundestag (1997), S. 64.

60 Vgl. ausführlich Reiß, W. (1992), S. 261 ff.

10.3.3 Zusammenfassende Beurteilung der Finanzintermediäre

Die Anlagemöglichkeiten der KAGen und UBGen sollten nicht konkurrierend betrachtet werden. Beide Formen besitzen spezifische Vorteile, weil unterschiedliche Anlegergruppen und Finanzierungsvorhaben bedient werden können. Zusammenfassend können zwei wesentliche Unterscheidungsmerkmale für die Finanzintermediäre festgehalten werden:

- Versorgung der Unternehmen mit Risikokapital durch UBGen
- konsequente Trennung von Arbeitsplatz- und Kapitalrisiko durch KAGen

Der Erfolg der beiden Instrumente hängt im wesentlichen davon ab, ob in ausreichendem Umfang auf die individuellen Belange der Anleger einerseits und der Beteiligungsunternehmen andererseits in ausreichendem Maße eingegangen werden kann. Vor allem mit Inkrafttreten des 3. Finanzmarktförderungsgesetzes ist vorgesehen, das Risikokapitalangebot für kleinere und mittlere Unternehmen auszuweiten und Erleichterungen für börsennotierte Unternehmen bei der Kapitalbeschaffung zu bewirken.

ad Versorgung der Unternehmen mit Risikokapital durch UBGen

Unternehmensbeteiligungsgesellschaften sind besser in der Lage gerade innovativen, mittelständisch strukturierten Unternehmen, denen der Zugang zum organisierten Kapitalmarkt fehlt, vollhaftendes Risikokapital zuzuführen. Die fehlende Standardisierung von Anlagetiteln und hohe Transaktionskosten führen tendenziell zu einer Unterversorgung von nicht emissionsfähigen Unternehmen mit Eigenkapital.[61]

Die Beteiligungs-Sondervermögen sind festgelegt auf typische stille Beteiligungen mit möglichst hohen laufenden Gewinnanteilen, die nicht für alle finanziellen Situationen der Beteiligungsunternehmen geeignet sind. Aus der Sicht der Unternehmen erfahren die stillen Beteiligungen der Beteiligungs-Sondervermögen einige Einschränkungen. Gerke/Schöner stellen fest, daß "stille Beteiligungen, die nicht in vollem Maße an Gewinn und Verlust teilhaben, die nicht nachrangig haften und den Kapitalgeber nicht an der Unternehmenssubstanz beteiligen, kein vollwertiges Risikokapital darstellen, sondern

---

61 Vgl. Fanselow, K.-H.; Stedler, H. (1994), S. 740, 741.

allenfalls ein Eigenkapitalsurrogat in Form eines langfristigen Gläubigerverhältnisses".[62] Auch ist die Bewertungsfrage von stillen Beteiligungen bei Unternehmensbeteiligungsgesellschaften besser gelöst. Diese finanzieren sich Aktiengesellschaften über die Ausgabe von Aktien, für die an der Börse Marktpreise festgestellt werden. Außerdem haben Kapitalanlagegesellschaften für jedes Sondervermögen einen Jahres- und Halbjahresbericht zu erstellen, in dem u.a. auch Angaben über den Wert der stillen Beteiligung aufzunehmen sind. Fraglich ist, ob die Unternehmen mit dieser Publizität einverstanden sind.

Die Prüfung der Werthaltigkeit einer Beteiligung und der Jahresabschlüsse könnte sich als Hemmnis für kleine und mittlere Unternehmen erweisen. Unternehmensbeteiligungsgesellschaften können individuelle Lösungen anbieten. Insofern wird den Anlegern einer UBG auch eine tatsächliche Beteiligung am Produktivvermögen vermittelt, mit der diese auch an der Wertentwicklung der Beteiligungsunternehmen partizipieren können.

Um zu vermeiden, daß nicht nur emissionsfähige Großbetriebe Kapital zurückerhalten und an Klein- und Mittelbetriebe keine Beträge zurückfließen, müßte die Fondsleitung gebunden das Geld dort anzulegen, woher sie es erhalten hat. Anderenfalls wäre eine weitere Stärkung der ohnehin schon oligopolisierten Branchen und ein weiteres Fortschreiten der Konzentration zu befürchten.[63] Diesem Anspruch wird man in der Anlagepolitik offenbar am ehesten durch die Unternehmensbeteiligungsgesellschaft gerecht.

ad konsequente Trennung von Arbeitsplatz- und Kapitalrisiko durch KAGen

Beteiligungs-Sondervermögen sind grundsätzlich aus Anlegerschutz- und Kostengründen für die regelmäßig beteiligungsunerfahrenen Anleger vorzuziehen, beispielsweise unterliegen Aktien der UBG dagegen als Spezialwerte stärkeren Kursschwankungen und sind nur für börsenerfahrene Anleger geeignet.[64]

62 Vgl. Schöner, M. (1989), S. 175, mit weiteren Hinweisen.

63 Vgl. Schaper, U. (1971), S. 122 und Fanselow, K.-H.; Stedler, H. (1994), S. 740 ff.

64 Vgl. Hesse, W.-E. (1986), S. 1213.

Unternehmensbeteiligungsgesellschaften könnten beispielsweise durch die Ausgabe von Vorzugsaktien mit einer garantierten Mindestdividende Finanztitel anbieten, die in ihrem Charakter festverzinslichen Wertpapieren ähnlich sind. Gerade für risikoaverse Anlegerschichten könnte ein solcher Aktientyp eine höhere Attraktivität als Stammaktien besitzen. Die Produktdifferenzierung nach Vorzugs- und Stammaktien kann dazu beitragen, ein möglichst breites Spektrum verschiedener Anlegertypen anzusprechen.[65]

Es ist aber auch zu beachten, daß auch bei den Kapitalanlagegesellschaften das verbleibende Kapitalrisiko nicht vernachlässigbar ist. Dennoch findet im Vergleich zur Unternehmensbeteiligungsgesellschaft eine konsequentere Trennung von Arbeitsplatz- und Kapitalrisiken statt.

Die Diversifikation erfolgt durch die Risikomischung. Anlegerschutzbestimmungen und Machtbegrenzung sind im KAGG geregelt. Weitere Kontrollmechanismen liegen gemäß dem KWG durch das BAK und zwischenzeitlich auch durch das BAWPHdl vor.

Eine wichtige Rolle spielen in diesem Zusammenhang die angeführten Diversifikations- und Anlagevorschriften. Die Maßnahmen der Risikobegrenzung sind insbesondere für die weniger wohlhabenden Haushalte ein wichtiges Kriterium, damit überhaupt die Bereitschaft für risikobehaftete Sparformen entwickelt wird.

Allerdings wird durch die weitreichenden Erwerbs- und Veräußerungsbedingungen die Flexibilität eingeschränkt, was letztlich auch Kosten verursacht, die die Rendite zusätzlich schmälern.

Auch Bilstein betont, daß Beteiligungen kein Massengeschäft sind und daher die Prüfung des Beteiligungsvorhabens und der Zukunftsaussichten des Unternehmens eine entsprechende Expertise verlangen. Breite Anlegerkreise könnten nur dann angesprochen werden, wenn wirksame Anlegerschutzvorschriften bestehen, zu denen neben einem entsprechenden Organisationsrahmen eine ausgewogene Risikomischung im Beteiligungs-Portefeuille sowie ausreichende Publizität zählen.[66]

---

65 Vgl. Schöner, M. (1989), S. 366.

66 Vgl. Bilstein, J. (1989), S. 53.

11. Mittelzuteilung und mögliche Reaktionen der privaten Haushalte

11.1 Möglichkeiten der Individualverteilung

Während die Investivlohnkonzepte auf der investiven Anlage und Förderung von absolut steigenden Anlagebeträgen basieren, muß bei investiven Erfolgsbeteiligungssystemen eine sachgerechte Zuordnung des Erfolgsanteils auf die Produktionsfaktoren bzw. die hier im Vordergrund stehende Individualverteilung ermittelt werden. Die Individualverteilung betrifft die Zuordnung der Erfolgsbeträge auf die einzelnen Bezugsberechtigten.

Nach einer Befragung wird der ermittelte Gewinn auf die Faktoren Kapital und Arbeit in 70 % der Fälle nach einem paritätischen Schlüssel verteilt.[1] Als Verteilungsschlüssel werden z. B. die Verhältnisse Kapital zu Lohnsumme, Umsatz zu Lohnsumme oder Kapital zu Umsatz herangezogen.[2] Für eine branchenweite Lösung einer verursachungsgerechten Individualzuteilung kann man sich auch pragmatisch mit festen oder tarifvertraglich ausgehandelten Quoten einer festgelegten Bemessungsgrundlage behelfen, die den beteiligten Tarifpartnern akzeptabel erscheinen.

Die begünstigten privaten Haushalte erwerben nach definierten Teilnahmekriterien Vermögensansprüche gegen die Fonds, die je nach wirtschaftlicher Entwicklung einen jährlichen Zuwachs erfahren. Der Kreis der beteiligungsberechtigten Mitarbeiter ist unter Wahrung des arbeitsrechtlichen Gleichbehandlungsgrundsatzes normalerweise auf die zum Stichtag in den betroffenen Unternehmen befindlichen Mitarbeiter beschränkt.[3] Gewinnbeteiligungssysteme, die sich nur an die leitenden Mitarbeiter richten, um ihren unternehmerischen Beitrag anzuerkennen, sind unter verteilungspolitischen Aspekten ineffizient.

---

1 Vgl. Klein, H.-W.; Braun, A. (1986), S. 675.

2 Vgl. Heuberger, W. (1979), S. 163.

3 Vgl. Heuberger, W. (1979), S. 165 und 169 mit dem Hinweis, daß eine Wartefrist von einem Jahr rechtens sei, da eine gewisse Einarbeitungszeit notwendig sei, bis der Mitarbeiter seine ganze Leistungsfähigkeit dem Unternehmen zur Verfügung stellt, und auch soll die Fluktuationsrate bei jüngeren Mitarbeitern höher sein als bei dienstälteren, was den administrativen Aufwand erhöht. Allerdings dürfe unter Motivationsaspekten die Wartezeit nicht allzu lange sein. Außerdem wird die Einbeziehung pensionierter Mitarbeiter (S. 173) empfohlen. Unter diesem Aspekt wäre die Diskussion ausdehnbar auf ausgeschlossene Bevölkerungskreise wie z. B. Studenten, Arbeitslose etc. Dieser Aspekt wurde im Rahmen der Untersuchung nicht verfolgt.

Akzeptanz und Vertrauen in das System dürften auch von der Durchschaubarkeit des Verteilungssystems abhängen. Die Verteilung des Gewinnanteils auf die einzelnen Arbeitnehmer kann nach folgenden Kriterien erfolgen:[4]

- nach Leistungsgesichtspunkten:
  Quantifizierung individueller Leistungs- oder Ertragsanteile durch Lohnsummenverteilung oder Leistungsbeurteilung

- nach sozialen Gesichtspunkten:
  gleichmäßige Pro-Kopf-Verteilung

- nach sonstigen Gesichtspunkten:
  Zuteilung nach Betriebszugehörigkeit, Fehlzeiten, Alter

ad Zuteilung nach Leistungsgesichtspunkten

Durch eine Schlüsselung nach Leistungsgesichtspunkten wird versucht, den produktiven Beitrag der Mitarbeiter zum Gesamtunternehmenserfolg zu würdigen. Unter Motivationsaspekten wird auch eine höhere Leistung des einzelnen erwartet.[5] Allerdings entspricht die Verteilung der neugebildeten Vermögen tendenziell der Differenzierung der Arbeitseinkommen, und es ändert sich nichts am Status quo ante der Verteilungssituation.[6]

Die objektive Erhebung einer Leistungsgröße ist nicht unproblematisch, und diese scheint besser für betriebliche Belange geeignet.[7] Soll das System möglichst einfach gehalten werden und überbetrieblich anwendbar sein, so ist die Mittelzuteilung anhand des Lohns- und Gehalts praktikabel, wie bei dem Modell der IG Bau-Steine-Erden vorgeschlagen. Es ist aber zu berücksichtigen, daß die Festlegung der persönlichen Leistungsfähigkeit in Abhängigkeit vom jeweiligen Einkommen auch kritisch beurteilt werden kann. Aber gerade für Branchen mit hohem Anspruch an die Qualifikation der Mitarbeiter könnte die Leistungszuteilung einen zusätzlichen Anreiz bieten, dort eine Beschäftigung zu suchen.

---

4 Vgl. Schneider, H.-J.; Zander, E. (1985), S. 47; Klein, H.-W.; Braun, A. (1986), S. 675.

5 Vgl. Vgl. Heuberger, W. (1979), S. 166.

6 Anm.: s. ausführlich Kap. 2.

7 Siehe Kap. 8.2.

ad Zuteilung nach sozialen Gesichtspunkten

Mit der Zuteilung unter sozialen Gesichtspunkten kann der Versuch unternommen werden, die Verteilungsdisparitäten in der Vermögensausstattung zu korrigieren und einkommensschwache Schichten durch eine Pro-Kopf Zuteilung zu bevorzugen. Bei dieser Vorgehensweise wird das Gefälle innerhalb der Arbeitseinkommen abgeflacht. Die mehr oder weniger aufwendige Leistungsermittlung entfällt. Die Schlüsselung nach einem festen Betrag pro Arbeitnehmer begünstigt die unteren Arbeitseinkommen stärker und wirkt somit ausdrücklich redistributiv.

Krelle betont in diesem Zusammenhang zwei Gesichtspunkte. Zum einen soll den Haushalten zusätzliches Einkommen zugeführt werden, um überhaupt die Sparfähigkeit zu schaffen, die die Verwendung zur Vermögensbildung unterstützt. Zum anderen sollen die Haushalte, deren Einkommen für Ersparnisse bereits ausreichen, mit einem Grundstock versehen werden, der einen zusätzlichen Anstoß für verstärktes Sparen aus dem frei verfügbaren Einkommen darstellt. Als Zuteilungskriterium wird von ihm das Haushaltseinkommen je Haushaltsmitglied vorgeschlagen.[8]

Nach Ansicht von Schöner ist zentraler Bestandteil einer distributionspolitisch orientierten Vermögenspolitik die Abkehr von konstanten Zulagensätzen und festen Einkommensgrenzen hin zu einem progressiven Tarifverlauf. Als Bemessungsgrundlage wird dabei nicht nur das zu versteuernde Einkommen herangezogen, sondern zusätzlich eine Haushaltsgrößenkomponente. Damit würde eine familienpolitische Komponente und insofern die Bedeutung der Vermögenspolitik für untere Einkommensschichten und Familien berücksichtigt, die überproportional an den Verteilungseffekten profitieren sollen.[9]

Insoweit würden idealerweise der Familienstand und das Pro-Kopf-Einkommen als Kriterium herangezogen, um eine Zuteilung nach Köpfen durchzuführen, wenn beispielsweise eine Familie mit Kindern größere Ersparnisse bilden soll als ein kinderloses Ehepaar bei gleichem Einkommen.

---

8 Vgl. Krelle W.; Schunck, J.; Siebke, J. (1968), S. 251, so auch Willgerodt, H. (1971), S. 303 f.

9 Vgl. Schöner, M. (1989), S. 329 ff.

ad Zuteilung nach sonstigen Gesichtspunkten

Die Zuteilung nach sonstigen Gesichtspunkten ist geeignet, in der Zuteilungssystematik, flankierend zu den obengenannten Kriterien, stärker differenzieren zu können. Betriebliche Lösungen können hier in Abhängigkeit von unternehmensspezifischen Bedingungen maßgeschneidert werden. Gerade mit der Zuteilung nach Betriebszugehörigkeit kann auch eine geringe Fluktuationsrate honoriert werden.

In dem Modell der IG Bau-Steine-Erden wurde schließlich ein Kompromiß aus einem Leistungsanspruch einerseits und einer redistributiven Komponente auf der anderen Seite gewählt, durch die hälftige Zuteilung nach dem jeweiligen Einkommen und die andere Hälfte nach Köpfen. Gegen die Übertragbarkeit auf andere Branchen gäbe es insoweit keine Bedenken. Mögliche Adaptionen und Fokussierung auf eines der Kriterien sind branchenspezifisch je nach Struktur der Beschäftigten und Qualifikationsniveau ebenfalls denkbar.

11.2 Reaktionen des freiwilligen Sparens

Die beabsichtigte Umverteilung bleibt wirkungslos, wenn sich die durchschnittliche Sparquote der Arbeitnehmer nicht erhöht. Die angestrebten Zielsetzungen werden daher regelmäßig gestützt durch:

- zeitliche Verfügungsbeschränkungen (Sperrfristen), i. V. m. VermBG,
- Restriktionen in personeller Hinsicht (Veräußerungsverbot),
- Vorbehalte, die mit dem Arbeitsverhältnis zusammenhängen (Rückgabepflicht bei vorzeitigem Austritt, Mindestbetriebszugehörigkeit).

Brock kommt zu dem Ergebnis, daß Produktivvermögen in Händen vermögensloser Einkommensbezieher nur dann mit Sicherheit angesammelt und erhalten bleibt, wenn sowohl die Vermögensbildung als auch die Vermögenserhaltung im Zeitablauf erzwungen werden.[10] Eine starke Beschränkung stellt jedoch die Festlegung bis zur Pensionierung dar, wie beispielsweise in dem Investivlohnmodell i. V. m. § 40 b EStG.

---

10 Vgl. Brock, B. (1971), S. 108.

Die beiden Hauptprobleme, die sich aus dem Sparverhalten der Arbeitnehmer für die angestrebte Umverteilung ergeben könnten, lauten:

- Entsparprozesse nach Ablauf der Sperrfrist
- Substitution zwischen freiwilligem und administriertem Sparen

11.2.1 Entsparprozesse nach Ablauf der Sperrfrist

Föhl unterscheidet zwei Arten der Vermögensbildung, das Versorgungssparen und die Bildung vererblichen Vermögens.[11] Der Versorgungssparer ist dadurch gekennzeichnet, "daß das von ihm ersparte Vermögen am Ende seines Lebens gerade wieder aufgezehrt ist". Aber nicht nur hinsichtlich der Zeitdauer unterscheidet sich das Vorsorgesparen vom Konsumsparen, sondern auch in bezug auf die Anlageform.[12]

Grundsätzlich steht damit dem Prozeß des Ansparens der Prozeß des Entsparens und somit der Vermögensentstehung die Vermögensvernichtung gegenüber. Dafür gibt es drei Gründe. Erstens geschieht das Entsparen für konsumtive Zwecke. Zweitens ist die Funktion des Vermögensbestandes im Zeitablauf auch auf eine Vermögensauflösung ausgerichtet, z. B. Altersvorsorge. Schließlich kann auch eine Vermögensverwertung stattfinden, die jedoch der Einflußnahme des einzelnen Wirtschaftssubjekts entzogen ist, z. B. die Entwertung seines Geldvermögens durch Inflation.

11.2.1.1 Determinanten von Vermögensanlageentscheidungen

Die Sparziele und -zwecke wandeln sich demnach im Zeitablauf des einzelnen Wirtschaftssubjekts. Mit zunehmender Absicherung gegen wirtschaftliche Notfälle treten andere Motive in den Vordergrund.

Bei vielen Sparern dominierte zu Anfang der 70er Jahre die "Vorsorge gegen Notfälle", gefolgt von der "Sicherstellung der Altersversorgung", "Urlaubs- und Erholungsreisen" und die "Anschaffung größerer Einrichtungs-, Gebrauchs- oder Schmuckgegenstände". Die Begründung der "Gewinnerzielung" wurde

---

11 Vgl. Föhl, C. (1964), S. 147.

12 Vgl. Brock, B. (1971), S. 68 ff.

nur von einem geringen Teil der Befragten genannt.[13] In einer Umfrage Mitte der 80er Jahre wurden diese Ergebnisse im wesentlichen bestätigt. So wurden als wichtige Ziele der Geldanlage überwiegend die Rücklagen für Notfälle, gefolgt von Sparen für größere Anschaffungen und langfristige Absicherung der Zukunft und Vorsorge genannt. Ein Teil der Sparer legt auch Geld ohne bestimmte Sparziele an. Der Anteil der planlosen Sparer nimmt mit zunehmendem Alter und erfüllter Konsumwünsche zu. Es gibt auch Unterschiede in den soziodemographischen Gruppen (s. Tab. 11.1).

Anlageziele nach Alter und Haushaltsnettoeinkommen						
Als wichtigstes Ziel der Geldanlage nannten (Mehrfachnennungen möglich)		Rücklagen für Notfälle	Sparen für größere Anschaffungen	Langfristige Absicherg. der Zukunft, Vorsorge	zunächst Geld anlegen, später entscheiden	sonstig., keine Antwort
Anteil der Nennungen bei den Befragten		46 %	19 %	31 %	20 %	9 %
Anteil der soziodemographischen Gruppe an der Gesamtbevölkerung :		davon entstammen aus der soziodemographischen Gruppe:				
14 - 39 Jahre	42 %	33 %	59 %	43 %	53 %	keine Angaben
40 - 59 Jahre	33 %	32 %	30 %	39 %	32 %	
über 60 Jahre	25 %	35 %	11 %	18 %	15 %	
Haushaltsnettoeinkommen [DM/Monat]						keine Angaben
unter 2000	32 %	39 %	26 %	24 %	23 %	
2000 - 4000	53 %	51 %	59 %	56 %	59 %	
über 4000	15 %	10 %	15 %	20 %	18 %	

Tabelle 11.1 - Anlageziele nach Alter und Haushaltsnettoeinkommen

Quelle : Spiegel-Dokumentation (1985), S. 130 u. 224.

(Werte zusammengefaßt und teilweise gerundet)

13 Vgl. Brock, B. (1971), S. 60 ff.

Brock spricht von altersabhängigen Sparwellen. Die erste liegt vor der Heirat und der Gründung eines Haushalts. Dieses Vermögen wird für Erstanschaffungen wieder aufgelöst (eigener Hausstand, Ausbildung der Kinder etc.). In dieser Zeit wird kaum für Alterssicherung gespart.[14] Mit zunehmendem Alter nimmt die Bedeutung der Rücklagen für Notfälle zu (Rücklagenfonds). Das Streben nach Sicherheit und die Risikoaversion zeigen sich auch deutlich in der Absicherung der Zukunft sowie der Familien- und Altersvorsorge, was gerade bei den mittleren Altersgruppen dominiert.

Die Einkommensdifferenzierung zeigt, daß bei den höheren Einkommensklassen nicht nur das Vorsorgemotiv dominiert, sondern daß die Sicherheitspräferenz keinesfalls mit wachsendem Einkommen sinkt. Allerdings fällt in diese Gruppe ein hoher Anteil Selbständiger und nichtpflichtversicherter Arbeitnehmer, die ihre Altersvorsorge selbst sichern müssen. Die Konsumpräferenz hat vor allem bei den jüngeren Haushalten einen höheren Stellenwert, da in diese Phase des Lebenszyklus in der Regel auch der Aufbau eines eigenen Hausstandes fällt.[15]

Schöner zeigt in seiner Analyse, daß theoretische Erklärungsansätze alleine nicht ausreichen, um das Anlageverhalten der Haushalte festzulegen. Die klassischen Kriterien wie Rendite, Risiko und Vermögen sind alleine nicht ausreichend. Ein umfassender Erklärungsansatz muß neben ökonomischen, quantitativen Aspekten durch verhaltensorientierte, situative, soziologische und psychologische Aspekte ergänzt werden.[16]

Hierzu wurde ein deskriptives Entscheidungsmodell aufgestellt, das sich sowohl in ökonomisch versus soziologische, psychologische als auch in objektive, kardinal meßbare und subjektive, werturteilsbehaftete Faktoren unterteilen läßt. Die Grenzen zwischen diesen Kriterien sind fließend.

---

14 Vgl. Brock, B. (1971), S. 66 f.

15 Spiegel-Dokumentation (1985), S. 130 u. 224.

16 Vgl. Schöner, M. (1989), S. 220 ff.
Anm.: In seiner Untersuchung bezieht sich Schöner (S. 209 ff.) auf ausgewählte Hypothesen der klassischen Finanzierungstheorie, so z. B. die von Markowitz publizierte Theorie der "Portfolio Selection", die auch Grundlage für das marktorientierte Capital-Asset-Pricing-Model (CAPM) ist, sowie die Arrowsche Hypothese zum Anlegerverhalten bei Unsicherheit. Im Rahmen dieser Untersuchungen brauchen diese Theorien nicht weiterverfolgt zu werden, da den Anlegern grundsätzlich nur eine Wahlfreiheit über Teilnahme oder Nichtteilnahme an dem Vermögensbildungsmodell zusteht und die Anlageentscheidung durch das professionelle Fondsmanagement wahrgenommen wird.

Das folgende Schaubild zeigt die Zusammenhänge der Determinanten der Vermögensentscheidungen. Mit wachsendem Einkommen nimmt die Spar- und die Vermögensbildungsfähigkeit zu. Durch zunehmendes Sachvermögen, das sich im Laufe des Lebenszyklus einstellt, steigt die Fähigkeit zum Konsumverzicht. Die Höhe des Einkommens determiniert die Höhe der Mittel für Anlagezwecke. Die Anleger werden unmittelbar mit monetären und nichtmonetären Transaktionskosten (Such- und Informationskosten, Provisionen, Gebühren, Steuern) belastet. Auch sind soziodemographische Daten der Anleger zu berücksichtigen, die ebenfalls die Sparbereitschaft determinieren.

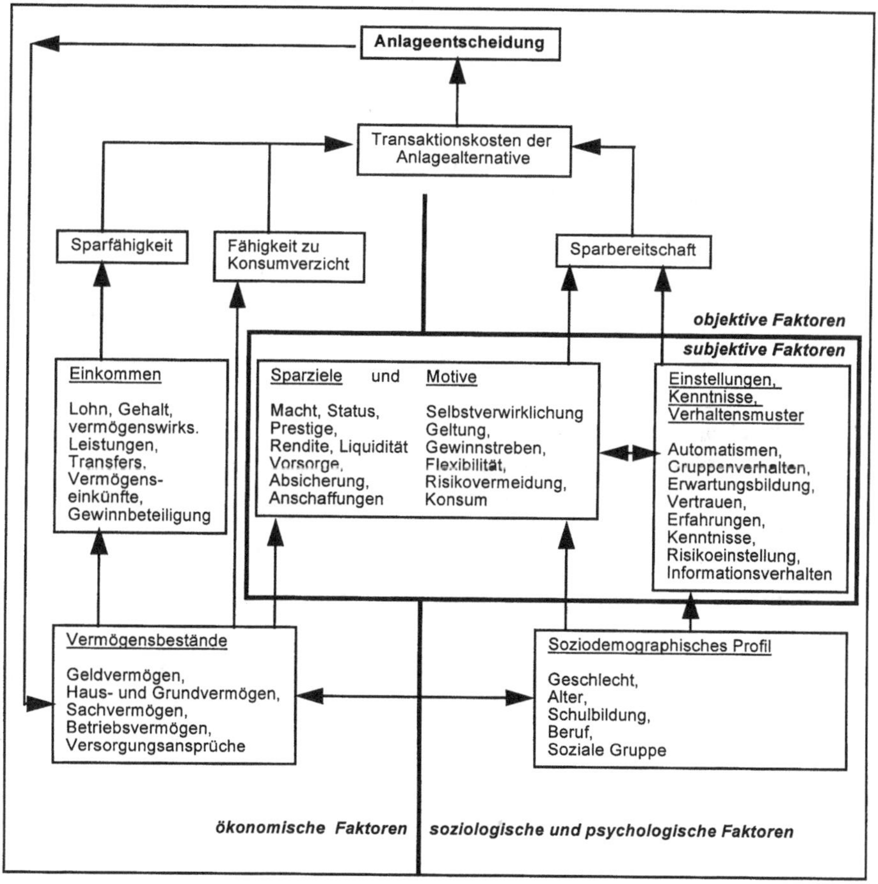

Abbildung 11.1 - Determinanten von Vermögensanlageentscheidungen
Quelle: Schöner, M. (1989), S. 223.

11.2.1.2 Zur Problematik der Nachhaltigkeit der Vermögenswerte

Weiteres Probleme aller Vermögensbildungspläne sind der Entsparprozeß und die Rückgabe der Anteilwerte nach Ablauf einer Sperrfrist. Das bedeutet, daß bei den privaten Haushalten grundsätzlich der Wille gefördert werden muß, die Vermögenswerte dauerhaft zu halten und nicht in den Konsum fließen zu lassen.[17] Besonders von den unteren Einkommensschichten wird am wenigsten erwartet, daß zum Zweck einer langfristigen Vermögensbildung gespart wird.[18]

Die meisten Vermögensbildungspläne versuchen dem Kriterium der Nachhaltigkeit Genüge zu leisten, und aus diesem Grund beinhalten die meisten Vorschläge mehr oder weniger lange Verwendungsbeschränkungen bzw. Sperrfristen.

Auf der anderen Seite muß vermieden werden, daß die Arbeitnehmer Vermögenstitel ansammeln, die sie letztlich nicht verwerten können. Eine hervorzuhebende Funktion des Vermögens ist gerade seine Liquidierbarkeit in bestimmten Lebensabschnitten, wie z. B. im Alter, bei Invalidität oder anderen Notlagen oder für den Erwerb selbstgenutzten Wohneigentums etc. Die Sperrfristen sollten aus dieser Sicht nur für eine begrenzte Frist gelten oder bis zu einem gewissen Vermögensaufbau und nicht für das gesamte Erwerbsleben.

Langfristige Sperren mit gesetzlich geregelten Auflösungsoptionen heben nach Krelle die spezifische Wirkung des privaten Vermögens auf, das die Grundlage einer eigenverantwortlichen Lebensgestaltung darstellen sollte[19] und erhalten den Charakter einer zusätzlichen Sozialversicherung.

Wird eine Sperrfrist vereinbart, wachsen die individuellen Fondsvermögen zunächst stetig. Dieses Wachstum endet mit dem Freiwerden der ersten Beträge und führt möglicherweise zu einem spürbaren Konsumstoß, der durch eine sukzessive Freigabe gedämpft wird.[20]

---

17 Vgl. Schaper, U. (1971), S. 164; ähnlich Willgerodt, H. (1971), S. 306, der eine vorzeitige Auszahlung in bestimmten Fällen zwar befürwortet, dafür aber auch Strafsteuern oder ähnliches für angemessen hält, um die Möglichkeit vorzeitigen Vermögensverzehrs nicht zu leicht zu machen.

18 Vgl. Brock, B. (1971), S. 162.

19 Vgl. Krelle, W.; Schunck, J.; Siebke, J. (1968), S. 254.

20 Vgl. Willgerodt, H. (1971), S. 218.

Bei einer sukzessiven Freigabe erhalten die Arbeitnehmer ihre Vermögensanteile in Jahrestranchen, d. h. nach jeweils 6- bis 7jähriger Laufzeit kommen die Beteiligungsbeträge zur Auszahlung. Allerdings ist eine Kündigung der Beträge nicht zwingend, da eine Wiederanlage vereinbart werden kann. Die Auflösung des Sparvermögens läßt sich zwar nicht vollständig vermeiden, dennoch verbleibt ein gleichsam revolvierender Vermögensbestand, der in den ersten Jahren vor der ersten Auszahlung angesammelt wurde. Das Wachstum der Fonds wird von da an gedämpft oder kommt ganz zum Stillstand. Möglicherweise kommt es im Anschluß zu einem Gleichgewicht zwischen Entsparen und Neusparen.

Möglicherweise tritt durch die Sperrfrist auch ein Prozeß der Gewöhnung an den Vermögensbesitz tritt, so daß mit wachsendem Vermögen die Bereitschaft zum Halten der Beträge steigt. Die Haushalte kalkulieren dann die Vermögenserträge langfristig mehr oder weniger fest zu ihrem Haushaltseinkommen. Allerdings bewegen sich gerade in den ersten Jahren die Erträge auf relativ niedrigem Niveau in der Relation zum Arbeitseinkommen. Zinserträge, deren Verlust bei konsumtiver Verwendung der Vermögensbeträge mit merklichen Einkommenseinbußen bezahlt werden, sind erst bei langfristigem Halten erreichbar.[21]

Auch Änderungen des Preisniveaus können sich ergeben. Dies ist der Fall, wenn die Vermögenswerte der Arbeitnehmer nach Ablauf einer Sperrfrist in den Konsum fließen und zu einer Erhöhung der Konsumgüternachfrage führen. Föhl befürchtet dann die Gefahr einer fortlaufenden Inflation, da ein Teil der zusätzlichen Unternehmergewinne in die Fonds fließt und über die Arbeitnehmer wieder zurück in den Konsum.[22]

Die Reaktionen auf das Preisniveau sind ceteris paribus um so geringer, je länger die Vermögensanteile gehalten werden und nicht zu einer Erhöhung einer konsumorientierten Nachfrage führen. Falls es durchgängig gelingt, die Ertragsbeteiligung auf die Preise überzuwälzen, wird die angestrebte Vermögensumverteilung wieder hinfällig. Letztendlich trüge dann der Arbeitnehmer die "Kosten" seiner Erfolgsbeteiligung. Soll das vermieden werden, muß Preisniveaustabilität gewährleistet sein.[23]

---

21 Vgl. Willgerodt, H. (1971), S. 219; Brock, B. (1971), S. 162.

22 Vgl. Föhl, C. (1964), S. 98.

23 Vgl. Willgerodt, H. (1971), S. 218.

11.2.2 Substitution von freiwilligem durch administriertes Sparen

Generell muß die Möglichkeit erwogen werden, daß die investiven Lohnanteile die bisherige freiwillige Ersparnis der Arbeitnehmer ersetzen. Dies würde die Umverteilung des Produktivvermögens unterlaufen. Schillert definiert zwei Möglichkeiten, um die Spartätigkeit zur Vermögensbildung zu umgehen:[24]

- Einschränkung der freiwilligen Ersparnis aus dem laufenden Einkommen
- Verringerung bereits vorhandener Vermögensbestände

Schillert kommt in seiner Analyse über die Substitutionsmöglichkeiten des administrierten Sparens gegenüber dem freiwilligen Sparen zu der Schlußfolgerung, daß der Unterschied darin liegt, ob die Haushalte den Vermögenszufluß außerhalb ihrer Einkommenssphäre sehen oder die Sparentscheidung unter Einrechnung dieser Zuflüsse treffen. Sehen die Haushalte den Vermögenszufluß außerhalb ihrer Einkommenssphäre, wird mit einer höheren Sparneigung gerechnet als im anderen Fall.[25]

Auch könnte es problematisch sein, wenn die neuen Sparformen in ihrer Fristigkeit kongruent zu bisherigen Sparzwecken ausgerichtet sind, so daß die angesammelten Beträge die bisherigen freiwilligen Ersparnisse substituieren. Willgerodt weist darauf hin, daß unterschiedliche Sparmotive unterschiedliche Anlageformen und Festlegungsfristen erfordern.[26] Das bedeutet, falls das zusätzliche Vermögen in seinen Fristen so ausgestaltet ist wie die bisherigen freiwilligen Ersparnisse, kann mit einer Substitution gerechnet werden.

11.3 Konsequenzen aus dem Sparverhalten der Arbeitnehmer

Die Ziele einer investiven Vermögensbildungspolitik werden bei frühzeitiger Veräußerung der Anteile nicht erreicht, wenn die Anteile überwiegend konsumtiv verwendet werden. Mit einer Sperrfrist soll vermieden werden, daß die Anteile schlagartig konsumiert werden. Auch wird erwartet, daß genügend Anreize bestehen, an dem bereits gebildeten Vermögensbestand festzuhalten. Eine Sperrfrist bis zu 10 Jahren ist prinzipiell praktikabel und ein Kompromiß

---

24 Vgl. Schillert, U. (1971), S. 76.

25 Vgl. Schillert, U. (1971), S. 89.

26 Vgl. Willgerodt, H. (1971), S. 216.

zwischen Nachhaltigkeit und Verfügbarkeit. Eine Auszahlung des Vermögens innerhalb der Sperrfrist ist in besonderen Lebenssituationen nach definierten Kriterien denkbar.[27]

Die Fondsgesellschaften müssen sich im Hinblick auf ihre Anlagepolitik den Sparzielen und Präferenzen der privaten Haushalte anpassen. Schöner kommt zu der Schlußfolgerung, daß die Akzeptanz und Verbreitung des Aktien- und Investmentsparens mit steigender sozialer Stellung, Bildungsniveau und hauptsächlich dem Einkommen als Finanzierungsquelle zunimmt. Je stärker das sozioökonomische Profil eines Anlegers von diesen Kriterien abweicht, desto wichtiger sind verhaltensbeeinflussende, subsidiäre Förderungsmaßnahmen des Staates, der Tarifpartner und Unternehmen zur Steigerung der Akzeptanz der überbetrieblichen Beteiligungstitel.[28]

Eine Trendanalyse der Akzeptanz der Geldanlageformen ergibt, daß mit wachsendem Wertpapiervermögen in den nächsten Jahren zu rechnen sein wird. Dies eröffnet Investmentfonds gute Absatzchancen. Bislang untergeordnete Bedürfnisse wie Renditeaspekte, wachsendes Risikobewußtsein, aber auch Status- und Machtbedürfnisse gewinnen mit steigendem Wohlstand sowie Informationsniveau der Anleger zunehmend an Dominanz.[29]

Jedoch ist derzeit noch kein bedeutender Mittelzufluß zu den Beteiligungsinstituten zu erwarten. Die geringe Akzeptanz risikotragender Dividendenpapiere (Aktien- und Mischfonds) im Vergleich zu festverzinslichen Wertpapieren (Rentenfonds) unterstreichen das bislang schwache Interesse und implizieren die mangelnde Börsenreife der privaten Haushalte.

---

27 In diesem Zusammenhang verweist Brock, B. (1971), S. 90 auf eine Untersuchung von Heinz Allekotte (1971), Sparneigung und Sparformen, Eine Analyse am Beispiel der Verwendung von Lottogewinnen, in: Beiträge des Deutschen Industrieinstituts, Heft 2/1971. Dieser hatte 1971 eine Analyse von Sparneigung und Sparformen am Beispiel von Lottogewinnen vorgelegt. Er kommt zu dem Schluß, daß lediglich bei Sperrfristen in der Größenordnung von 20 oder gar 30 Jahren eine Änderung der bestehenden Verteilung des Produktivvermögens erreicht werden kann (S. 42 f.); "Fraglich ist, ob solche Sperrfristen mit den kurz- oder mittelfristigen Konsuminteressen breiter Schichten in Einklang zu bringen sind. Noch scheint es so zu sein, daß den kurz- und mittelfristigen Konsuminteressen auch von den Vermögenspolitikern in hohem Maße Rechnung getragen wird, was langfristig zu Lasten eines echten Erfolgs in der Änderung der Vermögensverteilung gehen muß." (S. 43).

28 Vgl. Schöner, M. (1989), S.318 ff.

29 Vgl. Schöner, M. (1986), S. 278 ff.

IV. Die branchenspezifische Analyse

12. Charakterisierung der ausgewählten Branchen

Nachdem in den vorangegangenen Abschnitten das "Warum" und "Wie" der Tariffonds diskutiert wurden, erfolgt nun im abschließenden Abschnitt dieser Untersuchung die branchenspezifische Analyse, ob das Modell der IG Bau-Steine-Erden auf ausgewählte Branchen aus dem verarbeitenden Gewerbe übertragen werden kann bzw. welche Modelladaptionen idealerweise vorgenommen werden müßten. Die analysierten Branchen sind:

- chemische Industrie
- Straßenfahrzeugbau
- elektrotechnische Industrie
- Maschinenbau
- Baugewerbe

Zunächst erfolgt eine Charakterisierung der Branchen anhand folgender Merkmale:

- Allgemeines zur Branchenstruktur
- Kostenstruktur und Beschäftigtenverteilung
- Marktentwicklung und Zukunftsperspektiven
- Entwicklung in den neuen Bundesländern

Als Referenzjahr wurde aufgrund des vorliegenden Datenmaterials für eine bessere Vergleichbarkeit der Branchen grundsätzlich das Jahr 1994 herangezogen, da die notwendigen Daten teilweise nur im mehrjährigen Turnus erhoben werden. Sofern konsistente und aktuellere Daten vorlagen, wurde auf diese zurückgegriffen.

Die Relationen und Größenordnung der betrachteten Kriterien verschieben sich nur geringfügig im Zeitablauf, tendenziell kann insofern von relativ stabilen Branchenstrukturen ausgegangen werden. Dies erlaubt auch aktuelle Rückschlüsse für die Modelleignung in den einzelnen Branchen. Die gewonnenen Erkenntnisse lassen darüber hinaus auch Rückschlüsse auf hier nicht dargestellte Branchen zu.

12.1 Die chemische Industrie

12.1.1 Allgemeines zur Branchenstruktur

Nachdem die Branche lange Jahre stark expandierte, zeigten sich seit Anfang der 90er Jahre erhebliche Überkapazitäten. Im Jahr 1996 erzielte die gesamtdeutsche chemische Industrie einen Umsatz von 179,1 Mrd, mit einem Gesamtumsatz pro Beschäftigten von 417 TDM, in 1994 waren es zum Vergleich nur 364 TDM pro Beschäftigten. Damit zählt diese mit einem Umsatzanteil von rd. 10 % zu den größten Wirtschaftszweigen in Deutschland und nimmt Rang vier hinter dem Straßenfahrzeugbau, dem Maschinenbau und dem Ernährungsgewerbe ein.[1]

Typisch für die chemische Industrie ist auch das hohe Maß an Außenhandelsverflechtungen. Mit einem Anteil von rd. 16 % (Stand 1995) am gesamten Welt-Chemieexport nimmt die Bundesrepublik nach wie vor einen führenden Platz vor den USA ein (Ex- und Importquote).[2] Die Wettbewerbsverhältnisse können daher nur unter Einbeziehung der Außenhandelsbeziehungen entsprechend beurteilt werden. Dafür spricht auch, daß, gemessen am Umsatz, drei deutsche Chemiekonzerne die weltgrößten Unternehmen ihrer Branche sind. Die einzelnen Sparten der chemischen Industrie haben nachfolgenden Anteil am Gesamtumsatz:

	Anteil am Gesamtumsatz:
Herstellung von chemischen Grundstoffen	43 %
Seifen, Wasch-, Reinigungs- und Körperpflegemittel	10 %
photochemische Erzeugnisse	8 %
pharmazeutische Erzeugnisse	21 %
Erzeugnisse für privaten Verbrauch, Verwaltungen	13 %
Chemiefasern und sonstige	5 %

ohne Handels- und fachfremde Umsätze

Tabelle 12.1 - Umsatz in der chemischen Industrie nach Fachzweigen
Quelle: Zahlenangaben entnommen aus VCI (1997), S. 46 f.

---

1 Alle Zahlenangaben stammen aus Quellen des Statistischen Bundesamtes aus folgenden Fachserien: Fachserie 4, Reihe 4.3.1, 4.3.2, 5.3.

2 Vgl. Dresdner Bank (1994a), S. 1 ff.; VCI (1997), S. 20.

12.1.2 Kostenstruktur und Beschäftigtenverteilung

Nach dem starken Wachstum bis zum Ende der 80er Jahre verzeichnete die chemische Industrie zu Beginn der 90er Jahre ausgeprägte Ertragsverschlechterungen, denen auch eine erhebliche Anzahl an Arbeitsplätzen zum Opfer fiel.[3]

Die Zahl der Arbeiter und Angestellten sank alleine von 1990 bis 1996 in der chemischen Industrie um 8,8 % und liegt in etwa auf dem Niveau des gesamten verarbeitenden Gewerbes. Das Verhältnis zwischen Angestellten und Arbeitern ist mit 53:47 in etwa ausgeglichen.[4]

Die nachfolgende Tabelle zeigt die Struktur der Gesamtleistung, Kosten und Betriebsergebnisse für die Betriebe der einzelnen Größenklassen. Die Branche wird von einer Konzentration der Gesamtleistung bei den Großunternehmen geprägt, die einen Anteil von rd. 67 % am Gesamtergebnis der Branche erwirtschaften.

Größenklasse	Bruttoproduktionswert		in % der Gesamtleistung (nur ausgewählte Kostenarten)				
Beschäftigte von ... bis ... (alte Bundesländer)	in Mrd DM	Anteil in %	Materialkosten	Personal kosten	Kapitalkosten Abschreibungen	FK-Zinsen	Betriebsergebnis[1.)]
20 - 49	4,8	2,4	51,8	19,0	3,5	1,2	8,8
50 - 99	7,4	3,7	50,9	19,3	3,8	1,5	5,4
100 - 199	11,1	5,5	51,9	20,6	4,0	1,2	6,2
200 - 499	22,3	11,0	48,3	21,0	4,3	1,0	5,1
500 - 999	20,6	10,2	46,9	22,6	3,7	1,1	4,8
1000 u. mehr	136,0	67,2	44,5	27,4	5,4	1,0	2,3
Summe	202,1	100 %	45,9	25,3	4,9	1,0	
neue BL	8,2		53,8	24,6	8,8	2,3	

1.) Berechnungen gültig für das Jahr 1991, entnommen aus: Dresdner Bank (1993), Brancheninformationen Chemische Industrie (ohne neue Bundesländer)

Tabelle 12.2 - Gesamtleistung, Kostenstruktur und Betriebsergebnis
Quelle: Statistisches Bundesamt (1994), Fachserie 4, Reihe 4.3.1.

3 Vgl. Oppermann, C. (1994), S. 20.
4 Vgl. Statistisches Bundesamt (1994), Fachserie 4, Reihe 4.3.1.

Ein weiteres Charakteristikum sind, wie im Straßenfahrzeugbau, die Personalkosten, die deutlich geringer als in der Elektroindustrie, im Maschinenbau und im arbeitsintensiven Baugewerbe sind. Die Kapitalkosten im Verhältnis zur Gesamtleistung liegen dagegen rd. 10 % höher als der Durchschnitt des verarbeitenden Gewerbes. Dies ist ein deutliches Indiz für die kapitalintensive Fertigung. Die Kapitalkosten (Abschreibungen und Fremdkapital-Zinsen) hatten in den früheren Bundesländern einen Anteil von 5,9 % an der Gesamtleistung und sind im Verhältnis 1,6mal höher als im Baugewerbe (3,6 %).

Mit 10,1 Mrd DM ist die chemische Industrie nach dem Straßenfahrzeugbau mit 14,2 Mrd DM zweitgrößter Investor für Sachanlageinvestitionen in den alten Bundesländern 1996. In der Elektrotechnik wurden 7,7 Mrd DM und im Maschinenbau 6,1 Mrd DM investiert.[5]

Auch die Einteilung der Beschäftigten nach Größenklassen unterstreicht, daß die chemische Industrie von Großunternehmen dominiert wird. So waren 1994 etwa 72 % der Beschäftigten in Großbetrieben mit über 1.000 Beschäftigten tätig und nur rd. 21 % in Betrieben mit 100 bis 999 Beschäftigten (alte Bundesländer).

Die Marktform der chemischen Industrie kann somit als oligopolistisch mit hoher Außenhandelsverflechtung charakterisiert werden. Durch die hohe Kapitalintensität bestehen erhebliche Markteintrittsbarrieren.

Beschäftigte in Betrieben mit ... bis ... Beschäftigten	Anzahl Beschäftigter in 1000	Anteil in Prozent
20 - 99	33,3	5,8 %
100 - 999	89,6	15,5 %
1000 u. mehr	412,4	71,5 %
neue Bundesländer	41,2	7,1 %
insgesamt	576,5	100,0 %

Tabelle 12.3 - Beschäftigte nach Größenklassen in der chemischen Industrie
Quelle: Statistisches Bundesamt (1994), Fachserie 4, Reihe 4.3.1.

5 Vgl. VCI (1997), S. 15.

12.1.3 Marktentwicklung und Zukunftsperspektiven[6]

Die chemische Industrie ist geprägt durch Multiproduktfirmen, da heißt der Produktionsprozeß ist in vielen Fällen nicht teilbar. Die Kapazitäten lassen sich nur sprungweise erhöhen.[7] Durch ihre breite Produktpalette und der Struktur aus Kuppelproduktion wird eine ganz Bandbreite an Vor-, Zwischen- und Endprodukten hergestellt. Daraus resultiert eine hohe Verflechtung als Lieferant mit nahezu allen Wirtschaftszweigen. Insofern gilt die chemische Industrie auch als vorauseilender Indikator für die Automobil- und die Elektroindustrie.

Zunehmend gewinnen Produkte mit Systemcharakter und hoher Fertigungstiefe an Bedeutung.[8] Allerdings wird die internationale Arbeitsteilung der chemischen Industrie im Rahmen der Weltwirtschaft ebenfalls weiter zunehmen. Grundsätzlich sollte jedoch die künftige wirtschaftliche Entwicklung der Branche positiv eingeschätzt werden aufgrund wachsender Weltbevölkerung, der Nachfrage aus Ost- und Südosteuropa und nicht zuletzt durch die Erschließung neuer Märkte (z. B. Bio-, Umwelt- und Gentechnik). Massenproduktionen werden zunehmend durch günstigere ausländische Anbieter verdrängt. Auch gehört sie mit zu den forschungsintensivsten Branchen, wie die nachfolgende Tabelle zeigt.[9]

Jahr	Chemische Industrie in Mrd DM	Straßenfahrzeugbau in Mrd DM	Elektrotechnik in Mrd DM	Maschinenbau in Mrd DM	Wirtschaft gesamt in Mrd DM
1990	10,7	9,0	13,7	5,3	52,9
1996	10,9	13,3	13,4	5,4	58,8

Tabelle 12.4 - Forschungs- und Entwicklungsaufwendungen in Mrd DM

Quelle: VCI (1997), S. 99.

---

6 Anm.: In die Überlegungen könnten grundsätzlich die aktuelle Konjunkturlage sowie die kurzfristigen Aussichten und Ertragslage einbezogen werden. Allerdings sollen diese - wenn auch wichtigen - Aspekte im zeitlichen Horizont einer langfristig ausgerichteten Kapitalbeteiligung von untergeordneter Bedeutung sein. Wichtig sind an dieser Stelle zur Charakterisierung der Branchen die generellen Tendenzen und Marktentwicklungen.

7 Vgl. Fehl, U.; Oberender, P. (1984), S. 222 ff.

8 Vgl. VCI (1994), S. 11; VCI (1997), S. 18.

9 Vgl. VCI (1994), S. 95.

12.1.4 Entwicklung in den neuen Bundesländern

Die Entwicklungsmöglichkeiten der chemischen Industrie in den neuen Bundesländern sind nicht nur ein gesamtwirtschaftliches, sondern wegen der für die ehemalige DDR typischen Konzentration einzelner Industrien, auch ein regionales Problem.

Damit wird die Frage aufgeworfen, ob insbesondere die chemische Industrie im Raum Halle, in dem über 50 % des gesamten Produktionspotentials geballt war, eine Zukunft haben wird.[10] Grundsätzlich hat der Großraum Halle durchaus Standortvorteile durch die zentrale Lage in Mitteleuropa, Qualität und Leistungsvermögen der Arbeitskräfte und durch den voll erschlossenen Chemiestandort.

Zur Sicherung des Standortes wurde die Modernisierung der materiellen Infrastruktur und die ökologische Sanierung gefordert. Notwendige Maßnahmen sind der Abbau von Entwicklungsengpässen (Erneuerung der Telekommunikation, Ausbau der Verkehrsinfrastruktur, Bereitstellung von Büro- und Gewerbeflächen, Wohnungsbau u. a.), Reduktion der immensen Umweltbelastung sowie Altlasten- und Altanlagensanierung.[11]

Der Anteil des Gesamtumsatzes betrug in den neuen Bundesländern 1994 bereits 10 % am gesamtdeutschen Umsatz. Obwohl die Umsatzentwicklung eine gewisse Trendumkehr erkennen läßt, setzt sich der Beschäftigungsrückgang fort. Alleine bis 1993 führten die fortschreitende Umstrukturierung und die schwache Konjunktur zu einem Beschäftigtenrückgang von 25 %.[12]

Der Anteil der Beschäftigten an der gesamten Beschäftigtenzahl in der chemischen Industrie bewegte sich Mitte der 90er Jahre um die 8 %. Jedoch dürfte aufgrund weiterer Produktivitätsfortschritte die Beschäftigtenzahl in naher Zukunft weiter zurückgehen, da der Umsatz pro Beschäftigten 1994 mit 196 TDM noch zu weit von dem in Westdeutschland erzielten Wert entfernt lag (364 TDM).

---

10 Vgl. Legler, H. (1991), S. 672 f. Statistisches Bundesamt (1994), Fachserie 4, Reihe 5.3.1.

11 Vgl. Legler, H. (1991), S. 675 ff.

12 Vgl. Dresdner Bank (1994a).

12.2 Der Straßenfahrzeugbau

12.2.1 Allgemeines zur Branchenstruktur

Die Automobilindustrie ist eine der bedeutendsten Industriebranchen. Fast ein Fünftel des Bruttosozialprodukts steht nach Verbandsangaben im Zusammenhang mit dem Automobil.[13]

Der Straßenfahrzeugbau trug im Jahr 1996 mit 242,6 Mrd DM rd. 13 % zum Gesamtumsatz des verarbeitenden Gewerbes bei. Mehr als 40 % des Umsatzes wurden im Ausland realisiert. In 1994 waren es zum Vergleich noch 267 Mrd DM Umsatz, mit einem Gesamtumsatz je Beschäftigten von 339 TDM.[14]

Wie kaum eine andere Branche ist man international orientiert, und die Globalisierung dürfte noch weiter zunehmen. Die deutsche Automobilbranche gehört zu den weltweit größten Exporteuren. Trotz einer eigenen leistungsfähigen Automobilindustrie ist auch die Importquote sehr hoch. Das Hauptaugenmerk wird hier auf die Kraftfahrzeughersteller und -zulieferer gerichtet. Die Bezeichnung Straßenfahrzeugbau umfaßt im wesentlichen die Herstellung von:[15]

	Anteil am Gesamtumsatz
Kraftwagen und -motoren	72 %
Kraftfahrzeugteile	16 %
Karosserien, Aufbauten und Anhänger	4 %
Reparatur von Kraftfahrzeugen etc.	7 %
sonstiger Straßenfahrzeugbau	1 %

Tabelle 12.5 - Umsatz im Straßenfahrzeugbau nach Fachzweigen

Quelle: Statistisches Bundesamt (1994), Fachserie 4.3.2.

---

13 Vgl. Dresdner Bank (1993a). Allerdings ergibt sich die überragende Bedeutung dieses Wirtschaftszweiges nicht nur ausschließlich aus seiner hohen Erwerbstätigenanzahl, sondern vielmehr durch die Berücksichtigung der Beschäftigten aus vor- und nachgelagerten Leistungsbereichen. Nolte schätzt, daß auf diese Weise rd. 4 Mio Beschäftigte mittelbar oder unmittelbar von der Kraftverkehrswirtschaft abhängig sind, Nolte, D. (1991), S. 363.

14 Vgl. Statistisches Bundesamt; u. a. VDA -Verband der deutschen Automobilindustrie e. V. (Hrsg.), Tatsachen und Zahlen aus der Kraftverkehrswirtschaft, Frankfurt a. M. 1994.

15 Vgl. grundsätzlich auch VDA (1994), insbes. Kap. 10 "Internationale Übersicht".

Die Automobilindustrie ist als zyklische Branche durch schwankende Produktions- und Absatzzahlen im Konjunkturverlauf gekennzeichnet. Die meisten Haushalte sind zwischenzeitlich motorisiert, und die Ersatznachfrage führt nicht zu einer Bestandserhöhung, da ausgeglichen wird, was an Bestandsreduzierung stattfindet. Auch macht sich im Inland das rückläufige verfügbare Einkommen der Haushalte bemerkbar, was dazu führt, daß der Ersatz langlebiger Gebrauchsgüter aufgeschoben wird.[16]

Die Hersteller von Nutzfahrzeugen leiden unter Investitionsrückgängen, wenn hohe Transportkapazitäten aufgebaut werden, die bei geringerem Gütervolumen nicht ausgelastet sind. Auch Konjunktureinbrüche im Ausland machen sich in der stark exportabhängigen Automobilbranche bemerkbar.

12.2.2 Kostenstruktur und Beschäftigtenverteilung

Die nachfolgende Tabelle zeigt die Struktur der Gesamtleistung, Kosten und Betriebsergebnisse für das Jahr 1994. Hier zeigen sich zwei Merkmale. Zum einen wird die Branche von den großen Fahrzeugherstellern dominiert, was den Anteil an der Gesamtleistung und die Zahl der Beschäftigten betrifft. Zum anderen ist die Zulieferindustrie deutlich mittelständisch geprägt.

Die Unternehmen über 1000 Beschäftigte haben an der Gesamtleistung immerhin einen Anteil von knapp 85 %. Ähnlich wie die chemische Industrie ist der Straßenfahrzeugbau forschungsintensiv und bewegt sich auf hohem Investitionsniveau. Die Kapitalintensität ist vor allem bei den Großunternehmen überdurchschnittlich mit einem Anteil der Kapitalkosten in Höhe von 5,9 % und 5,1 % im verarbeitenden Gewerbe zum Vergleich.

Ein weiteres Charakteristikum ist der hohe Vorleistungsanteil bei der Fertigung von Kraftfahrzeugen. So entfallen etwa zwei Drittel auf die Zulieferung aus anderen Wirtschaftsbereichen, wie Gummiverarbeitung, Stahlverformung und Gießereien.[17] Die Kostenstruktur läßt damit auf eine kapital- und materialintensive Fertigung schließen.

---

16 Vgl. Dresdner Bank (1993a); dazu auch Diekmann, A. (1993), S. 615 f. Gerade der internationale Wettbewerb war in der Vergangenheit stets vom Handelsprotektionismus gekennzeichnet; vgl. ausführlicher Nolte, D. (1991), 368 f.

17 Vgl. Nolte, D. (1991), 362.

Größenklasse	Bruttoproduktionswert		in % der Gesamtleistung (nur ausgewählte Kostenarten)				
Beschäftigte von ... bis ... (alte Bundesländer)	in Mrd DM	Anteil in %	Materialkosten	Personalkosten	Kapitalkosten Abschreibungen	FK-Zinsen	Betriebsergebnis[1.)]
20 - 49	7,5	2,9	67,8	21,0	1,7	1,3	1,7
50 - 99	6,8	2,6	64,0	22,4	2,4	1,4	2,2
100 - 199	6,8	2,6	57,9	24,8	2,9	1,4	4,0
200 - 499	7,8	3,0	54,5	29,4	4,5	1,6	5,3
500 - 999	8,7	3,4	53,6	30,0	4,2	1,6	5,8
1000 u. mehr	219,7	85,4	59,1	24,8	5,2	0,7	1,5
Summe	257,2	100 %	59,1	24,9	4,9	0,8	
neue BL	10,1	2,3	75,5	30,1	10,0	2,7	

1.) Berechnungen gültig für das Jahr 1991, entnommen aus: Dresdner Bank, (1993), Brancheninformationen Kraftwagen und Kraftwagenteile (ohne neue Bundesländer)

Tabelle 12.6 - Gesamtleistung, Kostenstruktur und Betriebsergebnis

Quelle: Statistisches Bundesamt (1994), Fachserie 4, Reihe 4.3.2.

Die Verteilung der Beschäftigten nach Beschäftigungsgrößenklassen zeigt Tab. 12.7. Das Verhältnis von Angestellten und Arbeitern beträgt 28:72 und ist stark durch gewerbliche Mitarbeiter geprägt.[18] 1994 waren von etwa 789.000 Beschäftigten 76 % in Unternehmen mit mehr als 1000 Mitarbeitern beschäftigt. Damit ist eine ausgeprägte Dominanz der Großunternehmen feststellbar.

Beschäftigte in Betrieben mit ... bis ... Beschäftigten	Anzahl Beschäftigter in 1000	Anteil in Prozent
20 - 99	56,7	7,2 %
100 - 999	96,8	12,3 %
1000 u. mehr	601,4	76,2 %
neue Bundesländer	34,7	4,4 %
insgesamt	789,6	100,0 %

Tabelle 12.7 - Beschäftigte nach Größenklassen im Straßenfahrzeugbau

Quelle: Statistisches Bundesamt (1994), Fachserie 4, Reihe 4.3.2.

18 Statistisches Bundesamt (1994), Fachserie 4, Reihe 4.3.2.

In den mittelständischen Betrieben von 100 bis 999 Beschäftigten sind mit einem Anteil von 12 % nahezu die Hälfte der Beschäftigten in der Zulieferindustrie tätig. Die Beschäftigten in den Kleinbetrieben (7,2 %) sind überwiegend im Bereich der Kraftfahrzeugreparatur anzusiedeln.[19]

Die Gesamtzahl der Automobilanbieter scheint auf den ersten Blick ein mehr oder weniger enges Oligopol darzustellen, da gerade bei den großen Herstellern der Massenautomobile die Nachfrageelastizität noch groß genug ist. Auf einigen Teilmärkten, insbesondere im Bereich der Limousinen im oberen Preissegment, ist die Marktform des (Teil)-Dyopols begründet, da hier wenige Anbieter häufig auf eine loyale Kundschaft treffen.[20]

In der Zulieferindustrie stellt sich eine völlig andere Marktstruktur in Form eines Nachfrageoligopols dar. Sie ist mittelständisch geprägt, obwohl es auch hier bedeutende Großunternehmen gibt, die nahezu drei Viertel der Gesamtleistung erwirtschaften.[21] Als Reaktion auf die Outsourcing-Strategie der Hersteller seit den 80er Jahren ist die Zahl der Zulieferer sprunghaft angestiegen. Den ca. 2.500 Zulieferern stehen nur sieben Hersteller von Straßenfahrzeugen gegenüber.[22]

12.2.3 Marktentwicklung und Zukunftsperspektiven

Die Struktur des Automobilmarktes war bereits in den sechziger Jahren von großen Konzentrationstendenzen geprägt, weil insbesondere die Hersteller von Klein- und Kleinstfahrzeugen bei steigenden Einkommen nicht in der Lage waren, neuere und größere Modelle zu entwickeln und Anlagen für kostengünstige Fertigung zu erstellen. Die Wahrscheinlichkeit eines erfolgreichen Markteintritts ist aufgrund der immensen Kosten für Produktentwicklung und Beschaffung der Werkzeuge relativ gering. Mittelfristig werden trotz zunehmenden Wettbewerbsdrucks, Überkapazitäten und Standortnachteilen (Kostendruck) bei den Personenkraftwagen weitere Zuwachsraten, wenn auch möglicherweise auf niedrigerem Niveau, zu erwarten sein. Dies liegt an den erwarteten steigenden Bevölkerungszahlen, dem Erneuerungsbedarf, Änderungen

19 Vgl. hierzu auch VDA (1994), Kap. 7.

20 Vgl. Berg, H. (1984), S. 179 f.

21 Vgl. Dresdner Bank (1993b).

22 Vgl. Wiegers, M. (1994), S. 16.

im Konsumverhalten (Trend zum Zweitwagen, zunehmende Motorisierung im Alter) und Nachholbedarf bei bestimmten Personengruppen (Ausländer).

Andererseits sind auch verstärkte Marktsättigungstendenzen in den Industrieländern und eine begrenzte Expansionsfähigkeit in sonstige Gebiete (Schwellenländer, Dritte-Welt-Länder) aufgrund der geringen Kaufkraft zu befürchten. Gerade durch den Aufbau eigener Produktionskapazitäten in den Zukunftsmärkten der Schwellen- und Entwicklungsländer wird mit Überkapazitäten und einem entsprechenden Verdrängungswettbewerb gerechnet.[23]

Die künftige Entwicklung wird damit durch eine weitere Verschärfung des internationalen Wettbewerbs gekennzeichnet sein. Die Nutzfahrzeuge sind abhängig vom allgemeinen Investitionsklima und werden sich auch entsprechend entwickeln. Auch hier dürften durch lean production und weitere Globalisierung (Multidomestic-Strategie) die Kostenstrukturen weiter optimiert werden.[24]

Auch die Zulieferindustrie dürfte sich weiter positiv entwickeln, da sie der Entwicklung des Kraftwagenbaus folgt. Dies liegt an dem fortgesetzten Abbau der Fertigungstiefe der Kfz-Hersteller, Zunahme an Extraausstattung und dem Trend zu höherwertigen Fahrzeugen.

Fertigungs- und Entwicklungsaufgaben werden zunehmend auf die Zulieferer verlagert. Allerdings sind die Kostenprobleme der Zulieferer nicht zuletzt aufgrund ihrer geringen Marktmacht immens, und der Kostendruck dürfte sich noch verschärfen, was nicht zuletzt unter den Schlagworten global und single sourcing diskutiert wird.[25] Dabei wird aber nicht nur an die einfachen Zulieferteile aus Billiganbieterländern in Südostasien oder Osteuropa gedacht, sondern auch an qualitativ höherwertige Produkte, die die europäischen Kfz-Ausrüster vielfach preiswerter herstellen.[26]

---

23 Vgl. Nolte, D. (1991), S. 365 ff.

24 Vgl. Berg, H. (1984), S. 183, mit einer Übersicht über Kooperationen und Verflechtungen der großen Automobilhersteller; ähnlich auch Diekmann, A. (1993), S. 617.

25 Vgl. auch Knust, C. (1995), S.11, die auch der Zulieferbranche erhebliche Konzentrationstendenzen voraussagt, um im internationalen Wettbewerb bestehen zu können.

26 Vgl. Dresdner Bank (1993b); zur Problematik der Beziehung der Zuliefer- und Automobilindustrie siehe auch: Monopolkommission, Mißbräuche der Nachfragemacht und Möglichkeiten ihrer Kontrolle im Rahmen des Gesetzes gegen Wettbewerbsbeschränkungen, Sondergutachten 7, Baden-Baden 1977, S. 68 ff.

Zunehmend werden die Zulieferer daher untereinander Kooperationen bilden müssen, weil die Automobilindustrie ganze Komponenten anfordert. Allerdings sind auch verstärkte Kooperationen in vertikaler Richtung im Hinblick auf Entwicklung und Produktion denkbar. Das Erstausrüstungsgeschäft der Zulieferer wird von der konjunkturellen Entwicklung der Kraftwagenindustrie unmittelbar beeinflußt, während das Ersatzgeschäft von dieser Entwicklung weniger betroffen ist.[27]

12.2.4 Entwicklung in den neuen Bundesländern

In den neuen Bundesländern werden in den kommenden Jahren noch verstärkte Wachstumsimpulse erwartet. Obwohl die Pkw-Dichte zwischenzeitlich schon sehr stark gestiegen ist, liegt sie immer noch deutlich unter den alten Bundesländern.[28] Durch weitere geplante Investitionen der deutschen Automobilindustrie wird sich ein Teil des Wachstums in die neuen Länder verlagern. Günstige Perspektiven dürften sich dann von hier aus auch für den Export nach Osteuropa ergeben.

Der Anteil am deutschen Gesamtumsatz betrug 1994 mit 10 Mrd DM rd. 4 %. Mit einem Anteil von 4,4 % der Beschäftigten und einem Umsatz pro Beschäftigten von 290 TDM p. a. liegt man zwar noch weit unter den Werten der alten Bundesländer (339 TDM), hat jedoch bereits deutlich aufgeholt.[29]

12.3 Die elektrotechnische Industrie

12.3.1 Allgemeines zur Branchenstruktur

Die Bundesrepublik ist nicht nur einer der weltweit größten Exporteure von elektrotechnischen Erzeugnissen, sondern die Elektrotechnik hat sich zu einer der wichtigsten Branchen der deutschen Industrie überhaupt entwickelt, gemessen am Gesamtumsatz von 247,2 Mrd DM, anteilig am verarbeitenden Gewerbe mit rd. 12 % und auch an dem Anteil der Beschäftigten mit rd. 14 %. Der Gesamtumsatz je Beschäftigten betrug 247 TDM in 1994.[30]

---

27 Vgl. Dresdner Bank (1993b).

28 Vgl. Dresdner Bank (1993a).

29 Vgl. Statistisches Bundesamt (1994), Fachserie 4, Reihe 4.3.2.

30 Vgl. Statistisches Bundesamt (1994), Fachserie 4, Reihe 4.3.2.

Außerdem ist die elektrotechnische Industrie Lieferant für die Basistechnologien der 90er Jahre, wie die Mikroelektronik, die Informations- und Kommunikationsindustrie sowie Produktions- und Automatisierungstechniken.[31]

	Anteil an der Gesamtleistung
Investitionsgüter (Elektrizitätserzeugung u. -verteilung, Nachrichtentechnik, Meß- u. Regeltechnik)	60 %
Gebrauchsgüter (u. a. Haushaltsgeräte, Unterhaltungselektronik)	20 %
Vorerzeugnisse u. sonstige (Bauelemente, Montagen, Reparaturen)	20 %

Tabelle 12.8 - Gesamtleistung in der Elektroindustrie nach Fachzweigen
Quelle: Dresdner Bank (1994), Brancheninformationen Elektrotechnik.

Ein Anteil von etwa zwei Dritteln entfällt in der Branche auf Investitionsgüter (Elektrizitätserzeugung und -verteilung; Meß- und Regeltechnik sowie Nachrichtentechnik), was sich auch bei der Verteilung der Beschäftigtenzahlen in etwa widerspiegelt. Vor diesem Hintergrund ist die konjunkturelle Entwicklung stets von wichtigen Abnehmerbranchen wie Straßenfahrzeugbau und Maschinenbau abhängig.[32] Der Rest ist gleichgewichtig auf die Bereiche der Gebrauchsgüter (Haushaltsgeräte, Unterhaltungselektronik) und Vorerzeugnisse (Bauelemente), Montagen, Reparaturen, sonstige verteilt.[33]

Aufgrund des zunehmend verschärften internationalen Wettbewerbs hängt das Wachstum in der Branche auch hier von einer weiteren Steigerung der Produktivität ab, weiteren Rationalisierungen und weiterer Automation führen wird. Auch die konsumnahen Bereiche erfuhren in den achtziger Jahren erhebliche Produktionsrückgänge.[34]

Kleinere Anbieter haben dagegen häufig den Vorteil, als Spezial- oder Nischenanbieter langjährige Geschäftsbeziehungen zu besitzen und weniger dem (internationalen) Wettbewerb ausgeliefert zu sein.

31 Vgl. IG Metall (1992), S. 5 f. u. 195; Dresdner Bank (1994b).

32 Vgl. Wissing, F.-J. (1993), S. 621.

33 Vgl. Dresdner Bank (1994b).

34 Vgl. IG Metall (1992), S. 195.

12.3.2 Kostenstruktur und Beschäftigtenverteilung

Der Personalkostenanteil liegt im Schnitt bei rd. 32 - 33 %. Hierin kommt die in Teilbereichen arbeitsintensive Fertigung zum Ausdruck. Die Abschreibungen sind innerhalb der Branche mit zunehmender Betriebsgröße tendenziell steigend, was als Ausdruck steigender Technisierung und damit Kapitalintensität gedeutet werden kann.[35]

Größenklasse Beschäftigte von ... bis ... (alte Bundesländer)	Bruttoproduktionswert in Mrd DM	Bruttoproduktionswert Anteil in %	in % der Gesamtleistung (nur ausgewählte Kostenarten) Materialkosten	Personalkosten	Kapitalkosten Abschreibungen	Kapitalkosten FK-Zinsen	Betriebsergebnis[1.)]
20 - 49	6,7	2,8	48,8	34,9	2,6	1,3	3,2
50 - 99	9,4	3,9	45,6	32,1	3,2	1,7	4,9
100 - 199	11,8	4,9	44,9	33,0	3,7	1,8	3,5
200 - 499	23,0	9,6	48,7	32,6	3,9	1,3	2,7
500 - 999	24,7	10,3	49,9	32,0	4,4	1,3	2,7
1000 u. mehr	163,9	68,4	48,5	31,7	3,8	1,2	1,9
Summe	239,4		48,4	32,0	3,8	1,3	
neue BL	8,7		55,4	33,0	6,0	1,5	

1.) Berechnungen gültig für das Jahr 1991, entnommen aus: Dresdner Bank, (1993), Brancheninformationen Elektrotechnik (ohne neue Bundesländer)

Tabelle 12.9 - Gesamtleistung, Kostenstruktur und Betriebsergebnis
Quelle: Statistisches Bundesamt (1994), Fachserie 4, Reihe 4.3.2.

In der Elektrotechnik findet hinsichtlich der Beschäftigtenverteilung eine deutliche Verlagerung in den Bereich der Betriebe mit 200 bis 499 Beschäftigten statt: Die Segmente der Meß- und Regeltechnik oder Unterhaltungselektronik werden von kleinen und mittleren Unternehmen geprägt.[36] Allerdings werden in den alten Bundesländern rd. 68 % der Gesamtleistung in den Unternehmen mit mehr als 1000 Beschäftigten erbracht. Das Verhältnis zwischen Angestellten und Arbeitern beträgt 44:56. Besonders ausgeprägt ist der hohe Frauenanteil in den arbeitsintensiven Produktionsbereichen.[37]

35 Vgl. Statistisches Bundesamt (1992), Volkswirtschaftliche Gesamtrechnung, Reihe S.18.

36 Vgl. Volksbanken Raiffeisenbanken (1994b) S. 1 f. und (1994a), S. 1.

37 Vgl. IG Metall (1992), S. 14 f.

Grundsätzlich gliedert sich somit die Branche je nach Teilmarkt in Oligopole oder Polypole, beispielsweise das Segment der Meß- und Regeltechnik mit einer Dominanz von kleinen und mittleren Unternehmen, jedoch mit deutlichen Konzentrationstendenzen innerhalb der gesamten Branche.

Beschäftigte in Betrieben mit ... bis ... Beschäftigten	Anzahl Beschäftigter in 1000	Anteil in Prozent
20 - 99	91,8	9,1 %
100 - 999	282,9	27,9 %
1000 u. mehr	581,2	57,3 %
neue Bundesländer	58,5	5,8 %
insgesamt	1014,3	100,0 %

Tabelle 12.10 - Beschäftigte nach Größenklassen in der Elektroindustrie
Quelle: Statistisches Bundesamt (1994), Fachserie 4, Reihe 4.3.2.

12.3.3 Marktentwicklung und Zukunftsperspektiven

Prinzipiell positiv sollte sich die gesamte Sparte der Industrieelektronik inkl. Software entwickeln (Bauelemente, Datentechnik, Kommunikationstechnik, Meß-, Steuer- u. Regeltechnik, u. a.).

Den höchsten Produktionszuwachs kann man im Bereich der Nachrichtentechnik erwarten. Das liegt neben der rasanten Entwicklung des Mobilfunks u. a. an der zunehmenden Entwicklung firmeneigener Kommunikationsnetze (corporate networks), Telematik (Kommunikations-, Leit- und Informationstechnik) und dem Aufbau einer modernen Telekommunikations-Infrastruktur in den osteuropäischen Ländern. Auch Road-Pricing-Systeme könnten bis zum Ende des Jahrzehnts zum Einsatz kommen. Insgesamt können hier alle Produktbereiche genannt werden, die sich unter dem Oberbegriff Informationstechnik subsumieren lassen. Mit wachsender Bedeutung der Elektronik wird die Elektromechanik zunehmend abgelöst.[38]

38 Vgl. Dresdner Bank (1994b), und IG Metall (1992), S. 31 - 149 zu den einzelnen Produktionsstrukturen und Produktbereichen.

Schrumpfende Prozesse sind dagegen bei der konventionellen Elektrotechnik und den konsumnahen elektronischen Gebrauchsgütern zu erwarten. Dies liegt zum einen an der Konkurrenz durch Niedriglohnländer und zum anderen an den zunehmend reduzierten Realeinkommen, verbunden mit geringerem Konsum. Diese Sparte ist besonders konjunkturreagibel, da Ersatzbedarf bei ungünstiger Einkommensentwicklung hinausgezögert wird. Positive Impulse könnten von der Digitaltechnik nach entsprechender Festlegung der Standards für die Fernsehtechnik ausgehen. Auch die Multimedia-Entwicklung begünstigt das künftige Branchenwachstum.[39] Wachstumsfelder ergeben sich auch durch die steigende Bedeutung des Umweltschutzes, der Automatisierung regenerativer Energiesysteme bzw. Solartechnik. Zunehmend werden auch Dienstleistungen (Projektierungs- und Engineeringaufgaben, Erstellung von Software) erbracht. Aber auch strategische Allianzen können zu einer Stärkung der weltweiten Wettbewerbsposition geboten sein.[40]

Grundsätzlich hat vor allem die Forschung und Entwicklung Einfluß auf den beschleunigten Produktivitätszuwachs, maßgeblich durch Prozeßinnovationen, als auch auf das Wachstum der Produktion über Produktinnovationen. Die Produktinnovationen führen tendenziell zu positiven Beschäftigungseffekten, die Prozeßinnovationen dagegen zu Rationalisierungen. Die Investitionsmotive dienten aber in den letzten Jahren, wie in den meisten anderen Branchen, in erster Linie dem Zwecke der Rationalisierung. Aber die Innovationszyklen dürften sich künftig noch beschleunigen.[41]

12.3.4 Entwicklung in den neuen Bundesländern

In der ehemaligen DDR hatte die Elektroindustrie sogar noch ein größeres Gewicht als in der Bundesrepublik. Der Hauptabsatzmarkt war die ehemalige Sowjetunion. Noch vor der Wende hatte die elektrotechnische und EDV-Industrie in der DDR etwa 400.000 Beschäftigte, 1992 waren es nur noch ca. 90.000, wobei beschäftigungspolitische Schwierigkeiten noch längst nicht überwunden sind und 1994 nur noch 59.000 beschäftigt wurden.[42]

---

39 Vgl. Volksbanken Raiffeisenbanken (1994b), S. 3 f.

40 Vgl. Dresdner Bank (1994b).

41 Vgl. IG Metall (1992), S. 9 ff.

42 Vgl. IG Metall (1992), S. 20 ff.

Problematisch ist der harte Verdrängungswettbewerb auf einigen Teilmärkten, z. B. Unterhaltungselektronik, der durch Überkapazitäten und ungünstige Konjunkturaussichten noch verschärft wird.

Der Anteil der Beschäftigten lag in der Branche bei 6,6 % mit einem Umsatz pro Beschäftigten von 94 TDM p. a. Die Nettowertschöpfung pro Kopf liegt mit 19 TDM p. a. deutlich höher als in der chemischen Industrie und im Straßenfahrzeugbau. Dennoch weisen die Zahlen im Hinblick auf Produktivität und Lohnstückkosten auf erhebliche Wettbewerbsnachteile hin.

Trotz des schwierigen Umfeldes kann sich die Situation weiter stabilisieren. Dazu tragen im wesentlichen Sektoren bei, die am Ausbau der Infrastruktur beteiligt sind, wie Kommunikationstechnik, Verkehrstechnik sowie Energieerzeugung und -verteilung. Große Schwierigkeiten gab es bis Mitte der 90er Jahre dagegen noch in den Konsumgütersektoren.[43]

Eine sinnvolle Initiative könnten auch private Investoren bieten. Industrie- und finanzpolitische Starthilfe wird aber vor allem für vertikal vollständige Produktionen, mit einem entsprechend hohen Wertschöpfungsanteil, gefordert. Als eigentumsrechtliche Form ist eine Dreiteilung zwischen Bund/Ländern, privaten Elektronikunternehmen und Banken vorstellbar.

12.4 Der Maschinenbau

12.4.1 Allgemeines zur Branchenstruktur

Der Maschinenbau zählt mit 206,1 Mrd DM und einem Anteil von rd. 10 % am Gesamtumsatz (1994) im verarbeitenden Gewerbe ebenfalls zu einem der großen Industriezweige. Der Gesamtumsatz je Beschäftigten lag bei 214 TDM. Der deutsche Maschinenbau nimmt auch nach wie vor eine führende Rolle im Weltexport ein, mit einer sehr heterogenen Angebotsstruktur.

Grundsätzlich ist die Maschinenbau-Branche in zwei große Teilbereiche unterteilt. Zu 55 % werden Maschinen und Anlagen geliefert, wie z. B. Druck- und Papiermaschinen, Landmaschinen, Klimaanlagen, Teile und Komponenten. Mit einem Anteil von 45 % werden Vorerzeugnisse an andere Industrieunternehmen verkauft, wie z. B. Lager, Getriebe, Armaturen, Pumpen etc. Aufgrund der

43 Vgl. Wissing, F.-J. (1993), S. 620.

Zunahme des Outsourcing der Abnehmer wird sich dieser Trend in den kommenden Jahren möglicherweise noch verstärken, d. h. die Fertigungstiefe bzw. Wertschöpfung wird insofern erhöht.[44] Zu den Sparten im Maschinenbau zählen nach der Klassifikation des Statistischen Bundesamtes:

Herstellung:	Anteil am Gesamtumsatz
Landwirtschaftliche Maschinen, Ackerschleppern	5 %
Metallbearbeitungsmaschinen u. ä.	10 %
Textil- und Nähmaschinen	5 %
Maschinen für Nahrungs- und Genußmittelindustrie	14 %
Hütten und Walzwerkseinrichtungen	13 %
Bau-, Baustoff- u. ä. Maschinen	5 %
Zahnräder, Getriebe, Lager, u. ä.	6 %
Maschinen für weitere bestimmte Wirtschaftszweige	9 %
sonstiger Maschinenbau	33 %

Tabelle 12.11 - Umsatz im Maschinenbau nach Fachzweigen
Quelle: Statistisches Bundesamt.

12.4.2 Kostenstruktur und Beschäftigtenverteilung

Deutlich erkennbar ist die mittelständische Struktur im Maschinenbau. Der Anteil der Unternehmen mit mehr als 1.000 Beschäftigten an der Gesamtleistung beträgt nur noch etwa 39 %, in den Betrieben von 100 bis 999 Beschäftigten sind es rd. 46 %, und der Anteil unter 100 Beschäftigten beträgt 15 %.

Die Betriebsstruktur weist zwischen den Sparten signifikante Unterschiede auf. Teilbereiche des Maschinenbaus, wie z. B. Maschinenbranche, Werkzeugmaschinen oder Spezialmaschinenbau, werden von kleinen und mittelständischen Unternehmen dominiert, d. h., vier Fünftel aller Betriebe haben weniger als 100 Beschäftigte. Dagegen handelt es sich im Präzisionswerkzeugbau bei den Herstellern von Schneidwerkzeug vielfach um supranationale Unternehmen.[45]

44 Vgl. Volksbanken Raiffeisenbanken (1994c), S. 1.
45 Vgl. Volksbanken Raiffeisenbanken (1994d), S. 1.

Als charakteristisch gilt auch der hohe Anteil an Vorleistungen, der einen Anteil von mehr als die Hälfte am gesamten Bruttoproduktionswert hat (Vorleistungsquote).[46]

Die Personalkosten sind im Maschinenbau mit durchschnittlich 34 % deutlich höher als in der chemischen Industrie und im Straßenfahrzeugbau. Das läßt auch in dieser Branche auf lohn- und arbeitsintensive Fertigung schließen.

Größenklasse	Bruttoproduktionswert		in % der Gesamtleistung (nur ausgewählte Kostenarten)				
Beschäftigte von ... bis ... (alte Bundesländer)	in Mrd DM	Anteil in %	Material-kosten	Personal kosten	Kapitalkosten Abschrei-bungen	FK-Zinsen	Betriebs-ergebnis 1.)
20 - 49	12,2	6,2	40,8	36,8	3,3	1,9	5,5
50 - 99	17,0	8,7	42,4	36,1	3,1	1,8	3,4
100 - 199	22,7	11,7	45,8	35,0	3,2	1,8	3,1
200 - 499	40,3	20,6	45,2	36,0	3,2	1,7	2,3
500 - 999	27,6	14,1	47,1	34,5	3,3	1,6	0,3
1000 u. mehr	75,6	38,7	48,1	34,2	3,4	1,2	0,2
Summe	195,4	100 %	46,1	35,0	3,3	1,5	
neue BL	10,2		52,6	39,7	6,9	2,4	

1.) Berechnungen gültig für das Jahr 1991, entnommen aus: Dresdner Bank, (1994), Brancheninformationen Maschinenbau, S. 2 (ohne neue Bundesländer)

Tabelle 12.12 - Gesamtleistung, Kostenstruktur und Betriebsergebnis
Quelle: Statistisches Bundesamt (1994), Fachserie 4, Reihe 4.3.2.

Die Struktur der Beschäftigten zeichnet ein ähnliches Bild wie die Verteilung der Gesamtleistung. Nahezu 16 % der Beschäftigten arbeiten in Betrieben bis 99 Beschäftigte, rd. 44 % in mittelständischen Betrieben bis 1.000 Beschäftigte und etwas weniger als ein Drittel in Großunternehmen. Das Verhältnis zwischen Arbeitern und Angestellten beträgt 40:60.[47]

Die Grundstruktur im Maschinenbau ist insgesamt stark mittelständisch und im Hinblick auf den Wettbewerb polypolistisch geprägt, verbunden mit einer hohen Auslandsverflechtung und Investitionsabhängigkeit.

---

46 Vgl. Volksbanken Raiffeisenbanken (1994c), S. 3.

47 Statistisches Bundesamt (1994), Fachserie 4, Reihe 4.3.2.

Beschäftigte in Betrieben mit ... bis ... Beschäftigten	Anzahl Beschäftigter in 1000	Anteil in Prozent
20 - 99	157,5	16,4 %
100 - 999	418,7	43,5 %
1000 u. mehr	306,3	31,8 %
neue Bundesländer	79,0	8,2 %
insgesamt	962,3	100,0 %

Tabelle 12.13 - Beschäftigte nach Größenklassen im Maschinenbau
Quelle: Statistisches Bundesamt (1994), Fachserie 4, Reihe 4.3.2.

12.4.3 Marktentwicklung und Zukunftsperspektiven

Um die preisliche Wettbewerbsfähigkeit aufrechtzuerhalten, war in jüngster Vergangenheit ein beträchtlicher Personalabbau notwendig. Parallel zu der rückläufigen Kapazitätsauslastung und dem damit verbundenen Anstieg der Lohnstückkosten hat sich die Umsatzrendite zunehmend verschlechtert. Voraussichtlich in den kommenden Jahren könnte die Umsatzrendite wieder ein befriedigendes Niveau erreichen. Die Aussichten wären dafür insofern gut, da die Strukturschwäche auf der Kostenseite zunehmend beseitigt wurde.[48] Allerdings werden einige Sparten, wie z. B. der Werkzeugmaschinenbau oder die Bau- und Baustoffmaschinen-Industrie, auch künftig ihre Konjunkturanfälligkeit beibehalten. Von zentraler Bedeutung für die Nachfrage sind insbesondere Straßenfahrzeugbau oder die Elektroindustrie.

Die Informationstechnik wird aber auch im Maschinenbau weiter Einzug halten. Einerseits bei den Maschinen selbst, für komplexe Maschinensysteme und Bearbeitungszentren und andererseits auch bei der Organisation der Fertigung. Daneben wird sicherlich zukünftig ein zunehmender Anteil der Wertschöpfung durch Dienstleistungen in den Bereichen Engineering, Wartung und Schulung erbracht. Eine Stärke des deutschen Maschinenbaus ist das große Potential an Facharbeitern und Ingenieuren. Auf der anderen Seite führte gerade das Perfektionsstreben unter dem Schlagwort "Over-Engineering" zu einer Vergeudung von Ressourcen und entsprechenden Kostennachteilen.[49]

48 Vgl. Volksbanken Raiffeisenbanken (1994d) S. 3.
49 Vgl. Dresdner Bank (1994d), S. 3.

Auch die stark ansteigenden Kosten für Forschung und Entwicklung sowie Vertriebskosten führen zunehmend zu erheblichen Nachteilen des mittelständisch strukturierten Maschinenbaus. Zur Stärkung der Wettbewerbsposition könnten strategische Allianzen oder Kooperationen eingegangen werden.[50]

Kritisch wird die Wettbewerbsposition der Hersteller von Serienmaschinen beurteilt, dagegen brauchen die Spezialisten, auch als Nischenanbieter mit hohem Know-how, keinen Einbruch ihrer technologischen Führungsposition zu befürchten.[51] Langfristig wird es durch die internationale Mobilität von Kapital, Know-how und durch die Reduktion der Halbwertzeit der Imitation von Industrieprodukten kaum noch "technische Monopole" geben.[52] Die Verlagerung der Aktivitäten auf die wertschöpfungsintensiven Bereiche (Software-Entwicklung, Engineering) scheint ratsam. Standardkomponenten sollten im Zuge der internationalen Arbeitsteilung zugekauft werden.

12.4.4 Entwicklung in den neuen Bundesländern

Der Maschinenbau hat insgesamt zwar ebenfalls einen dramatischen Niedergang erlebt, aber nach dem Voranschreiten der Privatisierung hatten wichtige Anbieter durch Verflechtungen Zugang zu den Absatzmärkten in Westeuropa. Insbesondere im Präzisionswerkzeugbau nutzten die kleinen Firmen die Standortvorteile durch niedriges Lohnniveau und ein hohes Angebot qualifizierter Industriearbeiter. In einigen Fachzweigen, wie z. B. Textilmaschinen, Baumaschinen und Fördertechnik, können die ostdeutschen Produzenten mit westlicher Unternehmen durchaus konkurrieren.[53]

Der Anteil der Beschäftigten an der Gesamtbeschäftigtenzahl im deutschen Maschinenbau lag bei rd. 12 %. Der Umsatz pro Beschäftigten lag bei 124 TDM und 223 TDM in den früheren Bundesländern, und die Nettowertschöpfung pro Kopf lag bei 28 TDM (81 TDM in den Alt-BL).

---

50 Vgl. zu den Problemen des Maschinen- und Anlagenbaus auch Zechlin, H.-J. (1993), S. 623 f., der nach dem Vorbild der USA als Lösungen vorschlägt: 10 Jahre Verzicht auf reale Lohnerhöhungen, niedrige Kapitalkosten, angemessene Wechselkurse und eine umfassende Deregulierung.

51 Vgl. Volksbanken Raiffeisenbanken (1994d), S. 3, Oppermann, C. (1995), S. 18 f.

52 Vgl. Zechlin, H.-J. (1993), S. 624.

53 Vgl. Volksbanken Raiffeisenbanken (1994d), S. 4, Dresdner Bank (1994c), S. 1; Statistisches Bundesamt (1996), S. 132.

12.5 Das Baugewerbe

12.5.1 Allgemeines zur Branchenstruktur

Die Branche ist überwiegend klein- bzw. mittelständisch strukturiert. Beispielsweise die Hochbaubetriebe werden durch Kleinbetriebe dominiert, mit einem Anteil von rd. 76 % oder im Ausbaugewerbe liegt die durchschnittliche Betriebsgröße bei ca. 6 Beschäftigten. Die Betriebe mit mehr als 500 Beschäftigten konzentrieren sich auf den gewerblichen und öffentlichen Bau und sind stark in Auslandsmärkten engagiert, wobei die Abhängigkeit von der öffentlichen Hand als sehr stark einzustufen ist.[54] Nur die großen Unternehmen oder Spezialfirmen können auf überregionale oder Auslandsmärkte ausweichen. Allerdings wird der internationale Markt ebenfalls zunehmend durch die Konkurrenz aus Schwellenländern mit niedrigeren Personalkosten beeinflußt. Deutsche Bauunternehmen wickeln künftig vermutlich immer größere Teile ihres Auslandsgeschäfts über ausländische Tochtergesellschaften und Beteiligungsunternehmen ab.[55]

1994 erzielte das Baugewerbe einen Umsatz von 249,9 Mrd DM und liegt damit in etwa auf dem Niveau des Maschinenbaus. Der Gesamtumsatz pro Beschäftigten lag mit 185 TDM in den alten Bundesländern. Typisch für die Bauunternehmen ist, daß in der Regel das Produktionsprogramm nicht selbst bestimmt werden kann. Die Personal- und Gerätekapazitäten werden dem Auftraggeber zur Verfügung gestellt, der weitestgehend Leistungsinhalt, Termine und u. U. sogar die Baumethode bestimmt.

Der Grad der Arbeitsteilung zwischen selbständigen Betrieben ist hoch. Gerade die kleinen und mittleren Unternehmen sind einem starken Wettbewerb ausgesetzt, da ihre Aktivitäten überwiegend auf die regionalen Märkte beschränkt sind. Im Bereich des Hoch- und Tiefbaus fällt der kleine räumliche Aktionsradius der Unternehmen auf. Nahezu 60 % des Umsatzes entfällt auf Baustellen im eigenen Stadt- oder Landkreis. Zahlreiche Hemmfaktoren (z. B. Bevorzugung der einheimischen Bauwirtschaft, Sprachschwierigkeiten, Unkenntnis von Bauvorschriften) behindern den Export von Bauleistungen.[56] Starke Konkurrenz besteht durch billige Baukolonnen, meist aus Osteuropa, aber auch durch Schwarzarbeit.

---

54 Vgl. Volksbanken Raiffeisenbanken (1994e), S. 1.

55 Vgl. Dresdner Bank (1994d), S. 3.

56 Vgl. Volksbanken Raiffeisenbanken (1994f), S. 1.

	Anteil am Gesamt-umsatz:
Bauhauptgewerbe	**79 %**
Hoch- und Tiefbau	70 %
Straßenbau	6 %
übrige, wie Stukkateurgewerbe, Gipserei, Verputzerei, Zimmerei, u.a.	3 %
Ausbaugewerbe	**21 %**
Bauinstallation	15 %
Ausbaugewerbe ohne Bauinstallation	6 %

Tabelle 12.14 - Umsatz im Baugewerbe nach Fachzweigen
Quelle: Statistisches Bundesamt (1992, 1994), Fachserie 4, Reihe 5.3.

12.5.2 Kostenstruktur und Beschäftigtenverteilung

Grundsätzlich wird das Baugewerbe als standortungebundene, wenig kapitalintensive Objektfertigung im Kundenauftrag definiert. Die Auswirkungen dieser Struktur auf Gesamtleistung, Kostenstruktur und Betriebsergebnis wird untenstehend dargestellt. Die geringeren Kapitalkosten unterstreichen dies. Die Personalkosten sind dagegen mit rd. 36 % überdurchschnittlich.[57]

Der Beschäftigtenanteil beträgt in den kleinen und mittleren Betrieben von 20 bis 99 Beschäftigten 37,6 % mit einem Anteil an der Gesamtleistung von 38 %. In den Großunternehmen wird in der Relation zu den Beschäftigten 15 % der Gesamtleistung erwirtschaftet, so daß sich im Vergleich zur Beschäftigtenverteilung eine Umsatzkonzentration feststellen läßt. Das Verhältnis zwischen Angestellten und Arbeitern beträgt im Branchendurchschnitt in den alten Bundesländern 18:82, in den neuen Bundesländern sogar 14:86.[58]

Der Faktor Arbeit spielt eine gewichtigere Rolle als in der stationären Industrie, da erst durch deren Organisation die Produktivität festgelegt wird. Die Branchenstruktur im Baugewerbe wird durch Kleinbetriebe geprägt. Für die Marktform bedeutet dies eine polypolistische Struktur auf Regionalmärkten.[59]

---

57 Vgl. Statistisches Bundesamt (1992), Volkswirtsch. Gesamtrechnung, Reihe S. 18.
58 Vgl. Statistisches Bundesamt (1992), Fachserie 4, Reihe 5.3.
59 Vgl. Schütt, B. (1992), 163.

Größenklasse	Bruttoproduktionswert		in % der Gesamtleistung (nur ausgewählte Kostenarten)				
Beschäftigte von ... bis ... (alte Bundesländer)	in Mrd DM	Anteil in %	Material-kosten	Personal kosten	Kapitalkosten Abschrei-bungen	Kapitalkosten FK-Zinsen	Betriebs-ergebnis[1.)]
20 - 49	54,6	26,9	42,5	39,8	2,4	1,1	3,4
50 - 99	36,4	17,9	45,2	38,2	2,6	1,0	-1,9
100 - 199	29,2	14,3	48,1	36,3	2,9	0,9	3,4
200 - 499	27,2	13,4	48,7	34,5	3,1	0,8	4,0
500 - 999	13,0	6,4	52,5	30,5	3,2	0,7	3,6
1000 u. mehr	42,4	20,9	55,8	29,1	2,6	0,5	1,7
Summe	202,8	100 %	48,1	35,5	2,7	0,9	
neue BL	61,9		49,7	33,4	3,2	1,0	

1.) Berechnungen gültig für Bauhauptgewerbe für das Jahr 1991, entnommen aus:

Dresdner Bank, (1993), Brancheninformationen Bauhauptgewerbe (ohne neue Bundesländer)

Das Baugewerbe hatte insgesamt 1991 ein Betriebsergebnis von 4,4 % in % der Gesamtleistung.

Tabelle 12.15 - Gesamtleistung, Kostenstruktur und Betriebsergebnis

Quelle: Statistisches Bundesamt (1994), Fachserie 4, Reihe 5.3.

Die Verteilung der Beschäftigten nach Größenklassen, insbesondere die Verteilung auf Kleinbetriebe, zeigt die nachstehende Tabelle:

Beschäftigte in Betrieben mit ... bis ... Beschäftigten	Anzahl Beschäftigter in 1000	Anteil in Prozent
Bauhauptgewerbe:		
1 - 19 (inkl. Ausbaugewerbe)	605,5	28,9 %
20 - 99	610,3	29,2 %
100 - 499	380,1	18,2 %
500 u. mehr	105,2	5,0 %
Ausbaugewerbe > 20 MA	387,4	18,5 %
insgesamt	2088,5	100 %
davon: neue Bundesländer	441,0	23,6 %[1.)]

1.) Anteil an Beschäftigten in Betrieben über 20 MA

Tabelle 12.16 - Beschäftigte nach Größenklassen im Bauhauptgewerbe

Quelle: Statistisches Bundesamt (1996), S. 223 f.

12.5.3 Marktentwicklung und Zukunftsperspektiven

Eine weitere Besonderheit sind die aufgrund des saisonalen Charakters und der Wetterabhängigkeit unstetigen Beschäftigungsverhältnisse. Diese drücken sich aus durch Überstunden in der Hauptproduktionszeit von April bis Oktober und durch Anwachsen der Kurzarbeiter- und Arbeitslosenzahlen im Winter.[60] Mittelfristig ist mit einem Produktionsplus zu rechnen aufgrund des Wohnungsbedarfs in den neuen Bundesländern, weiter anhaltender Zuwanderungen und des Trends zu kleineren Haushalten. Der Wirtschafts- und der öffentliche Bau dürften weiter schrumpfen, da sowohl die Privatwirtschaft auf bauintensive Erweiterungsinvestitionen vorerst noch verzichtet und auch die Gemeinden, die ca. zwei Drittel der staatlichen Bauinvestitionen tätigen, die Streichungen der Investitionszulagen der Länder merklich spüren.[61]

Es wird erwartet, daß beim Wirtschafts- und öffentlichen Bau künftig Umweltschutz- und Sanierungsmaßnahmen weiter an Bedeutung gewinnen, für den Bau von Kläranlagen, Sicherheitsdeponien, Müllverbrennungsanlagen oder Lärmschutzwänden. Auch das öffentliche Kanalnetz vieler Großstädte ist sanierungsfähig. Das Ausbaugewerbe wird aufgrund durchzuführender Renovierungs- und Sanierungsmaßnahmen weiter wachsen.[62] Interessant ist auch die Entwicklung der Großunternehmen, die sich nach dem Motto "alles aus einer Hand" zunehmend auf Angebotsorientierung statt Bereitstellung einrichten, während eine Vielzahl von kleinen und mittleren Betrieben zunehmend als Subunternehmer von den Großbetrieben abhängig sind. Die Großunternehmen übernehmen hier häufig den Part der Planungs- und Kontrollprozesse, nicht zuletzt aufgrund der qualifizierteren Personalstruktur, während die Ausführung den kleineren Unternehmen obliegt.[63]

Insbesondere kleine und mittlere Unternehmen müssen angesichts rückläufiger Aufträge durch den Staat künftig besondere Anstrengungen aufbringen, um wettbewerbsfähig zu bleiben. Als Maßnahmen werden u. a. straffere Projektorganisation, ständige Aus- und Weiterbildung des Personalstamms und Bildung von Kooperationen vorgeschlagen.[64]

---

60 Vgl. Schütt, B. (1992), 168 f.

61 Vgl. Franke, H. (1993), S. 617 ff.

62 Vgl. Dresdner Bank (1994d), S. 3.

63 Vgl. Schütt, B. (1992), 166 ff.

64 Volksbanken Raiffeisenbanken (1994f), S. 3.

12.5.4 Entwicklung in den neuen Bundesländern

In den neuen Bundesländern ergab sich nach der Wiedervereinigung hinsichtlich der Beschäftigten- und Umsatzstruktur ein völlig anderes Bild als in den alten Bundesländern. Hier waren die Kombinatsorganisationen ausschlaggebend für die Entwicklung der Bauwirtschaft.

So ließ es sich erklären, daß hier die mittleren und Großunternehmen dominierten und Kleinbetriebe eine untergeordnete Rolle spielten. Nahezu 68 % aller Beschäftigten waren in Betrieben mit mehr als 100 Mitarbeitern beschäftigt. Jedoch sind die meisten der ostdeutschen Großunternehmen mit Unternehmen aus dem Westen verflochten.[65]

Die Verhältnisse haben sich jedoch geändert. Nur noch 41 % der Beschäftigten sind in Betrieben mit mehr als 100 Mitarbeitern beschäftigt, die rd. 53 % des Umsatzes erwirtschaften. 59 % der Beschäftigten arbeiten in Betrieben mit weniger als 100 Mitarbeitern, die rd. 47 % Anteil am Gesamtumsatz in den neuen Ländern haben.[66]

Der Anteil der Beschäftigten betrug 1994 etwa 24 %. Der Gesamtumsatz pro Beschäftigten war in der Relation zum früheren Bundesgebiet mit 135 TDM ebenfalls deutlich unter dem Bundesdurchschnitt. Die Nettowertschöpfung pro Beschäftigten lag jedoch mit 52 TDM deutlich über den übrigen Branchen.

Der Wirtschaftsbau hängt im wesentlichen vom allgemeinen Investitionsklima ab. Der Nachholbedarf im Wirtschaftsbau durch den nach der Wende einsetzenden Boom ist teilweise bereits gedeckt. Positive Auswirkungen hat auch ein weiter voranschreitender Wohnungsbau.[67]

Eine Kompensation für den Nachfragerückgang im öffentlichen Bau könnte künftig durch private Finanzierung von Fernstraßen erfolgen. Gerade im Osten wird der öffentliche Bau auch mittelfristig von Transferzahlungen aus dem Westen abhängen, da die Einnahmen der ostdeutschen Länder und Gemeinden nur langsam steigen.[68]

---

65 Vgl. Schütt, B. (1992), S. 166.

66 Vgl. Statistisches Bundesamt (1994), Fachserie 4, Reihe 5.3.

67 Vgl. Volksbanken Raiffeisenbanken (1994f), Tiefbau, S. 4.

68 Vgl. Volksbanken Raiffeisenbanken (1994f), S. 2.

13. Das Erfolgsbeteiligungsmodell der IG-Bau-Steine-Erden - Übertragbarkeit und branchenspezifische Adaptionen

Im folgenden wird, aufbauend auf der Charakterisierung der einzelnen Branchen, entsprechend der Zielsetzung der Untersuchung geprüft, ob das Tarifmodell der IG Bau-Steine-Erden unmittelbar auf andere Branchen transferiert werden kann; oder welche Adaptionen im Hinblick auf die Konstruktion eines branchenspezifischen Beteiligungsmodells vorgenommen werden müssen.[1]

Aus diesen Überlegungen kann auch das innovative Moment des in Kapitel 5.2.2 vorgestellten Regierungsentwurfs beurteilt werden. Abschließend erfolgt eine Abschätzung des Vermögenszuwachses im 10-Jahres-Zeitraum sowie die Zusammenfassung der Entscheidungsmatrix auf Branchenebene.

13.1 Diskussion der Modellelemente

13.1.1 Zur Mittelaufbringung und Bemessungsgrundlage

Die Arbeitgeber der Baubranche sollen tarifvertraglich verpflichtet werden, einen bestimmten Satz der Nettowertschöpfung eines jedes Betriebes als Vermögensbildungsabgabe zum Zwecke der investiven Erfolgsbeteiligung zugunsten der Arbeitnehmer der Baubranche an regional gegliederte Kapitalanlagegesellschaften (KAGen) zu übertragen.

13.1.1.1 Zur Nettowertschöpfung als Bemessungsgrundlage

Die Gewinnbeteiligung erscheint als ideale Form einer erfolgsorientierten Beteiligung, da Grenzbetriebe oder mit Verlust abschließende Betriebe nicht durch zusätzliche Lohnvereinbarungen belastet werden. Aufgrund erhebungstechnischer Probleme ist der Gewinn, da er bei mittelständischen Unternehmen nur unter erschwerten Bedingungen zugänglich ist, nur eine geeignete Bemessungsgrundlage in Branchen, deren Struktur durch publizitätspflichtige Unternehmen dominiert wird.[2]

---

1 Siehe ausführlich Kap. 5.2.1.

2 Zur Begründung Gewinn vs. Nettowertschöpfung s. Kap. 8.2.4.

Für mittelständisch strukturierte Branchen ist folglich der Gewinn als Bemessungsgrundlage der Erfolgsbeteiligung faktisch nicht anwendbar. Nachfolgend die Auffassung zu den mittelständischen Branchen, zu denen kleine und mittlere Unternehmen zählen.

Wirtschaftsbereich der Industrie:	Größenklasseneinteilung: nach Beschäftigten	nach Jahresumsatz
kleine Unternehmen	bis 49	bis 2 Mio DM
mittlere Unternehmen	50 bis 499	2 Mio bis 25 Mio DM
große Unternehmen	500 und mehr	25 Mio und mehr

Fazit zu mittelständischen Branchen:

- Als mittelständische gelten die kleinen und mittleren Unternehmen.
- Qualitativ dominieren bei der Rechtsform die Einzelunternehmung und Personengesellschaften.
- Beschränkter Zugang zum Kapitalmarkt und begrenzte Möglichkeiten zur Beteiligungsfinanzierung. Notwendigkeit zur Selbstfinanzierung.

Tabelle 13.1 - Abgrenzung mittelständischer Unternehmen
Quelle: Daschmann, H.-A. (1994), S. 52.; Schneider, H.; Zander, E. (1985), S. 17.

Der Gewinn als Bemessungsgrundlage entfällt bei der Baubranche aufgrund der branchentypischen Betriebsgrößenstruktur, wie die Verteilung der Beschäftigten nach Rechtsform zeigt (Tab. 13.2).[3] Auch die Maschinenbaubranche ist mit rd. der Hälfte der Beschäftigten in Unternehmen mit weniger als 500 Beschäftigten stark mittelständisch geprägt (ausführlich Kap. 12.4 und Tab. 13.2).[4] Bei der Elektroindustrie können deutliche Konzentrationstendenzen konstatiert werden, dennoch findet man auf Teilmärkten wie Meß- und Regeltechnik ebenfalls die Dominanz von kleinen und mittleren Unternehmen und einen Anteil von rd. 37 % der Beschäftigten in Unternehmen mit weniger als 1.000 Beschäftigten (alte BL, Kap. 12.3). Die betriebliche Wertschöpfung ist daher auch in den Branchen Maschinenbau und Elektrotechnik als Bemessungsgrundlage heranzuziehen.

---

3 Hinw.: Die letzte Arbeitsstättenzählung war 1987.

4 Zahlenangaben stammen meist aus Quellen des Statistischen Bundesamtes (Stand: 1994); siehe auch in den jeweiligen Kapiteln der Branchenanalyse (Kap. 12).

In der chemischen Industrie und im Straßenfahrzeugbau ist eine Dominanz der Großunternehmen feststellbar. So arbeiten in der Chemie rd. 72 % der Beschäftigten in Unternehmen mit mehr als 1.000 Beschäftigten (ausführlich Kap. 12.1), und nach der Verteilung nach Rechtsform sind lediglich rd. 18 % der Beschäftigten in Personengesellschaften angestellt (Tab. 13.2). Im Straßenfahrzeugbau sind sogar 76 % der Arbeitnehmer in Unternehmen mit mehr als 1.000 Beschäftigten (ausführlich Kap. 12.2) tätig, überwiegend in der Gesellschaftsform als Kapitalgesellschaft. Lediglich das Marktsegment der Zulieferindustrie im Straßenfahrzeugbau ist mittelständisch geprägt.

In diesen beiden Branchen ist der Gewinn als Bemessungsgrundlage für die überwiegende Anzahl Unternehmen erhebungstechnisch möglich. Für das kleine Segment der Kfz-Zulieferindustrie gilt abhängig von der Betriebsgröße alternativ die Nettowertschöpfung als Bemessungsgrundlage.

Chemische Industrie (rd. 615.000 Beschäftigte)

Unternehmen mit ... bis ... Beschäftigten	Unternehmen mit		OHG u. KG	GmbH & Co. KG	GmbH	AG u. KGaA
	einem Inhaber	mehreren Inhabern				
1 - 19	2.000	200	1.000	2.000	7.000	0
20 - 99	1.000	0	2.000	5.000	19.000	0
100 - 999	0	0	0	10.000	84.000	0
1.000 - 4.999	0	0	0	42.000	83.000	0
5.000 u. mehr	0	0	0	0	0	277.000

Straßenfahrzeugbau (rd. 790.000 Beschäftigte)

Unternehmen mit ... bis ... Beschäftigten	Unternehmen mit		OHG u. KG	GmbH & Co. KG	GmbH	AG u. KGaA
	einem Inhaber	mehreren Inhabern				
1 - 19	5.000	1.000	1.000	1.000	3.000	0
20 - 99	2.000	0	2.000	6.000	9.000	0
100 - 999	0	0	0	29.000	32.000	0
1.000 - 4.999	0	0	0	24.000	43.000	0
5.000 u. mehr	0	0	0		42.000	550.000

Elektrotechnik (rd. 1.100.000 Beschäftigte)

Unternehmen mit ... bis ... Beschäftigten	Unternehmen mit		OHG u. KG	GmbH & Co. KG	GmbH	AG u. KGaA
	einem Inhaber	mehreren Inhabern				
1 - 19	6.000	2.000	3.000	3.000	24.000	0
20 - 99	1.000	1.000	7.000	21.000	55.000	0
100 - 999	0	0	12.000	83.000	134.000	6.000
1.000 - 4.999	0	0	39.000	49.000	109.000	48.000
5.000 u. mehr	0	0	0	0	143.000	349.000

Maschinenbau (rd. 1.100.000 Beschäftigte)

Unternehmen mit ... bis ... Beschäftigten	Unternehmen mit		OHG u. KG	GmbH & Co. KG	GmbH	AG u. KGaA
	einem Inhaber	mehreren Inhabern				
1 - 19	33.000	2.500	4.000	6.000	33.000	0
20 - 99	21.000	1.500	18.000	48.000	94.000	0
100 - 999	5.000	0	21.000	168.000	216.000	7.000
1.000 - 4.999	0	0	38.000	30.000	103.000	69.000
5.000 u. mehr	0	0	0	0	42.000	110.000

Baugewerbe (rd. 1.900.000 Beschäftigte)

Unternehmen mit ... bis ... Beschäftigten	Unternehmen mit		OHG u. KG	GmbH & Co. KG	GmbH	AG u. KGaA
	einem Inhaber	mehreren Inhabern				
1 - 19	573.000	51.000	26.000	33.000	206.000	0
20 - 99	117.000	12.000	29.000	139.000	234.000	1.000
100 - 999	11.000	0	14.000	150.000	108.000	4.000
1.000 - 4.999	0	0	28.000	18.000	0	30.000
5.000 u. mehr	0	0		0	0	0

Tabelle 13.2 - Verteilung der Beschäftigten nach der Rechtsform

(Zahlenwerte auf volle tausend auf- bzw. abgerundet; eigene Berechnungen)

Quelle: Statistisches Bundesamt (1987), Fachserie 2, Unternehmen und Beschäftigte nach Rechtsform. Letzte Erhebung.

13.1.1.2 Zur Belastung der Unternehmen nach Leistungsfähigkeit

Eine weitere Begründung für die Wahl der Nettowertschöpfung war die Belastung der Unternehmen nach der betrieblichen Leistungsfähigkeit und damit einhergehend die Begünstigung kleiner und mittlerer Unternehmen in der Baubranche.[5] Danach hätten die großen Betriebe entsprechend ihrer größeren Wertschöpfung mehr aufzubringen als die kleineren, sofern die Bemessungsgrundlage für alle Betriebe gleich ist.

Hinsichtlich der Notwendigkeit zur Adaption gibt hierzu die Nettowertschöpfung je Beschäftigten in den übrigen Branchen Aufschluß. Diese Prämisse wäre in allen Branchen erfüllt. Auch in den neuen Bundesländern wird zwischenzeitlich eine deutlich positive Nettowertschöpfung erreicht, jedoch auf deutlich geringerem Niveau als im Westen.

5 Vgl. Ehrenberg, H. (1992), S. 204.

Beschäftigte von ... bis ...	Chemische Industrie		Straßenfahrzeugbau		Elektrotechnik		Maschinenbau		Baugewerbe	
	Umsatz /Besch.	NWS/ Besch.	Umsatz /Besch.	NWS/ Besch.	Umsatz /Besch.	NWS/ Besch.	Umsatz /Besch.	NWS/ Besch.	Umsatz /Besch.	NWS/ Besch.
frühere BL:										
20 - 49	368	69	255	60	175	61	180	74	147	73
50 - 99	374	72	255	64	192	69	191	77	167	76
100 - 199	364	74	250	70	199	70	206	77	184	79
200 - 499	382	79	230	67	212	72	216	79	208	84
500 - 999	-	-	245	73	230	73	228	80	251	91
1000 u. mehr	377	98	364	96	282	89	250	87	261	90
Durchschnitt	377	102	341	90	254	82	223	81	185	80
neue BL:	196	20	290	40	150	36	124	28	135	52
Deutschland:	364	103	339	88	247	79	214	77	166	69

Umsatz/Besch. = Umsatz pro Beschäftigen

NWS/Besch. = Nettowertschöpfung pro Beschäftigten

Tabelle 13.3 - Umsatz, Nettowertschöpfung je Beschäftigten nach Größenklassen

Quelle: Statistisches Bundesamt (1994) , Fachserie 4, Reihe 4.3.1; 4.3.2, 5.3, eigene Berechnungen.

Im Durchschnitt ragt die Nettowertschöpfung je Beschäftigten in der chemischen Industrie gegenüber den anderen Branchen zwar deutlich hervor. Sie ist jedoch in der Relation zum Umsatz, wie auch im Straßenfahrzeugbau (rd. 26 %), unterdurchschnittlich (rd. 28 %). Da die Nettowertschöpfung etwas breiter als der Gewinn angelegt ist, wäre daher eine relative Invarianz auch in ertragsschwachen Zeiten zu befürchten.

Im Straßenfahrzeugbau liegt in den Kleinbetrieben, die von den Kraftfahrzeug-Reparaturwerkstätten dominiert werden, der Anteil der Nettowertschöpfung mit 60 bis 64 TDM deutlich niedriger als in mittleren Betrieben, etwa der Kfz-Zulieferindustrie, die rund 70 TDM Nettowertschöpfung erwirtschaften. Ein deutlicher Sprung erfolgt zu den Kraftfahrzeugherstellern mit 96 TDM, so daß der Unterschied der Nettowertschöpfung zwischen Kleinbetrieben und Großbetrieben rd. 50 % beträgt.

Bei der Elektrotechnik weisen die Betriebe von 50 bis 1000 Beschäftigten alle durchschnittlich um die 70 TDM Nettowertschöpfung je Beschäftigter auf. Deutlich darüber bzw. darunter liegen die Groß- bzw. Kleinbetriebe. Dem Anspruch der Mehrbelastung würde man hier zwar gerecht, die Großunternehmen würden vergleichsweise überdurchschnittlich belastet.

Im Maschinenbau und in der Baubranche ist die Korrelation von Nettowertschöpfung und Betriebsgröße deutlich ausgeprägt. Der Unterschied der Nettowertschöpfung je Beschäftigter zwischen Großbetrieben und Kleinbetrieben beträgt im Maschinenbau etwa 18 %, in der Baubranche sogar 28 %, so daß der Einsatz der Nettowertschöpfung nach der Prämisse der leistungsabhängigen Belastung bei den drei letztgenannten unproblematisch ist.

13.1.1.3 Zu den Reaktionen der Unternehmen

ad Gefahr der Kapitalflucht

Unter dem Aspekt, daß der Produktionsfaktor Kapital zunehmend international relativ beweglich ist, wurde auch die These der Konstanz der inländischen Investitionsnachfrage hinterfragt (s. Kap. 9.2). Die Gefahr für Beschäftigung und Vermögensumverteilung liegt in diesem Fall zum Beispiel in der Kapitalflucht in das Ausland, unter anderem ausgelöst durch das Renditegefälle zwischen in- und ausländischen Investitionen.

Eine Gefahr der Kapitalflucht ist in Branchen zu befürchten mit größtenteils multinationalen Konzernen, die unter zunehmender Verschärfung des internationalen, aber auch unternehmensinternen Wettbewerbs stehen. Massenproduktionen werden zunehmend durch günstigere ausländische Anbieter wahrgenommen. Gerade das hohe Maß an Außenhandelsverflechtungen und die Globalisierung in der chemischen Industrie und im Straßenfahrzeugbau lassen diesen Rückschluß zu; wobei dieser Einwand für Teilmärkte der übrigen Branchen ebenfalls zutreffend erscheint.

In den beiden letztgenannten Branchen, die oligopolistisch strukturiert sind, sollten insoweit sogar die flexibleren und eigenständig ausgehandelten betrieblichen Modelle vorgezogen werden.

Bei kleinen und mittleren Unternehmen dürfte dieses Verhalten häufig nicht zuletzt aufgrund von Unterschieden in der Rechts- und Wirtschaftsordnung ausscheiden, wenn der Einzelunternehmer nicht nur einen reinen Kapitaltransfer anstrebt. Im Hinblick auf die internationale Konkurrenz im Maschinenbau und der Elektrotechnik erscheint es sogar angebracht, daß die Unternehmen versuchen, ihre Kostenseite durch gemeinsame Einkaufspolitik zu entschärfen und Kooperationen in der teuren Forschung und Entwicklung anstreben. Die Erweiterung der Tarifpolitik durch Tariffonds wäre insofern die konsequente Fortsetzung dieser Überlegungen.

ad Möglichkeit der Abwälzung

Die angestrebte Verbesserung der Verteilungssituation kann jedoch nur durch eine zusätzliche Einkommensquelle erreicht werden, die möglichst geringe Einflüsse auf die Tarifverhandlungen im Hinblick auf eine Verrechnung mit den Barlöhnen hat.

Die zeitlich versetzte "zweite" Tarifrunde auf Basis der Nettowertschöpfung soll die Überwälzung der Vermögensbildungsabgabe auf die Löhne vermeiden, was aber schwer zu antizipieren ist. Betrachtet wurde hier nur die Möglichkeit der Überwälzung in Form höherer Preise.

Fraglich ist, ob nicht gerade Unternehmen mit einer starken Marktmacht in der Lage sind, die Vermögensbildungsabgabe überzuwälzen und damit die Mitarbeiter letztlich nur an Monopolrenten beteiligt werden. Diese Konstellation ist vor allem im Straßenfahrzeugbau durch das Verhältnis der Hersteller und Zulieferer in Form eines Nachfrageoligopols gegeben. Etwaige Leistungseinbußen wären dann in der mittelständisch orientierten Zulieferindustrie zu erwarten. Vor allem wenn die großen Hersteller entsprechend der Strategien des single und global sourcing zunehmend ihre Einkaufspolitik auf wenige Zulieferer beschränken bzw. internationalisieren.

Die Markteintrittsbarrieren im Straßenfahrzeugbau und in der chemischen Industrie sind außerdem für potentielle Anbieter zum einen aufgrund des enormen Kapitalbedarfs sehr hoch, und zum anderen liegen häufig hoch- konzentrierte Märkte vor. Dies führt dann gegebenenfalls sogar zur Oligopolisierung der Preise.

Insofern erscheint aufgrund der möglichen Reaktionen, der Dominanz der Großunternehmen sowie deren Einfluß auf die vor- und nachgelagerten Wirtschaftsbereiche in den Branchen Straßenfahrzeugbau und Chemische Industrie die betriebliche Beteiligung als Alternative zum Tariffonds empfehlenswert. Durch die Dominanz der Großunternehmen würde auch die gewünschte Breitenwirkung erzielt.

13.1.2 Zur Mittelverwendung der Vermögensbildungsbeiträge

Die Mittel sollen durch ein neutrales und professionelles Fonds-Management sowohl rendite- als auch branchenorientiert angelegt werden. Die Gesellschafter dieser Investmentgesellschaften sind die Tarifvertragsparteien. Der Aufsichtsrat der Kapitalanlagegesellschaften, der jedoch nur Kontrollfunktionen wahrnimmt, wird von den Tarifpartnern paritätisch besetzt.

Jede der Kapitalanlagegesellschaften richtet mindestens zwei Sondervermögen ein. Mindestens 70 % des Beitragsaufkommens sind branchenspezifisch anzulegen, wobei zum Ausgleich konjunktureller und struktureller Schwankungen auch branchenfremde Anlagen bis zu 30 % möglich sind.[6]

13.1.2.1 Das Insolvenzrisiko in den betrachteten Branchen

Einen Aufschluß über die Notwendigkeit einer Einführung von branchenübergreifenden Fonds zur Verringerung des Kapitalrisikos gibt die Insolvenzstatistik, zusammengefaßt in der nachfolgenden Tabelle. Im früheren Bundesgebiet werden die Fälle von Zahlungsunfähigkeit oder Überschuldung durch die Konkurs- und Vergleichsordnung geregelt. In den neuen Ländern und Berlin-Ost gilt die Gesamtvollstreckungsordnung sowie das Gesetz zur Unterbrechung von Gesamtvollstreckungsverfahren. Insolvenzverfahren sind beantragte Konkursverfahren plus eröffnete Vergleichsverfahren abzüglich Anschlußkonkurse plus beantragte Gesamtvollstreckungsverfahren. Letztere sind eröffnete und mangels Masse abgelehnte Verfahren. Anschlußkonkurse sind beantragte Konkursverfahren, die als eröffnete Vergleichsverfahren bereits erfaßt wurden.

6 Ausführlich zur organisatorischen Ausgestaltung s. Kap. 10.

Weitere Informationen über die Zahlungsschwierigkeiten könnten sich ferner auch aus der Anzahl und den Beträgen der Wechselproteste ergeben sowie der nichteingelösten Schecks, die von der Deutschen Bundesbank, Frankfurt, zusammengestellt, aber hier nicht weiter aufgeführt werden. An dieser Stelle soll nur verdeutlicht werden, bei welchen Branchen tendenziell das höchste Kapitalrisiko zu erwarten ist. Mit zunehmender mittelständischer Struktur im Maschinenbau bis hin zur Dominanz von Klein- und Mittelbetrieben im Baugewerbe wächst das Insolvenzrisiko. Aus den Zahlenwerten gehen die Rechtsform und Unternehmensgröße sowie die Anzahl der betroffenen Arbeitnehmer nicht hervor.[7] Es ist aber zu vermuten, daß auch in der chemischen Industrie und im Straßenfahrzeugbau regelmäßig weniger die Großunternehmen als vielmehr die mittelständischen Unternehmen betroffen sind.

	Konkursverfahren[1.)]			eröffnete Vergleichsverfahren[2.)]	Gesamtvollstrekkungsverfahren	Insolvenzverfahren[2.)]
	eröffnete Verfahren	mangels Masse abgelehnt	zusammen	zusammen		insgesamt
chemische Industrie	14	26	40	1	15	56
Herstellung von Kraftwagen und -teilen	22	23	45	-	10	59
Elektrotechnik: Herstellung v. Geräten der Elektrizitätserzeugung, und -verteilung, Rundfunk-, Fernsehtechnik; Meß-, Steuer- u. Regelungstechnik u. a.	117	181	298	3	72	371
Maschinenbau	210	169	379	3	137	519
Baugewerbe	1156	3199	4355	5	2685	7041

1.) Früheres Bundesgebiet
2.) Neue Länder und Berlin-Ost
3.) Deutschland; vermindert um die Zahl der Anschlußkonkurse

Tabelle 13.4 - Insolvenzverfahren nach Wirtschaftszweigen 1996

Quelle: Statistisches Bundesamt (1996), Unternehmen und Arbeitsstätten, Fachserie 2, Reihe 4.1 Insolvenzverfahren Dezember und Jahr 1996.

7 Anm.: Schäfer hat in einer Modellrechnung hierbei die durchschnittliche Belegschaftsgröße pro Betrieb herangezogen; vgl. Schäfer, C. (1982), S. 715.

Eine Besonderheit des Baugewerbes, zur Erklärung des erhöhten Insolvenzrisikos, ist die Dominanz der Kleinbetriebe bis 19 Beschäftigte. Der Beschäftigtenanteil dieser Betriebsgröße beträgt rd. ein Drittel (Tab. 13.5). Der Anteil Beschäftigter in industriellen Kleinbetrieben ist dagegen in den übrigen Branchen mit 0,6 bis 3,7 % im Rahmen der Untersuchung vernachlässigbar gering.

Beschäftigte in Betrieben mit 1 bis 19 Beschäftigten	Anzahl Beschäftigter in 1000	Anteil in Prozent
chemische Industrie	13,0	2,3 %
Straßenfahrzeugbau	4,4	0,6 %
Elektrotechnik	32,1	3,4 %
Maschinenbau	36,4	3,7 %
Baugewerbe	447,0	28,9 %

Tabelle 13.5 - Beschäftigte in industriellen Kleinbetrieben
Quelle: Statistisches Bundesamt (1996), Statistisches Jahrbuch, S. 206 f., 228.

Auch die rückläufige Quote des Eigenkapitals wird in diesem Zusammenhang zu den Hauptproblemen der gewerblichen Wirtschaft gezählt. Eine differenzierte Betrachtung der Eigenkapitalquote ist durch die Erhebungen der Deutschen Bundesbank möglich. Die Aussagekraft der Erhebung ist etwas beschränkt, da sich die Angaben lediglich auf diskontfähige Unternehmen beziehen und eine große Zahl kleiner und mittlerer Unternehmen nicht erfaßt wird.

Es ist auch zu beachten, daß bei Einzelfirmen und Personengesellschaften nur das bilanzierte Betriebsvermögen, nicht aber das haftende Privatvermögen der Inhaber aufgeführt wird. Insofern sind Aussagen über die tatsächlichen wirtschaftlichen Gegebenheiten dieser Unternehmen nahezu unmöglich.[8] An dieser Stelle soll nur der Trend interessieren.

8 Anm.: Die Untergliederung nach Rechtsformen bei Schöner, M. (1989), S. 30, unterstreicht jedoch, daß Kapitalgesellschaften durchschnittlich eine deutlich höhere Eigenkapitalquote aufweisen als Personengesellschaften und Einzelkaufleute. Allerdings differieren die Eigenkapitalquoten auch innerhalb der Rechtsformen sehr stark.

Über alle Branchen hinweg wurde ermittelt, daß bei allen Rechtsformen mit zunehmendem Umsatzvolumen die Eigenkapitalausstattung der Unternehmen steigt. Allerdings muß hierbei die unterschiedliche Kapitalintensität der verschiedenen Branchen berücksichtigt werden.

So ist die durchschnittliche Eigenkapitalquote im Verhältnis zur Bilanzsumme im verarbeitenden Gewerbe seit Anfang der siebziger Jahre von 28,7 % kontinuierlich gesunken auf 23,2 % in 1994. In der chemischen Industrie liegt der Eigenkapitalanteil bei 39,1 %, im Straßenfahrzeugbau bei 23,7 %, in der Elektrotechnik bei 24,7 %, im Maschinenbau bei 19,9 %. Dagegen ist insbesondere das Baugewerbe von einer niedrigen Haftkapitalausstattung betroffen. Im Baugewerbe hat sich die Eigenkapitalquote im gleichen Zeitraum von 10,2 % 1971 auf 5,8 % in 1994 nahezu halbiert.[9]

Eine vorübergehende Trendwende Mitte der 80er Jahre dürfte auf die gestiegene Eigenfinanzierungskraft bei entsprechender konjunktureller Erholung zurückzuführen sein. Dies läßt auf eine geringe finanzielle Absicherung gegenüber wirtschaftlichen Risiken schließen. Diese Annahme wird auch durch die obige Auswertung der Insolvenzfälle in den vergangenen Jahren bestätigt.

Andererseits ist die Bildung von Rückstellungen seit Anfang der 70er Jahre deutlich angestiegen. Im verarbeitenden Gewerbe stieg der Anteil der Rückstellungen, ohne Pensionsrückstellungen, seit 1971 von 7,2 % um rd. 7 Prozentpunkte bis 1994 auf durchschnittlich 13,9 %. Hinzu kommen 13 % Pensionsrückstellungen. Auch hier ist das Baugewerbe mit einem Gesamtanteil von 10,8 % (davon 2,4 % Pensionsrückstellungen) an der Bilanzsumme weit unterdurchschnittlich.

Als Folgerung läßt sich festhalten, daß die Nachteile der Kumulation von Arbeitsplatz-, Kapital- u. Vermögensanlagerisiken bei klein- bzw. mittelständisch orientierten Strukturen am ehesten auftreten (Baugewerbe, Maschinenbau und mit Einschränkung Elektrotechnik). Das Insolvenzrisiko ist mit zunehmendem Anteil Beschäftigter in industriellen Kleinbetrieben besonders hoch. In diesen Branchen sind daher Tariffonds zu befürworten.

9 Alle Daten aus Deutsche Bundesbank (1993 u. 1997), Jahresabschlüsse westdeutscher Unternehmen 1971 bis 1991 und Jahresabschlüsse von 1990 bis 1995. Die in diesem Sonderdruck veröffentlichten Angaben basieren auf Bilanzen und Erfolgsrechnungen von rd. 62.000 rediskontfähigen Unternehmen.

13.1.2.2 Breitenwirkung und Konzentrationstendenzen

Einen Eindruck über den Stand und die derzeitige Entwicklung der Konzentration in den ausgewählten Branchen als Grundlage zur Diskussion vermitteln gerade die concentration ratios (CR). Sie drücken den Anteil des Umsatzes, der Beschäftigten oder des Kapitals der größten Unternehmen zu der jeweiligen Gesamtgröße der Branche aus.[10]

Die beiden folgenden Tabellen geben Aufschluß über den Anteil der größten Unternehmen am Gesamtumsatz und der Anzahl der Beschäftigten in der Bundesrepublik Deutschland.

Anteil der ..... umsatzgrößten Unternehmen (in %)	Chemische Industrie	Straßenfahrzeugbau	Elektrotechnik	Maschinenbau
CR_{6}	34,9	65,8	-	6,7
CR_{10}	40,3	70,9	40,4	9,2
CR_{25}	52,2	77,5	48,9	16,3
CR_{100}	71,7	86,4	64,1	34,2

Tabelle 13.6 - Unternehmenskonzentration im verarbeitenden Gewerbe 1994
- Anteil der größten Unternehmen am Gesamtumsatz

Quelle: Statistisches Bundesamt (1996), Statistisches Jahrbuch, S. 201.

Anteil der ..... umsatzgrößten Unternehmen (in %)	Chemische Industrie	Straßenfahrzeugbau	Elektrotechnik	Maschinenbau
CR_{6}	32,7	54,1		4,8
CR_{10}	36,7	60,7	34,3	6,7
CR_{25}	48,5	68,6	41,3	12,4
CR_{100}	67,3	79,6	54,5	26,4

Tabelle 13.7 - Anteil der größten Unternehmen der Branchen an der Gesamtzahl der Beschäftigten 1994

Quelle: Statistisches Bundesamt (1996), Statistisches Jahrbuch, S. 201.

10 Vgl. Oberender, P. (1984), S. 152 f. mit Hinweis auf Monopolkommission (1976), Mehr Wettbewerb ist möglich, III. Hauptgutachten 1973/75, S. 249.

Hohe Konzentrationstendenzen liegen in der chemischen Industrie und im Straßenfahrzeugbau vor. Bei Verschiebung zu Gunsten einer Oligopolspitze sind betriebliche Lösungen dann vorteilhaft, wenn diese Unternehmen regelmäßig als Kapitalgesellschaften ihren Mitarbeitern ohne weiteres Belegschaftsaktien zur Verfügung stellen können.

Die Breitenwirkung wird durch die hohe Konzentration innerhalb der Branche gewährleistet, sofern die Unternehmen auch bereit sind, Beteiligungen anzubieten. Diese Voraussetzung wäre insoweit in der chemischen Industrie und im Straßenfahrzeugbau gewährleistet, sofern es als zufriedenstellend erachtet wird, daß mit den zehn größten Unternehmen in der chemischen Industrie 37 % der Beschäftigten und mit den 25 größten Unternehmen nahezu die Hälfte und im Straßenfahrzeugbau 61 % der Beschäftigten mit den zehn größten Unternehmen erfaßt werden (Tab. 13.7).

Die Frage, welche Unternehmensgröße bei einer branchenweiten Einführung betrieblicher Beteiligungsmodelle als Grenze gewählt werden soll, ließe sich auch aus der Verteilung der Beschäftigten auf die Größenklassen herleiten. Bei Einbeziehung der kleinen und mittleren Unternehmen steigt der organisatorische Aufwand des Systems zunehmend an. Krelle empfiehlt daher, zunächst nur bei den Großunternehmen zu beginnen und sukzessive die Leistungspflicht auszudehnen.[11]

13.1.3 Zum rechtlichen Rahmen der Mittelverwendung

ad KAGen versus UBGen

Wenn in einem Tariffondsmodell gleichzeitig steuerliche Vorteile genutzt werden sollen, kann die überbetriebliche Vermögensbeteiligung nur in Form von Sonderfonds bei Kapitalanlagegesellschaften und/oder Unternehmensbeteiligungsgesellschaften (UBG) verfolgt werden. Wegen der unterschiedlichen Anlagemöglichkeiten müssen beide Fonds als getrennte Gesellschaften betrieben werden. Dies gilt vor allem, wenn eine umfassende Anlagemöglichkeit in Unternehmen aller Größenordnungen ermöglicht werden soll.

---

11 Vgl. Krelle, W.; Schunck, J.; Siebke, J. (1968), S. 213 f.

Die Kapitalanlagegesellschaften unterliegen allerdings erheblichen Restriktionen hinsichtlich ihrer Anlagepolitik. So hat bei stillen Beteiligungen eine Prüfung der Werthaltigkeit durch einen Abschlußprüfer stattzufinden, und der Jahresabschluß muß entsprechend den geltenden Vorschriften für große Kapitalgesellschaften aufgestellt werden. Auch dürfen höchstens 30 % des Sondervermögens in stillen Beteiligungen angelegt werden (s. Kap. 10.3). In mittelständisch strukturierten Branchen, in denen nichtemissionsfähige Unternehmen dominieren, kommt so nur eine mengenmäßig begrenzte Anlage als stiller Gesellschafter zustande. Auch ist fraglich, ob die Beteiligungsunternehmen mit der geforderten Publizität einverstanden sind. Diese Forderungen könnten sich als Hemmnis im Maschinenbau und in der Elektrotechnik erweisen.

Werden die Gelder unter dem Aspekt der Sicherheit angelegt, fließen sie überwiegend an emissionsfähige Unternehmen mit entsprechender Bonität. Den Liquiditätsverlust hätten die klein- und mittelständischen Unternehmen zu tragen, die dann die Großunternehmen finanzieren. Jedoch gerade in den stark mittelständisch orientierten Branchen gilt es zur Verringerung der Konzentration, diese Unternehmen mit Mitteln aus den Fonds zu versorgen. Im Unterschied zu den Kapitalanlagegesellschaften sind die Unternehmensbeteiligungsgesellschaften regelmäßig nur zur Anlage der Mittel in Wagniskapital befugt. Die Unternehmensbeteiligungsgesellschaft als alleinige Rechtsform für die angestrebte Erfolgsbeteiligung wird daher oft aus Gründen der Risikomischung abgelehnt. Allerdings bieten sie insbesondere die Möglichkeit, Geschäftsanteile an nichtbörsennotierten, innovativen Unternehmen zu halten.

Gerade die Marktentwicklung und Zukunftsperspektiven der Elektrotechnik basiert auf den Basistechnologien der 90er Jahre im Hinblick auf Information, Kommunikation und Automatisierung. Die Elektroindustrie gehört zu den forschungsintensivsten Branchen.[12]

Verbunden mit dem Zwang zur zunehmenden Kooperation im Bereich Forschung und Entwicklung für kleine und mittlere Unternehmen, könnten sich eine Reihe von Anlagemöglichkeiten ergeben. Für die Akzeptanz der Tariffonds ist auch erforderlich, daß eine Benachteiligung kleiner und mittelständischer Unternehmen vermieden wird.

---

12 Siehe Kap. 12.3.

ad Substanz des Modells und Wahlrecht

Obwohl immer wieder auf die Wahlfreiheit der Arbeitnehmer bei der Anlage der vermögenswirksamen Leistungen bestanden wird, dürfte man ohne gewisse gesetzliche bzw. tarifvertragliche Beschränkungen nicht auskommen, um fühlbare Effekte zu erreichen und um die Substanz des Modells nicht von vornherein auszuhöhlen. Damit die Mittel nicht in den Konsum fließen, bedarf es nach Krelle neben steuerlichen Sparanreizen ebenfalls einer gesetzlichen Sperrung (s. auch ausführlich Kap. 11).[13]

Hohmann hält in diesem Zusammenhang auch ein Mindestvolumen von DM 500 Mio für eine Kapitalanlagegesellschaft für erforderlich, wenn sie wirtschaftlich arbeiten soll.[14] Dies spricht ebenfalls für eine zeitliche Beschränkung der Wahlfreiheit. Diese wird aufgehoben, wenn sich nach einigen Jahren das Volumen auf einem höheren Niveau stabilisiert hat oder sich das Gleichgewicht zwischen Zu- und Abflüssen eingependelt hat. Die rd. 6,5 Millionen Arbeitnehmer im verarbeitenden Gewerbe mit einer Höchstsparsumme von 936 DM bedeuten ein Anlagevolumen von knapp 6 Mrd DM, was gute Wachstumschancen für Tariffonds bedeutet.

Um die Präferenz von Haus- und Grundvermögen zu unterstreichen, ist ein vorzeitiger Verkauf bei Erwerb von selbstgenutztem Wohneigentum zu ermöglichen. Die Orientierung einer zeitlichen Verfügungsbeschränkung am VermBG ist insoweit praktikabel.

13.1.4 Zur Regionalisierung der Mittel

Ein zentraler Bestandteil des Modells der IG Bau-Steine-Erden ist die Regionalisierung der Mittel. Durch den Verteilungsmodus sollen strukturbedingte bzw. regionale Einkommensrückstände abgemildert werden.

Durch die Verteilung der Mittel nach Maßgabe der Beschäftigtenzahlen wird für einen gewissen Zeitraum durch die geringere Wertschöpfung in den neuen Ländern eine Begünstigung der ostdeutschen Arbeitnehmer erreicht.

13 Vgl. Krelle, W.; Schunck, J.; Siebke, J. (1968), S. 218 ff.

14 Vgl. Hohmann, J. (1992), S. 24.

Mit Hilfe des Verteilungsmodus bekommen Regionen mit unterdurchschnittlicher Wertschöpfung eine höhere Summe an Vermögensbildungsbeiträgen zugewiesen, als in dem Gebiet erhoben wurde, was zu einer horizontalen Nivellierung führt.[15] In der Baubranche waren 1994 ca. 24 % der Beschäftigten in den neuen Bundesländern tätig. Hier ergibt sich jedoch ein Unterschied zu den übrigen Branchen, da nach dramatischen Schrumpfungsprozessen der Anteil in der Chemie nur noch rd. 8 % und im Straßenfahrzeugbau sogar nur 4,4 % der Beschäftigten betrug und gegebenenfalls sogar noch weiter schrumpft.[16]

Nach diesem Kriterium wäre die Neue-Bundesländer-Komponente nicht bei allen Branchen gleich wirkungsvoll einzustufen wie vergleichsweise in der Bauindustrie. Gleichwohl könnte nach dem Vorbild des Modells, sofern gewünscht, durch eine entsprechend differenzierte Regionalisierung eine Unterstützung für Industrie- und Strukturpolitik auch in den alten Bundesländern geleistet werden. Für die chemische Industrie böte sich beispielsweise der Großraum Halle an. Auch in der elektrotechnischen Industrie liefert das Segment zum Ausbau der Infrastruktur, wie Verkehrs- und Kommunikationstechnik, Möglichkeiten zur Unterstützung. Im Straßenfahrzeugbau bliebe abzuwarten, ob weitere Investitionen in den neuen Bundesländern getätigt werden. Als grundsätzliche Regelung empfiehlt es sich, die Regionalisierung der Mittel branchenspezifisch festzulegen. Dies gilt vor allem für Maschinenbauindustrie und die Elektrotechnik.

13.1.5 Zur Mittelzuteilung an die Arbeitnehmer

Die Arbeitnehmer, die mindestens 9 Monate in der Baubranche während eines Jahres beschäftigt waren (inkl. Zeiten der Arbeitslosigkeit), erhalten jährlich Anteilscheine entsprechend dem Aufkommen der Vermögensbildungsbeiträge. Die Schlüsselung der Verteilung erfolgt zur Hälfte pro Kopf und zur Hälfte nach Maßgabe des individuellen Arbeitsentgelts. In Anlehnung an das VermBG beträgt die Sperrfrist, bis auf definierte Ausnahmefälle, für die Anteilscheine 7 Jahre. Die Auszahlung der Anteile erfolgt in Jahrestranchen. Ein Ziel des Modells ist auch die Steigerung der Attraktivität der Branche, die unter Überalterung, Nachwuchsmangel und Fluktuation leidet.

---

15 Vgl. Rürup, B. (1992), S. 15 f.

16 Vgl. Statistisches Bundesamt (1992), Fachserie 4, Reihe 4.3.1, 4.3.2, 5.3.

Bezüglich der Einkommensstruktur fällt in allen Branchen der deutliche Unterschied zwischen den Einkommen der Angestellten und der Arbeiter auf. Dies gilt auch für die neuen Länder, wenngleich auf niedrigerem Niveau. Auch muß berücksichtigt werden, daß die Arbeiterlöhne stärker von der geleisteten Arbeitszeit abhängen. Arbeitszeitänderungen, entweder produktions- oder konjunkturbedingt, wirken sich unmittelbar auf das Entgelt der Arbeiter aus. Auch geschlechtsspezifisch gibt es signifikante Unterschiede beim Einkommen. Dafür gibt es im wesentlichen zwei Gründe. Zum einen verläuft die Eingruppierungsstruktur bei den männlichen Arbeitnehmern häufig günstiger als bei den Frauen, und zum anderen ist der Frauenanteil gerade bei Montage- und repetitiven Arbeiten traditionell noch höher. Allerdings nehmen diese Arbeitsplätze im Zuge zunehmender Automatisierung künftig ab.[17]

	Bruttomonatsverdienste Früheres Bundesgebiet				Bruttomonatsverdienste Neue Länder und Berlin Ost			
	Arbeiter			Angestellte	Arbeiter			Angestellte
	insges.	Männer	Frauen	insges.	insges.	Männer	Frauen	insges.
chemische Industrie	4593	4809	3418	6278	2785	2893	2543	3904
Straßenfahrzeugbau	4818	4913	3884	6938	3123	3166	2709	3863
Elektrotechnik	3918	4273	3291	6582	2995	3152	2576	4808
Maschinenbau	4468	4558	3359	6201	3179	3225	2530	4512
Baugewerbe[1.)]	4511	4544	3202	6135[2.)]	3170	3194	2680	4646

1. Gewinnung und Verarbeitung von Steinen und Erden; 2. Hoch- und Tiefbau

Tabelle 13.8 - Bruttomonatsverdienste Arbeiter und Angestellte 1995

Quelle : Statistisches Bundesamt (1996), 561 ff.

Die obigen Angaben spiegeln zwar nur eine sehr verdichtete Form der in der Realität äußerst differenzierten Lohn- und Gehaltsstruktur wider, dennoch sind bestimmte Trends unübersehbar.[18]

---

17 Vgl. IG Metall (1992), S. 175 f.

18 Anm.: Die Entwicklung der effektiven Arbeitseinkommen hängt nicht nur von den Tarifsätzen, sondern auch von den übertariflichen Zulagen und Eingruppierungen ab. Die Einkommen der Arbeiter sind außerdem von der geleisteten Arbeitszeit abhängig.

Die hälftige Zuteilung pro Kopf im Modellvorschlag der IG Bau-Steine-Erden soll die unteren Einkommensschichten stärker begünstigen und der Korrelation von Vermögen und Einkommen entgegenwirken. Die Schlüsselung ausschließlich nach Köpfen wäre aber die konsequentere Lösung.

Die Regelung erscheint dennoch ohne weiteres auch auf die anderen Branchen übertragbar, wobei in Abhängigkeit vom notwendigen Qualifikationsniveau gegebenenfalls auch eine rein leistungsabhängige Schlüsselung denkbar ist, wenn die Attraktivität einer Branche vor allem für qualifizierte Fachkräfte erhöht werden soll und diese langfristig gebunden werden sollen. Beispielsweise der Maschinenbau hat nach wie vor auch international noch technologische Vorteile, nicht zuletzt durch das hohe Qualifikationsniveau der Mitarbeiter. Hier böte sich eine Schlüsselung nach dem Entgelt an, als Maßstab der persönlichen Leistungsfähigkeit. Ähnliches gilt auch für die chemische Industrie und den Straßenfahrzeugbau.

13.2 Zu den Änderungen im Entwurf des Jahressteuergesetzes 1996

Zusammengefaßt enthielten die geplanten und bislang nicht umgesetzten Änderungen für eine überbetriebliche Produktivkapitalbeteiligung im Jahressteuergesetz 1996 folgende Regelungen:[19]

- Im Anlagekatalog des VermBG sollten ausdrücklich Aktien von UBGen und Anteilscheine an einem Sondervermögen einer KAG aufgeführt werden, wenn die ausgebende Gesellschaft eine gemeinsame Einrichtung der Tarifvertragsparteien ist.

- Die gemeinsame Einrichtung selbst kann dabei weder als KAG noch als UBG errichtet werden.

- Die Wahlfreiheit soll im VermBG insofern eingeschränkt werden, daß der Arbeitnehmer nur noch zwischen verschiedenen Formen der Vermögensbeteiligung wählen kann.

[19] Siehe Kap. 5.2.2.

- Der § 19a EStG soll durch eine geänderte Auflistung entsprechend angepaßt werden, auch um etwaige Zweifel hinsichtlich des Barzahlungsgebots und des Verbots der Lohnverwendungsabrede auszuräumen.

Nach der geltenden Rechtslage sind zwar für die überbetriebliche Vermögensbildung der Arbeitnehmer bzw. explizit für Tariffonds keine konkreten Regelungen vorzufinden, allerdings kann auf andere Rechtskonstruktionen ausgewichen werden, was die Gründung von Tariffonds insofern nicht unmöglich macht. In Kapitel 6.1 des II. Abschnitts dieser Untersuchung wurde ausführlich hergeleitet, daß die Aufbringung der Mittel für tarifgebundene Arbeitgeber in Tarifverträgen vereinbart werden kann. Der Tarifvertrag kann auch für allgemeinverbindlich erklärt werden, um tarifungebundene Arbeitgeber und Arbeitnehmer einzubeziehen. Insoweit hätte es einer erweiterten gesetzlichen Regelung nicht bedurft.

Es läßt sich ebenso festhalten, daß tarifvertraglich problemlos die Mittelaufbringung für eine Arbeitnehmerbeteiligung geregelt werden kann, solange de lege lata sowohl die Wahlfreiheit der Arbeitnehmer als die Einräumungsfreiheit der Arbeitgeber aus verfassungsrechtlichen Gründen und als Grundsätze der Vermögenspolitik akzeptiert werden.

Gegen die Auferlegung einer Geldleistungspflicht bestehen insoweit keine Bedenken. Eine normativ geregelte Geldleistungspflicht wäre dann auch erstreikbar. Davon ausgeschlossen bleibt die Verpflichtung zur Eröffnung von Anlagemöglichkeiten im eigenen Unternehmen, da hier die Schutzwirkung des Artikel 14 GG greift.

Hinsichtlich der Mittelverwendung erscheint es problematisch, ob eine gemeinsame Einrichtung der Tarifvertragsparteien selbst als Kapitalsammel- und -verwaltungsstelle fungieren kann. Grundsätzlich muß die gemeinsame Einrichtung eine abgegrenzte organisatorische Einheit sein. Im Hinblick auf die Gemeinsamkeit wird im wesentlichen die Parität in der Aufsicht gefordert, was bedeutet, daß gegen eine Hereinnahme unparteiischer Geschäftsführer nichts einzuwenden wäre.

Für die Zweckfestsetzung sollte als grundsätzliches Erfordernis ein vernünftiger Grund vorliegen, d. h., die Vermögensbildung ist von der wirtschaftlichen Entwicklung des Arbeitgebers unabhängiger zu machen. Dagegen wird angezweifelt, daß Leistungen, deren Erbringung dem Arbeitgeber in gleicher Weise möglich ist, nicht durch Schaffung einer gemeinsamen Einrichtung mediatisiert werden dürfen. Dies spricht dann ebenfalls für betriebliche Beteiligungsmodelle in der chemischen Industrie und im Straßenfahrzeugbau.

Die Gründung einer gemeinsamen Einrichtung wird damit nicht ernsthaft bestritten, der Gesetzesvorschlag verschafft vor allem eine zusätzliche Klarstellung, insbesondere hinsichtlich der Förderwirksamkeit.

Daß die gemeinsame Einrichtung nach dem Gesetzesvorschlag selbst weder als KAG/UBG errichtet werden darf, ist im Hinblick auf das geltende Recht kein Novum. Die erwerbswirtschaftliche Tätigkeit der gemeinsamen Einrichtung wird im allgemeinen ausgeschlossen, was insoweit jedoch nicht dagegen spricht, daß die gemeinsame Einrichtung selbst Gesellschafter einer Kapitalanlagegesellschaft oder Unternehmensbeteiligungsgesellschaft ist, da das Halten einer Beteiligung nicht als erwerbswirtschaftliche Tätigkeit anzusehen ist. Einwände könnte es jedoch dann geben, wenn die gemeinsame Einrichtung Gründer und Alleinaktionär einer UBG ist, da in diesem Fall die erwerbswirtschaftliche Tätigkeit bezweifelt werden kann. Das Aufführen der UBG im Anlagekatalog des VermBG dürfte insoweit nicht ausreichen, um diesen Einwand zu entkräften.

Es ist empfehlenswert, daß, unabhängig von tarifvertraglichen Regelungen, eine (oder mehrere) KAGen/UBGen von den Tarifvertragsparteien gegründet werden, die satzungsmäßig verpflichtet werden, unter Beachtung der Risikomischung vorrangig Beteiligungen innerhalb einer Branche zu erwerben. Der tarifvertraglich eingerichteten gemeinsamen Einrichtung wird dann auferlegt, Anteile an den jeweiligen KAGen/UBGen zu erwerben.

Die Anteile an einem Sondervermögen einer KAG bzw. UBG führen zu steuerpflichtigem Einkommen. Bei verbilligtem Bezug einer Vermögensbeteiligung ist eine Kombination aus § 19a EStG und 5. VermBG möglich. Im Hinblick auf die Verbilligung trifft die Steuerbefreiung des § 19a EStG zu, und durch die aufzuwendenden Geldleistungen kommt die Gewährung der Arbeitnehmersparzulage in Betracht, sofern die Sperrfrist beachtet wird und die Wahlfreiheit der Anlage gewährleistet ist.

Insofern hätte sich durch die Gesetzesänderung durch die Einschränkung der Wahlfreiheit eine Neuerung ergeben. Damit sollte sichergestellt werden, daß die Arbeitnehmer-Sparzulage auch möglich ist, wenn der Arbeitnehmer nur noch zwischen sämtlichen Beteiligungsformen wählen kann. Auch das explizite Aufführen von Tariffonds im Anlagekatalog erhöht gegebenenfalls die Akzeptanz derselben. Die Substanz des Modells wird durch die Einschränkung der Konsumentensouveränität grundsätzlich auch erhöht.

Die Zweifel hinsichtlich des Barzahlungsgebots und der Lohnverwendungsabrede werden als unbegründet zurückgewiesen, da diese Regelungen auf zusätzliche Sachbezüge nicht zutreffen und neben dem Geldlohn Arbeitsentgelte als Sachbezug durchaus vereinbart werden können. Hilfreich wäre in diesem Zusammenhang vielmehr, wenn der Gesetzgeber grundsätzlich eine Harmonisierung von § 19a EStG und 5. VermBG herbeiführen würde.

Es liegt die Schlußfolgerung nahe, daß bislang zwar keine erweiterte Gesetzgebung in Richtung einer eindeutig definierten Arbeitnehmerbeteiligungsgesellschaft in Form von Tariffonds vorliegt, aber dennoch mit dem gegenwärtigen Recht praktikable Konstruktionen möglich sind. Der Gesetzesentwurf hätte daher bis auf die eingeschränkte Wahlfreiheit und das ausdrückliche Anführen der Aktien von UBGen und Anteilscheinen an einem Sondervermögen einer KAG via einer gemeinsamen Einrichtung, keine wesentlichen Neuerungen und Verbesserungen zur derzeitigen Situation mit sich gebracht. Davon unberührt bleiben jedoch Hoffnungen, daß eine Gesetzesänderung nach wie vor herrschende Vorurteile und Akzeptanzprobleme - zumindest teilweise - aufgehoben hätten.

13.3 Vermögenszuwachs im 10-Jahres-Zeitraum

Die bisherigen Untersuchungen sind abschließend dadurch zu ergänzen, daß man gewisse Mindestvorstellungen über den Umfang der Vermögensbildung entwickelt, d. h. die Frage beantwortet, welche Größe die privaten Haushalte mindestens erreichen sollten und in welchem Zeitraum dieser Betrag zu akkumulieren ist. Eine eindeutige Antwort auf diese Frage dürfte grundsätzlich schwerfallen, da die wünschbare Vermögensverteilung ein Ziel ist, das kaum in genauen Größenordnungen angegeben werden kann.

Willgerodt nennt als Mindestziel in einem 10-Jahres-Zeitraum die Bildung eines durchschnittlichen Jahreseinkommens.[20] Mit Hilfe einer einfachen Modellrechnung soll der Sachverhalt aufgehellt werden. Die Unternehmen zahlen im Betrachtungszeitraum von 1980 bis 1990 einen Vermögens-bildungsbeitrag von 2 % der Nettowertschöpfung. Die kalkulatorische Verzinsung hat in der einfachen Berechnung im gesamten Zeitraum einen konstanten Zinssatz von 4 % (inklusive aller Gebühren). Die Arbeitnehmer erhalten vereinbarungsgemäß einen Wiederanlagebonus von 3 % nach 7 Jahren auf das angesammelte Vermögen, und die Mittel verbleiben im Fonds, die Zinsen werden ausgeschüttet (Berechnungen ohne Zinseszins). Der Vermögensbildungsbeitrag in Höhe von 2 % wird durchgängig für alle Branchen vereinbart und grundsätzlich nach Köpfen verteilt (s. Tab. 13.10).

Die Berechnung ergibt, daß die Arbeitnehmer einen Vermögensbestand von maximal ca. 20 TDM in der chemischen Industrie bis minimal ca. 15 TDM im Baugewerbe ansammeln. Die Anfang der 70er Jahre formulierte Faustregel, innerhalb von 10 Jahren ein Jahreseinkommen anzusammeln, erscheint insoweit als unrealistisch.

Das Ziel, ein Jahreseinkommen anzusammeln, kann demnach nur mit höheren Prozentsätzen erreicht werden, die allerdings wieder die Gefahr von Verrechnungen mit Tariflohnerhöhungen bewirken. Setzt man das angesammelte Vermögen jedoch in Relation zum durchschnittlichen Geldvermögen der Haushalte, stellt sich der Sachverhalt differenziert dar.

	Haushalte von:				
Werte in TDM	Selbständigen in der Landwirtschaft	Selbständigen außerhalb der Landwirtschaft	Angestellten	Arbeitern	Nichterwerbstätigen
frühere Bundesländer	110	160	69	48	52
neue Bundesländer	keine Angabe	44	31	20	20

Tabelle 13.9 - Bruttogeldvermögen der privaten Haushalte

Quelle : Wirtschaft und Statistik (1995a), S. 395.

20 Vgl. Willgerodt, H. (1971), S. 128.

So beträgt das erfaßte Bruttogeldvermögen eines Angestelltenhaushalts 69 TDM im Westen und 31 TDM im Osten und eines Arbeiterhaushalts 48 TDM bzw. 20 TDM im den früheren Bundesländern.[21] In der Relation zum Geldvermögen ergibt sich für die Arbeitnehmer damit eine signifikante Verbesserung der Vermögenssituation. Dies würde auch für die Nichterwerbstätigen gelten, zu denen auch die Rentner und Pensionäre zählen.

Eine größere und auch schnellere Vermögensakkumulation ist nur bei deutlich höheren Vermögensbildungsbeiträgen möglich, was jedoch kaum durchsetzbar erscheint, wenn die Beteiligungsquote unabhängig vom Tarifeinkommen bzw. von Tariferhöhungen bleiben soll.

In der Relation zum vorhandenen Bruttogeldvermögen kann innerhalb der Zielgruppe jedoch eine deutliche Verbesserung der Vermögenssituation erreicht werden.

Der ermittelte Vermögensumfang wird sicherlich auch nicht ausreichen, um alle Funktionen vollständig zu erfüllen, die man sich im allgemeinen erhofft. Dennoch stellt er eine Zusatzsicherung dar für eventuell vorübergehende Einnahmeeinbußen durch Krankheit, Arbeitslosigkeit und Umschulung. Somit erfüllt er den Zweck als eine Art Betriebskapital der Arbeitnehmer, dessen Erträge eine zusätzliche Einnahmequelle bilden.

21 Vgl. ausführlich auch Kap. 2.2.

Chemische Industrie

Jahr	Anzahl Beschäftigten 1.) [in 1.000]	NWS pro Beschäftigten 2.) [TDM/ Besch.]	Vermögensbildungsbeitrag 3.) NWS/ Besch.]	Zinsguthaben [4 % p.a.]	Summe pro Beschäftigten 5.) [DM p.a.]
1980	622	53	1.062		1.062
usw.	621	57	1.146	89	1.235
1986	629	89	1.780	316	2.096
Bonus					321
1987	635	85	1.700	387	2.087
usw.	642	94	1.880	455	2.335
1990	642	93	1.860	607	2.467
	Angesammeltes Vermögen nach 10 Jahren:				**20 TDM**
	Anlagevolumen der Fonds:			13	Mrd DM

Straßenfahrzeugbau

Jahr	Anzahl Beschäftigten [in 1.000]	NWS pro Beschäftigten [TDM/ Besch.]	Vermögensbildungsbeitrag NWS/ Besch.]	Zinsguthaben [4 % p.a.]	Summe pro Beschäftigten [DM p.a.]
1980	938	48	951		951
usw.	921	55	1.096	79	1.175
1986	968	65	1.303	269	1.572
Bonus					268
1987	986	67	1.348	321	1.669
usw.	985	67	1.336	375	1.711
1990	1.020	73	1.469	485	1.954
	Angesammeltes Vermögen nach 10 Jahren:				**16 TDM**
	Anlagevolumen der Fonds:			16	Mrd DM

Elektrotechnik

Jahr	Anzahl Beschäftigten [in 1.000]	NWS pro Beschäftigten [TDM/ Besch.]	Vermögensbildungsbeitrag NWS/ Besch.]	Zinsguthaben [4 % p.a.]	Summe pro Beschäftigten [DM p.a.]
1980	1.105	46	918		918
usw.	1.044	53	1.055	75	1.130
1986	1.123	65	1.306	261	1.566
Bonus					261
1987	1.153	67	1.341	313	1.654
usw.	1.158	67	1.344	367	1.710
1990	1.224	72	1.434	476	1.910
	Angesammeltes Vermögen nach 10 Jahren:				**16 TDM**
	Anlagevolumen der Fonds:			18	Mrd DM

Maschinenbau

Jahr	Anzahl Beschäftigten [in 1.000]	NWS pro Beschäftigten [TDM/ Besch.]	Vermögensbildungsbeitrag NWS/ Besch.]	Zinsguthaben [4 % p.a.]	Summe pro Beschäftigten [DM p.a.]
1980	1.118	45	900		900
usw.	1.105	48	960	73	1.033
1986	1.125	58	1.160	240	1.400
Bonus					239
1987	1.110	60	1.200	286	1.486
usw.	1.117	63	1.260	334	1.594
1990	1.197	71	1.420	439	1.859
	Angesammeltes Vermögen nach 10 Jahren:				**15 TDM**
	Anlagevolumen der Fonds:			17	Mrd DM

Baugewerbe

Jahr	Anzahl Beschäftigten [in 1.000]	NWS pro Beschäftigten [TDM/ Besch.]	Vermögensbildungsbeitrag NWS/ Besch.]	Zinsguthaben [4 % p.a.]	Summe pro Beschäftigten [DM p.a.]
1980	1.941	48	955		955
usw.	1.813	49	980	77	1.057
1986	1.661	56	1.120	241	1.361
Bonus					239
1987	1.635	58	1.160	286	1.446
usw.	1.628	61	1.220	332	1.552
1990	1.725	69	1.383	433	1.816
	Angesammeltes Vermögen nach 10 Jahren:				**15 TDM**
	Anlagevolumen der Fonds:			26	Mrd DM

Eckwerte:

Vermögensbeteiligungssatz:	2%
Verzinsung (inkl. Gebühren):	4 %
Verzinsung (inkl. Gebühren):	3 %

Bruttogeldvermögen der Haushalte 1993

	alte BL	**neue BL**
Angestellten-HH	69 TDM	31 TDM
Arbeiter-HH	48 TDM	20 TDM

Quelle : Wirtschaft und Statistik (1995a), S. 395.

Vermögenspolitische Effizienz bei rd. 16 TDM angesammeltem Vermögen über alle Branchen in der Relation zum Bruttogeldvermögen (s. Tabelle oben):

- Die Vermögenssituation der Angestelltenhaushalte verbessert sich um 23 % West und 52 % Ost
- Die Vermögenssituation der Arbeiterhaushalte verbessert sich um 33 % West und 80 % Ost

1.) Anzahl Erwerbstätige lt. volkswirtschaftlicher Gesamtrechnung (ohne Selbständige, mithelfende Angehörige).
2.) Umgerechnet als Quotient aus der Gesamtnettowertschöpfung, dividiert durch die Beschäftigten aus 1.).
3.) Über alle Branchen in der Relation zu den vermögenswirksamen Leistungen in 1980.
4.) Konstanter Zinssatz, mit dem das bis zum Stichtag angesammelte Vermögen verzinst wird.
5.) Mittelwert aus dem Durchschnitt der Beschäftigten, multipliziert mit dem angesammelten Vermögen
Anm.: Berechnungen ohne Berücksichtigung der Steuer- und Sozialversicherungspflicht der Beträge

Tabelle 13.10 - Angesammeltes Vermögen pro Beschäftigten im 10-Jahres-Vergleich

Quelle: Statistisches Bundesamt, eigene Berechnungen.

13.4 Schlußfolgerungen aus der branchenspezifischen Analyse

Grundsätzlich ist die Investmentidee des Modells der IG Bau-Steine-Erden via Tariffonds geeignet, breiten Arbeitnehmerkreisen den Zugang zum Produktivvermögen zu erleichtern. Durch die bereits vorhandenen gesetzlichen Rahmenbedingungen kann auch eine ordnungskonforme Vermögenspolitik gewährleistet werden.

Für einzelne Marktformen, wie in der chemischen Industrie und im Straßenfahrzeugbau, sind jedoch die angeführten Überlegungen insofern von Bedeutung, als daß bei zunehmender Verschiebung zu Gunsten einer Oligopolspitze betriebliche Beteiligungsmodelle mit dem Gewinn als Bemessungsgrundlage im Vergleich zu einer Tariffondslösung auf Basis der Nettowertschöpfung vorteilhaft erscheinen. Die Unternehmen können im Rahmen der Mittelverwendung häufig als Kapitalgesellschaften ihren Mitarbeitern ohne weiteres Belegschaftsaktien, Genußscheine etc. zur Verfügung stellen. Das Insolvenzrisiko ist als eher gering einzustufen. Das Problem der Arbeitsplatzsicherheit läßt sich auch durch Fondslösungen nicht reduzieren. Außerdem handelt es sich meist um international agierende Unternehmen, so daß durch den Mittelabfluß bei einer überbetrieblichen Lösung am ehesten mit Kapitalflucht zu rechnen wäre. Die Breitenwirksamkeit ist allerdings nur dann gewährleistet, wenn sich der überwiegende Teil der Unternehmen zu einer Beteiligung entschließt.

Dagegen erscheint in der Elektrotechnik und im Maschinenbau die überbetriebliche investive Erfolgsbeteiligung auf Basis der Nettowertschöpfung als additive Vermögenskomponente praktikabel, entsprechend der Begründung des Modells der IG Bau-Steine-Erden. Allerdings bietet sich gerade in der Elektrotechnik auch der Einsatz von UBGen zur Mittelverwendung an. Eine horizontale Nivellierung durch Regionalfonds könnte im Maschinenbau und in der Elektrotechnik auch zur Unterstützung der Beschäftigten in Regionen der alten Bundesländer eingeführt werden.

Die Fondsmaxime der Vermeidung der Duplizität von Kapital- und Anlagerisiko, aber auch die Durchsetzung der Breitenwirksamkeit innerhalb einer Branche greift abschließend um so stärker, je mehr die Branche klein- bis mittelständisch orientiert ist. Die abschließende Empfehlung für Vermögensbeteiligungsmodelle sind in der nachfolgenden Tabelle zusammengefaßt.

Entscheidungs-ebenen		Lösungsmöglichkeiten	CH	PKW	EL	MB	Bau
I.	Mittelaufbringung	• Lohnadditiv					
		→(investive) Erfolgsbeteiligung	+	+	+	+	+
		→Sonderzuwendung (vermögensw. Leistungen[2.)])	o	o	o	o	o
		• Lohnanteil					
		→Eigenleistung (Barlohnabführung)	o[3.)]	o[3.)]	-	-	-
		→entgeltliche Überlassung von Vermögenstiteln[5.)]	o[1.)]	o[1.)]	-	-	-
II.	Bemessungs-grundlage	• Lohn → Investivlohn[3.)]	o	o	-	-	-
		• Leistung → Produktivität[4.)]	o	o	-	-	-
		• Ertrag → (Netto)-Wertschöpfung	o	o	+	+	+
		• Gewinn → investive Gewinnanteile	+	+	o	o	-
III.	Mittelverwendung	• betriebliche Beteiligung	+	+	o	o	-
		• Tariffonds	o	o	+	+	+
		Tariffonds i.V.m. NBL-Komponente	o	o	+	o	+
IV.	Rechtl. Rahmen bei überbetriebl. Beteiligung	• KAGG	o	o	o	+	+
		• UBGG	o	o	+	o	-
	NBL-Komponente	• Anteil der Beschäftigten	+	o	+	o	+
V.	Mittelverteilung	• Leistungsverteilung	+	+	+	+	o
		• soziale Verteilung	o	o	o	o	o
		• Kombination aus Leistungs- u. sozialer Verteilung	+	+	+	+	+

CH = Chemische Industrie; PKW = Straßenfahrzeugbau; EL = Elektroindustrie; MB = Maschinenbau; Bau = Baugewerbe

1.) bedingte Eignung bei betrieblichen Beteiligungsmodellen unter der Annahme einer möglichst großen Breitenwirkung (Anzahl teilnehmender Unternehmen) durch die Dominanz von (emissionsfähigen) Großunternehmen (z. B. durch Überlassung von Belegschaftsaktien)
2.) gut geeignet nur in Form von (stetig gezahlten, staatlich geförderten) vermögenswirksamen Leistungen und in Kombination mit der investiven Erfolgsbeteiligung, sonst Gefahr der überwiegenden branchenfremden Anlage der Mittel, sonst für kontinuierlichen Vermögensaufbau relativ ungeeignet
3.) hier unter dem Aspekt der deutlich überdurchschnittlichen Lohn- und Gehaltsstruktur im verarbeitenden Gewerbe; grundsätzlich auch bei positiven Konjunkturperspektiven als Alternative zum Lohn**verzicht**
4.) aufgrund des aufwendigen und diffizilen Charakters nur bei betrieblicher Beteiligung geeignet (oder Sektoren, die keinen Gewinn machen (Staat)), für überbetriebliche Beteiligungsmodelle ungeeignet
5.) für kontinuierlichen Vermögensaufbau grundsätzlich relativ ungeeignet

Legende: + = relativ gut geeignet o = bedingt geeignet - = relativ ungeeignet

Tabelle 13.11 - Die Entscheidungsebenen im Branchenvergleich

Quelle: eigene Darstellung.

V. Zusammenfassung und Ergebnisse

Die Diskussionen über die "Vermögensbildung in Arbeitnehmerhand" müssen auch künftig fortgeführt werden. Es wurde in dieser Untersuchung aufgezeigt, wie die Produktivkapitalbeteiligung auf eine breitere Basis gestellt werden kann. Nachfolgend die wichtigsten Erkenntnisse dieser Untersuchung. Konkrete Quellenangaben sind den einzelnen Kapiteln zu entnehmen und wurden hier nicht mehr aufgeführt.

1.) Konsequenzen aus den Befunden der Vermögensverteilung[1]

Im Hinblick auf die Zieladäquanz der Vermögensarten für die Vermögensbildungspolitik erfüllte die investive Beteiligung die definierten Kriterien, um folgende Zielsetzungen zu verwirklichen:

- Ansammlung nachhaltiger Vermögenswerte,
- Einkommenswirksamkeit,
- Ansprache breiter Arbeitnehmerkreise,
- und Reduktion der Vermögenskonzentration.

Während ein Großteil der Haushalte keine oder nur geringe Einkünfte aus Kapitalvermögen bezieht, fließen einem anderen Vermögenseinkünfte von beträchtlicher Bedeutung zu. Die Analyse der Einkommens- und Verteilungssituation zeigte, daß die Vermögensausstattung der Arbeitnehmerhaushalte und im besonderen der Arbeiterhaushalte seit den 70er Jahren unterdurchschnittlich verlief. Zusammengefaßt ergeben sich hierzu folgende Befunde:

- 31 % des Bruttogeldvermögens konzentrieren auf nur 5,6 % der privaten Haushalte, etwa 10 % des Bruttogeldvermögens verteilen sich dagegen auf weitere 50 % der deutschen Haushalte.

- Das Bruttogeldvermögen der Selbständigenhaushalte beträgt durchschnittlich 160 TDM in den alten Bundesländern, der Angestelltenhaushalte 69 TDM und der Arbeiterhaushalte 48 TDM. In den neuen Ländern liegt das Niveau deutlich unter der Hälfte des jeweiligen Durchschnitts.

---

1 S. ausführlich Kap. 2.

- Die Sparquote setzte zwar ihren Abwärtstrend nicht fort, sie ist jedoch von 12,9 % in 1980 auf durchschnittlich 11,6 % in 1996 deutlich gefallen.

- In die Privathaushalte floß 1996 ein Vermögenseinkommen von 213 Mrd DM. Die Disparität der Vermögenseinkommen, im Schnitt 5.800 DM, ist noch größer als die Ungleichverteilung des Geldvermögens. 32 % der Zinsen und Dividenden fließen an 2 % der Haushalte.

- Die Vermögenseinkommen der Arbeiterhaushalte sind mit 3.200 DM weit unterdurchschnittlich (zum Vergleich: Selbständige außerhalb der Landwirtschaft: 20.100 DM/HH, Angestellte: 5.500/HH, Rentner: 4.800/HH).

Eine breite Vermögensbildung erfordert nicht nur die Zielorientierung auf untere und mittlere Einkommensschichten, sondern auch Zwangsmechanismen in Form von Verfügungsbeschränkungen bzw. Sperrfristen. Nur so dürfte in diesen Haushalten eine ausreichende Kapitalakkumulation erreichbar sein. Aufgrund der eingeschränkten Sparfähigkeit und des Konsumverhaltens liegt in diesen Haushalten vermutlich eine geringere Motivation vor, eine dauerhafte Bindungsfrist einzugehen.

Bei den einkommensstärkeren Haushaltsgruppen erfolgte dagegen in der letzten Dekade eine Umschichtung in höher rentable Anlageformen. In dieser Gruppe dürften auch die Akzeptanzchancen des Investmentsparens künftig weiter steigen. Ein Grund hierfür ist, daß die Grundbedürfnisse durch Anschaffung von Haus- und Grundbesitz in vielen Haushalten inzwischen gedeckt sind und 47,4 % der privaten Haushalte über Haus- und Grundvermögen verfügen. In Arbeiterhaushalten wird dagegen aufgrund des geringeren Einkommensniveaus und der eingeschränkten Sparfähigkeit ein geringfügiger Teil in höher verzinslichen Anlageformen gehalten.

2.) Optionen für Vermögensbildungsstrategien

Die vorliegende Untersuchung zeigte, aufbauend auf den Befunden der Einkommens- und Vermögenssituation, daß es durch Tariffonds eine vorteilhafte Option zu der bisherigen staatlichen Vermögenspolitik und betrieblichen Beteiligungsmodellen gibt. Jedoch sind die staatlichen Instrumente idealerweise stets flankierend heranzuziehen.

ad Vermögensbildung durch staatliche Förderung[2]

Bei der Beurteilung der Effizienz der staatlichen Vermögensbildungspolitik wurden folgende Kritikpunkte aufgeworfen:

- Interpretationsschwierigkeiten bei der Effizienzkontrolle
- Probleme bei der Diversifikation der Vermögensbildung
- Förderung der bisherigen Ersparnis- und Vermögensstrukturen

Obwohl umfangreiches Datenmaterial vorliegt, kann nicht beurteilt werden, wieviel die Haushalte aufgrund vermögenspolitischer Maßnahmen zusätzlich gespart haben. So kann nur von Plausibilitätsannahmen ausgegangen werden auf Basis der bisherigen Vermögensbildungsprogramme sowie ihrer Inanspruchnahme und daraus entstandener Belastungen für die öffentlichen Haushalte. Da ein Urteil über die Effizienz der Vermögenspolitik trotz vieler Indizien nur schwer möglich ist, muß die Rationalität derselben damit grundsätzlich in Frage gestellt werden.

Die Vermögensbildungsgesetze fanden breite und nachhaltige Akzeptanz. Jedoch wird bislang nur ein geringer Prozentsatz zur Anlage in Produktivvermögen verwendet, trotz deutlicher Akzentuierung auf das Produktivkapitalsparen. Dies läßt den Schluß zu, daß den Sparern das relativ zinsunempfindliche Zwecksparen wichtiger ist als die Höhe der Förderung. Ein Indiz hierfür ist das deutliche Absinken der Beträge der Arbeitnehmer-Sparzulage seit Mitte der 80er Jahre, obwohl das Produktivkapitalsparen bis 1993 mit 20 % gefördert wurde.

Der Anteil der Produktivkapitalbeteiligungen an den vermögenswirksamen Leistungen betrug Ende 1993 nur rd. 10 %. Außer einer breiten Sparförderung ist man in der Vergangenheit damit der Diversifikation in der Vermögensbildung nicht nähergekommen, so daß folglich bisherige Ersparnis- und Vermögensstrukturen eher gefestigt wurden.

Das mittel- bis langfristig orientierte Investmentsparen, auch unter dem Aspekt der zusätzlichen Altersvorsorge, paßt sich besser den Bedürfnissen der Sparer in den jeweiligen Lebensphasen an.

2 S. ausführlich Kap. 3.

Steuervergünstigungen, wie Steuerfreibeträge nach § 19a EStG, § 20 Abs. 4 EStG oder in der Vergangenheit angebotene Sonderabschreibungsmöglichkeiten im Rahmen der Wohnungsbauförderung, differenzieren nicht nach Einkommens- oder Vermögenshöhe.

Steuervergünstigungen sind damit als Instrument der Vermögenspolitik nur vertretbar, wenn sie bis zu einer bestimmten Einkommensgrenze gewährt werden. Auch die Berücksichtigung sozialer Merkmale wie Familienstand, Kinderzahl und Alter könnten effizienzsteigernd wirken. Nicht vorhandene Erhöhungsbeiträge für Kinder im Vermögensbildungsgesetz implizieren dagegen, daß eine Familienkomponente seitens des Gesetzgebers offenbar nicht für erforderlich gehalten wird.

Auch die Harmonisierung des § 19a EStG und des 5. VermBG ist empfehlenswert. Bislang wird lediglich für Sachzuwendungen (Aktien, Anteilscheine an Sondervermögen einer Kapitalbeteiligungsgesellschaft u. a.) die Steuerfreiheit des § 19a EStG gewährt, aber nicht die Arbeitnehmer-Sparzulage. Umgekehrt unterliegen vermögenswirksam angelegte Geldleistungen der Besteuerung, können aber durch eine Arbeitnehmer-Sparzulage gefördert werden.

Durch ein "Beteiligungsförderungsgesetz" mit gleichen steuerlichen Vorteilen wie der § 19a EStG könnte die Vermögensbildung noch deutlicher auf die Produktivkapitalbeteiligung akzentuiert werden. Es ist aber zu befürchten, daß im Zuge der Steuerreform die Freistellung sogar ganz abgeschafft wird.

ad Vermögensbildung durch betriebliche Beteiligung[3]

Die kritische Würdigung der betrieblichen Beteiligungsmodelle warf folgende Problemfelder auf:

- Kumulation von Arbeitsplatz- und Kapitalrisiko,
- Liquiditätsrisiken einer betrieblichen Beteiligung,
- Differenzierung der Arbeitnehmer, mangelnde Breitenwirkung und
- Widersprüche in der Evidenz der immateriellen Vorteile.

3 S. ausführlich Kap. 4.

Der Vermögensaufbau hängt prinzipiell von der Ertragslage des einzelnen Unternehmens ab. Dies führt zu der Kumulation von Arbeitsplatz- und Kapitalrisiko. Die investiv angelegten Vermögensanteile sind demnach in der Folgezeit nicht nur einem Ertragsrisiko, sondern im ungünstigsten Fall auch einer Wertminderung und bei Insolvenz einem Verlustrisiko ausgesetzt.

Das Insolvenzrisiko ist in klein- bzw. mittelständisch strukturierten Branchen wie beispielsweise im Bauhauptgewerbe signifikant höher, als vergleichsweise in der chemischen Industrie oder im Straßenfahrzeugbau. Ein Kriterium dafür ist die Insolvenzhäufigkeit, d.h. Insolvenzen pro 10.000 Unternehmen bzw. die absolute Anzahl Insolvenzverfahren (s. u.: „Die branchenspezifische Analyse"). Bei einem Investivlohnmodell ist dieses Problem noch schwerwiegender, wenn der Arbeitnehmer den Vermögensbildungsbeitrag aus eigenen Mitteln aufzubringen hat.

Nichtemissionsfähige Unternehmen, mit beschränktem Zugang zum Kapitalmarkt, sind durch eingeschränkte Möglichkeiten zur Kapitalbeschaffung gekennzeichnet. Bei diesen Unternehmen können sich bei betrieblichen Beteiligungsmodellen unter Umständen Liquiditätsrisiken durch Ausscheiden von Personal im Rahmen des Produktivitätsfortschritts oder altersbedingten Ausscheidens ergeben. In Krisenzeiten werden die Kapitalabflüsse durch Personalabbau weiter beschleunigt. Versuchen die verbleibenden Arbeitnehmer ihr Vermögen zu retten, so verschärft sich die Situation weiter.

Auch eine Korrelation zwischen Leistungsbereitschaft und immaterieller Beteiligung ist nach Ergebnissen einer Befragung nicht signifikant nachweisbar. Positive Auswirkungen auf Leistungsbereitschaft, Verhältnis zwischen Geschäftsführung und Betriebsrat sowie Bereitschaft zur Konfliktlösung werden in einer Befragung von den Betriebsräten von mehr als 70 % der Befragten verneint. Auch die Geschäftsführungen sind hierbei geteilter Meinung. Leistungsillusionen werden am ehesten noch bei kleineren und mittleren Unternehmen gepflegt, wobei bei diesen Unternehmen ein Verlust an Entscheidungsautonomie befürchtet wird.

Zieht man als Kriterien für die Einführung einer betrieblichen Beteiligung die angeführten Risiken und die Rechtsform der Unternehmen heran, sind in erster Linie große Kapitalgesellschaften, idealerweise börsennotierte, für betriebliche Beteiligungsmodelle geeignet.

Tatsächlich ermöglichten bislang hauptsächlich Großbetriebe in Form von Belegschaftsaktien Beteiligungen. Eine Befragung ergab, daß tatsächlich Belegschaftsaktien (43,6 %) vor stillen Beteiligungen (21,1 %) und Arbeitnehmerdarlehen (18,8 %) dominieren. Bei entsprechendem Konzentrationsgrad (concentration ratio) innerhalb der Branche würde auch die gewünschte Breitenwirkung erzielt.

Je klein- und mittelständischer die Branche strukturiert ist, d. h. mit überwiegend nichtemissionsfähigen Unternehmen, desto stärker kommen die Risiken zum Tragen, und um so mehr Arbeitnehmer werden von der Vermögensbildung ausgeschlossen. Dies wäre vor allem dann der Fall, wenn die generelle Bereitschaft der Unternehmen fehlt, Beteiligungen anzubieten. Beispielsweise in der Baubranche arbeiten rd. 29 % der Beschäftigten in industriellen Kleinbetrieben. Hier wäre die mangelnde Breitenwirkung bei betrieblichen Beteiligungsmodellen besonders zu befürchten.

Die angeführten Risiken sind auch bei überbetrieblichen Lösungen nicht auszuschließen, da in wettbewerblich organisierten Volkswirtschaften das mit Residualansprüchen gekennzeichnete Beteiligungskapital grundsätzlich mit Risiko behaftet ist. Allerdings können die Risiken durch eine entsprechend definierte Anlagepolitik deutlich reduziert werden.

ad Vermögensbildung durch überbetriebliche Tariffonds[4]

Eine verstärkte Beteiligung der Arbeitnehmer an der volkswirtschaftlichen Kapitalbildung ist weder durch staatliche Vermögenspolitik noch durch betriebliche Lösungen allein erreichbar. Eine praktikable und innovative Option sind Tariffonds.

Die Redistributions- und Breitenwirkung einer Erfolgsbeteiligung ist um so größer, je vollständiger das System der Tariffonds auf die gesamte Volkswirtschaft übertragen wird. Die "große (gesetzliche) Lösung" über alle Branchen hinweg wurde jedoch verworfen, da allgemeingültige Lösungen zu undifferenziert auf unterschiedlich leistungsstarke Branchen wirken und vermögenswirksame Tarifverträge die marktkonformere Lösung bedeuten.

---

4 S. ausführlich Kap. 5.

Es wurden im wesentlichen drei grundlegende Vorschläge aus der jüngsten Vergangenheit dargestellt:

- Das branchenorientierte Erfolgsbeteiligungsmodell der IG Bau-Steine-Erden aus dem Jahr 1992 (Grundlage der Branchenanalyse),
- überbetriebliche Beteiligungen im Entwurf des Jahressteuergesetzes 1996 der Fraktionen der CDU/CSU und FDP,
- ein überbetriebliches Investivlohnmodell der Arbeitsgruppe zur „Beteiligung der ArbeitnehmerInnen am Produktivvermögen" von 1996, mit dem Ziel der Unterstützung der Altersvorsorge der Arbeitnehmer.

Beim Branchenmodell der IG Bau-Steine-Erden verpflichten sich die Unternehmen, einen Teil des Ertrags auf der Basis der Nettowertschöpfung zugunsten der Arbeitnehmer an regionale Kapitalanlagegesellschaften abzuführen. Diese legen die Gelder branchen- und renditeorientiert an. Die Sperrfrist beträgt in Anlehnung an die Regelungen des VermBG sechs bzw. sieben Jahre.

Der bislang nicht umgesetzte Gesetzesentwurf der Fraktionen der CDU/CSU wurde im Rahmen der Untersuchung geprüft, inwieweit dieser für Tariffonds eine Weiterentwicklung beinhaltet hätte oder ob in erster Linie mehr Rechtsklarheit geschaffen würde. Eine Neuerung hätte im wesentlichen die eingeschränkte Wahlfreiheit bedeutet. Das ausdrückliche Anführen der Aktien von UBGen und Anteilscheinen an einem Sondervermögen einer KAG via einer gemeinsamen Einrichtung hätte mehr Rechtsklarheit geschaffen.

Beim Investivlohnmodell führen dagegen die Arbeitnehmer wahlweise einen Teil ihrer Bruttolohn- bzw. -gehaltserhöhung an einen Fonds bzw. an ein Pensions-Sondervermögen ab. Insbesondere die Pensions-Sondervermögen sind Investmentfonds mit Zweckbindung für die Altersvorsorge. Eine wesentliche Prämisse dieses Modells ist die Einbeziehung der Pensions-Sondervermögen in die Bestimmungen des § 40b EStG im Rahmen einer Novellierung des Finanzmarktförderungsgesetzes.

Die Hauptunterscheidungsmerkmale zwischen beiden Modellen sind die Unterschiede bei der Mittelaufbringung und der eindeutige Schwerpunkt auf eine zusätzliche Altersvorsorge beim Investivlohnmodell. Beim Branchenmodell wird dagegen die Umverteilungskomponente stärker betont.

Die nachfolgende Tabelle 14.1 faßt die Hauptcharakteristika der beiden Modelle zusammen.

	Modell der IG Bau-Steine-Erden von 1992	**Modell der Arbeitsgruppe "Beteiligung der ArbeitnehmerInnen am Produktivvermögen" von 1996**
Mittelaufbringung	Erfolgsbeteiligung (Lohnadditiv) Aufbringung durch die Unternehmen Teilnahme der Unternehmen per Tarifvertrag ist obligatorisch	Investivlohn (Lohnsubstitut) Aufbringung durch die Arbeitnehmer Teilnahme der Arbeitnehmer per Tarifvertrag ist freiwillig
Bemessungsgrundlage	Nettowertschöpfung	Lohn-/Gehaltssteigerung
Beitragshöhe	in einer 2. Tarifrunde zu ermittelnder Prozentsatz der Nettowertschöpfung	fester Anteil der vereinbarten Lohn- bzw. Gehaltssteigerung ggf. zahlt der Arbeitgeber zusätzlich den gesparten Lohn- bzw. Sozialversicherungsanteil additiv zum Beitrag des Arbeitnehmers in den Fonds ein
Organisationsstruktur der Fonds	Tarifvertragsparteien als Gesellschafter der Kapitalanlagegesellschaften (KAG) paritätisch besetzter Aufsichtsrat u. professionelles Management	Gesellschafter sind ausschließlich Arbeitnehmervertreter
Rechtlicher Rahmen des Fonds	Investmentfonds im Rahmen des KAGG; alternativ auch UBGG möglich	Pensions-Sondervermögen im Rahmen des KAGG i. V. m. Bestimmungen des § 40b EStG
Fondsmanagement - Maximen	Rendite- u. Branchenorientierung	Renditeorientierung
	institutionelle Unabhängigkeit	institutionelle Unabhängigkeit
Neue Bundesländer Komponente	horizontale Nivellierung durch Regionalfonds	keine explizite Vorgabe
Beteiligungsanspruch und Zuteilung an die Arbeitnehmer	mind. 9 Monate Beschäftigung im Jahr ergibt den Beteiligungsanspruch für das betreffende Jahr personelle Umverteilung durch 50%ige Pro-Kopf-Komponente Zuteilung zur Hälfte pro Kopf und zur Hälfte nach Jahresentgelt in Jahrestranchen	freiwillige Beteiligung aller tarifvertraglich erfaßten Arbeitnehmer Zuteilung nach Erreichen des 60. Lebensjahrs entweder bar, monatliche Rente od. Weiteranlage Ansprüche an die Fonds abhängig von eingezahlten Mitteln und Performance der Fonds

Tabelle 14.1 - Erfolgsbeteiligungs- und Investivlohnmodell im Vergleich

Quelle: eigene Darstellung.

Die Konsequenzen aus den Defiziten der bisherigen Ansätze und die Begründungen zur Überwindung der Sachargumente gegen Tariffonds wurden wie nachfolgend hergeleitet:

- Gesellschafts- und ordnungspolitische Begründung,
- Regularien zur Vermeidung interessengeleiteter Konflikte,
- Informations- und transaktionskostenorientierte Begründung,
- Risikenbegrenzung und Risikokapitalbeteiligung,
- Harmonisierung von Mittelaufkommen und Mittelbedarf.

Die soziale Marktwirtschaft und die Sozialpolitik bedingen einander und folgen dem Sozialstaatsgebot des Grundgesetzes (Artikel 20 und 28 GG). Eine möglichst breite Beteiligung der Arbeitnehmer am Produktivvermögen wird damit auch zum unverzichtbaren Element der Wirtschaftsordnung. Auch unter dem Aspekt, daß der Sozialstaat sich zunehmend der Grenze der Belastbarkeit nähert, muß künftig verstärkt ein Teil der sozialen Sicherung durch die Arbeitnehmer selbst getragen werden. Gerade die Unterstützung der Alterssicherung durch die Pensions-Sondervermögen sind unter diesen Prämissen eine attraktive Option für die Arbeitnehmer.

Tariffonds wurden jedoch deutlich abgegrenzt zu syndikalistischen Modellen. Die Verwaltung und die Verwendung der Mittel sind entgegen der häufig geäußerten Kritik ordnungspolitisch unbedenklich. Kapitalanlagegesellschaften und auch Unternehmensbeteiligungsgesellschaften stellen sich sowohl dem Marktwettbewerb als auch der Kontrolle des Bundesaufsichtsamts für Kreditwesen sowie dem Bundesaufsichtsamt für Wertpapierhandel. Als rechtlicher Rahmen bieten das Kreditwesengesetz, das Gesetz über Kapitalanlagegesellschaften und auch mit Einschränkungen das Gesetz über Unternehmensbeteiligungen einen Schutz gegen zu hohe Kapitalrisiken und minimieren somit die Anlagerisiken.

Auch die These, daß die Finanzmittel für organisationspolitische Zwecke mißbraucht werden, kann bei differenzierter Betrachtung relativiert werden. Dies kann sichergestellt werden durch eine Fonds-Gemeinschaftseinrichtung, ein unabhängiges Fondsmanagement und einen paritätisch besetzten Aufsichtsrat sowie Festlegung der Anlagepolitik in einer Satzung. Nach dem KAGG dürfen maximal 10% der Stimmrechte an einem Unternehmen erworben werden.

Property Rights besitzen für die Anteilsinhaber einen wirtschaftlichen Wert. Allerdings sind mit der Wahrnehmung und Durchsetzung der Anteilseignerrechte Kosten verbunden, die den Nutzen aus diesen Rechten beeinträchtigen oder übersteigen können.

Der Arbeitnehmer wird hinsichtlich des Verwaltungsaufwandes bei freier Anlagemöglichkeit mit Informations- und Transaktionskosten belastet. Aufgrund des erforderlichen Spezialwissens ist der mangelnde Einfluß der Arbeitnehmer auf die Anlageentscheidungen der Fonds nicht als Nachteil zu werten. Die erhöhte Verhandlungsmacht der Intermediäre, die Anlegerschutzvorschriften sowie die Informations-, Fristen-, Losgrößen und die Risikotransformation unterstreichen die Attraktivität einer Beteiligungsgesellschaft im Vergleich zur Direktanlage.

Auch können Beteiligungsgesellschaften aus betriebswirtschaftlicher Sicht eine echte Alternative der Eigenkapitalbeschaffung für kleine und mittlere Unternehmen darstellen. Die Produktivkapitalförderung könnte unter diesem Gesichtspunkt die Allokation von Haftkapital verbessern und Kapitalmarkthemmnisse bzw. Marktzutrittsbarrieren überwinden.

Sowohl Unternehmensbeteiligungs- als auch Kapitalanlagegesellschaften tragen zu einer Institutionalisierung heterogener Beteiligungsmärkte bei. Auch wird der Allokationsprozeß für anlagebereites Kapital durch Tariffonds als Kapitalleitstelle durch die Harmonisierung von Mittelaufkommen und Kapitalbedarf nicht negativ beeinflußt.

ad gemeinsame Einrichtung als Rechtsinstitut zur Vereinbarung von Tariffonds[5]

Die Verfassung, die nach Artikel 9 Abs. 3 GG auch die Tarifautonomie schützt, steht der Errichtung von Tariffonds grundsätzlich nicht im Weg. Ein Tarifvertrag kann normativ problemlos die Mittelaufbringung für eine Arbeitnehmerbeteiligung regeln, wenn sowohl die Wahlfreiheit des Arbeitnehmers als auch die Einräumungsfreiheit des Arbeitgebers als Grundsätze der Vermögenspolitik akzeptiert werden.

---

5 S. ausführlich Kap. 6.1.

Der Artikel 14 GG schützt die Substanz des Eigentums sowie die unternehmerische Verfügungs- und Leitungsmacht. Gegen die Auferlegung einer Geldleistungspflicht der tarifgebundenen Unternehmen, die im Gegensatz zu einer Beteiligung damit auch erstreikbar wird, bestehen insoweit keine Bedenken.

Störungen des Synallagmas zwischen Arbeitgeber und Arbeitnehmer sind zu verneinen, wenn dem Arbeitgeber für die Leistungsgewährung eine dominierende Stellung verbleibt. Dies ist bei den vorgeschlagenen Modellen der Fall und daher unproblematisch. Auch der Verpflichtung der Arbeitnehmer, einen Teil des Arbeitslohns zwingend in einer Beteiligung anzulegen, setzt der Individualbereich der Tarifautonomie Grenzen. In Betracht kommt hier lediglich das Beteiligungsangebot, d. h., der Arbeitnehmer kann frei über die Teilnahme am Beteiligungsmodell entscheiden. Der § 3 Abs. 2 TVG sichert die Einbeziehung von Außenseitern, die ebenfalls nicht zur schuld- oder mitgliedschaftrechtlichen Beteiligung gezwungen werden können. Gegen die Etablierung einer gemeinsamen Einrichtung der Tarifpartner nach § 4 Abs. 2 TVG, die die Mittel sammelt und an Kapitalanlagegesellschaften oder Unternehmensbeteiligungsgesellschaften zur Anlage weiterleitet, gibt es keine ernsthaften Bedenken.

Strittig ist, ob die gemeinsame Einrichtung selbst erwerbswirtschaftlich tätig wird, d. h. selbst als Kapital- oder Unternehmensbeteiligungsgesellschaft tätig sein darf. Die Stellung als Clearingstelle, die lediglich die Mittel weiterleitet, und als Gesellschafter einer KAG oder UBG wird auf alle Fälle für denkbar gehalten, da das Halten einer Beteiligung nicht als eigene erwerbswirtschaftliche Tätigkeit angesehen wird.

Keinesfalls kann die gemeinsame Einrichtung gleichzeitig als Kapitalbeteiligungsgesellschaft und Unternehmensbeteiligungsgesellschaft fungieren. Denkbar wäre, daß unabhängig von tarifvertraglichen Regelungen von den Tarifvertragsparteien eine KAG/UBG gegründet wird. Der gemeinsamen Einrichtung wird dann auferlegt, an den jeweiligen KAG/UBG Anteile zu erwerben.

Die Anerkennung der gemeinsamen Einrichtung besagt jedoch noch nicht, daß damit zwingend die Überbetrieblichkeit vorausgesetzt wird. Hier besteht der Grundsatz, daß Leistungen, deren Erbringung dem Arbeitgeber in gleicher Weise möglich ist, nicht durch Schaffung einer gemeinsamen Einrichtung mediatisiert werden dürfen. Dieser Aspekt spräche damit vor allem für die Einführung betrieblicher Beteiligungen in börsennotierten Großunternehmen.

Betriebliche Beteiligungen sind in freiwilligen Betriebsvereinbarungen stets zulässig, die nach § 88 BetrVG auslaufen können oder kündbar sind, ohne daß es einer Änderungskündigung gegenüber dem einzelnen Mitarbeiter bedarf.

ad steuerrechtliche Behandlung der Vermögensbeteiligung[6]

Im Hinblick auf die steuerrechtliche Behandlung der Vermögensbeteiligung wurde das Investivlohnmodell i. V. m. § 40b EStG für Zukunftssicherungsleistungen der Arbeitnehmer diskutiert. Analog zu Direktversicherungen sollten Pensions-Sondervermögen in die Bestimmungen des § 40b EStG aufgenommen werden. Danach würden bis zu einem Betrag von 3.408 DM die Beiträge sozialversicherungsfrei und lediglich mit einem pauschalen Lohnsteuersatz von 20 % belastet, sofern es sich nach der Arbeitsentgeltverordnung um zusätzliche Aufwendungen handelt. Die Sperrfrist endet mit dem 60. Lebensjahr, was den Charakter der zusätzlichen Altersvorsorge verdeutlicht.

Regelmäßig werden bei den Vermögensbeteiligungsplänen auch die Vorteile des § 19a EStG genutzt. Erhalten Arbeitnehmer im Rahmen eines gegenwärtigen Dienstverhältnisses unentgeltlich oder verbilligt Sachbezüge in Form von Kapitalbeteiligungen oder Darlehensforderungen, ist nach § 19a EStG der Vorteil steuerfrei, soweit er nicht höher als der halbe Wert der Vermögensbeteiligung ist und insgesamt 300 DM nicht übersteigt. Den steuer- und sozialversicherungsfreien Unternehmenszuschuß von maximal 300 DM im Sinne des § 19a EStG können die Unternehmen als Betriebsausgaben geltend machen. Insbesondere bei einer betrieblichen Beteiligung können die Gelder in vollem Umfang die Liquidität verbessern.

Soll die Bedeutung des § 19a EStG weiter forciert werden, müßte der Förderbetrag auf die ursprünglichen 500 DM angehoben und auf die Hälftungsregelung gänzlich verzichtet werden, statt ggf. ganz gestrichen zu werden.

Für die Dividendeneinkünfte der Fonds fallen grundsätzlich Körperschaft- bzw. Kapitalertragsteuer an. Jedoch kann nach derzeitiger Rechtslage durch die Steuerbefreiung für Einkünfte aus Kapitalvermögen bis zu 6.000/12.000 DM (Ledige/Verheiratete) mit keiner Steuerbelastung gerechnet (§ 20 Abs. 4 EStG) werden.

6 S. ausführlich Kap. 6.2. und 6.3.

Die Mitunternehmerschaft des Arbeitnehmers im Sinne des § 15 Abs. 1 S. 1 Nr. 2 EStG ist ausgeschlossen und ist auch eine Prämisse für die Anwendung des 5. VermBG und § 19a EStG.

Ein wesentliches Unterscheidungsmerkmal zwischen Unternehmensbeteiligungsgesellschaft und Kapitalbeteiligungsgesellschaft ist nach wie vor die Folgesteuerpflicht bei den Unternehmensbeteiligungsgesellschaften, die körperschaftsteuerpflichtig sind. Dagegen werden Anleger von Beteiligungs-Sondervermögen nach dem Grundsatz der Transparenz steuerlich so behandelt wie Direktanleger. Veräußerungsgewinne können hier steuerfrei vereinnahmt werden, sofern die Spekulationsfrist abgelaufen ist und es sich nicht um eine wesentliche Beteiligung nach § 17 EStG handelt. Hier sollte der Gesetzgeber ebenfalls eine Gleichberechtigung herbeiführen. Steuerliche Begünstigungen für Unternehmensbeteiligungsgesellschaften sind aber mit der Novellierungen des 3. Finanzmarktförderungsgesetzes verbunden.

Die Dimension der Belastung der öffentlichen Haushalte durch die vermögenspolitischen Maßnahmen erfaßt folgende Kostenaspekte:

- Steuermindereinnahmen nach § 19a EStG,
- Arbeitnehmer-Sparzulage nach dem 5. VermBG,
- Kosten aufgrund der Vorteilsgewährung nach § 40 b EStG.

In der Untersuchung wurde grundsätzlich von subsidiären staatlichen Leistungen ausgegangen, was in erster Linie eine Umschichtung der Sparbeträge hin zur Produktivkapitalbeteiligung bedeutet, wenn von erhöhten Zulagesätzen für Tariffonds abgesehen wird.

Gesetzesänderungen sind für die Vorteilsgewährung nach § 40b EStG notwendig. Es ist aber zu berücksichtigen, daß der Einnahmeausfall der Parafisci lediglich den Aufkommenszuwachs im Jahr der Einführung betrifft, da bei dem Investivlohnmodell von einer Erhöhung der individuellen Löhne und Gehälter ausgegangen wurde. Einer Einbuße an Rentenleistungen stehen andererseits Ausschüttungen der Fonds gegenüber, die diese bei entsprechender Performance der Fonds und Kapitalakkumulation nach den Beispielrechnungen deutlich übersteigen.

3.) Die Entscheidungsebenen zur Ausgestaltung der Vermögensbeteiligung[7]

Die konkrete Ausgestaltung eines Beteiligungsmodells obliegt den Tarifpartnern. Hierzu wurden die nachfolgenden Entscheidungsebenen diskutiert, wobei die Erfolgsbeteiligung im Vordergrund stand:

- Mittelaufbringung
- Bemessungsgrundlage
- Mittelverwendung
- Organisatorische Ausgestaltung und rechtlicher Rahmen bei überbetrieblicher Mittelverwendung
- Mittelverteilung bei investiver Erfolgsbeteiligung

ad Mittelaufbringung eines Vermögensbildungsbeitrags[8]

Sowohl die Erfolgs- als auch die Kapitalbeteiligung können für sich alleine ein eigenes Modell bilden. Aber erst durch die Verknüpfung der beiden zur investiven Erfolgsbeteiligung wird die Finanzierung der Kapitalbeteiligung gewährleistet. In diesem Fall spricht man dann auch von einer laboristischen Kapitalbeteiligung. Die Mitarbeiter beziehen ihr Einkommen drei Quellen:

- dem Grundlohn,
- dem additiv zu Lohn/Gehalt gewährten Erfolgsanteil und
- dem Gewinnanteil aus der Kapitalanlage.

Für die Mittelaufbringung eines Vermögensbildungsbeitrags gibt es aber neben dem erfolgswirksamen Lohnadditiv, aufzubringen vom Arbeitgeber, noch die Form des Lohnsubstituts als Investivlohn, aufzubringen vom Arbeitnehmer, oder Leistungen des Staates. Staatliche Leistungen haben im Rahmen der Modelle nur eine subsidiäre Funktion.

In ihren Ausprägungen kommt für die Erfolgsbeteiligung die Leistungs-, die Ertrags- oder die Gewinnbeteiligung in Betracht. Die Leistungsbeteiligung scheidet jedoch aufgrund ihres diffizilen Charakters für überbetriebliche Modelle

7 S. ausführlich Kap. 7.

8 S. ausführlich Kap. 8.

aus. Sie ist für Sektoren geeignet, die keinen Gewinn erwirtschaften. In Betracht kommt lediglich die Ertragsbeteiligung mit der Bemessungsgrundlage Nettowertschöpfung oder die Gewinnbeteiligung.

Beim Vergleich zwischen Gewinn versus Nettowertschöpfung als Bemessungsgrundlage wurde festgehalten, daß die Nettowertschöpfung erhebungstechnische Vorteile hat, da bei Personengesellschaften aufgrund des Steuergeheimnisses eine Gewinnermittlung kaum möglich scheint. Der Gewinn ist daher nur in Branchen mit einer Dominanz von publizitätspflichtigen Kapitalgesellschaften anwendbar. Die Nettowertschöpfung birgt eine relative Invarianz in sich, weil sie im Grundsatz nicht vom Reingewinn sondern von dem breiter angelegten Rohertrag ausgeht.

Beim Investivlohn ergibt sich für die Arbeitnehmer ein kontinuierlicher Vermögensaufbau durch regelmäßige, aber erfolgsunabhängige Einzahlungen. Investivlöhne können ebenfalls insbesondere in Sektoren eingesetzt werden, die keinen Gewinn erzielen, z. B. beim Staat. Allerdings dürften Renditeüberlegungen eine bedeutsamere Rolle spielen als beim Lohnadditiv.

Die theoretischen Überlegungen weichen jedoch von der gängigen Praxis ab, da Investivlöhne nicht ausschließlich als Lohnsubstitut aufgebracht werden, wie z. B. durch zusätzliche vermögenswirksame Leistungen. Die effektive Belastung der Unternehmen ergibt sich durch die Austauschrate γ:

- γ = vermögenswirksame Leistungen (vL_t) - Barlohnerhöhung

Damit ändert sich die "Reichtumsposition der Eigentümer" um:

- $\Delta K^{VermBG} = -(1-\gamma)\, vL_t$,

Für einen Wert von 0,7 (70%) wird durch vermögenswirksame Leistungen in Höhe von 100 DM Barlohn in Höhe von 70 DM verdrängt, der sich in den Tarifverhandlungen ohne die zusätzliche Leistung ergeben hätte. Dieser Wert ist jedoch für die Praxis schwer zu antizipieren.

Besonders vorteilhaft für eine Investivlohnlösung wirkt sich jedoch die vorgeschlagene Einbeziehung der Pensions-Sondervermögen in die Bestimmungen des § 40b EStG aus. Der kumulierte Kapitalstock kompensiert langfristig auch die aus der Sozialversicherungsfreiheit resultierende Rentenschmälerung. Die redistributive Wirkung ergäbe sich aus den Förderelementen des 5. VermBG bzw. der Einkommensgrenze für die Arbeitnehmer-Sparzulage (27.000 DM /54.000 DM), der Obergrenze für die Lohnsteuerpauschalierung des § 40b EStG (3.408 DM) und dem anteiligen Wegfall des Arbeitgeberzuschusses bei Überschreiten der Beitragsbemessungsgrenzen in der Sozialversicherung. Insofern sollten die beiden vorgestellten Modellansätze weniger konkurrierend, sondern eher komplementär aufgefaßt werden.

Zusätzliche Leistungen des Staates sind möglich, wenn über staatliche Prämien die Mittel zur Vermögensbildung mobilisiert werden. Optionen für eine Änderung der staatlichen Maßnahmen gibt es, wie. z. B. Bevorzugung von Tariffondsanteilen, Dynamisierung der Zulagensätze, Berücksichtigung von Familienstand u. a. Diese wurden jedoch in der Untersuchung nicht weiter vertieft.

ad Bemessungsgrundlage des Vermögensbildungsbeitrags[9]

Die Vermögenspolitik zu Lasten der Gewinneinkommen erzielt dann die gewünschte Umverteilungswirkung, wenn Unternehmensgewinne die funktionslosen Anteile enthalten, auf die die Umverteilungshoffnungen gründen, ohne daß gravierende beschäftigungs- und wachstumspolitische Folgen entstehen.

Daher ist die Wahl der Bemessungsgrundlage eines Vermögensbildungsbeitrags von grundlegender Bedeutung für das Modell. Den Ansatz für diese Untersuchung lieferte hierzu das von Rüstow und später von Föhl erweiterte Differentialgewinntheorem. Es beschreibt die Gewinnspanne, die zusätzlich zum Normalgewinn anfällt, der die notwendige Faktorvergütung und den Beschäftigungsstand garantiert. Anbieter, die mit geringeren Stückkosten arbeiten als ihre Konkurrenten, erzielen dann einen Differential- bzw. Kostendifferenzgewinn.

Durch die Belastung der Grenzbetriebe bei einer lohnabhängigen Bemessungsgrundlage sind negative Beschäftigungswirkungen zu befürchten, da diese gegebenenfalls aus dem Marktwettbewerb ausscheiden, wenn ihnen keine Abwälzung gelingt.

9 S. ausführlich Kap. 9.

Auch im Konjunkturzyklus hat die erfolgsabhängige Bemessungsgrundlage den Vorteil, daß sie zwar ex ante vereinbart, aber erst zahlungswirksam wird, wenn sich der Aufschwung einstellt. Durch die erfolgsabhängige Bemessungsgrundlage werden damit die Unternehmen entsprechend ihrer Leistungsfähigkeit belastet. Schließlich ist durch die investive Erfolgsbeteiligung auch die Möglichkeit für zweiphasige Tarifverhandlungen denkbar. Die Aufteilung erfolgt in einen Anteil, der den Reallohn sichert und einen Anteil, der dem Produktivitätszuwachs bzw. der Umverteilungskomponente entspricht.

ad Organisation und der rechtliche Rahmen der Tariffonds[10]

Hinsichtlich der Mittelverwendung muß die organisatorische Ausgestaltung und der rechtliche Rahmen der Tariffonds geklärt werden. Von besonderer Bedeutung ist ein professionelles und institutionell unabhängiges Fondsmanagement.

Die Tarifpartner können durch paritätische Besetzung der Kontrollorgane (Aufsichtsrat, Anlageausschuß) berücksichtigt werden. Die Anlagepolitik sollte hierbei die Prämissen der Risikoverteilung, Ertragserzielung und Liquiditätserhaltung berücksichtigen. Den Befürchtungen einer zentralisierten Verfügungsmacht durch einen einzigen, zentralen Fonds kann durch dezentrale Fonds entgegnet werden, die unabhängig voneinander operieren. Grundsätzlich ist dabei eine Aufgliederung in konkurrierende, regionale oder nach Wirtschaftsbereichen gegliederte Aufteilung der Fonds denkbar.

Eine eventuelle Marktenge an Beteiligungstiteln, die unterschiedliche Wachstumschancen zur Folge haben, kann durch die Zulässigkeit der Anlage eines Teils der Mittel in branchenfremden Anlagen reduziert werden. Unter der Annahme der Korrelation von Investitionstätigkeit und -fähigkeit durch den Rückfluß der Mittel in die Branche sollte der Prozentsatz jedoch so gering als möglich gehalten werden.

Für die Mittelverwendung bedarf es einer juristisch selbständigen Gesellschaft, die als Finanzintermediär die Mittel anlegt. In Frage kommen:

- Kapitalanlagegesellschaften nach dem KAGG
- Unternehmensbeteiligungsgesellschaften nach dem UBGG

---

10 S. ausführlich Kap. 10.

Während die Sondervermögen der Kapitalanlagegesellschaften dem Anlegerschutzinteresse aufgrund ihrer restriktiven Anlagepolitik eher entsprechen, sind Unternehmensbeteiligungsgesellschaften geeignet, gerade nichtemissionsfähigen Unternehmen echtes Risikokapital zuzuführen.

Daher sollten auch hier die beiden Formen weniger konkurrierend, sondern komplementär aufgefaßt werden. Der Erfolg der beiden Instrumente hängt davon ab, ob sowohl auf die individuellen Belange der Anleger als auch der Beteiligungsunternehmen in ausreichendem Maße eingegangen werden kann.

ad Mittelzuteilung und mögliche Reaktionen der Haushalte[11]

Abschließend wurden Mittelzuteilung und mögliche Reaktionen der Haushalte betrachtet. Bei dem Investivlohnmodell beruhen die Konzepte auf der investiven Anlage und der Förderung von absolut steigenden Anlagebeträgen, die die Mittelzuteilung determinieren. Dagegen müssen bei einem Erfolgsbeteiligungsmodell die „Gewinnanteile" den einzelnen Mitarbeitern zugeschlüsselt werden. Als Möglichkeiten der Individualverteilung des Gewinnanteils kommen bei einem Erfolgsbeteiligungsmodell folgende Verteilungskriterien in Betracht:

- nach Leistungsgesichtspunkten,
- nach sozialen Gesichtspunkten,
- nach sonstigen Gesichtspunkten, wie Betriebszugehörigkeit, Alter etc.

In dem Modell der IG Bau-Steine-Erden wurde eine Kombination aus Leistungs- und sozialen Gesichtspunkten vorgeschlagen. Je nach der Beschäftigtenstruktur und dem Qualifikationsniveau in einer Branche ist auch die Festlegung auf eines der Kriterien denkbar. Die Schlüsselung nach sozialen Gesichtspunkten wirkt ausdrücklich redistributiv. Insbesondere das Pro-Kopf-Einkommen sollte hierbei als Kriterium herangezogen werden.

Beim Kriterium der Leistungsäquivalenz erfolgt die Mittelzuteilung beispielsweise nach dem Qualifikationsniveau und könnte so eine Anreizwirkung für höherqualifizierte Fachkräfte haben und die Attraktivität der Branche oder des Unternehmens erhöhen.

---

11 S. ausführlich Kap. 11.

Auch Kombinationen von Kriterien sind denkbar. Die aufgeführten sonstigen Gesichtspunkte könnten gerade bei betrieblichen Beteiligungsmodellen für eine weitergehende Differenzierung der Mittelzuteilung geeignet sein.

Die beabsichtigte Umverteilung bleibt dann wirkungslos, wenn sich die durchschnittliche Sparquote aus dem bisherigen Einkommen und der zusätzlichen Vermögensbildung nicht ändert. Die Hauptprobleme, die sich aus dem Sparverhalten der Arbeitnehmer ergeben könnten und die Umverteilungshoffnungen zunichte machen, sind:

- Entsparprozesse nach Ablauf der Sperrfrist oder
- Substitution zwischen freiwilligem und administriertem Sparen.

Es besteht die Hoffnung, daß durch die Auszahlung der freiwerdenden Anteile in Jahrestranchen die Vermögenswerte zum einen nicht sofort konsumiert werden und zum anderen genügend Anreize bestehen, an dem bereits gebildeten Vermögensbestand festzuhalten. Die angestrebten Zielsetzungen werden in der Regel gestützt durch zeitliche Verfügungsbeschränkungen (Sperrfristen) oder Restriktionen in personeller Hinsicht (Veräußerungsverbot).

4.) Die branchenspezifische Analyse[12]

ad das Erfolgsbeteiligungsmodell der IG Bau-Steine-Erden - Übertragbarkeit und branchenspezifische Adaptionen

Konsequenterweise ist nach den vorangegangenen Ausführungen bei der Analyse der Eignung von Tariffonds den jeweiligen branchenspezifischen Gegebenheiten besondere Beachtung zu schenken.

Die branchenspezifische Analyse ergab folgendes Ergebnis: Der Gewinn ist als Bemessungsgrundlage für Branchen geeignet, deren Struktur durch publizitätspflichtige Unternehmen bzw. Kapitalgesellschaften dominiert wird. Verbunden mit einer zunehmenden Verschiebung zu Gunsten einer Oligopolspitze, erscheinen in der Branchenanalyse der chemischen Industrie und im Straßenfahrzeugbau betriebliche Lösungen einfacher umsetzbar, da in diesen Branchen Kapitalgesellschaften dominieren.

---

12 S. ausführlich Kap. 12. und 13.

Diese können z. B. ohne weiteres Belegschaftsaktien zur Verfügung stellen. Durch die Dominanz der Großunternehmen und entsprechendem concentration ratio kann die gewünschte Breitenwirkung erzielt werden (s. Tabelle 14.3).

branchenspezifische Adaption bei:	**Bemessungs-grundlage**	**Mittel-verwendung**	**rechtlicher Rahmen bei Tariffonds**
chemischer Industrie	Gewinn	betriebliche Beteilig.	
Straßenfahrzeugbau	Gewinn	betriebliche Beteilig.	
Elektrotech. Industrie			UBGG/(KAGG)
Maschinenbau			
Baugewerbe (zum Vergleich)	Nettowert-schöpfung	Tariffonds	KAGG

Tabelle 14.2 - Branchenspezifische Adaptionen des Modells der IG Bau-Steine-Erden

Quelle: eigene Darstellung.

	Verteilung der Beschäftigten nach Größenklassen	**Verteilung der Beschäftigten nach Rechtsform**
chemische Industrie	72% in Betrieben mit 1.000 u. mehr Beschäftigten mit CR_{10} = 36,7%	76% in Kapitalgesellschaften
Straßenfahr-zeugbau	76% in Betrieben mit 1.000 u. mehr Beschäftigten mit CR_{10} = 60,7%	86% in Kapitalgesellschaften
elektrotechnische Industrie	28% der Beschäftigten in Betrieben mit weniger als 500 Beschäftigten mit CR_{10} = 34,3%	21% in Personengesellschaften
Maschinenbau	52% der Beschäftigten in Betrieben mit weniger als 500 Beschäftigten mit CR_{10} = 6,7%	39% in Personengesellschaften
Baugewerbe	29% in industriellen Kleinbetrieben	69% in Personengesellschaften

Tabelle 14.3 - Branchenspezifische Verteilung der Beschäftigten nach Größenklasse und Rechtsform

Quelle: s. Kap. 13, eigene Darstellung.

Aufgrund zu befürchtender Reaktionen wie Kapitalflucht und auch Abwälzungsversuchen, vor allem in den oligopolistischen Branchen, die von großen Kapitalgesellschaften dominiert werden, sind betriebliche Beteiligungsmodelle durch den unmittelbaren Mittelrückfluß auch insoweit vorteilhaft.

Die Nachteile der Kumulation von Arbeitsplatz- und Kapitalrisiko bzw. Vermögensanlagerisiken greifen um so stärker, je mittelständischer die Branche strukturiert ist (Elektrotechnik, Maschinenbau, Baugewerbe).

Das Insolvenzrisiko wächst mit zunehmendem Anteil von Beschäftigten in industriellen Kleinbetrieben (Baugewerbe). In diesen Branchen ist die Argumentation für Tariffonds schlüssig.

Auch ist die Nettowertschöpfung aus erhebungstechnischen Gründen insbesondere in den klein- und mittelständisch orientierten Branchen praktikabel (Elektrotechnik, Maschinenbau, Baugewerbe).

chemische Industrie	Straßenfahrzeugbau und weitere	Elektrotechnik, Feinmechanik und weitere	Maschinenbau	Baugewerbe
56	59	371	519	7041

Tabelle 14.4 - Insolvenzverfahren nach Wirtschaftszweigen 1996
Quelle: s. Kap. 13, eigene Darstellung.

Im Hinblick auf den rechtlichen Rahmen der Tariffonds zeigt die Branchenanalyse folgendes Ergebnis: Durch Kapitalgesellschaften (Kapitalanlagegesellschaften) wird konsequenter die Trennung von Kapital- und Arbeitsplatzrisiko verwirklicht. Dies ist angesichts des Insolvenzrisikos in der Baubranche durchaus angebracht.

Dagegen werden Unternehmensbeteiligungsgesellschaften häufig schon aus Gründen der Risikomischung abgelehnt, da keine Beteiligungen an börsennotierten Unternehmen möglich sind. Allerdings sind Unternehmensbeteiligungsgesellschaften aufgrund weniger restriktiver Anlagevorschriften eher in der Lage, Risikokapital bereitzustellen.

So basiert die Marktentwicklung der Elektrotechnik auf den Basistechnologien der 90er Jahre wie Mikroelektronik, Informations- und Kommunikationstechnologie, so daß hier eine Reihe von Anlagemöglichkeiten für Risikokapital durch Unternehmensbeteiligungsgesellschaften vorliegen, wobei auch die Sondervermögen der KAGen nicht grundsätzlich auszuschließen sind.

Auch die vorgeschlagene Mittelzuteilung, die in dem Modell eine Kombination aus Leistungs- und sozialer Verteilung darstellt, ist grundsätzlich auf die übrigen Branchen übertragbar.

Allerdings sind, abhängig vom Qualifikationsniveau, auch rein leistungsabhängige Schlüsselungen denkbar, insbesondere, wenn die Attraktivität für qualifizierte Fachkräfte erhöht werden soll. Beispielsweise weist der Maschinenbau in einigen Segmenten auch international noch technologische Vorteile auf, nicht zuletzt durch das hohe Qualifikationsniveau der Mitarbeiter. Ähnliches gilt auch für die forschungsintensive chemische Industrie, den Straßenfahrzeugbau und die Elektroindustrie.

5.) Schlußwort

Die Untersuchung zeigte, daß die Sachargumente gegen Tariffonds überwindbar sind, und diese damit als innovative Option für eine breite Produktivkapitalbeteiligung eingesetzt werden können. Vor allem in klein- und mittelständisch orientierten Branchen kommen die geschilderten Vorteile von Tariffonds besonders zum Tragen.

Trotz der geschilderten Vorteile von Tariffonds unterstreicht jedoch die Branchenanalyse, daß eine einseitige Ausrichtung der Vermögensbildungspolitik auf Tariffonds nicht allen Branchenstrukturen gerecht würde.

In Branchen mit Dominanz von publizitätspflichtigen Kapitalgesellschaften sind betriebliche Beteiligungsmodelle den Tariffonds vorzuziehen. Begründung hierfür ist, daß die Kumulation von Arbeitsplatz- und Kapitalrisiko begrenzt ist, die hohen Konzentrationsgrade dieser Branchen die geforderte Breitenwirkung sicherstellen und insbesondere börsennotierte Unternehmen, beispielsweise mit Belegschaftsaktien, relativ flexibel Beteiligungen anbieten können.

Insofern sind auch Hoffnungen, durch Tariffonds alleine eine breite Vermögensbeteiligung in Arbeitnehmerhand realisieren zu können, ebenso zu relativieren wie der Umfang der erzielbaren Vermögenszuwächse bzw. die Dynamik der gewünschten Umverteilung.

Sinnvolle Modifikationen wie die Einbeziehung der Pensions-Sondervermögen in die Regelung des § 40b EStG unterstützen die langfristige Kapitalakkumulation zur Sicherung der Altersvorsorge.

Am effizientesten erscheint eine branchenspezifisch orientierte "policy mixed". Tariffonds und betriebliche Beteiligungsmodelle sind insofern keine konkurrierenden, sondern komplementäre Instrumente einer zukunftsorientierten Vermögenspolitik. Die staatlichen Instrumente sind hierbei jeweils flankierend heranzuziehen. Ein entsprechender Tarifabschluß in einer der Pilotbranchen könnte richtungsweisend wirken.

Literaturverzeichnis

Ahrns, Hans-Jürgen; Feser, Hans-Dieter (1982 u. 1997):
Wirtschaftspolitik: problemorientierte Einführung, München

Arbeitsgemeinschaft für Partnerschaft in der Wirtschaft e.V. (AGP) (1991):
Das Neue Unternehmen - Heft 3/1991, Kassel

Arbeitsgemeinschaft für Partnerschaft in der Wirtschaft e.V. (AGP) (1991):
Das Neue Unternehmen - Heft 4/1991, Kassel

Arbeitsgemeinschaft für Partnerschaft in der Wirtschaft e.V. (AGP) (1991):
Mitarbeiterbeteiligung im Aufwind, Quo vadis Vermögensbildungspolitik? Dokumentation Bristol Hotel, Bonn

Arbeitsgemeinschaft für Partnerschaft in der Wirtschaft e.V. (AGP) (1992):
Mitarbeiterbeteiligung im Freistaat Sachsen, 15 Praxisbeispiele, Dokumentation, Kassel

Arbeitsgemeinschaft für Partnerschaft in der Wirtschaft e.V. (AGP) (1992):
Neue Ziele in der Welt der Arbeit, Dokumentation Stadthalle, Kassel

Arbeitsgemeinschaft für Partnerschaft in der Wirtschaft e.V. (AGP) (1994):
Standort Deutschland 2000: Quo vadis Vermögensbildungspolitik? - Unternehmen präsentieren Modelle der Mitarbeiterkapitalbeteiligung - Dokumentation, Bonn

Bach, Stefan (1992):
Cash-flow-Steuern: Ein Weg zu einem konsumorientierten Steuersystem, in: Wirtschaftsdienst, 42. Jg., Heft 6, S. 325 - 332

Barthel, Alexander (1992a):
Vermögenspolitische Initiative der IG Bau-Steine-Erden, Stellungnahme, Köln

Barthel, Alexander (1992b):
IG Bau-Steine-Erden auf Irrwegen, in: Arbeitgeber, Heft 12/44, S. 450

Barthel, Alexander (1992c):
Vermögensbildung auf Irrwegen, in: KND (Kurz-Nachrichten-Dienst der Bundesvereinigung der Deutschen Arbeitgeberverbände), 4. Juni 1992

Barthel, Alexander (1994):
Hintergrundvermerk zur Vermögensbildung in Arbeitnehmerhand, (unveröffentlichtes Manuskript), Köln

Barthel, Alexander (1995):
Vermögensbildungspolitik muß neu justiert werden, in: Arbeitgeber, Heft 17/95, S. 554 - 556

Bartling, Hartwig (1980):
Leitbilder in der Wettbewerbspolitik, München

Bartling, Hartwig (1992^{9}):
Grundzüge der Volkswirtschaftslehre: Einführung in die Wirtschaftstheorie und Wirtschaftspolitik, München

Becher, Paul (1993):
Die bisherigen Bemühungen für eine Produktive Vermögensbildung aus dem katholischen Raum, in: Kirchenamt der Evangelischen Kirche in Deutschland und vom Sekretariat der Deutschen Bischofskonferenz (Hrsg.), Beteiligung am Produktiveigentum, S. 15 - 32, Hameln

Beckmann, Klaus; Scholtz, Rolf-Detlev (1995):
Investment-Handbuch, Loseblattsammlung Stand 1995, Berlin

Berg, Harald (1984):
Automobilindustrie, in: Oberender, Peter (Hrsg.); Bartling, Hartwig (Mitverf.), Marktstruktur und Wettbewerb in der Bundesrepublik Deutschland: Branchenstudien zur dt. Volkswirtschaft, S. 169 - 216, München

Beuthien, Volker (1989):
Mitarbeiterbeteiligung und Sozialpartnerschaft, in: Lezius, Michael (Hrsg.), Ganzheitliche Mitarbeiterbeteiligung, Gesprächsforum AGP-Wissenschaft, Ergebnisse des wissenschaftlichen Symposiums, S. 36 - 43, Oestrich-Winkel

BDA (1995):
BDA-Bewertung der im Entwurf des Jahressteuergesetzes 1996 vorgesehenen vermögenspolitischen Maßnahmen, (unveröffentlichtes Manuskript), Köln

BDA (1994):
Hintergrundvermerk zur Vermögensbildung in Arbeitnehmerhand (unveröffentlichtes Manuskript), Köln

Besters, Hans (1985):
Volkswirtschaftliche und gesellschaftspolitische Aspekte der Beteiligung der Arbeitnehmer am Produktivvermögen, in: Lassmann, Gert; Schwark, Eberhard (Hrsg.): Beteiligung der Arbeitnehmer am Produktivvermögen, S. 1 - 42, Düsseldorf

Bieg, Hartmut (1989):
Zur Eigenkapitalausstattung der Unternehmungen in der Bundesrepublik Deutschland, in: John, Gerd: Besteuerung und Unternehmenspolitik: Festschrift für Günter Wöhe, S. 23 - 48, München

Bötticher, Eduard (1966):
Die gemeinsamen Einrichtungen der Tarifvertragsparteien, Heidelberg

Bilstein, Jürgen (1989):
Beteiligungs-Sondervermögen und Unternehmensbeteiligungsgesellschaften Geeignete Instrumente der Vermögensbildung und des indirekten Zugangs nicht emissionsfähiger Unternehmen zum organisierten Kapitalmarkt?, in: John, Gerd: Besteuerung und Unternehmenspolitik: Festschrift für Günter Wöhe, S. 51 - 70, München

BVMB (Bundesvereinigung Mittelständische Bauunternehmen) (1993):
Mitarbeiterbeteiligung in der Bauwirtschaft, Stellungnahme zu dem Tarifmodell der IG Bau-Steine-Erden, (unveröffentlichtes Manuskript), Bonn

Breuel, Birgit; Vogt, Wolfgang; Huonker, Gunter (1986):
Bewegung in der Vermögenspolitik, in: Wirtschaftsdienst, 66 Jg., Heft 4, S. 163 - 171

Brock, Burghard (1971):
Vermögensbildung - Zuteilung oder Konsumverzicht, Köln

Bundesministerium für Arbeit und Sozialordnung (1993):
Sozialbericht 1993, Bonn

Bundesministerium für Arbeit und Sozialordnung (1994):
Soziale Sicherung im Überblick, Bonn

Bundesministerium für Arbeit und Sozialordnung (1997):
Praktisch erprobte betriebliche Vereinbarungen zur Kapitalbeteiligung der Arbeitnehmer - mögliche Modelle einer künftigen Mitarbeiterbeteiligung aufgrund tarifvertraglicher Rahmenregelungen -, Bonn

Bundesministerium für Wirtschaft (1991):
Mitarbeiterbeteiligung in der sozialen Marktwirtschaft, Bonn

Bundestagsfraktion der CDU/CSU (1994):
Der tariflichen Kapitalbeteiligung zum Durchbruch verhelfen, Bonn

Buschmann, Barbara (1983):
Vermögensbildung durch Kollektivvereinbarung
Die Gewinn - und Kapitalbeteiligung der Mitarbeiter als Gegenstand von Tarifverträgen und Betriebsvereinbarungen, Spardorf, Wilfer

Cable, John; FitzRoy, Felix (1981):
Kooperationen und Produktivität: Einige Ergebnisse aus der Bundesrepublik Deutschland, in: Lezius, Michael (Hrsg.), Vermögenspolitik bei Nullwachstum - Wende in der Lohnpolitik?, Vermögenspolitisches Kolloquium, Werner-Reimers-Stiftung in Zusammenarbeit mit der AGP, S. 61 - 88, Frankfurt (M)

Cox, Helmut (1980):
Tariffonds in der Tarif- und Vermögenspolitik, in: Wirtschaftsdienst, 60 Jg., Heft 1, S. 46 - 56

Cox, Helmut (1984):
Vermögenswirksame Tarifverträge, Möglichkeiten einer rationalen Tarifpolitik im Wirtschafts- und Stabilisierungsprozeß, Duisburg

Däubler, Wolfgang; Kittner, Michael; Klebe, Thomas; Schneider, Wolfgang (1994):
BetrVG - Kommentar, München

Daschmann, Hans-Achim (1994):
Erfolgsfaktoren mittelständischer Unternehmen: ein Beitrag zur Erfolgsfaktorenforschung, Diss., Universität München

Deutscher Bundestag (1997):
Gesetzentwurf der Bundesregierung. Entwurf eines Gesetzes zur weiteren Fortentwicklung des Finanzplatzes Deutschland (Drittes Finanzmarktförderungsgesetz), Drucksache 13/8933, Bonn

Deutscher Bundestag (1998a):
Beschlußempfehlung und Bericht des Finanzausschusses (7. Ausschuß) , Drucksache 13/9784, Bonn

Deutscher Bundestag, Bundesrat (1998b):
Gesetzbeschluß des deutschen Bundestags. Gesetzes zur weiteren Fortentwicklung des Finanzplatzes Deutschland (3. Finanzmarktförderungsgesetz), Drucksache 134/98, Bonn

Deutscher Gewerkschaftsbund (DGB) (1983):
Dokumentation - Stellungnahme des DGB zur Vermögenspolitik, in : WSI-Mitteilungen, Heft 7/1983, 1983, S. 453 - 457

Deutscher Gewerkschaftsbund (DGB) (1995):
Stellungnahme des Deutschen Gewerkschaftsbundes Anhörung zum Entwurf eines Jahressteuergesetzes 1996 vom 26. bis 28. April 1995 vor dem Bundestagsfinanzausschuß, Düsseldorf

Deutscher Bundestag (1995):
Gesetzentwurf der Fraktionen CDU/CSU und FDP, Entwurf eines Jahressteuergesetzes (JStG) 1996, Drucksache 13/901, Bonn

Deutscher Bundestag (1995):
Öffentliche Anhörung zu dem Entwurf eines Jahressteuergesetzes 1996; Gesetzentwurf der Fraktionen CDU/CSU und FDP, Drucksache 13/901; unkorrigiertes stenographisches Protokoll in der öffentlichen Sitzung des Finanzausschusses, Protokoll Nr.8, 26.-28.4.1995, Bonn

Deutscher Bundestag (1985):
Bundestagsdrucksache, 10/3821 und Bundestagsdrucksache, 10/5981

Diekmann, Achim, (1993):
Automobilindustrie: Die Talsohle ist noch nicht durchschritten, in: Wirtschaftsdienst, 73 Jg., Heft 12, S. 615 - 624

Ehrenberg, Herbert (1992):
Die Nettowertschöpfung als Bemessungsgrundlage für eine investive Erfolgsbeteiligung, in: Köbele, Bruno; Schütt, Bernd (Hrsg.): Erfolgsbeteiligung: ein neuer Weg zur Vermögensbildung in Arbeitnehmerhand, S. 191 - 207, Köln

Eppelmann, Rainer (1994):
Die Chancen des Investivlohns nutzen, in: FAZ, Nr. 166, 20.07.1994, S. 14

Esser, Klaus; Faltlhauser, Kurt (1974):
Beteiligungsmodelle, Sulzberg im Allgäu

Faltlhauser, Kurt (1986):
Anmerkungen zur Zweiten Stufe des Vermögensbeteiligungsgesetzes aus der Sicht der CDU/CSU-Bundestagsfraktion, in: Der Langfristige Kredit, 37. Jg., November/Dezember 1986, Heft 22/23, S. 695 - 696, Frankfurt (M)

Fanselow, Karl-Heinz; Stedler, Heinrich (1994):
UBGG-Novelle eröffnet neue Marktchancen, in: Die Bank, 1994, S. 740 - 744

Fehl, Ulrich; Oberender, Peter (1984):
Chemiefaserindustrie, in: Oberender, Peter (Hrsg.); Bartling, Hartwig (Mitverf.), Marktstruktur und Wettbewerb in der Bundesrepublik Deutschland: Branchenstudien zur dt. Volkswirtschaft, S. 217 - 242, München

Fink, Ulf (1993):
Wie verändert sich die Stellung der Arbeitnehmerin, des Arbeitnehmers durch die Beteiligung am Produktivkapital?, in: Kirchenamt der Evangelischen Kirche in Deutschland und vom Sekretariat der Deutschen Bischofskonferenz (Hrsg.), Beteiligung am Produktiveigentum, S. 139 - 146, Hameln

Föhl, Carl unter Mitarbeit von Wegner, Manfred; Kowalski, Leo (1964):
Kreislaufanalytische Untersuchung der Vermögensbildung in der Bundesrepublik und der Beeinflußbarkeit ihrer Verteilung, Gutachten erstellt im Auftrag des Bundeswirtschaftsministeriums, Tübingen

Föhl, Carl; Hennies, Manfred (1966):
Vermögensbildung in Arbeitnehmerhand (Politik in unserer Zeit, Band 2), Pfullingen

Föhl, Carl (1970):
Rüstows Erlös-Kosten-Diagramm, in: Gewinnbildung und Globalsteuerung im Wirtschaftswachstum. Hans-Joachim Rüstow zu seinem 70. Geburtstag, Ifo-Studien, 16. J., S. 19ff.

Franke, Horst (1993):
Bauwirtschaft: Abschwung im Westen, Aufschwung im Osten, in: Wirtschaftsdienst, 73. Jg., Heft 12, S. 617 - 620

Fritsch, Ulrich (1993):
Modelle der Beteiligung am Produktivkapital in Europa, in: Fritsch, Ulrich; Liener, Gerhard; Schmidt, Reinhardt (Hrsg.) (1993): Die deutsche Aktie, Stuttgart

Fuest, Winfried; Kroker, Rolf (1992):
Die Vorschläge sind ökonomisch und/oder verfassungsrechtlich problematisch, in: Wirtschaftsdienst, 72Jg., Heft 7, S. 345 - 348

Gabler Wirtschafts-Lexikon (1997[14]):
Taschenbuch-Kassette mit 6 Bd., Wiesbaden

Gaugler, Eduard (1981):
Auswirkungen der Mitarbeiterbeteiligung auf die Investitionsneigung der Altkapitalgeber, in: Lezius, Michael (Hrsg.): Vermögenspolitik bei Nullwachstum - Wende in der Lohnpolitik?, Vermögenspolitisches Kolloquium, Werner-Reimers-Stiftung, in Zusammenarbeit mit der AGP, S. 129 - 142, Frankfurt (M)

Gaugler, Eduard (1985):
Die Beteiligung der Arbeitnehmer aus betriebswirtschaftlicher Sicht, in: Lassmann, Gert; Schwark, Eberhard (Hrsg.): Beteiligung der Arbeitnehmer am Produktivvermögen, S. 217 - 236, Düsseldorf

Gaugler, Eduard (1993):
Vermögensbildung, Mitarbeiterbeteiligung und Unternehmensfinanzierung, in: Kirchenamt der Evangelischen Kirche in Deutschland und vom Sekretariat der Deutschen Bischofskonferenz (Hrsg.), Beteiligung am Produktiveigentum, S. 15 - 32, Hameln

Gerke, Wolfgang (1985):
Die Verbesserung der Wettbewerbsfähigkeit durch Bereitstellung von Risikokapital, in: WiSt, 14. Jg., 7/1985, S. 359 - 362

Geiger, Helmut (1985):
Arbeitnehmerbeteiligung aus der Sicht der Kreditwirtschaft,
in: Lassmann, Gert; Schwark, Eberhard (Hrsg.): Beteiligung der Arbeitnehmer am Produktivvermögen, S. 171 - 194, Düsseldorf

Gerke, Wolfgang ; Schöner, Manfred (1986):
Aspekte der Vermögensverteilung und -bildung in der Bundesrepublik Deutschland, in: Der Langfristige Kredit, 37. Jg., November/Dezember 1986, Heft 22/23, S. 684 - 691, Frankfurt (M)

Glanegger, Peter; Güroff, Georg (1994[3]):
Gewerbesteuergesetz - Kommentar, München

Görgens, Hartmut, (1990):
Gewinnexplosion seit 1983 - Zur Entwicklung von Gewinnen und Kapitalrentabilität in der Bundesrepublik Deutschland -, in: WSI Mitteilungen, 43 Jg., Heft 3, S. 146 - 157

Grefe, Cord (1996) :
Unternehmenssteuern, Ludwigshafen

Gress, Karin (1983):
Explizite und implizite Transfers zur Förderung der Vermögensbildung aus verteilungs- und sozialpolitischer Sicht, Frankfurt (M) und Mannheim

Guski, Hans-Günter (1984):
Vermögenspolitik auf neuem Kurs, Köln

Guski, Hans-Günter; Schneider, Hans-Jürgen (Hrsg.) (verschiedene Jahrgänge):
Mitarbeiter-Beteiligung, Lose-Blatt-Sammlung, Neuwied

Hanau, Peter (1985):
Arbeitsrechtliche Probleme der Vermögensbeteiligung der Arbeitnehmer, in: ZfbF, Sonderheft Nr. 19, 1985, S. 111-127

Hanau, Peter (1985):
Arbeitsrechtliche Probleme der Vermögensbeteiligung der Arbeitnehmer,
in: Lassmann, Gert; Schwark, Eberhard (Hrsg.): Beteiligung der Arbeitnehmer am Produktivvermögen, S. 111 - 130, Düsseldorf

Hardt, Ulrike unter Mitarbeit von Annette Rosenkranz (1991)
Vermögensbildung in Arbeitnehmerhand, Ziele, Ansatzpunkte und Maßnahmen in der Diskussion, Forschungsbericht des NIW, Hannover

Heinrich, Michael, (1983):
Vermögensbildung durch betriebliche Kapitalbeteiligung? - Das Beispiel "Photo-Porst" - in: WSI Mitteilungen, 36 Jg., Heft 7, S. 438 - 443

Heins, Sabine (1992):
Vermögensbildung in Arbeitnehmerhand, in: KKV Forum Neue Mitte, Dezember 1992, S. 13

Hengsbach, Friedhelm; Höhnen, Wilfried (1992):
Vermögenspolitik über Tarifvertrag?, in: Köbele, Bruno; Schütt, Bernd (Hrsg.): Erfolgsbeteiligung: ein neuer Weg zur Vermögensbildung in Arbeitnehmerhand, S. 35 - 41, Köln

Heuberger, Werner (1979):
Die Kapitalbeteiligung der Mitarbeiter, Grundlagen, Ziele und Probleme der Gestaltung betrieblicher Beteiligungsmodelle, Diss., Hochschule St. Gallen

Hesse, Wolf-Ekkehard (1986):
Tariffonds in der Tarif- und Vermögenspolitik, in: Der Betrieb, 39 Jg., Heft 23, S. 1210 - 1213

Hirche, Walter (1986):
Zur Zweiten Stufe in der Vermögenspolitik in der sozialen Marktwirtschaft, in: Der Langfristige Kredit, 37. Jg., November/Dezember 1986, Heft 22/23, S. 704 - 706, Frankfurt (M)

Höhnen, Wilfried (1986):
Vermögenspolitik und Arbeitnehmerinteressen - Anmerkungen zur Zweiten Stufe aus der Sicht des DGB -, in: Der Langfristige Kredit, 37. Jg., November/Dezember 1986, Heft 22/23, S. 707 - 709, Frankfurt (M)

Hohmann, Josef (1992):
Vermögensbildungsbeträge statt Investivlohn, in: KKV-Forum, 3. September 1992, S. 24

Homeyer, Josef (1992):
Plädoyer für eine neue Beteiligungspolitik, in: Köbele, Bruno; Schütt, Bernd (Hrsg.): Erfolgsbeteiligung: ein neuer Weg zur Vermögensbildung in Arbeitnehmerhand, S. 30 - 34, Köln

Huonker, Gunter (1986):
Zur Zweiten Stufe der Vermögensbildung aus der Sicht der SPD, in: Der Langfristige Kredit, 37. Jg., November/Dezember 1986, Heft 22/23, S. 697 - 700, Frankfurt (M)

Hornung-Draus, Renate (1986):
Vermögenspolitik in der sozialen Marktwirtschaft - Anmerkungen zur Zweiten Stufe aus Arbeitgebersicht -, in: Der Langfristige Kredit, 37. Jg., November/Dezember 1986, Heft 22/23, S. 704 - 706, Frankfurt (M)

Hornung-Draus, Renate (1988):
Mitarbeiter Beteiligung: Modelle für die betriebliche Praxis, Hrsg. von der Bundesvereinigung der Deutschen Arbeitgeberverbände, Bergisch Gladbach

Hujer, Reinhard; Lob, Matthias (1992):
Sektorale und gesamtwirtschaftliche Wirkungen einer wertschöpfungsbezogenen Vermögensbeteiligung der Arbeitnehmer, in: Köbele, Bruno; Schütt, Bernd (Hrsg.): Erfolgsbeteiligung: ein neuer Weg zur Vermögensbildung in Arbeitnehmerhand, S. 208 - 253, Köln

IG Chemie-Papier-Keramik, IG Bergbau und Energie (1992):
Gemeinsames vermögenspolitisches Konzept der IGBE und IGCPK zur Beteiligung der Arbeitnehmer am Produktivvermögen, (unveröffentlichtes Manuskript), ohne Ortsangabe

IG Metall (1991):
Zur solidarischen Finanzierung der sozialen Einigung, Klausurtagung des Vorstandes am 9./10. Oktober 1991, Frankfurt (M)

IG Metall (1992):
Branchenanalyse Elektro-, Elektronik- und EDV-Industrie, Frankfurt (M)

IG Metall (1993a):
Tarifreform 2000, Ein Gestaltungsrahmen für die Industriearbeit der Zukunft, Frankfurt (M)

IG Metall (1993a und 1997):
Daten für Metaller, Frankfurt (M)

IG Metall (1995):
Möglichkeiten der Weiterführung der Vermögenspolitik, Frankfurt (M)

Jakob, Wolfgang (1996²):
Einkommensteuer, München

Jordan, Reinhard (1983):
Die Entwicklung des Konzentrationsgrades in der Industrie der Bundesrepublik seit 1973, in: WSI Mitteilungen, 36 Jg., Heft 7, S. 408 - 422

Juntermanns, Hans-Joachim (1991):
Mitarbeiter-Beteiligung von A - Z, Begriff, Beispiele, Stichworte; Neuwied, Kriftel, Berlin

Kempen, Otto Ernst; Zachert, Ulrich (1997³):
TVG - Kommentar, München

Kirchenamt der Evangelischen Kirche in Deutschland und vom Sekretariat der Deutschen Bischofskonferenz (Hrsg.) (1993): Beteiligung am Produktiveigentum, Hameln

Klein, Hans-Werner; Braun, Antje (1986):
Möglichkeiten der betrieblichen Vermögensbildung, in: Betriebs-Berater, 41. Jg., Heft 11, S. 673 - 678

Knust, C. (1995):
Die Chancen einer Rezession - Das Beispiel der Autozulieferer, in: FAZ, 30.10.1995, S. 11

Koberski, Wolfgang; Clasen, Lothar; Menzel, Horst (1997):
Tarifvertragsgesetz - Kommentar, Loseblattsammlung Stand 1997, Neuwied

Köbele, Bruno; Schütt, Bernd (Hrsg.) (1992):
Erfolsbeteiligung: ein neuer Weg zur Vermögensbildung in Arbeitnehmerhand, Köln

Köbele, Bruno; Rürup, Bert (1993):
Investive Erfolgsbeteiligung. Das Konzept der IG Bau-Steine-Erden, in: Kirchenamt der Evangelischen Kirche in Deutschland und vom Sekretariat der Deutschen Bischofskonferenz (Hrsg.), Beteiligung am Produktiveigentum, S. 147 - 166, Hameln

Koubek, Norbert; Schreibe-Lange, Ingrid (1983):
Konzentration und Internationalisierung der Großunternehmen und Konzerne in der Wirtschaft von 1968 bis 1980, in: WSI-Mitteilungen, 36 Jg., Heft7, S. 394 - 408

Kramer, Johannes (1984):
Die betriebliche Gewinn- und Kapitalbeteiligung als Grundlage einer vermögenspolitischen Lösung - dargestellt am Beispiel des Pieroth-Modells, Opladen

Krauter, Hans-Joachim (1985):
Die betriebliche Gewinn- und Kapitalbeteiligung der Arbeitnehmer: eine kreislauf- und nutzentheoretische Analyse, Spardorf

Krelle, Wilhelm; Schunck, Johannes; Siebke, Jürgen (1968):
Überbetriebliche Ertragsbeteiligung der Arbeitnehmer, Mit einer Untersuchung über die Vermögensstruktur der Bundesrepublik Deutschland, Band I u. II, Tübingen

Krelle, Wilhelm (1993):
Wirtschaftswachstum und Vermögensverteilung. Wie ist eine gleichmäßigere Vermögensverteilung zu erreichen, in: Kirchenamt der Evangelischen Kirche in Deutschland und vom Sekretariat der Deutschen Bischofskonferenz (Hrsg.), Beteiligung am Produktiveigentum, S. 33 - 56, Hameln

Krupp, Hans-Jürgen; Kleps, Karl-Heinz (1974):
Kritik der überbetrieblichen Ertragsbeteiligungspläne, in: Pitz, Karl-Heinz, (Hrsg.), Das Nein zur Vermögenspolitik, S. 127 - 147

Krupp, Hans-Jürgen; Kleps, Karl-Heinz (1984):
Lohnpolitik und Vermögenspolitik, Wege aus der verteilungs- und beschäftigungspolitischen Sackgasse, Bonn

Krupp, Hans-Jürgen (1981):
Die Vermögensverteilung in der Bundesrepublik Deutschland und ihre Veränderung durch investiv gebundene betriebliche Mitarbeiterbeteiligung, in: Lezius, Michael (Hrsg.): Vermögenspolitik bei Nullwachstum - Wende in der Lohnpolitik?, Vermögenspolitisches Kolloquium, Werner-Reimers-Stiftung in Zusammenarbeit mit der AGP, S. 1 - 28, Frankfurt (M)

Kuchinka, Horst (1975):
Die Gewinn- und Vermögensbeteiligung der Arbeitnehmer in Einzelunternehmungen und Personengesellschaften als steuerliches Problem, Köln

Kühlewind, Gerhard (1993):
Der Investivlohn im Lichte volkswirtschaftlicher Zusammenhänge, in: Kirchenamt der Evangelischen Kirche in Deutschland und vom Sekretariat der Deutschen Bischofskonferenz (Hrsg.), Beteiligung am Produktiveigentum, S. 167 - 184, Hameln

Kürten, Stefan (1991):
Besteuerung von Unternehmensbeteiligungsgesellschaften, in: Der Betrieb, 44Jg., Heft 12, S. 623 - 625

Lampert, Heinz (1985):
Einführung in die Sozialpolitik, Berlin

Lampert, Heinz (1993):
Gesamtwirtschaftliche Grundlagen der Vermögensbildung und der Vermögenspolitik, in: Kirchenamt der Evangelischen Kirche in Deutschland und vom Sekretariat der Deutschen Bischofskonferenz (Hrsg.), Beteiligung am Produktiveigentum, S. 237 - 258, Hameln

Lassmann, Gert; Schwark Eberhard (Hrsg.) (1985):
Beteiligung der Arbeitnehmer am Produktivvermögen, Düsseldorf

Laux, Manfred (1986):
Wem nutzt die Zweite Stufe? Aspekte aus der Sicht von Politik, Wirtschaft und Anlegern, in: Der Langfristige Kredit, 37. Jg., November/Dezember 1986, Heft 22/23, S. 713 - 715, Frankfurt (M)

Laux, Manfred (1995):
Auslesefunktion des Kapitalmarkts darf nicht unterlaufen werden, in: Handelsblatt, Nr. 171, 05.09.1995, S. 5

Lecheler, Helmut (1993):
Die rechtlichen Voraussetzungen für eine Beteiligung der Arbeitnehmer am Produktivkapital, in: Kirchenamt der Evangelischen Kirche in Deutschland und vom Sekretariat der Deutschen Bischofskonferenz (Hrsg.), Beteiligung am Produktiveigentum, S. 259 - 274, Hameln

Legler, Harald, (1991):
Lösungsansätze für die Struktur- und Umweltprobleme der Chemischen Industrie im Raum Halle, in: WSI Mitteilungen, 44 Jg., Heft 11, S. 672 - 682

Leibfritz, Willi (1992):
Verteilung der Nettowertschöpfung des Baugewerbes auf die Betriebsgrößenklassen, in: Köbele, Bruno; Schütt, Bernd (Hrsg.): Erfolgsbeteiligung: ein neuer Weg zur Vermögensbildung in Arbeitnehmerhand, S. 181 - 190, Köln

Lezius, Michael (Hrsg.) (1981):
Vermögenspolitik bei Nullwachstum - Wende in der Lohnpolitik?, Vermögenspolitisches Kolloquium, Werner-Reimers-Stiftung in Zusammenarbeit mit der AGP, Frankfurt (M)

Lezius, Michael (Hrsg.) (1989):
Ganzheitliche Mitarbeiterbeteiligung, Gesprächsforum AGP-Wissenschaft, Ergebnisse des wissenschaftlichen Symposiums, Oestrich-Winkel

Löhr, Mechthild E. (1995):
Vermögensbeteiligung ohne Tarifzwang, in: FAZ, Nr. 194, 22.08.1995, S. 14

Loritz, Karl-Georg (1992):
Die Beteiligung der Nichtselbständigen am Produktivvermögen. Die staatliche Förderung sowie steuer-, gesellschafts- und arbeitsrechtliche Aspekte für die Beratungspraxis, Göttingen

Loritz, Karl-Georg (1985):
Betriebliche Arbeitnehmerbeteiligung in Tarifverträgen und Betriebsvereinbarungen, in: Der Betrieb, 38. Jg., Heft 10, S. 531 - 539

Loritz, Karl-Georg (1989):
Mitarbeiterbeteiligung durch Tarifvertrag, in: Lezius, Michael (Hrsg.), Ganzheitliche Mitarbeiterbeteiligung, Gesprächsforum AGP-Wissenschaft, Ergebnisse des wissenschaftlichen Symposiums, S. 44 - 57, Oestrich-Winkel

Lutter, Marcus (1985):
Die zieladäquate Umsetzung des 4. Vermögensbildungsgesetzes in der unternehmensrechtlichen Praxis, in: Lassmann, Gert; Schwark, Eberhard (Hrsg.): Beteiligung der Arbeitnehmer am Produktivvermögen, S. 1 - 42, Düsseldorf

Maunz, Theodor; Dürig, Günter; Herzog, Roman; Scholz, Rupert (u.a.) (1996):
Kommentar zum Grundgesetz, Loseblatt, München

Mierheim, Meinhard; Wicke, Lutz (1978):
Die personelle Vermögensverteilung in der Bundesrepublik Deutschland, Tübingen

Mark, Gerd; Spilker, Martin (1996):
Materielle Beteiligung der Mitarbeiter als Baustein der Unternehmenskultur, in: Bertelsmann Stiftung und Hans Böckler Stiftung (Hrsg.), Materielle Beteiligung und Vermögensbildung, München

Meidner, Rudolf (1981):
Kollektive Kapitalbildung in Arbeitnehmerhand als Instrument der Gewerkschafts- und Gesellschaftspolitik, Motive, Grundzüge und Probleme eines schwedischen Modells für überbetriebliche Arbeitnehmerfonds, Berlin

Michaelis, Jochen; Sperrmann, Alexander (1991):
Investivlohn, Sozialpakt für den Aufschwung, Gewinnbeteiligung - Lösungen für Ostdeutschland, mit einem Kommentar zum Beitrag von Sinn, Gerlinde und Sinn, Hans Werner, in: Wirtschaftsdienst, 71 Jg., Heft 12, S. 614 - 623

Ministerium für Arbeit, Gesundheit, Familie und Sozialordnung (1990):
Beteiligung am Produktivkapital, Eine Umfrage, Stuttgart

Mitarbeiter-Beteiligung, Lose-Blatt-Sammlung (1996):
Guski, H.J.; Schneider, H.-J. (Hrsg.), Handbuch für die Praxis, Kap. 7100, 7600, 7700, 7800, 7900, u.a., Neuwied

Mohn, Reinhard (1993):
Die produktive Vermögensbildung aus der Sicht des Unternehmens, in: Kirchenamt der Evangelischen Kirche in Deutschland und vom Sekretariat der Deutschen Bischofskonferenz (Hrsg.), Beteiligung am Produktiveigentum, S. 185 - 204, Hameln

Moxter, Adolf (1985):
Bewertungsprobleme der gesetzlichen Vorschriften zur Arbeitnehmerbeteiligung, in: Lassmann, Gert; Schwark, Eberhard (Hrsg.): Beteiligung der Arbeitnehmer am Produktivvermögen, S. 131 - 152, Düsseldorf

Neubäumer, Renate, (1993):
Der ostdeutsche Arbeitsmarkt - noch kein Licht am Ende des Tunnels
in: Wirtschaftsdienst, 73 Jg., Heft 11, S. 584 - 587

N.N. (1995):
Konkurse - Kugel geben, in: Wirtschaftswoche, Nr. 5, 26.01.1995, S. 36.

N.N. (1994a):
Die Kirchen plädieren für Beteiligungslöhne, in: FAZ, Nr. 8, 11.01.94, S. 12 u. 13

N.N. (1994b):
Vermögens-Illusionen, in: FAZ, Nr. 9, 13.01.94, S. 9

N.N. (1994c):
Initiative zur Vermögensbildung gefordert, in: Handelsblatt, 28.4.1994

N.N. (1994d):
Blüm setzt sich für einen Investivlohn ein, in: FAZ, Nr. 142, 22.06.94, S. 16

N.N. (1994e):
In der Lohnrunde Investivkapital mobilisieren, in: FAZ, Nr. 236, 11.10.1994, S. 17

N.N. (1992):
Das Tarifmodell der IG Bau ist wohl nicht konsensfähig, in: Handelsblatt, 12.06.1992

Nolte, Dirk, (1991):
Perspektiven der bundesdeutschen Automobilindustrie, in: WSI Mitteilungen, 44 Jg., Heft 6, S. 362 - 370

Oberender, Peter (1984):
Pharmazeutische Industrie, in: Oberender, Peter (Hrsg.); Bartling, Hartwig (Mitverf.) (1984): Marktstruktur und Wettbewerb in der Bundesrepublik Deutschland: Branchenstudien zur dt. Volkswirtschaft, S. 243 - 310, München

Oberender, Peter (Hrsg.); Bartling, Hartwig (Mitverf.) (1984):
Marktstruktur und Wettbewerb in der Bundesrepublik Deutschland: Branchenstudien zur dt. Volkswirtschaft, München

Oberhauser, Alois (1981):
Investivlohn versus betriebliche investive Gewinnbeteiligung
Die Vermögensverteilung in der Bundesrepublik Deutschland und ihre Veränderung durch investiv gebundene betriebliche Mitarbeiterbeteiligung, in: Lezius, Michael (Hrsg.): Vermögenspolitik bei Nullwachstum - Wende in der Lohnpolitik?, Vermögenspolitisches Kolloquium, Werner-Reimers-Stiftung in Zusammenarbeit mit der AGP, S. 29 - 40, Frankfurt (M)

Oberhauser, Alois (1993):
Familienorientierte Förderung des Erwerbs selbstgenutzten Wohneigentums, in: Kirchenamt der Evangelischen Kirche in Deutschland und vom Sekretariat der Deutschen Bischofskonferenz (Hrsg.), Beteiligung am Produktiveigentum, S. 275 - 304, Hameln

Offermann, Volker (1992):
Die neue Debatte um Vermögensbildung in Arbeitnehmerhand: Investivlöhne für die neuen Bundesländer, in: MEMO-Forum Zirkular der Arbeitsgruppe Alternative Wirtschaftspolitik, Nr. 19, Juni 1992, S. 66 - 68

Oppermann, C., (1994):
"Aus dem Gröbsten heraus", in: Die Woche, 2. Jg., 28.10.1994, S. 20.

Peffekoven, Rolf (1993):
Finanzpolitik und breite Vermögensbildung, in: Kirchenamt der Evangelischen Kirche in Deutschland und vom Sekretariat der Deutschen Bischofskonferenz (Hrsg.), Beteiligung am Produktiveigentum, S. 305 - 320, Hameln

Pitz, Karl, H. (1980):
Verbindung zwischen Vermögenspolitik, Lohnpolitik und Sozialpolitik, in: Schenke, Klaus; Schmähl, Wilfried (Hrsg.), Alterssicherung als Aufgabe für Wissenschaft und Politik, Helmut Meinhold zum 65. Geburtstag, Stuttgart

Priewe, Jan; Hickel, Rudolf (1991):
Der Preis der Einheit, Frankfurt (M)

Rappe, Hermann (1993):
Vermögensbildung in Arbeitnehmerhand - ein alter Gedanke neu diskutiert, in: Kirchenamt der Evangelischen Kirche in Deutschland und vom Sekretariat der Deutschen Bischofskonferenz (Hrsg.), Beteiligung am Produktiveigentum, S. 205 - 216, Hameln

Rappe, Hermann (1994):
Wie können die Gewerkschaften die Beteiligung der Arbeitnehmerinnen und Arbeitnehmer am Produktiveigentum fördern?, Forum Vermögensbildung 21.06.94, Bonn

Rehn, Gösta (1983):
Kapitalfonds von Arbeitnehmern in Schweden, in: WSI Mitteilungen, 36 Jg., Heft 7, S. 422 - 431

Reiß, Wolfram (1992):
Institutionelle und steuerrechtliche Behandlung einer tarifvertraglich vereinbarten Erfolgsbeteiligung, in: Köbele, Bruno; Schütt, Bernd (Hrsg.): Erfolgsbeteiligung: ein neuer Weg zur Vermögensbildung in Arbeitnehmerhand, S. 254 - 273, Köln

Reuter, Dieter (1990):
Rechtliche und rechtspolitische Probleme der Mitarbeiterbeteiligung, in: Betriebs-Berater, 45 Jg., Heft 11, S. 713 - 719

Rürup, Bert unter Mitarbeit von Hujer, Rainer (1986):
Strukturpolitische Aspekte eines Wertschöpfungsbeitrags, Gutachten im Auftrag der SPD-Fraktion des Deutschen Bundestags, Darmstadt

Rürup, Bert (1992):
Aufgabe und Ergebnis der Kommission „Investive Erfolgsbeteiligung", in: Köbele, Bruno; Schütt, Bernd (Hrsg.): Erfolgsbeteiligung: ein neuer Weg zur Vermögensbildung in Arbeitnehmerhand, S. 11 - 29, Köln

Rürup, Bert; Dornbach, Jürgen (1993a):
Investive Lohnanteile, Vermögensbildung in Arbeitnehmerhand, Paderborn

Rürup, Bert (1993b):
Wider die Blockade des vermögenspolitischen Dialoges durch falsch verstandene Wahrheiten und gewollte Mißverständnisse, in: KKV-Forum Neue Mitte, März 1993, S. 21 -22

Rürup, Bert; Dornbach, Jürgen (1993c):
Gut gemeint ist noch nicht gut, - Zum vermögenspolitischen Konzept der IG Bergbau und der IG Chemie-Papier- Keramik zur Beteiligung der Arbeitnehmer am Produktivvermögen -, in: WSI Mitteilungen, 46 Jg., Heft 5, S. 318 - 322

Rürup, Bert; Dornbach, Jürgen (Verf.) (1996):
Bericht der Arbeitsgruppe: Die Beteiligung der ArbeitnehmerInnen am Produktivvermögen, (unveröffentlichtes Manuskript), Darmstadt

Sachverständigenrat zur Begutachtung der gesamtwirtschaftlichen Entwicklung (1977):
Zeit zum Investieren, Jahresgutachten 1976/77, Stuttgart/Mainz

Sachverständigenrat zur Begutachtung der gesamtwirtschaftlichen Entwicklung (1979):
Jahresgutachten 1978/79, Stuttgart/Mainz

Schäfer, Claus (1981):
Betriebliche Mitarbeiterbeteiligung aus der Sicht der Gewerkschaften, in: Lezius, Michael (Hrsg.): Vermögenspolitik bei Nullwachstum - Wende in der Lohnpolitik?, Vermögenspolitisches Kolloquium, Werner-Reimers-Stiftung in Zusammenarbeit mit der AGP, S. 41 - 56, Frankfurt (M)

Schaper, Udo (1971):
Fonds als Institut der Vermögensbildung, Diss., Freie Universität Berlin

Schäfer, Claus, (1982):
Betriebliche Beteiligungen schaden den Arbeitnehmern (Auch Arbeitnehmer-Darlehen nutzen ihnen nicht), in: WSI Mitteilungen, 35. Jg., Heft 11, S. 709 - 718

Schäfer, Claus (1983):
Ist Vermögensbildung nur Vermögenseinbildung?, in: WSI Mitteilungen, 36. Jg., S. 443 - 453

Schäfer, Claus (1993):
"Armut" und "Reichtum" sind verteilungspolitische Aufgaben - Zur Entwicklung der Einkommensverteilung 1992 -, in: WSI Mitteilungen, 46. Jg., S. 617 - 634

Schäfer, Claus (1992):
Betriebliche Kapitalbeteiligung der Arbeitnehmer - Verbreitung, Strukturen, Wirkungen, in: Köbele, Bruno; Schütt, Bernd (Hrsg.): Erfolgsbeteiligung: ein neuer Weg zur Vermögensbildung in Arbeitnehmerhand, S. 99 - 143, Köln

Schäfer, Claus (1992):
Köbele, Bruno; Schütt, Bernd (Hrsg.) : Erfolgsbeteiligung: ein neuer Weg zur Vermögensbildung in Arbeitnehmerhand, S. 99 - 143, Köln

Schillert, Ulrich (1976):
Gewinne als Quelle der Vermögenspolitik - Die Belastbarkeit der Unternehmensgewinne durch vermögenspolitische Maßnahmen, Berlin

Schneider, Hans. J. (1981):
Quantitative und qualitative Auswirkungen der Mitarbeiterbeteiligung in der Bundesrepublik Deutschland, in: Lezius, Michael (Hrsg.): Vermögenspolitik bei Nullwachstum - Wende in der Lohnpolitik?, Vermögenspolitisches Kolloquium, Werner-Reimers-Stiftung in Zusammenarbeit mit der AGP, S. 57 - 60, Frankfurt (M)

Schneider, Dieter (1985):
Steuerliche Folgen des Vermögensbeteiligungsgesetzes, in: Lassmann, Gert; Schwark, Eberhard (Hrsg.): Beteiligung der Arbeitnehmer am Produktivvermögen, S. 153 - 170, Düsseldorf

Schlomann, Heinrich; Hauser, Richard (1992):
Die Entwicklung der makroökonomischen Einkommensverteilung und der Verteilung der Geldvermögen in der Bundesrepublik Deutschland, in: Köbele, Bruno; Schütt, Bernd (Hrsg.), Erfolgsbeteiligung: ein neuer Weg zur Vermögensbildung in Arbeitnehmerhand; S. 42 - 98, Köln

Schneider, Hans J.; Zander, Ernst (1985):
Erfolgs- und Kapitalbeteiligung der Mitarbeiter in Klein- und Mittelbetrieben, 2. Aufl., Freiburg im Breisgau

Schneider, Uwe (1992):
Wissenschaftliche Stellungnahme zu Fragen des Vermögensbildungskonzeptes der IG Bau-Steine-Erden, (unveröffentlichtes Manuskript), Darmstadt/Mainz

Schüler, Klaus (1990):
Einkommensverteilung nach Haushaltsgruppen. Ergebnisse der Volkswirtschaftlichen Gesamtrechnung 1962 bis 1983, in : Wirtschaft und Statistik, 7/1984, S. 561 - 575 und 271 - 276.

Schöner, Manfred A. (1989):
Überbetriebliche Vermögensbeteiligung, Diss., Universität Mannheim

Schütt, Bernd (1992):
Besonderheiten des Baugewerbes, in: Erfolgsbeteiligung: ein neuer Weg zur Vermögensbildung in Arbeitnehmerhand; Köbele, Bruno; Schütt, Bernd; (Hrsg.), S. 163 - 180, Köln

Schwetzler, Bernhard (1990):
Finanzielle Effekte des Vermögensbildungsgesetzes, in: ZfbF, Vol. 42, 12/1990, S. 1057 - 1075 und in: Regensburger Diskussionsbeiträge zur Wirtschaftswissenschaft -Finanzielle Effekte des Vermögensbildungsgesetzes, Regensburg

Sievert, Olaf (1992):
Für Investivlöhne. Plädoyer für ein vernachlässigtes Konzept, Frankfurter Institut für wirtschaftspolitische Forschung, Bad Homburg

Sinn, Hans-Werner; Sinn, Gerlinde (1991):
Kaltstart: volkswirtschaftliche Aspekte der Wiedervereinigung, Tübingen

Solms, Otto (1992):
"Für den Aufschwung Ost brauchen wir keine Tariffonds", in: Das Neue Unternehmen, 39 Jg., 3/92, S. 5-6

Spiegel-Dokumentation (1985):
Soll und Haben 2; Einstellungen zum Geld, Bankverbindungen, Spar- und Anlageformen, Bausparverträge und Immobilien, Hamburg

Stehle, Heinz (1985):
Mitarbeiterbeteiligung - ein Mittel zur Leistungssteigerung und Unternehmensfinanzierung Wegweiser für zweckmäßige Gestaltungsformen, Stuttgart

Stolper, Hans-Dieter, (1983):
Die Belastung öffentlicher Haushalte durch Vermögensbeteiligungsmodelle, in: WSI Mitteilungen, 36 Jg., Heft 7, S. 431 - 438

Stratmann-Mertens, Eckhard (1992):
Eine vermögenspolitische Initiative der IG Bau-Steine-Erden: investive Erfolgsbeteiligung (unveröffentlichtes Manuskript); veröffentlicht in den ÖKOREGIO-Informationen I/1995), Bochum

Subventionsberichte des Bundes, mehrere Jahrgänge

Terbrack, Hans (1992):
Neue Wege in der Vermögenspolitik, (unveröffentlichtes Manuskript), ohne Ortsangabe

Vogt, Wolfgang (1986):
Neue Impulse für die Vermögensbildung, in: Der Langfristige Kredit, 37. Jg., November/Dezember 1986, Heft 22/23, S. 692 - 694, Frankfurt (M)

Vogt, Wolfgang (1994):
Der Investivlohn bleibt ein attraktives Modell, in: FAZ, Nr. 278, 30.11.94, S. 18

Wagner, Klaus-R. (1994):
Modelle für eine betriebliche und tarifvertragliche Investivlohnpolitik, in: Investive Lohnpolitik - Vision für Aufbau und Beschäftigung, Spilker, Martin (Hrsg.), München

Wiedemann, Herbert; Stumpf, Hermann (1977[5]):
Tarifvertragsgesetz mit Durchführungs- und Nebenvorschriften, Kommentar, München

Weyer, Helmut (1985):
Die Gewinn- und Kapitalbeteiligung der Mitarbeiter, Funktionselemente, Finanzwissenschaftliche Wirkungen und Determinanten aus der Sicht der Unternehmung, München

Wiegers, Manfred (1994):
Knirschen im Getriebe - Deutsche Automobilzulieferer, in: Die Woche, 2. Jg., S. 16

Wilke, Klaus (1973):
Realität und Utopie in der Vermögensbildung, Zur Kritik vermögenspolitischer Maßnahmen und Pläne in der Bundesrepublik Deutschland, Diss., Universität Bremen

Willgerodt, Hans unter Mitarbeit von Bartel, Karl; Schillert, Ullrich (1971):
Vermögen für alle - Probleme der Bildung, Verteilung und Werterhaltung des Vermögens in der Marktwirtschaft, Eine Studie der Ludwig-Erhard-Stiftung, Düsseldorf und Wien

Wissing, Franz-Josef (1993):
Elektroindustrie - Wege aus der Rezession, in: Wirtschaftsdienst, 73. Jg., 1993/XII, S. 620 - 622

Zechlin, Hans-Jürgen (1993):
Die Erwartungen des deutschen Maschinen- und Anlagenbaus 1994, in: Wirtschaftsdienst, 73. Jg., 1993/XII, S. 623 - 624

Zöllner, Wolfgang (1970):
Empfiehlt es sich, das Recht der Gemeinsamen Einrichtung der Tarifvertragsparteien (§ 4 Abs. 2 TVG) gesetzlich näher zu regeln?, Gutachten für den 48. Deutschen Juristentag, München

Zöllner, Wolfgang (1968):
Der Begriff der gemeinsamen Einrichtungen der Tarifvertragsparteien, in: Der Betriebs-Berater, 23. Jg., Heft 15, S. 597 - 601

Statistische Quellen und Brancheninformationen:

Bundesministerium für Arbeit und Sozialordnung (1992):
Statistisches Taschenbuch Arbeits- und Sozialstatistik 1950 - 1990, Bonn

Bundesministerium für Arbeit und Sozialordnung (1993 u. 1994):
Statistisches Taschenbuch 1993, Bonn

Deutsche Bundesbank (1989):
Verhältniszahlen aus den Jahresabschlüssen der Unternehmen in der Bundesrepublik Deutschland für 1986, Frankfurt (M)

Deutsche Bundesbank (1993 u. 1997): Jahresabschlüsse westdeutscher Unternehmen 1971 bis 1991 (in 1993) und Ergänzungen zur statistischen Sonderveröffentlichung Nr. 5. Jahresabschlüsse westdeutscher Unternehmen 1971 bis 1991 (in 1997), Frankfurt (M)

Deutscher Bundestag:
Subventionsberichte des Bundes, mehrere Jahrgänge

Dresdner Bank (1993a):
Brancheninformationen, Kraftwagen und Kraftwagenteile, (ohne Seitenzahlen), Frankfurt (M)

Dresdner Bank (1993b):
Brancheninformationen, Kfz-Teile, (ohne Seitenzahlen), Frankfurt (M)

Dresdner Bank (1994a):
Brancheninformationen, Chemische Industrie, (ohne Seitenzahlen), Frankfurt (M)

Dresdner Bank (1994b):
Brancheninformationen, Elektrotechnik, (ohne Seitenzahlen), Frankfurt (M)

Dresdner Bank (1994c):
Brancheninformationen, Maschinenbau, (ohne Seitenzahlen), Frankfurt (M)

Dresdner Bank (1994d):
Brancheninformationen, Bauhauptgewerbe, (ohne Seitenzahlen), Frankfurt (M)

DIW - Deutsches Institut für Wirtschaftsforschung (1996):
Immobilienvermögen der privaten Hauhalte in: DIW - Wochenbericht 31/97, 63 Jg., S. 61 - 72, Berlin.

DIW - Deutsches Institut für Wirtschaftsforschung (1997a):
Weitere Annäherung der Arbeitseinkommen in Ost- und Westdeutschland - ostdeutsche Lohnstückkosten nach wie vor über Westdeutschland, in: DIW - Wochenbericht 31/97, 64 Jg., S. 540 - 547, Berlin

DIW - Deutsches Institut für Wirtschaftsforschung (1997b):
Geldvermögen und Vermögenseinkommen der privaten Haushalte 1996, in: DIW - Wochenbericht 31/97, 64 Jg., S. 540 - 547, Berlin

IG Metall (1993):
Daten für Metaller, Frankfurt (M)

Statistisches Bundesamt:
diverse Statistiken, Fachserien und Jahrbücher; im wesentlichen folgende Statistiken:

(1993), Fachserie 2, Reihe 4.1, Insolvenzverfahren, Dezember und Jahr 1993, Wiesbaden

(1996), Fachserie 2, Reihe 4.1, Insolvenzverfahren, Dezember und Jahr 1996, Wiesbaden

(1994), Fachserie 4, Reihe 4.3.1, Kostenstruktur der Unternehmen im Bergbau-, Grundstoff- und Produktionsgütergewerbe, Wiesbaden

(1994), Fachserie 4, Reihe 4.3.2,
Kostenstruktur der Unternehmen im Investitionsgüter produzierenden Gewerbe, Wiesbaden

(1994), Fachserie 4, Reihe 5.3,
Kostenstruktur der Unternehmen im Baugewerbe, Wiesbaden

(1995), Fachserie 15, Heft 2,
Vermögensbestände und Schulden privater Haushalte, Wiesbaden

(1996), Statistisches Jahrbuch, Wiesbaden

VDA - Verband der Automobilindustrie e.V. (1994 u. 1997):
Tatsachen und Zahlen aus der Kraftverkehrswirtschaft - 58. u. 61. Folge, Frankfurt (M)

VCI - Verband der Chemischen Industrie e.V. (1994 u. 1997):
Chemiewirtschaft in Zahlen - Ausgabe 1994 und 1997, Frankfurt (M)

Volksbanken und Raiffeisenbanken (1994a):
Branchen Special, 5/94, Unterhaltungselektronik-Industrie, Bonn

Volksbanken und Raiffeisenbanken (1994b):
Branchen Special, 6/94, Meß- und Regeltechnik, Bonn

Volksbanken und Raiffeisenbanken (1994c): Branchen Special, 9/94, Maschinenbau, Bonn

Volksbanken und Raiffeisenbanken (1994d):
Branchen Special, 9/94, Metallbearbeitungsmaschinen, Bonn

Volksbanken und Raiffeisenbanken (1994e): Branchen Special, 7/94, Hochbau, Bonn

Volksbanken und Raiffeisenbanken (1994f): Branchen Special, 7/94, Tiefbau, Bonn

Wirtschaft und Statistik (1995a):
Geldvermögen und Schulden privater Haushalte Ende 1993. Ergebnis der Einkommens- und Verbrauchsstichprobe, 5/1995, S. 391 - 399

Wirtschaft und Statistik (1995b):
Grundvermögen der privaten Haushalte Ende 1993. Ergebnis der Einkommens- und Verbrauchsstichprobe, 6/1995, S. 391 - 399

Wirtschaft und Statistik (1995b):
Haushaltsbudgets von Arbeitern und Angestellten aus der Sicht der Einkommens- und Verbrauchsstichprobe, 5/1997, S. 42 - 354

Peter Lang · Europäischer Verlag der Wissenschaften

Heijo Rieckmann

Managen und Führen am Rande des 3. Jahrtausends

Praktisches, Theoretisches, Bedenkliches

Frankfurt/M., Berlin, Bern, New York, Paris, Wien, 1997.
XV, 376 S., zahlr. Abb.
ISBN 3-631-31223-7 · br. DM 89.–*

Führen und Managen zu Beginn des 3. Jahrtausends stellt sich als schwierige Aufgabe dar. Unternehmensumfelder werden zunehmend komplexer und turbulenter. Es entsteht die Frage, wie unter solchen Bedingungen „Business Excellence" erreichbar ist, wie Organisationen zu gestalten, Change-Prozesse anzulegen, Managementstrategien zu entwickeln, Menschen zu führen und Unternehmenskulturen anzupassen sind. Mode- und Rezeptantworten gibt es dazu in Hülle und Fülle. Was jedoch Not tut, sind Managementansätze, die auf praxisgetesteten Fallbeispielen und anwendungsorientierten Konzepten beruhen, also Orientierungsintelligenz und Handlungssicherheit vermitteln. Hierzu (und in diesem Sinne) will das Buch Impulse vermitteln, Erfahrungen weitergeben und dabei auch auf kritische Punkte aufmerksam machen.

Aus dem Inhalt: Systemisches Management (OSTO/SYMA & DYNAXITY-Modell) · Praxisbeispiele Change-Management/Organisations-, Personal- und Managemententwicklung · Möglichkeiten und Grenzen „Lernender Organisationen" · Kritik sozialromantischer Hoffnungen (SchweineHund-Defekt) · Fruchtbar arbeiten oder furchtbar managen? Business Excellence

Frankfurt/M · Berlin · Bern · New York · Paris · Wien
Auslieferung: Verlag Peter Lang AG
Jupiterstr. 15, CH-3000 Bern 15
Telefax (004131) 9402131
*inklusive Mehrwertsteuer
Preisänderungen vorbehalten

FSC
www.fsc.org
MIX
Papier | Fördert gute Waldnutzung
FSC® C083411

Kolibri 360 GmbH
Ferdinand-Jühlke-Straße 7
99095 Erfurt, Deutschland
produktsicherheit@kolibri360.de

Druck:
CPI Druckdienstleistungen GmbH
im Auftrag der
Kolibri 360 GmbH
Ferdinand-Jühlke-Str. 7
99095 Erfurt